U0552640

本书受广东外语外贸大学新闻与传播学院、广东外语外贸大学"马克思主义新闻观与中国话语体系研究中心"共同资助出版。

中国话语体系与华文传播

第十届世界华文传媒与华夏文明国际学术研讨会论文集

杨 魁　侯迎忠　主编

中国社会科学出版社

图书在版编目(CIP)数据

中国话语体系与华文传播:第十届世界华文传媒与华夏文明国际学术研讨会论文集/杨魁,侯迎忠主编. —北京:中国社会科学出版社,2019.8
　ISBN 978-7-5203-4789-1

　Ⅰ.①中… Ⅱ.①杨…②侯… Ⅲ.①新闻学—国际学术会议—文集 Ⅳ.①G210-53

中国版本图书馆 CIP 数据核字(2019)第 165954 号

出版人	赵剑英
责任编辑	陈肖静
责任校对	刘　娟
责任印制	戴　宽

出　版	中国社会科学出版社
社　址	北京鼓楼西大街甲 158 号
邮　编	100720
网　址	http://www.csspw.cn
发行部	010-84083685
门市部	010-84029450
经　销	新华书店及其他书店
印　刷	北京明恒达印务有限公司
装　订	廊坊市广阳区广增装订厂
版　次	2019 年 8 月第 1 版
印　次	2019 年 8 月第 1 次印刷
开　本	710×1000　1/16
印　张	27.25
插　页	2
字　数	341 千字
定　价	118.00 元

凡购买中国社会科学出版社图书,如有质量问题请与本社营销中心联系调换
电话:010-84083683
版权所有　侵权必究

编委会

主　编　杨　魁　侯迎忠

编　委（按姓名拼音排序）

　　　　　白　贵　白润生　陈昌凤　陈培爱

　　　　　程曼丽　程世寿　陈先红　段京肃

　　　　　方汉奇　冯应谦　郭振羽　郝晓鸣

　　　　　黄合水　侯迎忠　李惠民　李少南

　　　　　林元辉　罗文辉　乔云霞　吴廷俊

　　　　　杨　魁　赵玉明　张　昆　郑亚楠

　　　　　朱　立

目　　录

前言 …………………………………………… 倪延年（1）

传播史与中华文化认同

论"民国语境"下共产党新闻宣传话语体系的演变 …… 倪延年（3）
以"反帝"宣传为中心：陈独秀与大革命时期中共党报的
　　反帝宣传（1923—1925） …………………………… 张　朋（22）
朱舜水在日礼遇考论 ………………………………… 周逢年（42）
中国近代新闻通讯业的历史缘起 …………………… 万京华（63）
中华民族文化认同是华文传播的核心 ……………… 乔云霞（79）

对外传播与国际话语体系

China's Strategies in International News Coverage: An Analysis of
　　the Representation of the US Presidential Election Campaign
　　in Chinese Newspapers ………………………… Cui Yan（91）
"一带一路"背景下中国佛教的对外传播与交流 ……… 王晓岚（141）
俄罗斯"中国威胁论"源流考 ………………… 罗　兵　李　萃（147）

二次编码:边疆省区周边传播的媒介
　　困境与突围 …………………………… 万　忆　易正逊（164）
以佛道儒为代表的华夏文明对周边国家传播路径探析
　　——以缅甸为例 ……………………… 李美霖　张　聪（180）
党的十八大以来《纽约时报》对中国国家形象构建的
　　内容分析 …………………… 曾凡斌　胡慧颖　阳　婷（195）
菲阿基诺三世时期的南海舆论挑衅及其对中国的南海
　　对外传播策略之启示 …………………………… 李德霞（207）

新媒体与国家形象

新媒体外交视野下中国国家形象的塑造 …………… 彭肇一（245）
国际传播视角下"一带一路"建设的民心相通
　　——以数字可视化传播为例 …………………… 郭　明（261）
算法型内容生产的侵权和伦理问题分析 ……………… 罗　敏（269）
山西大同城墙数字化展示
　　设计与传播 ………………… 司峥鸣　杨姝婧　郑春辉（284）
链接与消费:场景时代网络语像的新变革 …… 张　芹　王瑞旭（303）

城市传播与文化创意产业

主题性经济报道与城市品牌构建
　　——基于《湖北日报》"中三角"系列
　　　报道的分析 ………………………… 吴玉兰　何　强（311）
文明交流互鉴视域下佛教传播研究的意义与启示 …… 赵立敏（330）

山地旅游背景下贵州民族文化开发与传播研究
　　——以西江千户苗寨为例 ………………………… 田素美(340)
《侨报》中国奥运报道分析 ………………………………… 徐于婷(360)
市场营销在民族音乐推广传播中的作用 …………… 缪何翩珏(392)

前　言

2017年12月1日，国家一级学会中国高等院校影视学会下设的"影视国际传播专业委员会"在上海外国语大学召开成立大会暨新全球化时代影视国际传播高端论坛。这标志着我国高校的影视国际传播学术研究和学术交流跨入一个新的时期和阶段。影视国际传播专业委员会将通过定期组织学术研讨会，举办影视国际传播论坛，成立影视国际传播创作、产业与研究的战略协作体，组织相关人员参加国际会议、影展、业务学习和交流等方式，推动高校影视专业的发展，促进国际学术交流。此次大会产生了影视国际传播专业委员会常务理事单位，选举上海交通大学传媒设计学院李亦中教授为主任委员、上海外国语大学新闻传播学院陈正辉教授、广东外语外贸大学新闻与传播学院教授杨魁、中国传媒大学教授麻争旗教授、北京外国语大学新闻与传播学院姜飞教授、北京电影学院李冉副教授等为副主任委员。广东外语外贸大学新闻与传播学院作为影视国际传播专业委员会副主任委员单位，有幸成为第二届国际影视传播高峰论坛的承办单位。

经过半年多的积极筹备，2018年6月28—29日，第二届国际影视传播高峰论坛在广东外语外贸大学白云山校区隆重举行。此次会议由中国高校影视学会影视国际传播专业委员会和广东外语外贸大学联合主办，广东外语外贸大学新闻与传播学院、广东省外语研究与语言服务协同创新中心、广州国际城市创新传播研究中心联合承办。来自国内外的近200位学界、业界专家学者共同围绕"新时代·新故事·新影像·新传播"这一主题展开学术研讨与交流。本届会议以讲好中国故事的理论与实践探讨为主线，围绕"一带一路"的影视传播、跨文化影视语言和语境研究、全球影视创作、经营与市场研究、影视国际传播理论等议题，开展丰富的探讨与交流。大家一致认为，积极参与国际影视传播领域的研究，不断地探索推动中国影视作品走出去，构建中国话语体系，提升中国国际传播能力的策略与路径，已经成为新时代赋予的责任与使命。

《影视国际传播研究》的近三十篇佳作，精选自中国高校影视学会影视国际传播专委会举办的第一届和第二届高端论坛百余篇参会论文之中。其中的每一篇论文都凝结了作者们的心血与智慧。本论文集内容涵盖讲好中国故事、影视跨文化传播、全球影视产业、文本案例研究等前沿热点议题。作者们运用影视学、传播学、社会学、语言翻译、跨文化研究等多学科理论及研究方法，分别展开理论探索、宏观分析和个案研究，以期从产、学、研等多维融合的层面，呈现中国影视全球传播的总体风貌，为助力中国影视更加积极健康地走向世界，促进其可持续发展建言献策和贡献聪明才智。在此，向各位作者的积极参与和不吝赐稿表示真诚地感谢！

《影视国际传播研究》能够顺利集结成书并出版，首先要感谢李亦中会长、陈正辉秘书长的亲自领导，特别要感谢石嵩、诸廉副秘书长和全燕教授的精心编辑和辛勤付出！感谢中国高校影视学会各位领导和同仁的关心与支持！还要感谢中国社会科学出版社孔继萍和陈肖静编辑的大力支持！特别要感谢广东外语外贸大学新闻与传播学院为本书的出版提供了资助！

同时，也希望各位专家学者、业内同行能够不吝赐教，共同推进影视国际传播事业健康发展。

广东外语外贸大学新闻与传播学院杨魁

2019 年 4 月 15 日

传播史与中华文化认同

论"民国语境"下共产党新闻宣传话语体系的演变

倪延年[**]

摘 要 本文以从共产党诞生到民国南京政府终结前国共两党关系变化的民国语境为背景，研究了从诞生到民国南京政府终结前近三十年间共产党新闻话语体系的演变。认为"民国语境"下共产党新闻话语体系演变的主要动因是国共两党关系及国内外形势的变化，表现了共产党在"坚持人民利益"初心的同时，为更好地"实现人民利益"而顺应国共关系和国内外形势变化适时转变新闻话语体系"与时俱进"的政治品格。

关键词 共产党新闻活动　新闻话语研究　民国时期新闻史

引　言

1921年7月中国共产党诞生后，努力探索把马克思主义基本理论

---

[*] 本文为国家社会科学基金重大项目"中华民国新闻史"（编号：13&ZD154）和重点项目"中华民国新闻史（1895—1949）"（编号：13AXW003）的研究成果之一。

[**] 倪延年，南京师范大学新闻与传播学院教授，博士生导师；南京师范大学民国新闻史研究所所长。中国新闻史学会特邀理事，国家社科基金2013年度重大项目"中华民国新闻史"首席专家。

和中国革命的具体实践相结合的中国革命道路,最后带领全国人民与东西方帝国主义列强、北洋军阀、国民党右派军阀、日本侵略者以及国民党反动派等敌对力量经过近三十年浴血奋战,夺得了中国革命的伟大胜利,在"中华民国"历史废墟上创建了"工人阶级领导的、以工农联盟为基础的人民民主专政的社会主义国家"① 中华人民共和国。回顾人民新闻事业发展的历史,我们认为共产党新闻宣传话语体系在"民国语境"下经过了多次演变。本文意在对"民国语境"和共产党新闻宣传话语体系的演变历程及动因做一初步探索,以求教于同行专家。

一 从共产党诞生到南京政府终结前"民国语境"的主要特点

从中国共产党1921年7月诞生到1949年10月1日中华人民共和国宣告成立前的近三十年间,中国政治、经济、军事及文化活动是在以"中华民国"政府为"国家代表"的特定语境(简称"民国语境")中运行的。我们认为"民国语境"主要有如下特点。

(一) 清末形成的半殖民地半封建社会依旧

英国殖民者通过鸦片战争迫使中国清朝政府和它签订了共有13条的《中英南京条约》(亦称《江宁条约》),规定中国"大皇帝恩准英国人民带同所属家眷,寄居大清沿海之广州、福州、厦门、宁波、上海等五处港口,贸易通商无碍";向英国赔款"二千一百万银圆分期交清";"准将香港一岛给予大英国君主暨嗣后世袭主位者常远据守主掌,任便立法治理";"英国商民居住通商之广州等五处,应纳进口、出口货税、饷费,均宜秉公议定,由部颁发晓示",不得随意变更。②

---

① 《中华人民共和国宪法》(1982年12月4日第五届全国人民代表大会第五次会议通过并公布施行),转引自全国人大常委会法制工作委员会审定《中华人民共和国常用法律法规全书》,中国民主法制出版社2002年版,第1—21页。

② 《中英南京条约》(全文),转引自孟庆琦、董献仓主编《影响近代中国的不平等条约》,中国人事出版社2012年版,第14—16页。

从此西方资本主义侵略者打开了中国的门户，中国由封建社会逐步沦为半殖民地半封建社会。① 1912年元旦宣告成立民国南京临时政府标志着中国数千年封建王朝的终结和资产阶级共和政体诞生，但实际上并没改变当时中国半殖民地半封建社会的性质。

为了争取世界各国的外交承认，临时大总统孙中山在《对外宣言书》中宣布"凡革命前清廷于各国所订条约、所借外债、所认赔款及让与各国或个人之种种权利，民国均予以承认、保护"②。由于民国临时政府继承了晚清政府屈辱的外交遗产，所以就不可能改变当时中国半殖民地半封建的社会性质。20世纪40年代英美等国与中国修约后宣布废除治外法权，但美国一直在中国设有军事顾问团，仍有数万海军陆战队驻扎中国上海、青岛、天津、北平、秦皇岛。强奸北大女学生的美国海军陆战队士兵竟交由美方单独处理。国民党政府与美国政府签订的《中美警宪联合勤务协定》《中美友好通商航海条约》和《中美空中运输协定》等规定：美国商品在中国享有与中国商品征税、销售同等待遇；美国船舶可在中国"开放之一切口岸、地方及领水内"自由航行；美国军舰在"危难"时可开进中国任何不开放的"口岸、地方或领水"；美国飞机可在中国领空随意飞行，并在上海"及以后随时同意之地点"作"非交通性的停靠"③。上述种种情况表明，整个"中华民国时期"的中国仍是半殖民地半封建社会。

(二) 早起的国民党在民国时期大部分时间处于强势地位

因在推翻以满族贵族为代表的清朝封建专制统治中无可比拟的

---

① 《中英南京条约》条，载《辞海》（第6版），上海辞书出版社2010年版，第1353页。
② 孙中山：《对外宣言书》（1912年1月5日），转引自韩信夫、姜亮夫主编《中华民国大事记》（第一册），中国文史出版社1997年版，第175页。
③ 中共中央党史研究室：《中国共产党历史》（第一卷，下），中共党史出版社2011年版，第744页。

历史贡献，以孙中山为最高政治领导人的中国国民党前身的中国同盟会不但主导了民国南京临时政府的成立和运作，而且在民国北京政府及其众议院、参议院乃至全国政坛中仍是不可忽视的重要政治力量。二次革命、成立护法军政府和非常大总统府与袁世凯及其他北洋军阀争夺中国政治话语权及召开国民党一大，确立"联俄、联共、扶助农工"政策，积极推进反帝反封建"大革命运动"等重大事件中，孙中山一直是国民党闪亮的旗帜。孙中山逝世后的国民党各派政治力量都抢抓"孙中山"旗帜，力图掌握中国国民党乃至中国政治运行话语权。民国南京政府成立后，蒋介石以"孙中山继承者"自居抢占政治道德优势，借助庞大军警宪特系统建立"一党统治"体制，在国际上成为"中国"政府代表，并在二战结束后成为联合国五个常任理事国之一。国民党由于处于执政的有利地位，在国内政治（党）斗争中拥有丰富的社会行政资源，因之无论是在抗战时期，还是抗战后的国共谈判中，国民党都长期处于强势政府和主导性地位，只是到了第二次国共内战（俗称"解放战争"）末期的1948年10月（济南战役胜利）后，国民党才逐渐失去强势、优势和主导的地位。

（三）后起的共产党在民国时期大部分时间处于弱势地位

与孙中山早在1894年11月在美国檀香山火奴鲁鲁创立兴中会，1905年7月30日联合华兴会、光复会等成立中国同盟会大不相同的是，在兴中会成立27年、中国同盟会成立16年后，共产党才在上海召开"一大"宣告成立。而在和国民党"合作"发动的以反对帝国主义和北洋军阀的"大革命运动"中，共产党员以"个人身份"加入国民党，实际上处于"被领导者"和"参与者"位置。为了抵抗日本军国主义的武装侵略，蒋介石国民党在迫切需要共产党领导的八路军开赴抗日前线的情况下同意与共产党"合作抗日"，此时的共产党已经拥有独立的军队和根据地及一定规模的人口，照理说此时"国共合作"应是平等的。但蒋介石在"庐山谈话"说得很明确而又清楚，"对于国内任何派别，只要诚意救国，愿在国民革命抗敌御侮之旗帜下共同奋斗者，政府无不开诚接纳，咸使集中于本党领导之下而一致努力"①。一是"政府开诚接纳"；二是"咸集中于本党领导之下"，完全是"政府对民众""领导党对被领导党"的姿态，共产党领导的八路军、新四军也是改编成国民革命军序列的"第八路军"和"陆军新编第四军"，至少在名义上是接受国民党的领导和指挥。即使抗战胜利后的毛泽东应蒋介石三次邀请到重庆和国民党谈判，签署的仍然是《政府与中共代表会谈纪要》，国民党是"政府"方，"中共"则是一个党派"代表"。直到1948年10月解放军展开战略反攻后，这种情况才开始改变。由于解放军在战场上的节节胜利，共产党在中国政治生活中迅速取得优势和主导地位。

（四）外国势力力图干预并明显影响中国政局发展

东西方列强为维持和扩大其在华利益，在一国独吞中国无望情况下寻找代理人。民国时期对中国政治局势影响最大的是资本主义英美、军国主义日本及社会主义苏联。日本在民国时期对中国进行了长达十四年的武装侵略，扶植汉奸政府为虎作伥。中华民族在付出死伤3500万以上军民，直接经济损失超过1000亿美元，间接经济损失5000亿美元的巨大代价后②，终于把日本鬼子赶回了老家。由于蒋介石国民党集团重要官员主要教育和从政背景以及第一夫人家族的特殊影响，国民党政府成为"二战"结束初期美国对外援助的主要接受者。"吃了人家嘴短，拿了人家手软"，蒋介石国民党集

---

① 蒋介石：《对中国共产党宣言的谈话》（1937年9月23日），转引自韩信夫、姜亮夫主编《中华民国大事记》（第四册），中国文史出版社1997年版，第163页。
② 中共中央党史研究室：《中国共产党历史》（第一卷，下），中共党史出版社2011年版，第667页。

团主导的"中华民国"成为只能听命于美国而不可能有独立意志的"跟班"。在中共诞生前就已建国的社会主义苏联是既复杂多变又直接影响中国政局的重要力量。列宁领导的苏联宣布放弃沙皇俄国通过不平等条约获得的"不义之利"（领土和赔款及其他特权），使国人对社会主义苏联有了全新的感觉。斯大林领导的社会主义苏联一方面支持国共合作进行反帝反封建"大革命"，但另一方面又派维经斯基等人以"共产国际"代表身份直接指挥中共活动。而国共分裂后因蒋介石国民党集团转向英美等国，又因意识形态一致转向支持中共，并成为中共实际的大后方（中共六大在苏联召开），同时又和国民党政府保持外交关系。在中华民族与日本侵略者浴血奋战时和日本签订《苏日中立条约》，又和民国南京政府保持外交关系；但又在抗战胜利后中共军队占领和建立巩固的东北根据地军事行动给予了重要的帮助。

（五）各方面舆论力量明显影响国内人心向背

古人云"得民心者得天下"。民国时期的各派政治力量尤其是国民党和共产党都十分注意民心民意的相背，通过新闻宣传最大限度地争取民心民意对自己政治路线和治国方略的赞同和拥护，以争取最大限度的民意拥护，实现自己的政治理想。总览民国时期的主流民心民意主要有如下几个方面。第一是辛亥革命尤其是五四新文化运动后日益普及知识分子及上层精英人士认可并追求的民主、自由、平等、法治等西方资产阶级观念。这些观念是对数千年间中国封建专制统治制度和理念的反叛，在当时具有明显的时代进步性。这些观念常常被居于在野地位的政治力量和新闻界人士用来和政府当局行政管制相抗衡，甚至据理力争，且往往得到社会舆论的同情和支持。第二是在中国传统文化及道德精神延续和熏陶下普遍存在于中国社会各阶层尤其是中国社会底层民众之中的公平合理，人人平等，没有剥削，反对内战，一致对外，维护国家领土完整和民族生存的传统精神。这些精神植根于中国社会各阶层成员的灵魂深处，成为在高压政治下的"顽强呼喊"，外敌刺刀前的"不屈头颅"，要求政府改革的"时代潮流"。面对这一民心民意潮流，无论是哪个政治派别（除公开投日的"汪派"）都必须顺应，最好是能因势利导而不能逆潮流而动。第三是世界舆论的走向。总的来说世界各国都有很多主持正义的人士，大多数国家的政府在不损害本国利益前提下为了本国声名还是会主持正义反对强国欺凌弱国，侵犯别国主权和损害领土完整，反对侵略战争和支持反侵略战争。中国各派政治力量为在抗日战争中争取世界各国政府和民众的理解、同情和支持，也会通过各种途径（外交、军事、政治以及舆论等）向世界各国昭示对日本侵华战争的态度、立场和对策，而世界各国新闻媒介对中国抗日战争和各派政治力量的倾向性态度又从另一个方面决定了他们的对外宣传策略和新闻宣传话语的主题。

近三十年间"民国语境"的上述特点对中国社会政治生态产生了重要、明显而直接的影响，使得中国社会的政治、军事、经济、外交、文化及社会生活的各个方面不断发生变化，有时甚至是非常激烈的变化（如爆发全民族抗日战争）。也就是在"民国语境"诸多特点且不断变化的实际环境中，共产党在民国时期新闻宣传话语体系经过数次演变，中国革命的航船才最终到达了中华人民共和国宣告成立的"胜利彼岸"。

二 近三十年间共产党新闻宣传话语体系的演变

民国时期中国政治生态、社会生态及民心和舆论生态形成了特定意义且不断变化的"民国语境"。在特定历史时期，共产党的新闻宣传话语体系经过了多次演变，勾勒出共产党人在"民国语境"下既坚持初心又与时俱进的政治品质。

（一）中共"一大"确定"劳动者重建国家"新闻宣传话语体系

在民国初年芸芸众生的 300 多个①各色政党团体中，1921 年 7 月诞生的中国共产党是唯一的一个以"工农劳动者和士兵"利益为代表的政党。中共"一大"通过的《中国共产党第一个纲领》（英文稿）规定"以无产阶级革命军队推翻资产阶级，由劳动阶级重建国家"，"承认无产阶级专政"和"消灭私有制"，"归社会公有"。② 1922 年 7 月中共"二大"提出"消除内乱，打倒军阀，建设国内和平；推翻国际帝国主义的压迫，达到中华民族完全独立，统一中国成为真正的民主共和国"③ 的纲领。中国共产党的政治目标是"劳动者重建国家"即"消除内乱，打倒军阀，统一中国成为真正的民主共和国"，所以"劳动者重建国家"就既成为其制定路线、方针、政策和目标的出发点和归宿，也成为这一阶段共产党新闻宣传话语体系的最顶层主题。

为了实现共产党"劳动者重建国家"的奋斗目标（共产党这一阶段新闻话语体系顶层主题）。"一大党纲"规定了共产党国内新闻宣传的话语主题：其中对待当时政府要"以无产阶级革命军队推翻资产阶级（掌权）"的政府；改由劳动者自己"重建"具有"无产阶级专政"性质的"国家"；针对当时在生产资料私有制下劳动者的困窘状况，提出实行"消灭私有制，没收机器、土地、厂房和半成品等生产资料，归社会公有"的经济政策，使"劳动者"成为社会生产资料的主人。在思想及文化领域，"一大党纲"宣布"党的根本政治目的是

---

① 谢彬：《民国政党史》，中华书局 2012 年版，第 8 页。
② 《中国共产党第一个纲领》（1921 年 7 月中国共产党第一次全国代表大会通过），转引自《中国共产党历次党章汇编（1921—2012）》，中国方正出版社 2012 年版，第 49—51 页。
③ 《中国共产党第二次全国代表大会宣言》（1922 年 7 月 23 日通过），转引自《中国共产党的九十年》，中共党史出版社 2016 年版，第 43—44 页。

实行社会革命",并"彻底断绝同黄色知识分子阶层及其他类似党派的一切联系"。与此同时,"一大党纲"也明确规定了共产党国际新闻宣传的具体话语主题:首先是确定共产党和无产阶级国际组织(第三国际)的关系,其基本方针是"联合第三国际",这既是马克思和恩格斯在《共产党宣言》中确定的"全世界无产者联合起来"的原则,也是立足于中国革命的胜利必须得到世界各国无产阶级的支持和声援才能取得胜利的基本判断;其次是宣布由中国"劳动者重建(的)国家"将"承认"由工人、农民和士兵选派代表组成政府权力机构的"苏维埃管理制度",以便争取当时世界上唯一的一个社会主义苏联的支持。成立之初只有数十名党员的共产党宣布"彻底断绝同黄色知识分子阶层及其他类似党派的一切联系"的结果可能就在思想界自我孤立,面对"强大的"北洋封建军阀勾结帝国主义形成的政府(军队),势单力薄的共产党要单独实现"劳动者重建国家"的政治目标又是不可能的。第一次工人运动遭到失败即是一例。

(二)中共"三大"后"打倒列强,除军阀"的新闻宣传话语体系

1922年8月,中共中央一些领导人在杭州西湖开会(史称"西湖会议"),讨论实现"二大"反帝反封建纲领的具体途径和策略等问题。与会者从第一次工人运动失败中认识到"中国革命的敌人是异常强大的","仅仅依靠工人阶级孤军奋战是不够的","必须利用一切可能的机会,争取一切可能的同盟者",才能"战胜强大的敌人"[①]。西湖会议通过的中共中央《教育宣传问题议决案》强调"最近期间可略偏重以下几种政治上的及外交的宣传","国民党之改组"名列第三,明确"提倡健全的国民运动的政党,当就现有的国民党着手"[②]。《教育宣传议决案》表明中共中央西湖会议改变了"一大党纲"中关于

---

① 中共中央党史研究室:《中国共产党的九十年》,中共党史出版社2016年版,第50页。
② 中共中央:《教育宣传问题议决案》(1922年),载《中国共产党党报》1923年第1期。

"彻底断绝同黄色知识分子阶层及其他类似党派的一切联系"做法。

1923年6月召开的中共"三大"正式决定共产党员以个人身份加入国民党实行"国共合作",共同进行"打倒列强,除军阀"的社会革命。1923年7月创刊的中共中央机关刊物《前锋》发刊词一方面认为"除了广大而且剧烈的国民运动,没有别的方法可以去掉军阀和外国势力的压迫";另一方面又主张"除了汉奸卖国贼以外,凡是爱国的中国人"都"加入国民运动",表明共产党将团结带领所有"爱国的中国人"——包括"爱国的中国人"中的"国民党人"一起推进国民运动,以拯救"国家生命"。由此共产党新闻宣传话语体系也随之发生转变。

中共"三大"确定的新闻话语体系的顶层主题仍然是"劳动者重建(生产资料归社会公有的无产阶级专政)国家"。"劳动者重建国家"的前提必须"去掉军阀和外国势力的压迫"。而当时中国如"不去掉军阀政治,不革新自强,决不能脱离半殖民地的地位","不去掉利用军阀奸商和掌握关税运输权的外国势力,中国国民永远没有革新自强的机会",而"除了广大而且热烈的国民运动,没有别的方法可以去掉军阀和外国势力的压迫"①。也就是先"打倒列强(反帝)、除军阀(反封建)",然后才能"劳动者重建国家"。为此,中共"三大"在"劳动者重建(无产阶级专政)国家"新闻话语体系顶层主题下,提出了两个次级新闻话语主题。一个是"提倡健全的国民运动",另一个"争取一切可能的同盟者"。所谓"提倡健全的国民运动"就是在全国范围内开展揭露列强对中国进行政治、军事、经济和文化侵略罪行的新闻宣传,使那些虽然"已经看清本国军阀的坏处"但"还未十分看清外国势力的害处"的"中国商人学者",

---

① 《前锋》杂志:《本报露布》,载《前锋》1923年创刊号,转引自《中国共产党新闻工作文件汇编》(下卷),新华出版社1980年版,第6页。

看清外国势力的"害处",提高中国民众既反对封建的北洋军阀,又反对站在军阀背后的外国帝国主义势力政治觉悟,实行"健全的国民运动",而不是"只反军阀、不反列强"的"半国民运动"。所谓"争取一切可能的同盟者",就是积极宣传与孙中山领导的国民党合作,以扩大"反帝反封建"的斗争阵营,动员和团结各阶层民众一起进行"打倒列强、除军阀"的社会革命。之所以选择和国民党合作,只因为"中国现存的各政党,只有国民党比较是革命的民主派"。因此决定与国民党"共同建立一个民主主义的联合战线,向封建式的军阀继续战争"①。"劳动者重建国家"处在共产党新闻宣传话语体系顶层主题位置,话语体系的次级主体就是"反帝"和"反封建"——"反帝"须"提倡健全的国民运动",反对"封建的军阀"就是组织"民主主义的联合战线",由此形成了中共"三大"以后的完整新闻话语体系。

(三)"八七会议"后"无产阶级政党担负领导责任"的新闻宣传话语体系

由于孙中山的崇高威望和坚定态度,国民党"一大"确认"共产党员以个人身份加入国民党"进行"国共合作",并"对三民主义作了顺应时代潮流的新解释"②,南方出现空前高涨的革命形势。孙中山病逝后,原来慑于孙中山威望不敢妄动的国民党内"分裂势力就不受约束,日益坐大"③。因时共产党一些领导人在阶级关系分析上犯了"公式化""定型化"错误,"不懂得人是会变的",④ 加上

---

① 《中国共产党对于时局的主张》(1922年6月15日),载《中共中央文件选集(1921—1925)·第一册》,中共中央党校出版社1989年版。
② 中共中央党史研究室:《中国共产党的九十年》,中共党史出版社、党建读物出版社2016年版,第59—60页。
③ 徐中约:《中国近代史:1600—2000 中国的奋斗》,世界图书出版社2013年版,第526页。
④ 周恩来:《关于党的"六大"的研究》(1944年3月3、4日),载《周恩来选集》(上),人民出版社1980年版,第167页。

斯大林不希望在这时候加速分裂而命令中国共产党为了留在国民党内而忍受这些决议。① 国民党右派力量利用当时共产党领导人的失误和军队，通过制造上海、武汉、广州、长沙等地以"清党"为名的反革命政变，把"打倒列强，除军阀"合作伙伴共产党一个巴掌打进血泊里，导致了"大革命运动"最终失败。

1927年8月7日瞿秋白和李维汉主持在湖北汉口召开中共中央紧急会议（即八七会议），总结了大革命失败的教训，讨论了党的工作任务，通过了《中国共产党中央执行委员会告全党党员书》、《党的组织问题议案》、《最近农民斗争的议决案》和《最近职工运动议决案》等文件，确立了实行土地革命、武装起义以及建立工农民主政权的方针。但仍提出"组织工农暴动于革命的左派国民党旗帜之下"。② 中共中央在1927年8月21日把"汪精卫代表的势力"与"张作霖为代表的势力"一起列入"由实际上和理论上联合向本党进攻"的"全国一切反动的势力"之列，明确要求"各级党部"按照"八月七日中央紧急会议确定的党的新政策"，"加紧党的政治宣传和鼓动"③。一个多月后的9月19日，中央临时政治局会议通过的《关于"左派国民党"及苏维埃口号问题决议案》表明，明确提出"现在的任务不仅宣传苏维埃的思想，并且在革命斗争新的高潮中应成立苏维埃（政权）"，④ 标志着中国共产党真正独立领导中国工农民主革命和建立共产党领导的工农民主政权的开始。同年10月创刊

---

① Conrad Brandt, *Stalin's Failure in China, 1924—1927* (Cambridge, Mass., 1958), p.76. 转引自徐中约《中国近代史：1600—2000 中国的奋斗》，世界图书出版社2013年版，第530页。

② 中共中央党史研究室：《中国共产党历史》（第一卷，上），中共党史出版社2011年版，第240页。

③ 《中共中央通告第四号——关于宣传鼓动工作》，原载《中央通讯》第3期。

④ 中共中央《关于"左派国民党"及苏维埃口号问题决议案》决定"八月议决案中关于左派国民党运动与在其旗帜下执行暴动的一条必须取消"。见中共中央党史研究室《中国共产党历史（1921—1949）》（第一卷，上），中共党史出版社2011年版，第241页。

的中共中央机关报《〈布尔什维克〉发刊露布》指出国民党"已经不是从前的革命的国民党,而是屠杀工农民众,压迫革命思想,维持地主资产阶级剥削,滥发钞卷紊乱金融,延长乱祸荼毒民生,屈服甚至于勾结帝国主义的国民党","解放中国,使中国最大多数的工农贫民自己得到政权,开辟真正社会主义建设的道路,只有布尔什维克"[①]。

八七会议后共产党新闻宣传话语体系的顶层主题仍是"一大党纲"提出的"劳动者重建国家"。但一是把这一目标更加具体化和实践化了,明确"劳动者重建国家"就是建立以工人、农民和士兵代表为主体的"苏维埃"政权。二是明确了"此后中国的革命,只有无产阶级的政党能够担负起领导的责任"。为了实现"劳动者重建国家"即建立工农苏维埃政权的目标,共产党人一方面必须继续揭露已堕落成为"屠杀工农民众,压迫革命思想,维持地主资产阶级剥削,滥发钞卷紊乱金融,延长乱祸荼毒民生,屈服甚至于勾结帝国主义的国民党"的反革命罪行,以启发工农和士兵的革命觉悟;另一方面则在城市发动反对国民党右派的武装起义,建立自己的工农军队;同时在偏远农村进行土地革命并建立以工农贫民为主体的"苏维埃"政权,为"劳动者重建国家"创造条件。这就形成了"八七会议"以后共产党新闻宣传的话语体系:话语体系的顶层主题是"劳动者重建国家";为了实现这个目标的次级主体有两个:第一是在大城市"揭露国民党"和组织"武装起义",第二是农村进行"土地革命"和"建立苏维埃"政权。而新闻话语体系发生变化的根本在于共产党人通过大革命实践认识到"此后中国的革命,只有无产阶级的政党能够担负起领导的责任"。

---

① 《〈布尔塞维克〉发刊露布》,载《布尔塞维克》1927年第1卷第1期。

（四）瓦窑堡会议后的"抗日民族统一战线"新闻话语体系

随着田中义一出任日本首相并确定对中国实行"强硬外交"的"积极政策"①，日本对华政策进攻性迅速强化。1927年6月和1928年5月两次出兵山东阻止南京政府北伐，并制造了济南"五三惨案"②。1931年制造"九·一八事变"。日本侵略者制造"九·一八事变"时，中央红军在毛泽东、朱德等人指挥下于9月15日在方石岭地区消灭国民党军队一个多师，取得了第三次反"围剿"的胜利。③"九·一八事变"后，中共中央迅速于9月20日发表《中国共产党为反对日本帝国主义强暴占领东三省宣言》，坚决"反对日本帝国主义抢占东三省"，号召"全国人民动员起来、武装起来"，"坚决反对日本帝国主义强占东三省"。又于9月22日做出《关于日本帝国主义强占满洲事变的决议》，要求满洲地区党组织"加紧的组织群众的反帝运动，发动群众，来反抗日本帝国主义的侵略"④。同年11月27日，刚成立的中华苏维埃共和国政府临时中央政府发表对外宣言，号召全国人民动员起来、武装起来，反对日本侵略和国民党的反动统治。⑤ 日本侵略铁蹄步步紧逼，1932年3月又公然扶植前清废帝溥仪在中国东三省成立所谓的"满洲国"。1935年先是逼迫民国南京政府签订《秦土协定》和《何梅协定》，后又扶植汉奸殷汝耕成立"冀东防共自治政府"，并于12月逼迫民国南京政府成立

---

① 朱汉国、杨群主编：《中华民国史》（第一册，论），四川人民出版社2006年版，第296页。
② 张宪文等主编：《中华民国史大辞典》，江苏古籍出版社2002年版，第1432页。
③ 中共中央党史研究室：《中国共产党历史》（第一卷，上），中共党史出版社2011年版，第316—317页，载：从1931年7月开始，蒋介石自任"围剿"军总司令，调集30万部队向中央根据地发动第三次"围剿"。同年9月15日红军在方石岭战斗中歼敌一个多师，蒋介石亲自指挥的第三次"围剿"以失败告终。
④ 韩信夫、姜亮夫主编：《中华民国大事记》（第三册），中国文史出版社1997年版，第239页。
⑤ 中共中央党史研究室：《中国共产党的九十年》，中共党史出版社2016年版，第144页。

"冀察政务委员会"时塞进了汉奸官僚王揖唐和王克敏等人，企图使华北成为第二个"满洲国"①。中华民族和日本侵略者的矛盾上升为中国社会主要矛盾。

1935年12月17—25日，长征到达陕北的中共中央政治局由张闻天主持在陕西安定乡（今子长）瓦窑堡召开会议，通过了《中央关于目前政治局势与党的任务决议》。毛泽东于12月27日根据会议精神作了《论反对日本帝国主义的策略》的报告，确定了党在抗战时期的基本政治方针即"抗日民族统一战线"。1936年1月27日中共中央向全党发出《为转变目前宣传工作给各级党部的信》，要求各级党部"必须以最痛切、最警惕的宣传去指出亡国灭种的大祸已经近临在全国民众头上，不愿当亡国奴的中国人不分阶级、派别、团体、队伍，都应该联合在一条战线上以民族革命战争去战胜共同的主要敌人"②。1938年1月，共产党在国民党统治区武汉公开出版的机关报《新华日报》发刊词表示"在'抗日高于一切，一切服从抗日'之原则下，本报将尽其绵薄提倡与赞助一切有利于抗日之办法、设施、方针，力求其迅速的实现，而对于一切阻碍抗日事业之缺陷及弱点，本报亦将勇敢地尽其报急的警钟的功用"③。为挽救中华民族危亡，共产党人捐弃了国民党右派在大革命后期血腥镇压的前嫌，提出"建立抗日民族统一战线"以共同抗日的政治主张，由此形成了共产党抗战时期的新闻宣传话语体系。

这一新闻话语体系的顶层主题实际上仍然是"一大党纲"确定的"劳动者重建国家"。只是因为"劳动者重建国家"前提是中国

---

① 中共中央党史研究室：《中国共产党历史》（第一卷，上），中共党史出版社2011年版，第409页。
② 《中共中央为转变目前宣传工作给各级党部的信》（1936年1月27日），《中国共产党新闻工作文件汇编（1921—1949）》（上卷），新华出版社1980年版，第81页。
③ 《〈新华日报〉发刊词》，载武汉《新华日报》1938年创刊号。

为"独立国家"。日本全面武装侵华的目的是灭亡中国。为了"劳动者"能有"国家"可以"重建",共产党人必须"坚决抗日"。鉴于中共的力量及当时的国内外形势,要打败强大的日本军国主义,就必须团结全国愿意抗日的人们一起抗日,即必须建立抗日民族统一战线。为了"劳动者重建国家"目标的最后实现,共产党在新闻话语体系顶层主题之下设置了三个次级主体:第一个是"坚持抗战",反对散布任何投降主义和悲观主义的行为;第二个是"坚持团结",反对诸如诬陷友党友军、制造军队摩擦以散布不利于国内团结等行为;第三是"坚持进步",反对从国共合作团结抗日的政治局面倒退。提出"抗战、团结、进步"三大方针,清楚表明了共产党在全民族抗战中坚持的独立自主方针。"坚持抗日"必须依托抗日民族统一战线,"坚持团结"是维护抗日民族统一战线,"坚持进步"则是抗日民族统一战线的正确方向。只有争取抗日战争胜利,才能为"劳动者重建国家"奠定基础。

(五)中共"七大"后的"建立民主联合政府"新闻话语体系

从1944年起,抗日根据地军民开始局部战略反攻,抗日战争即将取得最后胜利。同年8月17日毛泽东批示"应与张(澜)、左(舜生)商各党派联合政府"①。9月1日,毛泽东在中共六届七中全会主席团会议上指出党的主张是"召集各党派代表会议,成立联合政府,共同抗日将来建国"。根据中共中央决定,共产党代表林伯渠9月15日在国民参政会第三届第三次大会第十三次会议《关于国共谈判的报告》中提出"废除国民党一党专政,建立各抗日党派联合政府,以求国内政治问题根本解决"主张。10月2日,新四军成立7周年纪念大会通电呼吁"立即改组国民政府组成真正的国民联合

---

① 中共中央党史研究室:《中国共产党历史》(第一卷,下),中共党史出版社2011年版,第640页。

政府"。10月10日，周恩来在延安"纪念双十节大会"上发表《如何解决》演讲，进一步提出建立民主联合政府的六个步骤。1945年4月23日至6月11日召开的中共"七大"明确提出了"放手发动群众，壮大人民力量，在我党的领导下，打败日本侵略者，解放全国人民，建立一个新民主主义的中国"①的政治路线。"新民主主义的中国"本质上就是"一大党纲"中"劳动者"在旧国家（政府）废墟上"重建（的实行无产阶级专政的苏维埃）国家"，只不过随着社会环境的发展和变化，以"共产党领导下"建立"民主联合政府"的形式出现，以争取更多社会各界人士的理解和支持。由此形成了中共"七大"以后的新闻话语体系。

中共"七大"后新闻话语体系的最顶层主题仍然是"劳动者重建国家"即"在共产党领导下，解放全国人民，建立一个新民主主义的中国"。在"劳动者重建国家"顶层话语主题之下，设计了三个次级话语主题：第一是"放手发动群众，壮大人民力量"，这既是共产党带领人民群众"打败日本侵略者"的前提，也是人民群众"建立新民主主义国家"的力量基础；第二是"打败日本侵略者"，这是从根本上推翻帝国主义在中国统治的决定性战役，只有"彻底打败日本侵略者"，中华民族才能彻底摆脱"亡国灭族"的历史命运；只有"彻底打败日本侵略者"，共产党领导的人民军队才能获得更大更快的发展壮大；第三是"建立新民主主义中国"。这个"中国"既不是清王朝统治下的"大清帝国"，也不是孙中山领导建立的资产阶级共和政体属性（俗称旧民主主义）的"中华民国"，而是在"中国共产党领导（而不是国民党主导）下"，"（实行社会政治民主制度）废除国民党一党专政"，"各抗日党派代表参加（共同商议决定

---

① 毛泽东：《愚公移山》（1945年6月11日），载《毛泽东选集》（第三卷），第1101—1104页。

国家民族大事）"的"（代表最广大中国人民和中华民族最根本利益）民主联合政府"。而在"中国人民"这个群体中"最广大"的部分当然是"劳动者"。

结 语

纵览从中共"一大党纲"提出"由劳动者重建国家"的奋斗目标并以此形成新闻宣传话语体系，到中共"七大"提出"放手发动群众，壮大人民力量，在我党的领导下，打败日本侵略者，解放全国人民，建立一个新民主主义的中国"政治路线以及形成有关新闻宣传话语体系的历史进程，能够非常清晰地感受到如下几点。第一，政党（政治团体）的新闻宣传话语体系必定是为实现其政治目标服务。政党确定了什么"政治目标"，就必定会有与宣传实现该政治目标相配合和适应的"新闻宣传话语体系"。新闻宣传话语体系的产生和变化的功能和价值就在于对于实现政党的政治目标具有宣传动员的社会功能。共产党是如此，国民党是如此，其他政党也是如此。第二，政党新闻宣传话语体系的形成和变化，必然受当时社会环境等诸种因素制约而发生转变（或演变），且须大致上与社会生活变化保持相应或相近的节奏。不但太超前了（如左派幼稚病）脱离社会需要，太落后了（右倾或教条主义）也是脱离社会生活需要。第三，不管共产党新闻宣传话语体系如何发生变化，它的新闻话语体系顶层主题一直保持"劳动者重建国家"这颗"初心"不变，孜孜以求，不懈奋斗，所有转变和坚持都是为了实现这个"初心"目标。大革命时期是如此，十年内战时期是如此，抗日战争时期是如此，解放战争时期更是如此。第四，共产党的新闻宣传话语体系之所以在特定环境下表述上会有所变化，根本原因是当时社会环境发生了重大变化。共产党人为了实现"初衷"目标，以"大无畏革命精神"对国民党的血腥武装镇压进行武装反抗,以"民族利益高于政党利益"的胸怀倡导并践行"抗日民族统一战线",以"不可沽名学霸王"的"彻底革命精神"坚持"将革命进行到底",以实事求是和平等友好的态度团结国内各阶层民众,最后领导全国人民取得革命胜利"建立新民主主义的中国"。事实证明,非如此,共产党不能发展壮大直至实现"初衷"目标,甚至可能因极其困难的社会环境难以生存而遭灭顶之灾。

以"反帝"宣传为中心：陈独秀与大革命时期中共党报的反帝宣传（1923—1925）

张 朋[*]

摘 要 中共"二大"制定反帝反军阀民主革命纲领，奠定了大革命时期党报宣传总体政治目标，但"反帝"实际处于更重要位置。这与中共中央负责人陈独秀在大革命初期的政治宣传指示和实践有密切关系。1923年中共"三大"，陈独秀要求"更加注意反对帝国主义的口号"。国共合作达成，陈独秀等强调以反帝宣传为凝聚国民党左派、反击国民党右派的策略，并以此改造国民党宣传部。在以《向导》为代表的党报宣传实践中，1923年至1925年陈独秀发表了大量新闻时评，或揭露帝国主义侵略的日常动态，或以反帝为诉求评骘国内外政治与社会的实时变动，展示了以反帝主张为核心的日常化的革命叙事。陈独秀等中共宣传精英在反帝宣传上不懈努力对大革命反帝运动高潮具有积极影响。

关键词 陈独秀 反帝宣传 中共党报

---

[*] 张朋，南京师范大学新闻与传播学院，博士研究生。

20世纪20年代，国共合作的大革命中，反对帝国主义的宣传口号影响深远，令世人瞩目。研究者称："在1920年以后的二三十年间，没有那个口号能比'打倒帝国主义'和'废除不平等条约'更能铸造和催化中国民众举国一致的民族主义激情，也没有哪一个语词比'帝国主义'和'不平等条约'对西方列强更具谴责和抨击力度。"① 反帝宣传口号之所以产生如此影响，除了这一口号契合当时中国的实际需要，与国共两党尤其是中共在大革命中反帝宣传上的努力密切相关。

问题是，中共是如何努力于反帝宣传的？此涉及中共大革命时期的革命政策，亦关涉从中共党报宣传到社会动员的方方面面，而中共中央负责人陈独秀在其中扮演的角色不可忽视。鉴于舆论界对反帝问题不同理解，以及个人对反帝与反军阀关系认识的深化，陈独秀在中共"三大"后在中央政策层面确立以"反帝"为宣传的中心工作。而针对国共合作中的国民党右派的攻击，陈独秀等主张以反帝宣传改造国民党，从而使反帝成为凝聚国民党左派、反击国民党右派的重要策略。在党报的宣传实践中，陈独秀等侧重将"反帝"口号纳入日常化的新闻时评之中，或直接揭露帝国主义侵略动态，或以反帝为中心诉求评骘国内外政治、社会、文化事件，展示了一种反帝主张为核心的日常化的革命叙事。这些努力对大革命反帝运动高潮具有显著的积极影响。

一 "更加注意反对帝国主义的口号"：陈独秀与中共反帝宣传政策

1922年6月，中共"二大"制定的反帝反军阀民主革命纲领，实际上奠定了大革命时期中共党报宣传总体政治目标。1925年9月

---

① 王奇生：《中国近代通史第七卷·国共合作与国民革命》，江苏人民出版社2013年版，第137页。

7 日，陈独秀为纪念《向导》创刊三周年而作《本报三年来革命政策之概观》，称："'打倒国际帝国主义'、'打倒军阀'这两个口号，是我们分析并归纳中国一切乱源而定的，始终是我们一切政策之骨干。"①

但在党报政治宣传实践中，"反帝"与"反军阀"是有着孰先孰后选择的。中共"三大"之前比较侧重"反军阀"的宣传。陈独秀在《向导》发刊词《本报宣言》虽立足于"反帝反军阀"，但后者是置于宣传的优先位置："现在最大多数中国人民所要的是什么？我们敢说是要统一与和平……为了要和平要统一而推倒为和平统一障碍的军阀，乃是中国最大多数人的真正民意。"② 同样，《向导》刚创刊之时，其掀起的与胡适等《努力》周报论争，亦较多集中于内政问题，即"反军阀"的一面。③ 这一状况很快发生转变。1923 年 6 月，陈独秀主持召开中共"三大"，他在大会报告中要求中共宣传工作应集中于"反帝"问题上：

"我们是在'打倒帝国主义和军阀'的口号下工作的。打倒军阀的口号已得到中国社会上大多数人的响应，而打倒帝国主义的口号还没有产生很大的影响。党员应该更加注意反对帝国主义的口号。"④

这一指示在《向导》等中央党报宣传中的得到了贯彻。5 个月后，陈独秀主持中共三届一次中央执行委员会会议，他在《中局报告》称："在三种定期刊物中，《向导》在社会上稍有影响、因此社会上反帝国主义的空气大会后比大会前渐渐浓厚起来。"⑤ 同时，此

---

① 独秀：《本报三年来革命政策之概观》，《向导》1925 年 9 月 7 日。
② 《本报宣言》，《向导》1922 年 9 月 22 日。
③ 张朋：《竞争舆论与"向导"青年：中共早期党报宣传策略的转折——以〈向导〉与〈努力〉的论争为视点》，《新闻大学》2017 年第 1 期。
④ 陈独秀：《在中国共产党第三次全国代表大会上的报告》，任建树：《陈独秀著作选编·第三卷》，上海人民出版社 2009 年版，第 69—70 页。
⑤ 中央档案馆：《中共中央文件选集·第一册》，中共中央党校出版社 1989 年版，第 186 页。

次会议再次强化了"反帝"宣传的重要性。会议通过《教育宣传问题议决案》，该议案第一个部分"宣传方针"之第一点即是"反对英美帝国主义之各方面的宣传"。①

陈独秀之所以在"三大"上强化"反帝"宣传的重要性，主要涉及两个方面因素。第一，陈独秀对反帝与反军阀关系认识的深化。陈独秀认为帝国主义与军阀比较起来，帝国主义是造成中国乱象的根源；而华盛顿会议后帝国主义侵略较为隐形，不直接压迫国人，军阀混战则是国人切身体验，这就造成革命的根本问题往往被国人所忽略。1924年初，陈独秀撰文称："中国人民有两个仇敌：第一是英美法日等帝国主义的列强，第二是北洋军阀，后者比前者真算不得什么。此时我们中国人对于军阀已认识他是国民的仇敌了，而对于比军阀更是仇敌的列强还没有明确的观念，我国民的感觉是何等迟钝呵！"② 即是指国人反军阀意识较强，但对于军阀背后的帝国主义缺乏明确的认知，而后者恰是造成中国乱象的根本问题。

第二，舆论界尤其是胡适等有关反帝观念的影响。中共反军阀的宣传在当时舆论界并无多少特殊。早在五四时期，陈独秀主持《每周评论》，其重要的宣传旨趣即是反对军阀、反对武人政治等。只是中共的反军阀宣传则为彻底，要求以革命的手段打倒军阀。但中共提出"反帝"之时，舆论界应者寥寥，甚至有反对之声。陈独秀在中共初期的党报宣传工作中，很重视原属同一阵营的胡适在舆论界的声音。而胡适在《努力周报》上曾撰文讥讽中共"二大"宣言关于帝国主义与军阀勾结"很像下乡人谈海外奇闻，几乎全无事实上的根据"。③ 这一言论虽遭张国焘等在《向导》上撰文驳斥，但

---

① 中央档案馆：《中共中央文件选集·第一册》，中共中央党校出版社1989年版，第204页。
② 陈独秀：《一九二三年列强对华之回顾》，《前锋》1924年2月1日。
③ 适：《国际的中国》，《努力周报》1922年10月1日。

对于陈独秀及中共党报宣传精英来说刺激颇大。① 对于陈独秀来说，包括胡适在内的舆论界精英反对"反帝"的呼声恰是其调整宣传重心的依据，他在《向导》撰文称：

"最初喊出这两个口号（反帝反军阀——引者注）的时候，我们的声势非常之孤，研究系的报上，笑我们扛出'打倒帝国主义''打倒军阀'两块招牌，尤其'打倒帝国主义'这一个口号，民众多不了解，甚至有人说是海外奇谈。"② 比照前述陈独秀在中共"三大"上要求"党员应该更加注意反对帝国主义的口号"，可见舆论界的声音构成陈独秀把握政治宣传动态的重要依据，并以此引导政治走向。

随着1924年初国共合作的正式达成，陈独秀为首的中共中央力图以反帝宣传作为凝聚国民党左派、反击国民党右派的重要策略。国共合作实现后，反对国共合作的国民党右派逐渐形成。以陈独秀为首的中共中央认为，国民党左右派之分，关键是阶级属性之不同，而在革命主张上则以是否反帝为区分点。是年5月，陈独秀主持召开中央扩大执行委员会会议，通过《共产党在国民党内的工作问题议决案》，称："国民党内一大部分党员本来很明显的属于工业及农业的有产阶级的倾向，并且回避反帝国主义的争斗，他们的阶级利益和劳动平民的利益，将来当然不能一致；他们的阶级性每易趋于妥协，也很难必其能为中国民族完全独立奋斗到底。"③ 鉴于此，陈独秀等主张要在中共及国民党的机关报上批评国民党右派在反帝问题上的妥协态度，该议决案称："我们乃要求国民党内的批评自由，我们便能在国民运动的根本问题上指摘右派政策的错误（最重要的，

---

① 罗志田：《北伐前数年胡适与中共的关系》，《近代史研究》2003年第4期。
② 独秀：《本报三年来革命政策之概观》，《向导》1925年9月7日。
③ 中央档案馆：《中共中央文件选集·第一册》，中共中央党校出版社1989年版，第230页。

就是回避反帝国主义的争斗）——在我们自己的机关报上，在国民党的机关报上，在种种集会的时候。"① 而要做到这一点则必须参加国民党宣传部，并以反帝宣传为工作重心："要达到这一目的，必须我们能在事实上参加国民党的宣传部——每次不要放过反帝国主义的宣传机会，使国民党真正形成代表那次大会（宣言）的国民党。无论怎样好的组织系统不能代替这种宣传的。"② 也就是说，反帝宣传是改造国民党的重要策略。

这种以反帝宣传为抓手改造国民党的计划深得共产国际认同。此次会议之后，共产国际代表维经斯基就中共反帝宣传致函加拉罕。稍后，加拉罕转述维经斯基的观点称：

"维经斯基向我描述了逐步打击右派的计划……他特别指出，应在近几个月内召开的中央全会具有很重要的意义。而且他还指出，在会议的议事日程上提出反对帝国主义的问题似乎是一种策略手段，但这一问题的提出必须在非常现实的基础上（当然，不是指南方政府的行动，而是指鼓动宣传）。在这个问题上，右派最容易被打败，因为他们不愿意认真地进行反帝斗争，而在此基础上较容易组织左派发动攻势，当然，在这一点上他们将会得到共产党人的全力支持。同右派的这种斗争方式无疑是适当的，我想这可适用于一定的时期。"③ 可见，维经斯基、加拉罕均认同以反帝宣传以应对国民党右派。

二 "反帝"口号的日常化呈现：陈独秀新闻时评及反帝宣传实践

陈独秀在中央政策层面确立了以反帝宣传为工作重心的同时，

---

① 中央档案馆：《中共中央文件选集·第一册》，中共中央党校出版社1989年版，第231页。
② 同上书，第232页。
③ 中共中央党史研究室第一研究部：《共产国际、联共（布）与中国革命档案资料丛书·第一卷》，北京图书馆出版社1997年版，第504页。

亦借助中央机关报《向导》等投身反帝宣传的实践之中。对于此前有着丰富办报经验的陈独秀看来，报刊宣传要将反帝的革命观念植入社会现实之中，而反对诉诸感情的盲目"煽动"。1924年，陈独秀总结辛亥革命"排满"宣传的失误，称："当时革命之唯一的口号是'排满'，这种感情的煽动，自然也是革命运动之重要工具；然而不拿住民众真实的物质要求，专以煽动感情为唯一工具——感情是一件浮动不能固定的东西，把革命运动建立在这浮动不能固定的条件上面，哪有不失败之理。"①

既然如此，以陈独秀为首的中共宣传骨干所开展的反帝宣传尤为注重对时局的呈现，以及运用反帝的革命口号解读时局。《向导》编辑部曾有关于宣传方法的议论："至于宣传主义本也应该，但同人决不愿在本报上离开问题而谈主义。用简单的标语来煽动民众的愤恨心，这种名词运动断不能当作家常便饭。"② 不"离开问题而谈主义"实际上就是要求革命宣传嵌入日常性的时局变动之中。

与此相一致，陈独秀在大革命时期的报刊撰文一改五四新文化运动中政论文的理性思辨色彩，转而投身新闻时评的实践之中。1923年至1925年是陈独秀在党报中发表新闻时评的三年。2009年上海人民出版社出版了《陈独秀著作选编》六卷本，是目前有关陈独秀著作较为齐全的选编。该选编第六卷是陈独秀的文字学学术著作，其他五卷系包括报刊时评、政论在内的各种文章、书信等，其中第三卷恰好为1923—1925年，且在五卷之中属篇幅最大。统计该卷中党报时评，占篇幅的89%，且尚有部分在《向导》上发表的时评及"寸铁"短评未收录。可以说，大革命开始前后是陈独秀参与党报宣传工作较为密集的时期。

---

① 独秀：《辛亥革命与国民党》，《向导》1924年10月8日。
② 《读者之声》，《向导》1923年5月23日。

这些新闻时评围绕或揭露帝国主义侵略的实时动态，或以反帝为诉求评骘国内外政治与社会变动，展示了一种反帝主张为核心的日常化的革命叙事。

第一，披露英、美、日等侵略中国的实时动态。陈独秀对列强侵略行径的披露涉及对华借款、军售，直接干涉中国内政外交，以及较为隐晦的教育文化侵略，等等，见表1。

表1

篇目	刊期	主要内容
鸣呼！外国政府下之商埠同盟！	1923年6月6日《向导》第28期	披露《字林西报》"外国政府赞助之下"组织商埠同盟的设想，是"各国共管中国各商埠之变相名词"
中国土匪也来了！	1923年6月6日《向导》第28期	借《大陆报》报道，指出意大利法西斯党在上海活动
日本惨杀长沙同胞	1923年6月13日《向导》第29期	揭露日本杀害长沙市排货运动的学生
我们要何种势力管理中国？	1923年7月18日《向导》第33期	英美日法等列强"已经是利用军阀政府间接的管理着中国"
护路提案与美日	1923年8月29日《向导》第38期	披露美、日反对英国护路提案事，实为共同侵略
东铁地亩问题	1923年9月23日《向导》第41期	披露美国驻华公使的侵华言论
临城案与侨日华工被杀案	1923年10月17日《向导》第43期	披露日本军警杀害无辜华人174人，而中国政府却无强硬的抗议
外币与主权	1923年11月27日《向导》第47期	针对外交部对外国银行在中国发行外币的处理，指出军阀政府与英美等国勾结
恢复华人领港权	1923年11月27日《向导》第47期	披露"华船领港几被外人侵占殆尽"
一九二三年列强对华之回顾	1924年2月1日《前锋》第3期	详细列举1923年列强对"我连续不断的侵略与暴行"
北洋军阀三种新借款	1924年2月20日《向导》第55期	披露英美向曹锟政府提供借款
新疆省之煤油矿！	1924年2月20日《向导》第55期	揭露英国、美国觊觎新疆煤油矿
煤油战争	1924年3月26日《向导》第58期	揭露英美日等国将以争夺煤油引发世界大战

续表

篇目	刊期	主要内容
美国移民案与海军案	1924年4月23日《向导》第62期	美国通过的移民案排斥华人
丧权辱国之无线电密约	1924年4月30日《向导》第63期	披露中美无线电密约,为"利益是美国的,损失是中国的"
投降条件下之中国教育权	1924年4月30日《向导》第63期	披露美国、日本对中国教育权之侵略
上海租界工部局能在华界行使职权吗?	1924年5月7日《向导》第64期	披露上海工部局越界行使职权实为"侵犯中国国土国权"
英意人殴伤巡士税吏	1924年5月7日《向导》第64期	英国人、意大利人在中国打伤巡士税吏,却逍遥法外
外人对于商标之无理要求	1924年6月4日《向导》第68期	据《申报》披露荷兰人对中国商标局的无理要求
智利领判权与中国主权	1924年7月2日《向导》第72期	披露上海领事团要求中国政府予以智利领判权
法西斯党与中国	1924年7月2日《向导》第72期	披露美国人将"穷凶不法的法西斯党介绍到中国"
美国侵略中国之又一形式——三K党	1924年7月2日《向导》第72期	披露三K党即美国的法西斯党,中国亦有三K党,系美国阴谋
外人私运军火与中国治安	1924年7月9日《向导》第73期	披露意大利向中国私运军火,实为中国治安问题之源
美国侵略与蒙古独立	1924年7月23日《向导》第75期	据《字林西报》,披露美国侵略中国借耶教徒、青年会为先锋
新银团与中国	1924年7月30日《向导》第76期	英美等新银行团在伦敦开会,讨论对华铁路投资
帝国主义者援助军阀之又一证据	1924年7月30日《向导》第76期	披露意大利、日本对军阀销售武器的事实
再论外人私运军火与中国治安	1924年8月6日《向导》第77期	据在华外文报纸报道,披露意大利对华军售
日本在华侵略之新计划	1924年8月6日《向导》第77期	披露新任南满铁路总裁关于开发中国满蒙的新计划
美国人又以军火供给北洋军阀	1924年8月20日《向导》第79期	据上海《泰晤士报》报道,揭露美国向吴佩孚出售军火
日本对华经济侵略之最近表现	1924年8月20日《向导》第79期	报道日本关东大地震后,对华输入货物、资本的数据
关税协定之外卖国政府又与外商协定纸烟税	1924年8月20日《向导》第79期	披露北京政府的烟酒事务署与英美烟公司协商增加纸烟营业税

续表

篇目	刊期	主要内容
又是一个乐志华！	1924年8月20日《向导》第79期	披露上海的外国人打死叶乾章事
伦敦会议	1924年8月27日《向导》第80期	披露英美等伦敦会议的内容，系帝国主义者"用经济共管别的国家"

细读这些新闻时评，有如下几个特点值得注意。第一，就时间上看，集中于1923年年中至1924年年中；这以后陈独秀很少再写此类揭露帝国主义侵略的新闻时评。一个重要原因是1924年下半年中国政局发生变化，陈独秀的新闻时评聚焦于新问题。第二，就评论主题上看，一方面揭露英美日等侵华各种政策；另一方面则谴责帝国主义侵略中国的重要方式乃是与军阀之勾结，诸如对华军售、借款等是其较为关注的。第三，就写作特色上看，时评侧重提供英美日等侵华的证据，故大量征引相关媒体的报道，并在报道基础上加按语，以警醒国人。诸如《美国人又以军火供给北洋军阀》，"据上海《泰晤士报》说：'美国海军当局得有报告，谓近有大批军火在厦门上岸……'"陈据此评论称："凡中国人尤其是南方革命党人，现在总应该认识美国是不是我们的'好友'了罢！"[①] 可谓用事实说话，反击胡适所谓的"海外奇谈"。

第二，关注商人、工人等社会群体的实时动态，将其抗争活动导向"反帝"的政治诉求。其时英美等国经济侵略引起上海、江浙等商人颇多抗议行动。1923年底英美两国要求中国政府修改商标法，此举触动上海商人利益。次年初，上海总商会致函北京商标局表示抗议。2月27日，陈独秀撰文称此举系"商界反对外人干涉内政之第二声"，并希望"总商会由反对外人干涉中国内政，进一步而主张废除各种侵

---

① 独秀：《美国人又以军火供给北洋军阀》，《向导》1924年8月20日。

略中国主权的条约!"① 上海租界当局与上海商人多利益纠葛,工部局也在此时提出"印刷附律""码头捐"等。这些条例增加了商人负担,上海公共租界纳税华人大会曾开会表示抗议。陈独秀评论称,"和平请求或希望媚外的北京政府出来交涉,都是不济事的"。② 而这些条例的提出表明"上海分明是一个亡国的上海了","我们正应该把反对印刷附律运动,当作'上海是中国人的上海'运动之开始!"③ 意在将商人的抗议行动引向"反帝"运动。

1923年初"二七"惨案后,中国工人运动走入低潮。陈独秀及其《向导》同人一面关注工农群体的日常动态,诸如"农民的困苦"、工会的成立及动向等;一面发掘可能引起社会运动的各种事件。1924年2月10日,上海祥经丝厂发生火灾造成多名女工遇难。陈独秀随即发表评论称:"此事件之负责者,一是祥经厂主,二是江苏省长","这件事,我们应该看出工人保险法及工厂法的必要"。④ 一个月后,陈独秀撰文历数山东坊子煤矿淹死工人、唐山煤矿压死工人等事件,称"坊子煤矿是日本经营的""唐山大部分资本及管理权是在英国人手里";这些惨剧是煤矿中预防坍塌工程的缺失,是"洋工程师们计算如此精巧,所以唐山煤矿隧道中,历年以来,屡次发生变故",⑤ 将矛头指向"反帝"。据此,陈独秀呼吁称:"工人运动之转机"已经到来,"我们希望全国工友们及帮助工人运动的知识阶级勿轻轻放过这个转机的时期!"⑥ 6月,中央妇女部部长向警予等领导上海丝厂大罢工。陈独秀随即在《向导》撰《上海丝厂女工大罢工》《国民党与劳动运动》等呼吁:"我们希望一般社会,尤其

---

① 独秀:《商界反对外人干涉中国内政第二声》,《向导》1924年2月27日。
② 独秀:《告上海纳税华人会》,《向导》1923年6月20日。
③ 独秀:《亡国的上海!》,《向导》1925年4月19日。
④ 独秀:《上海织绸厂焚毙女工之责任者》,《向导》1924年3月19日。
⑤ 独秀:《工界最近之惨剧》,《向导》1924年3月26日。
⑥ 独秀:《中国工人运动之转机》,《向导》1924年3月26日。

是主张改良劳动者之生活状况的国民党，对于这些穷苦无告女工们，公开的出来加以援助。"①

当时此类运动毕竟是零星的，并未扩展至全国，因此，陈独秀在报刊时评上高扬"反帝"的同时，在策略上则以经济斗争作为日常罢工的诉求。一年后，五卅运动兴起，以陈独秀为首的中共中央坚定地坚持"反帝"方向，乃时运之不同。

第三，以"反帝"主张评述国内重大事件。中共"三大"至五卅运动，中国政局变化剧烈。1923年10月，直系曹锟"贿选"当上总统，加剧了直系与"反直系"斗争。1924年下半年爆发江浙战争及第二次直奉战争，随着直系将领冯玉祥倒戈，曹锟政府垮台。陈独秀不仅以"反帝"主张评骂曹锟"贿选"，亦关注期间中俄协定谈判、泰戈尔访华等重大外交、文化事件。

对于曹锟"贿选"，陈独秀强调要看到曹锟"贿选"与帝国主义之关系。"贿选"前夕，陈独秀预测称："曹贼贿选若真成事实，其结果是英、美、曹、吴外交系主奴结托的北京政府，将以正式政府名义断送国权大借外债"，"曹锟若做总统，其意又是使英、美的金力曹、吴的兵力结合起来，人民所受的桎梏将格外加紧"。② 对于某些学生团体因"贿选"而要求英美等外交团不予承认的举动，陈独秀嘲讽称：这种举动是"倚赖外力的谬误观念"，是"只知道军阀的罪恶，而忘了在军阀背后作恶之帝国主义的列强，实在是能察秋毫而不见舆薪了"。③

曹锟任总统后，中外交涉的一件大事是中俄协定谈判。1924年3月，北京政府与苏俄关于《解决中俄悬案大纲协定》的谈判开始

---

① 独秀：《上海丝厂女工大罢工》，《向导》1924年6月18日。
② 独秀：《曹锟贿选与中国前途》，《向导》1923年9月30日。
③ 独秀：《贿选后国民所能取的态度》，《向导》1923年10月17日。

进行，14 日两国各以全权代表名义签字。该协定是两国处于平等基础之上的互惠条约，也是自 1921 年《中德协定》后，中国与外国签订的第二个平等条约。陈独秀评论称："此次中俄交涉，俄国以平等的原则对待中国，与中国直接交涉，并没有漠视中国的主权先向他国协商关于中国的问题"，① 称赞的同时也在讽刺英美日等在巴黎和会中漠视中国对山东的主权。但在谈判、签署过程中，英、美等在华言论机关《字林西报》等多有恶评，曹锟政府对条约是否批准始终犹豫。陈独秀则借此将矛头直指英、美、法、日与中国政府的不平等条约，"上海《字林西报》说：'中国让步较多，将大为苏俄之利'。我们试问《字林西报》的英国人，我们也想对英国让步较多大为英国之利，但不知贵大英帝国能够放弃租界及领事裁判权与庚子赔款吗？"②

中俄谈判的同时，国内知识界因印度著名诗人泰戈尔访华一度掀起"泰戈尔热"。尽管泰戈尔访华属中印间文化交往，但泰在华演讲提倡东方文明、"大爱"等思想，与中共当时革命动员精神相悖，陈独秀等借此大加"讨伐"。4 月 9 日，陈致函胡适称："《中国青年》将出特号反对泰戈尔，他们很想吾兄为《中国青年》此特好做一篇短文，特托我转达于你。我以为此段事颇与青年思想有关，吾兄有暇，最好能做一文寄弟处"，③ 走向不同道路的胡适当然并未答应。25 日，陈独秀署名"实庵"在《民国日报》撰文称，泰戈尔演讲的错误一是"误解科学及物质文明本身的价值"，二是"引导东方民族解放运动向错误的道路"；泰戈尔提倡"人类要用爱来调和"，能够感动欧美资产资产阶级"使他们自己取消资本帝国主义，不去掠夺劳

---

① 独秀：《中俄会议之成败》，《向导》1924 年 3 月 26 日。
② 独秀：《慎重与上当》，《向导》1924 年 3 月 19 日。
③ 实：《评中俄协定草案》，任建树：《陈独秀著作选编·第三卷》，上海人民出版社 2009 年版，第 246 页。

动阶级不去侵略弱小民族吗？"① 以"反帝"诉求评述文化事件。

第四，五卅前夕陈独秀新闻时评的聚焦点：国民会议运动。1924年下半年冯玉祥发动北京政变，并邀请孙中山北上。为配合孙中山北上，国共两党发起国民会议的宣传运动。

起初，陈独秀等中共中央对于北京政变仍以日常性的"反帝"诉求评述之，也反对孙中山北上。10月29日，陈独秀评论称，北京政变不过是"英美帝国主义者抛弃了一个旧工具——吴佩孚，另换上一个新工具——冯玉祥"。② 蔡和森称："中山先生不仅在消极的方面要拒绝参会。"③ 但这一态度与在广州的国民政府顾问鲍罗廷不同。鲍鼓励孙中山北上，并借此掀起宣传运动。鲍罗廷说："我们（加拉罕同志和我）持另一态度。我们说，10月23日的政变及其后发生的事件给国民党提供了一个登上国民革命斗争大舞台并成为大政党的极好机会。"④

随着孙中山已踏上北上行程，陈独秀等中共中央反对态度已经没有意义，陈独秀等则借此掀起国民会议的宣传运动。鲍罗廷说："中国共产党中央委员会不久改变了自己的决定，因为以孙逸仙为首的国民党代表团已经启程，再坚持自己过去的决定已毫无意义。中央决定参加在上海迎接孙逸仙的工作。至于11月13日宣言中提出的口号，中央同意召开国民会议。"⑤

既然改变了态度，陈独秀等迅速展开行动。11月，中共中央据

---

① 实庵：《评泰戈尔在杭州、上海的演说》，任建树：《陈独秀著作选编·第三卷》，上海人民出版社2009年版，第258—260页。
② 独秀：《北京政变与中国人民》，《向导》1924年10月29日。
③ 和森：《北京政变与国民党》，《向导》1924年10月29日。
④ 中共中央党史研究室第一研究部：《共产国际、联共（布）与中国革命档案资料丛书·第一卷》，北京图书馆出版社1997年版，第566页。
⑤ "11月13日宣言"指的是孙中山北上前发布的《北上宣言》。宣言中提出召集国民会议，废除不平等条约等。引文见中共中央党史研究室第一研究部《共产国际、联共（布）与中国革命档案资料丛书·第一卷》，北京图书馆出版社1997年版，第567页。

孙中山《北上宣言》关于"国民会议"之说，发布通告称："各地方联络各地人民团体，组织'国民会议（国民党宣言有此主张）促成会'"，要求各地党组织与国民党配合展开此项宣传工作。① 12月，陈独秀、林育南签署中共中央、团中央联合发布的通告，其要点包括：

"此次国民会议及其促成会这个运动，不但是国民运动一大时机，并且是我们的党建筑社会的基础之一大时机"；

"国民会议促成会这个名称无论如何各地必须一致，促进会后援会等名称，务设法改正"；

"促成会对内对外的宣传，根本应该说人民自身要有一个真正人民的国民会议及其预备会议，不可在任何地方，任何时机都宣传国民会议是孙中山所主张的，使民众过于倚赖中山而轻松了自己"。②

陈独秀及中共中央对于孙中山北上的宣传由于起初反对，其宣传陷入被动，而这些通告表明，陈独秀等旨在借机掀起广泛的国民会议运动，在宣传上重新获得主动权。

鉴于此，陈独秀在党报"反帝"宣传上从对国内外事件的日常性评述转向集中于国民会议的宣传。1924年11月至1925年初，陈独秀发表十余篇此类新闻时评，引导国民会议运动的趋向：《国民会议及其预备会议》（《向导》第93期）、《孙段合作与国民党之运命》（《向导》第94期）、《国民会议促成会与中国政局》（《向导》第95期）、

---

① 中央档案馆：《中共中央文件选集·第一册》，中共中央党校出版社1989年版，第301页。

② 同上书，第309—310页。

《国民会议声中之民选省长》(《向导》第 96 期)、《国民会议与商人贵族》(《向导》第 97 期)、《我们应如何对付善后会议》(《向导》第 100 期)、《大家应该开始懂得善后会议的价值了!》(《向导》第 102 期)、《愚弄国民的国民会议条例》(《向导》第 103 期) 等。)

这些评论一方面注重在政策层面厘清国民会议运动的目的、性质、斗争对象及活动方式等。陈独秀指出,国民会议运动的目的就是人民起来组织政权,将"现在的临时执政奉还政权于人民"。[①] 斗争对象是帝国主义和军阀,他说:"帝国主义者与军阀间的新勾结已就成熟,倘不由人民的动力破此新勾结,则今后的中国仍是帝国主义者与军阀世界",[②] 呼吁人民加入国民会议运动之中。

另一方面,针对国民会议运动的实时动态予以引导。段祺瑞主导的北京临时政府对于国民会议运动不予理睬,反而召开"善后会议",又公布"国民会议条例"来搪塞。陈独秀评论称:"我们反对善后会议,并不是因为这个名称和预备会议不同,乃是因为他是军阀官僚包办的会议,没有人民的代表出席说话";[③] 而诸多限制的"国民会议条例"则表明:"军阀派本来不会有召集真正国民会议的念头,要想真正国民会议实现,只有国民自己努力。"[④] 1925 年 3 月 1 日至 4 月 16 日,国共两党共同发起召开了"国民会议促成会全国代表大会",中共党员苏兆征、朱务善等当选为联合总会的执行委员,可谓这场运动的直接成果。

"国民会议促成会全国代表大会"召开的同时,孙中山在北京逝世,国共两党共同在各地举行各种悼念活动。陈独秀等中共中央亦借孙中山遗言掀起"反帝"宣传。中共中央发布通告称:"中山死后

---

① 独秀:《国民会议及其预备会议》,《向导》1924 年 12 月 3 日。
② 独秀:《国民会议促成会与中国政局》,《向导》1924 年 12 月 17 日。
③ 独秀:《我们应如何对付善后会议》,《向导》1925 年 1 月 28 日。
④ 独秀:《愚弄国民的国民会议条例》,《向导》1925 年 2 月 21 日。

我们有两个重要的工作：1. 借追悼会做广大的宣传，尤其要紧的是根据中山遗言（已由上海书店汇印出来了）做反帝及废约宣传"①（着重号系原文所有）。陈独秀评论称："只要帝国主义者及其工具——中国军阀——不能斩尽杀绝中国的革命党，四万万人中只要有一人继续中山先生之志而奋斗，中山先生都未曾死！"②

总体而言，从中共"三大"至五卅运动，以陈独秀为首的中共中央开始调整宣传重心，致力于从偏向"反军阀"到以"反帝"为中心的宣传政策转变。在这一诉求下，陈独秀侧重党报的新闻时评引领反帝的宣传实践。这种新闻时评的媒介呈现方式，注重将反帝的诉求纳入日常化的政治和社会变动的解读之中，从而在党报中展示了一幅压迫—反抗真实的、动态的场景。

三　陈独秀与中共党报反帝宣传的影响

陈独秀等中共理论宣传精英对反帝宣传的政策调整及报刊实践，收到了巨大的社会反响。1925年爆发的五卅运动即为突出一例。

5月15日，上海内外棉七厂发生日本人枪杀中国工人顾正红事件。次日，陈独秀即签署中央通告，要求各地党员以此事为契机一致掀起宣传运动，"由各团体宣言或通电反对日本人枪杀中国工人同胞，这些宣言，通电在当地各报并直寄京沪各报发表"，"由各团体名义发起组织宣传队向市民宣传日本帝国主义者历来欺压中国人之事实，造成排货运动"。③ 19日，陈独秀再签署中央通告，要求以此事掀起一个"反对日本的大运动"。④ 2月28日，陈独秀召集中共中央召开会议，

---

　① 中央档案馆：《中共中央文件选集·第一册》，中共中央党校出版社1989年版，第404页。
　② 独秀：《悼孙中山先生！》，《向导》1925年3月14日。
　③ 中央档案馆：《中共中央文件选集·第一册》，中共中央党校出版社1989年版，第415—416页。
　④ 同上书，第417页。

要求于30日组织上海工人和学生到租界游行示威。郑超麟回忆说，"到租界演讲，无论如何是件新的事情"。① 而30日学生上街游行、演讲引发了"五卅惨案"。"五卅惨案"的发生激起了全国规模的五卅运动，"到处响起'打倒帝国主义'、'废除不平等条约'的怒吼"。②

五卅运动之所以爆发，其根源在社会政治问题，陈独秀及中共中央适时在组织上推动有着直接作用。同时，不可忽视另一因素是，陈独秀及中共中央在此前反帝宣传所积累的社会效果。1926年，恽代英总结运动爆发的四个根本原因：帝国主义长期压迫、革命宣传、民众组织发展、革命党发展；就革命宣传而言，"革命宣传渐普及，亦是一种根本原因。最近几年，各种宣传的出版物很多，到处都有编印分卖的……这里这样说，要实行国民革命，求中国人民自由平等；那里那样说，要打倒帝国主义，打倒军阀。自然，许多人脑子里都受了影响"。③ 因此，五卅运动表现出"反帝"的民族主义情绪尤其高涨。张国焘回忆："在我的亲身经历中，五卅运动的民族情绪，其感人之深，尤胜于当年的五四运动。"④

而五卅运动开展又进一步推动了反帝的宣传及效果。中共中央在五卅运动兴起之时，即创办了《热血日报》、"国民通信社"等宣传机构。⑤ 陈独秀为《热血日报》撰发刊词称："上海市民的热血，已被外人的枪弹烧得沸腾到顶点了"，要用"热的血"对抗帝国主义"冷的铁"。⑥ 其间，《热血日报》主编瞿秋白，以及《向导》同

---

① 郑超麟：《郑超麟回忆录·上》，东方出版社2004年版，第222页。
② 中共中央党史研究室，胡绳主编：《中国共产党的七十年》，中共党史出版社1991年版，第50页。
③ 上海社会科学院历史研究所：《五卅运动史料·第一卷》，上海人民出版社1981年版，第7—8页。
④ 张国焘：《我的回忆·上》，东方出版社2004年版，第386页。
⑤ 郑超麟：《郑超麟回忆录·上》，东方出版社200年版，第225页。
⑥ 《热血日报》发刊词，任建树《陈独秀著作选编·第三卷》，上海人民出版社2009年版，第472页。

人发表了大量时事评论，始终将五卅运动导向"反帝""废约"的路向。1926年，在国民党宣传部工作的共产党员毛泽东说："此次在宣传上收效极大，乡村农民群众已普遍的知道了本党有拥护民众反抗帝国主义的宣言。"① 张太雷1926年说："五卅运动将中国的人民唤醒起来，反帝国主义的宣传深入穷乡僻壤。"② 换言之，五卅运动本身也是一次反帝的宣传实践；运动中的群众走向街头不仅印证了中共反帝宣传的主张，也将这一主张带进了普通人的生活和观念之中。

四 结论

大革命时期反帝宣传运动在20世纪中国民族主义运动中有着重要的影响。它唤起群众运动的高涨，使中共即使面临大革命失败的结局仍斗志满满。1927年至1940年《纽约时报》驻华首席记者哈雷特·阿班回忆称这种宣传是"莫斯科式的宣传"，"在中国鼓起了狂热，进而激励了中国共产党人的勇气，进行了长达十年的抵抗"。③

"莫斯科式的宣传"显然是指苏联宣传体制的影响，意指大革命中的反帝宣传具有高度组织化的特征。而从组织的维度考量中共反帝宣传，则须解析宣传政策、党报实践与组织行动之间的关系。中共早期宣传体制架构中，中共中央执行委员会对宣传工作的集中领导在"一大"就已确定，中共"二大"进一步将地方服从中央写入《中国共产党章程》。而中共早期政治机关报杰出代表《向导》在宣传体制架构中不仅是宣传阵地，更是"是本党政策之

---

① 这里的"本党"名义上是指国民党。上海社会科学院历史研究所：《五卅运动史料·第一卷》，上海人民出版社1981年版，第59页。

② 上海社会科学院历史研究所：《五卅运动史料·第一卷》，上海人民出版社1981年版，第63页。

③ 哈雷特·阿班：《一个美国记者眼中的真实民国》，杨植峰译，中国画报出版社2014年版，第28页。

指导机关"。① 以此观之，中共中央负责人陈独秀无疑是大革命时期反帝宣传的中枢人物。陈独秀在中共"三大"后确立反帝宣传的中心地位，以及国共合作实现后以反帝宣传改造国民党宣传部等，是具有重要影响的政治宣传决策。他在党报宣传实践中，重视以新闻时评方式将反帝的诉求纳入日常化的政治和社会变动的解读之中，展现其典型的报刊宣传家之特质，亦具有重要的示范效应。蔡和森1926年就说："中国每次事件发生时，政治舆论界总是倾听《向导》的声音。"② 就此而言，身兼报人和政党领袖双重身份的陈独秀与20世纪20年代新闻舆论界变动之关系，仍值得深入探析。

---

① 倪延年：《中国新闻法制通史第五卷·史料卷》（上），南京师范大学出版社 2015 年版，第 603 页。
② 蔡和森：《关于中国共产党的组织和党内生活向共产国际的报告》，《中央档案馆丛刊》1987 年第 2 期。

朱舜水在日礼遇考论*

周逢年**

摘　要　朱舜水在日本受到高规格的礼遇。德川幕府时期，日本宰相德川光国聘朱舜水为宾师，执弟子礼。对朱舜水爱戴备至，礼遇有加。笔者试图考论朱舜水在日本的礼遇表达及其礼遇缘由。

关键词　朱舜水　日本　礼遇

前　言

朱舜水深受德川家族及其弟子和日本民众的爱戴。现保存于德川家族历代墓地瑞龙山内（今茨城县常陆太田市）的朱舜水墓有专人保护（因2011年3月11日东日本大地震，墓本身完好如初，但周边有土崩，2016年6月已全部修复，目前无人看管），逝世之地即东京大学农学部内立有"朱舜水先生终焉之地"的碑石①。其坟墓

＊　本文系浙江省社科规划课题"朱舜水思想在日传播研究"（课题编号：16NDJC284YB）的阶段性成果和浙江省哲学社会科学重点研究基地课题项目的研究成果（课题编号：15ZDDYZS04YB）。

＊＊　周逢年（1976—　），男，安徽合肥人，中国计量大学艺术与传播学院副教授，博士。研究方向：跨文化传播，视觉传播。

①　"朱舜水"条，https：//ja. wikipedia. org/wiki/% E6% 9C% B1% E8% 88% 9C% E6% B0% B4。

建制依朱舜水遗嘱按照明朝坟墓样式建造。据李甦平教授对朱舜水墓地的描述，朱舜水逝后受到了德川家族极高的礼遇："瑞龙山风景极幽，平民不得葬此。入山百步余，为德川光国的衣冠冢；再上坡二十余级，为光国暨配夫人之墓；左折而东百步余，即为朱舜水之墓。四周乔木，中有石台，台前立石碑，高75公分，厚25公分；正面为光国亲题隶书'明徵君子朱子墓'，两侧碑阴，即安积觉所刊之文；墓前左右有石片对立，如中土照门；旁有土坟起，半环如脊，仿佛护龙；墓道西向，据说是当时为遵舜水遗嘱而特意安排的，殆不忘中土之意，以显逝者之心。"① 这说明朱舜水墓地环境幽美，并依照朱舜水的遗愿而建，建于德川家族墓地，是唯一一位外族逝者，也可看出朱舜水得到日本德川幕府的身份认同和价值认同。

1912年，朱景彝所撰《日本瑞龙山展墓记》一文中关于朱舜水在日本遗存的记载："下山至庄，庄有库藏水户家历代遗物，伊藤君捧示义公手书。公（指舜水）之神主，则分内外两层：外题'大明徵士朱舜水谥文恭先生之神主'，内题'大明故舜水朱讳某鲁屿神主'，左右题生卒年月，外加黑漆椟，一如中国式，复以木棉里藏。于木雕之神堂，有木像一躯，高可三尺，汉装盘膝坐，头戴处士巾，巾质似中国真青线绉，已破旧。伊藤君云：'伊藤以义公书寿藏碑见贻……粟田勤君……历述舜水公当时遗事。道观水户文库有等善中村所绘画像，面有七痣，衣冠一如木像。并公所遗书籍不少，丹黄满月，皆公手泽，左一库藏有文庙殿庑木雕模型，及笾篁笾豆各祭器，为当时义公倡兴文教礼乐祭器，皆公手定范型，以示匠人，二百五十年木色如新，一无损坏，其保存可谓至矣。"② 从"二百五十年木色如新，一无损坏，其保存可谓至矣"的这句话，就足可说明

---

① 李甦平：《朱舜水》，云南教育出版社2009年版，第10、144页。
② 邵苇水：《余姚三哲纪念集》，余姚县立民众教育馆1935年编印，第193—194页。

日本人民对朱舜水的敬重。

德川光国为朱舜水建文恭祠堂于驹笼庄并亲自书写悼文,该祠堂因火灾被烧毁之时,朱舜水弟子服部其衷冲入火海取出朱舜水牌位,此牌位也是德川光国亲自书写朱舜水名字的牌位。1702 年,在安积觉的请求努力下再次重建该祠堂。日本宽政时期,彰考官史馆人员在祠堂周边栽植樱花,以寄思于对朱舜水的怀念,也是缅怀义公(德川光国)的遗志。① "肃公乃命建祠于水城西,又请置主祭,岁时荐享,祠之不废,以觉之中肯也。"② 1807 年,彰考馆总裁青山延于(1776—1843)建言,为了发展、扩大学校规模,将祠堂作为青少年的修学场所,但最终没有实现。不过,后期史馆编修、水户藩天保改革派中心人物藤田东湖(1806—1855)于舜水祠堂在每月的二日和七日开讲"小学"和"论语",一直到朱舜水逝后的 145 年持续发挥着教育作用。③ 用徐兴庆教授的话说:完成朱舜水心愿的同时,在祠堂释讲也是有特别意义的。

此外,德川光国还为朱舜水在水户建造"三镜堂"别庄。据人见传所撰《舜水墨谈》记载:"水户相公之别庄在本乡(即水户),相公为翁(舜水)筑馆于森林之间,授园圃数亩,翁栽花竹种美草以乐之,匾曰'三镜'。"此别庄环境优美,清静优雅,正适合朱舜水清静无为的思想境界。

据《光绪二十五年修余姚县志卷二十三朱之屿》记载:"上自列国之君,下逮承学之士,皆待以宾师,执贽恐后。生事死葬,至敬尽礼,不仅如鲁缪、齐宣之于思、孟。至今尸为乐祖,俎豆不祧。"④ 现

---

① [日]木下英明:《「朱舜水と彰考館の史臣達」「水户史学」》1993 年第 38 号,第 13 页。
② (明)朱舜水著,朱谦之整理:《朱舜水集》,中华书局 1981 年版,第 823 页。
③ 徐興慶:《「"西山隱士"七〇年の歲月——德川光国の学問、思想形成及びその文化遺產」「日本思想史」》2014 年第 81 号,第 5 页。
④ (明)朱舜水著,朱谦之整理:《朱舜水集》,中华书局 1981 年版,第 641 页。

今的日本教科书仍记载有他的相关事迹。朱舜水被高规格的礼遇正如安东守约在《答朱先生孙天生》信中所言："生则承水户上公之礼待，没则享祭于宗庙，天之福于可观焉。"① 还题诗赞道："远避胡尘来海东，凛然节出鲁连雄。历忠仗义仁人事，就利求安众俗同。昔日名题九天上，多年身落四边中。鹏程好去图恢复，舟楫今乘万里风！"②

一 对朱舜水礼遇的表达

（一）行隆重礼节

用民国作家许啸天的话说，日本人应该感谢先生的："先生拿中国的礼教去教导日本人，使日本人注意汉学，深受先生的人格感化，直到如今，日本人受了我们大陆国的教化，又受到舜水强毅人格的感化，而有今日蹈厉的一天，这是日本人应该感激先生的。"③ 朱舜水去拜见奥村庸礼，得到奥村庸礼非常隆重的礼节接待，率家人于门口处迎接朱舜水，并亲自将所吃糕点呈奉给朱舜水而不差遣家丁。据《与吉弘元常书十五首》记载："初三日，某往拜奥村因幡。其子其婿迎接大门之内滴水，因幡屣履于玄关下滴水之外，导而入。交礼毕，其婿及其子，以次交礼。交礼之后，因幡两手据席不起，谈议之间，亦必半为俯偻。直至毕席，皆然。身自举案，进馔进菓，身自捧递者三四。其余食饮，皆其子其婿执事。仆从甚多，罗列两旁，每事必身亲为之。再三辞之，不获。临别勤勤致谢，送于大门之外。其子其婿，两手安地，礼甚恭。次早父子三人，冒雨来谢，各送大刀折纸。着屐于深泥之中，跋涉甚难。"④ 朱舜水为此甚为感

---

① （明）朱舜水著，朱谦之整理：《朱舜水集》，中华书局1981年版，第760页。
② 《朱舜水与安东守约》，《朱舜水纪念会刊》，神田印刷所1912年版，第91页。
③ 许啸天整理：《清初五大师集（卷四）·朱舜水集》，知识产权出版社2012年版，第2页。
④ （明）朱舜水著，朱谦之整理：《朱舜水集》，中华书局1981年版，第290页。

动，认为这行的是对宰相德川光国的礼节。朱舜水在同友人、弟子书信中，经常会谈到被高规格的礼待。虽然朱舜水没有具体说明如何行隆重的礼节，但从字里行间能够体会到被礼待的程度。在《答王师吉书》中说道："近者，上公（德川光国）礼待日益隆重。今年正月以来，赐肩舆直入朝中。二月间，弟下体患一肿毒。上公亲临视疾，事事周挚；使命馈遗络绎于道，诸卿大夫无不亲来视问。半月之间，上卿有视问八次者。"① 朱舜水也深感歉意，并多次表示谢意，"吾籍上公眷顾，孤踪海外，得养志守节，而保明室衣冠，感莫大焉"②。在给小宅生顺信中说："幸蒙樾荫，许得留止贵邦，全忠臣孝子之节。非独有大造于仆，远近莫不闻知，亦所以章贵国之明于大义也。"③

弟子安积觉晚年诫其子孙说："舜水先生自书《缘由》一卷，及小李将军画轴，义公自'朱舜水遗物也'六字押印及紫檀笔筒，皆是朱先生殁后义公所赐者，皆藏而实护之。凡我子孙当敬之如神明，其或沦落遗失者，非吾子孙。"④ 可见，安积觉对恩师朱舜水的仰重和礼节的程度。

（二）从生活细节关怀

德川光国礼遇朱舜水非同寻常，从生活细节处照顾关怀朱舜水，将朱舜水放在心目中的重要位置。既考虑朱舜水物质方面需要，也考虑朱舜水精神方面的需要。每逢重要时日，德川光国都要亲自前去探望慰问。德川光国每驾车路过先生的门口，在离门口几十步远之外便下车下马，表示对他的敬意。在朱舜水因患肿毒生病期间，德川光国亲自并差使所有家老、重臣前去登门慰问探望，且每隔半

---

① （明）朱舜水著，朱谦之整理：《朱舜水集》，中华书局1981年版，第50页。
② 同上书，第643页。
③ 同上书，第311页。
④ 李甦平：《朱舜水》，云南教育出版社2009年版，第129页。

月派遣上席家臣前去慰问。这一礼遇行为在当时学者中间成为美谈，纷纷将德川光国比喻为："魏文侯礼遇卜子夏、田子方和段木干。"①德川光国善解人意，为了让朱舜水晚年有个愉悦的心情，少一些思亲心切的愁绪，试图接一孙男来陪伴朱舜水。朱舜水在《答王师吉书》中有这样一句话："上公谕令接取小孙来此；若得一可意者，晚景少为愉悦，稍解离忧耳。"② 因多种缘由，最终没有成功。不过，德川光国并没有放弃其他方法来安慰朱舜水。有意欲邀请故人如心越禅师来江户看望朱舜水。"又一儒一僧得于江户之水水户藩别邸相逢，实乃德川光国巧思之安排也。"③

据《清史稿卷五〇五遗逸传二八六朱之瑜》一文记载："日人重之瑜，礼养倍至，特于寿日设养老之礼，奉几杖以祝。又为制明室衣冠使服之，并欲为起居。"④ 在朱舜水70岁生日当天，德川光国行养老礼，将后乐园赠予朱舜水。梁启超所著《朱舜水先生年谱》记载："十一月十二日，先生诞辰。源光国行养老之礼，飨先生于后乐园，亲授几杖，竭诚尽敬。十六日亲临其第，酒肴币帛，礼接稠叠。特制屏风画汉、倭先哲年高德劭者六人——太公望、桓荣、文彦博、武内宿祢、藤原在衡、藤原俊成，以介遐寿。"⑤ 在朱舜水80岁生日当天，德川光国又行养老礼，亲自选送衣裘、鸠杖、鹤屏等礼物二十品，并命奏古乐助兴。"十一月十二日，先生八十岁生日。源光国又行养老礼。前一日亲造第庆祝，奉以羊裘、鸠杖、龟鹤屏等二十品。……其日，光国命奏古乐以乐之。"⑥

---

① 朱舜水記念会編：《朱舜水》，朱舜水記念会事務所，明治四十五年六月（1912年），第13页。
② （明）朱舜水著，朱谦之整理：《朱舜水集》，中华书局1981年版，第51页。
③ 徐兴庆编著：《新订朱舜水集补遗》，台大出版中心2004年版，第320页。
④ （明）朱舜水著，朱谦之整理：《朱舜水集》，中华书局1981年版，第643页。
⑤ 同上书，第714页。
⑥ 同上书，第723页。

(三) 逝世后的缅怀

朱舜水逝世后，德川光国和朱舜水的弟子以及后世民众以不同形式缅怀朱舜水。高规格厚葬、著写祭文和缅怀诗文、召开各种学术研讨会等。德川光国率其世子纲条及朝廷官员参谒其葬礼。在每年的朱舜水忌日上，德川光国都是亲自举行祭礼，并书写祭文，高度赞扬朱舜水的德行和功绩。赞道："韬光晦迹，德必有邻。天下所仰，众星拱辰。既见既觏，真希世人。温然其声，俨然其身。威容堂堂，文质彬彬。学贯古今，思出风尘。道德循借，家保国珍。函丈师事，恭礼寳宾……"① 德川光国还委派当时著名雕刻名匠给朱舜水雕塑了等身雕像，形象栩栩如生。日本学者稻叶君山认为："这不仅是表彰义公（德川光国）的遗迹，更是作为我们日本人先辈留下的纪念物，这是作为国宝保存，又是作为东洋文化遗物之一而名扬四方。"② 弟子安东守约书写祭文深刻缅怀："……秉仁仗义，特徵不就，高尚其事。……矫矫云鸿，不染腥膻……守礼不屈，凛凛树节。……诱掖谆恳，教爱亲切；稍解椠篗，许以知己。经史奥义，命面提耳；……醉酒饱德，情意共适。……质性刚毅，以诚为本，一生不伪。德贯天人，学极古今；洙、泗、伊、洛，继统惟深。其接人也，容貌粹温；于和乐中，有恭敬存。其作文也，辞义典雅；……我得其知遇，天也，亦神助也，千百世而一相遇者也。恩如父子，岂非族之云乎？"③ 安积觉在《祭朱文恭先生文〈代言〉》中赞许道："先生之文如长江之一泻千里，先生之节如孤峰之特立万仞，而其德教之熏陶士庶，如雨露之涵濡润泽；操守之卓越古今，如日星之灿

---

① （明）朱舜水著，朱谦之整理：《朱舜水集》，中华书局1981年版，第726页。
② 朱舜水記念会编：《朱舜水》，朱舜水記念会事务所，明治四十五年六月（1912年），第47页。
③ （明）朱舜水著，朱谦之整理：《朱舜水集》，中华书局1981年版，第731—734页。

烂彪炳。其有功于民生彝伦，莫知其然而然也。"① 并在《祭文恭朱先生墓文》中写道："能存冠裳之故，不染腥膻之俗，处身既善，而志则有。……而启发之功备至。学则溥溥渊泉，行则严毅方正，才则黼黻经纶，文则布帛菽粟，罕见其俦，孰能与之！"② 安东守约在朱舜水逝世5年后，还经常梦见先生，每次梦见都是泪不溢枕，有感先生之灵充盈于天地间，为追思恩师还撰写《梦朱先生》的诗文："泉下思吾否，灵魂入梦频。坚持鲁连操，实得伯夷仁。没受庙堂祭，生为席上珍。精诚充宇宙，道德合天人。"③ 明朝东渡日本的东皋心越禅师（1639—1695年）即朱舜水的朋友撰诗悼念道："蓦地相逢喜故知，死归生寄不须疑。怜君只是孤身客，事到头来我亦悲。"④ 水户派学者、彰考馆总裁青山延于（云龙，1775—1843）为纪念朱舜水在《舜水先生祠堂植樱树记》中写道："唯先生则然，感慨奋进，以图兴复。其在安南，白刃身交屈，其大节凛凛严霜烈日之若。事成虽先生之忠义大节，必将被世，则天下之士，其有亦励。且吾党之士赋传之，颂宣之则先生遗风余烈，其果有被世。"⑤ 森俨塾在《拜舜水先生祠堂》中吟诗敬慕道："先师如在两楹前，清酌嘉蔬俎谷连。拜手鞠躬唯谨尔，八音高奏届玄天。"日本维新派诗人小野湖山在水户拜谒朱舜水墓时作诗缅怀："安危成败亦唯天，绝海求援岂偶然。一片丹心空白骨，两行哀泪洒黄泉。丰碑尚记明征士，优待曾逢国大贤。莫恨孤棺葬殊域，九州疆土尽腥膻。"

当然，一直以来有关朱舜水不同形式的纪念活动陆续不断。如

---

① （明）朱舜水著，朱谦之整理：《朱舜水集》，中华书局1981年版，第742页。
② 同上书，第743页。
③ 『省菴先生遺集』卷9，第518页。
④ ［日］杉村英治：《旅日高僧乐皋心越诗文集》，周用宜译，《中国史研究动态》1994年第12期。
⑤ ［日］前揭名越時正：《水户学的研究》（水户学集成六，神道史学会1975年版。國書刊行会が1997年に復刻），第258页。

朱舜水逝世后33年（公元1715年），先是有源光国手辑朱舜水先生文集二十八卷，在每卷官位的尊名之上，题上"门人"二字以示敬重。文集由其世子源纲条刊刻完成，并为朱舜水文集作序，序中写道："然高举远引，誓期兴复，忠爱恻怛之诚与文谢抒节于往日者，独于我舜水先生乎见之矣。其激烈慷慨，发乎文字，炳如日星，将使读者咨嗟钦慕，不能自己焉！是其所以砥砺名节、裨补世教者，岂浅浅邪！"① 明治45年6月（公元1912年），安东守约之后人安东守男和德川光国之后裔侯爵德川赖伦、伯爵德川达孝等在帝国教育学会的支持下为朱舜水召开二百五十周年纪念会，刊行纪念刊。并在第一高等学校内为朱舜水竖立一枚写有"朱舜水先生终焉之地"石碑，由著名学者石川龙山书写。碑旁种有朱舜水所钟爱的樱花树数十株。据朱舜水遗事记载：每次赏樱花之时，安积澹泊总是说："如果中国也有此花，想必是百花之冠。"② 虽然这存在着常识性错误，却透露出对朱舜水的怀念之情。从1975年始，安东守约显彰会为纪念安东守约和朱舜水而举行慰灵祭祀和演讲会。1976年5月，即朱舜水逝世294周年之时，常陆太田市"朱舜水遗德显彰会"在德川光国隐居地常陆太田市西山庄的不老池畔竖立"朱舜水碑"，碑面的舜水雕像由雕刻家小森邦夫所作，中间的"朱舜水碑"和两旁的"道一以贯""日中交心"的题字由书法家吉泽铁石所作，碑阴的碑文由石原道博撰写。1978年10月，在安东守约的坟墓南侧修建了"三忠苑"纪念园，园中东南方三根石柱分别代表安东守约、朱舜水和德川光国。20世纪90年代，日本柳州市派出代表团访问余姚、宁波和杭州等地。1981年，日本知识文化界的旅日华侨成立朱

---

① （明）朱舜水著，朱谦之整理：《朱舜水集》，中华书局1981年版，第783页。
② 朱舜水記念会：《朱舜水》，朱舜水记念会事务所，明治四十五年六月（1912年），第16页。

舜水遗德显彰会，并举行朱舜水逝世 300 周年祭。1982 年，日本代表团专程来到浙江余姚，参加余姚市龙泉山建造"朱舜水先生纪念碑"的揭幕仪式。1995 年 10 月中日两国学者在上海和余姚举行中日舜水学学术研讨会；2010 年 11 月日本学者参加"台湾大学"举办的"朱舜水与东亚文明发展国际学术研讨会"。2012 年 11 月，在余姚市举行中日"舜水学"研讨会以纪念朱舜水诞辰 407 周年。日本有关人士和组织纪念朱舜水的活动一直都在进行。

（四）拒绝朱舜水请辞

朱舜水 83 岁病逝，生命最后几年已是体弱多病，自感老迈不堪。自己认为顾惜蝇头小利，已是非明智之举。便请辞德川光国告老还乡，而德川光国及相关人员都予以拒绝。在与林道荣书信时说："前年欲告辞归崎，而宰相源公厪眷不已。今春更欲再辞，而诸人识与不识皆以为不可，极力相阻，不容不从。"① 实际上，在朱舜水 70 岁高龄时，因诸病缠身，时好时坏，且又有其他并发症，遂向德川光国请辞而被拒绝。后来在与古市务本书信中说："至十一月，欲上其书，不佞虽秘密其事，而宰相源公似已知之，每见辄言匆冗，故此书不能达。"② 德川光国不但不同意朱舜水请辞，还足备礼仪给朱舜水举办隆重的七十寿辰。而朱舜水在《与古市务本书六首》中这样写道："惟是源公意思肫笃，礼仪卒备，而先补预闻，不得已微情上达耳，受之十分惭惧。又且烦诸公遣贺，或以诗词歌颂，益深悚惕矣。"③

（五）不直呼其名

日本宰相、水户侯藩主德川光国聘请朱舜水为宾师到江户（今

---

① （明）朱舜水著，朱谦之整理：《朱舜水集》，中华书局 1981 年版，第 287 页。
② 同上书，第 330 页。
③ 同上书，第 331 页。

东京）讲学，执弟子礼。因为对朱舜水的敬重，德川光国不敢直呼其名，恳请朱舜水取号为名。据梁启超所著《朱舜水先生年谱》所言："先生在江户时，源光国敬礼之，不敢称其字，欲得一菴、斋之号称之。"① 许多日本著名学者、弟子如安东守约、山鹿素行、小宅生顺、安积觉、奥村庸礼、田止邱等都以"先生"相称。

通过史料和朱舜水自述表明，朱舜水到江户后受到了高规格礼遇。尤其在"礼"的表达上无微不至。从物质到精神，从语言到行为，从大处到具体生活细节都是面面俱到地礼遇朱舜水。

二　朱舜水的学识与德行

（一）学识渊博、德行高尚

朱舜水知识渊博，学问殷实。对于当时日本来说，朱舜水的知识结构基本能够解决当时日本之所需。从国家指导思想、制度礼仪建设、经济文化发展到建筑农耕技术，从理论到实践似乎可以指导日本的各个领域，而且能够亲自示范指导。据清《广印人传》载："朱舜水颖悟夙成，精研六经，通毛诗，精篆刻。"② 安积觉所撰《明故徵君文恭先生碑阴》记载："凡古今礼仪大典，皆能讲究，至其精详。至于宫室器用之制，农圃播植之业，靡不通晓。"③ 今井弘济、安积觉所著《舜水先生行实》也记述："虽农圃梓匠之事，衣冠器用之制，皆审其法度，穷其工巧。识者服其多能而不伐，该博而精密也。"④ 弟子人见竹洞在《赞》一文中写道："自少以孔、孟为志，经史文章，礼乐刑政，无不博穷而旁通，至若宫室痒序之制，

---

① （明）朱舜水著，朱谦之整理：《朱舜水集》，中华书局1981年版，第645页。
② 杨儒宾、吴国豪主编：《朱舜水及其时代》，国立台湾大学出版中心1999年版，第12页。
③ （明）朱舜水著，朱谦之整理：《朱舜水集》，中华书局1981年版，第631页。
④ 同上书，第624页。

农事考工之法，衣冠职方之品，冠婚丧祭之仪，各精且详矣。"① 颖川入德寄安东省庵书记载（柳川古文书馆藏）："生顺至政所谓镇公曰：'朱公博学鸿儒文章高古，体貌庄严，可法可则，吾儒中第一人也。'"日本学者中村新太郎称朱舜水是真正的经济学家，"先生是真正的经济家。今日在无人之野起建一座城池，必咸集士农工商之擅长者；如有先生一人在，则成就全城尚且有余。由诗书礼乐至水旱田作之理，由房屋建造至酒盐油酱之方，先生无不精通备至"。② 日本九州岛大学著名学者金培懿先生认为："由于舜水学问幅广，并不限于朱子学，此点适合解决日本儒者对中国儒学所提出的具体性、抽象性的各种问题。……不管是性理学之疑问，或礼乐制度之不解，舜水无不予以回答。舜水确实是满足了当时欲知中国一切事的江户儒学者之需求。"③ 曾任台湾总督府民政长官后藤新平④也认为："明季征君朱之瑜，邻邦所贡之至深又至宝也。道义则贯心肝，学术则主王业，不得行怀抱于故国，而却传衣钵于我邦……烛大义，阐王道，使东海之日月有光于千载，岂不亦贤乎！之瑜既义不帝秦，坚守鲁连之志，遂来蹈东海，得义公（德川光国）之知遇，乃为与湊川之碑不朽千古之人。况于其纯忠尊王之精神，谤溥郁屈，潜默酝酿，可二百年。而遂发为志士勤王之倡议，一转王政复古，乃至冀

---

① 徐兴庆编著：《新订朱舜水集补遗》，台大出版中心 2004 年版，第 251 页。
② 转引自翁志鸥《"经邦弘化康济艰难"——纪念朱舜水逝世 31 周年》，《杭州大学学报》1992 年 6 月。
③ 金培懿：《朱舜水于江户儒学史上所起之作用——由其与古学派之关系谈起》，张立文、町田三郎主编《中日文化交流的伟大使者——朱舜水研究》，人民出版社 1998 年版，第 193 页。
④ ［日］后藤新平（ごとうしんぺい）（1857—1929），日本明治、大正、昭和三朝重臣、政治家，殖民扩张主义头目，日本首屈一指的殖民地经营家，满铁的实际开创者。台湾总督府民政长官、南满洲铁道株式会社第一任总裁等。1906 年出任满铁总裁，提倡新旧大陆对抗论，要日本联合俄国，将南满铁路、东清铁路和西伯利亚铁路连成一片，形成欧亚大铁路网，对抗美国铁路资本进入东亚。1908 年后任递信大臣、内务大臣、外务大臣和东京市长。1929 年病死。

成维新之大业，以致国运今日之蔚兴，我之所得于之瑜也固大矣"！①日本研究中日关系专家木宫泰彦在其所著《日中文化交流史》中有专门论述："来到日本的明清人对日本儒学、诗文学、绘画、书法、医道、工艺等的发展，作出贡献的还很多。其中给日本精神文化以最大影响的是明末遗臣朱舜水。……凡当代学者无不直接间接受他的感化，给日本儒学以极大的影响。"②

朱舜水仁义道德非一般人所能比拟。执着真诚，言行一致，想他人之所想。朱舜水谥号为文恭先生，是对朱舜水最准确的人格评价："道德博闻曰'文'，执事坚固曰'恭'；盖先生之谓乎！故谥曰'文恭'。"③《明故徵君文恭先生碑阴》记载："徵君严毅刚直，动必以礼，……明室衣冠，始终如一。"④安东守约在《朱舜水先生文集序》中写道："先生为人严苛雍穆……一言一行，以诚为本。"⑤朱舜水与安东守约初次见面，便说："我无它长，只一诚而已矣。"朱舜水对已故知己王翊十年如一日地祭祀。因不知王翊具体的殉难时日，便以八月十五日设为祭祀日，该日闭门谢客不见任何人，以示对知己的怀念。据《答野节书二十八首》记载，"十五日为知友王侍郎殉忠之日，此日不喜接见一客，也不至于谈笑"。⑥原念斋所著《先哲业谈卷二朱之瑜》和今井弘济和安积觉同撰的《舜水先生行实》都记载：朱舜水每逢八月十五日，闭门谢客，终身废中秋赏月。朱舜水的德行深得日本高层及其弟子、友人的肯定，这一天无人打搅他。他自己谦虚地说："恨仆性执才庸，不能随机通变，空为后人

---

① （明）朱舜水著，朱谦之整理：《朱舜水集》，中华书局1981年版，第796页。
② ［日］木宫泰彦：《日中文化交流史》，胡锡年译，商务印书馆1980年版，第703页。
③ 同上书，第623页。
④ 同上书，第631页。
⑤ 同上书，第784页。
⑥ 同上书，第229页。

作话柄耳。"① 在朱舜水生命的最后几年，由于深患疥疮，为防止传染他人而坚决拒绝医生医治，便委婉辞谢道："玄建者，常在公侯之门医疗权要者也。今吾之疾也，疥痒浸淫，手足污烂；而使之诊脉，恐传染医手，则累人居多，未必不由吾也。利己而损人，君子戒之。"②

据安积觉《朱文恭遗事》记载："文恭喜宾客，不择贵贱，非有疾病事故，未尝不应接。飨客随家有无，必竭其诚。"③ 朱舜水以古圣贤的标准要求自己，并将自己所学思想理论知识运用于日本生活实践中，将自己言行一致的示范性作用教导自己的弟子。对弟子小宅生顺说："仆事事不如人，独于'富贵不能淫、贫贱不能移、威武不能屈，'似可无愧于古圣先贤万分之一；一身亲历之事，固与士子纸上空谈者异也。……若果士大夫专意兴圣人之学，此诚天下国家莫大之福、莫重之典、莫良之务，惟台台共相敦勉焉。仆虽远人，不惟举手加额，亦日夜拭目思见德化之成也！"④ 对于大势所去、残喘明朝廷的征召给予拒绝，而不是趋炎附势，赢取所谓的功名利禄。朱舜水说："但一木之微，支人既倾之厦。近则为他人任过，远则使后之君子执笔而讥笑之无为也，故忍死不为耳。"⑤ 这反映出朱舜水对名节的重视，也说明朱舜水对当时形势的准确判断。

梁启超对朱舜水如此评价："舜水以极光明俊伟的人格，极平实淹贯的学问，极肫挚和蔼的感情，给日本全国人以莫大的感化。德川二百年，日本整个变成儒教的国民，最大的动力实在舜水。……舜水之学不行于中国，是中国的不幸，然而行于日本，也算人类之

---

① ［日］木宫泰彦：《日中文化交流史》，胡锡年译，商务印书馆1980年版，第252页。
② 同上书，第623页。
③ 同上书，第625页。
④ 同上书，第311页。
⑤ 同上。

幸了"① 日本学者稻叶君山研究认为："学者也罢、武士也罢，所有人对朱舜水的学问和品德表示十分的尊敬，也是如此之思考。总之，朱舜水的一言一行、对于当时诸侯的政治和教育来说，都产生了显著的影响，对朱舜水全集也完全不怀疑。"②

（二）忠君爱国，刚毅不屈

据《安南供役纪事》记述，朱舜水被安南王俘掠之后，安南王用尽办法甚至扬言要杀他的恐吓，希望朱舜水留下供职，朱舜水因国难当头而断然拒绝。安南官员"百般恐吓，欲令屈服；而先生毫无沮色。其间往复之言，忠愤义烈，激切慨然；夷人亦为之改容。遂将至外营沙（国王屯兵之所），即日命见。文武大臣悉集，露刃环立者数千人，意欲令拜国王；或慰谕焉，或怒逼焉。先生故为不解其状；差官举仗画一'拜'字于沙上，先生乃借其仗加一'不'字于'拜'字上。又牵袖按抑令拜，先生挥而脱之。国王大怒，令长刀手押出西行。先生毫无顾眄，挥手即行，心决一死耳；遂将赴该艚所。于是阖国君臣震怒，必欲杀之。而先生执意弥固；……'今日守礼而死，含笑入地耳。何必多言！'……独在困厄之际，惟恐身名埋没于外夷而无达于天朝，乃密草奏疏，且录遭役本末，封付王凤，使上于鲁王。……自此而后，阖国君臣悉知先生贞烈义勇，凛乎不可犯，反相敬重；如国王之弟亦至，称为'大人'。其敬服如此。"③ 顺治七年，朱舜水在海上被清军俘获要其剃发投降，朱舜水誓死不从。《舜水先生行实》记载："偶在舟中为清兵所胁迫，白刃合围，欲使就降髡发；先生誓以必死，谈笑自若。同舟刘文高等七

---

① 梁启超：《中国近三百年学术史》，岳麓书社2009年版，第89—91页。
② 朱舜水記念会：《朱舜水》，朱舜水記念会事务所，明治四十五年六月（1912年），第51页。
③ （明）朱舜水著，朱谦之整理：《朱舜水集》，中华书局1981年版，第615—616页。

人感其义烈,驾舟送还舟山。"① 表现出朱舜水志坚不可摧的品质。"臣言愈逊,臣志愈坚,夜分不已,终无一字游移。"② 这折射出朱舜水不卑不亢,视死如归,忠君爱国的高尚品质。藤原信笃在《舜水先生画像赞》中写道:"通习经传,发明旨趣,辞谢官职,高尚行事,生衰敝之世,遇艰险之时,切齿清兵,竭诚鲁王,飘转安南,耿介不屈,寄遇日东,韬晦有待,不以存亡儿改其志也。"③ 梁启超评价为:"此事在先生全生涯中,如飓风一度来袭,瞥然而逝。然先生方正强毅,镇静温厚,诸美德皆一一表现,十全人格之一象征也。"④ 后藤新平赞誉朱舜水:"从明室恢复之志不成,而以满身忠愤之气,寓之一篇楠公之题赞。"⑤ 日本著名学者、木下顺庵学生新井白石认为朱舜水"缩节积余财,非苟而然矣,其意盖在充举义兵以图恢复之用也,然时不至而终可悯哉"⑥ 是一种反清复明尽忠精神之举,对朱舜水的忠君爱国思想表示深深敬意。李大钊高度赞扬朱舜水的民族气节:"孤踪于外邦,养志守节",久居日本"终以异国视之",身在患难中,没一日忘记"复兴故国、光复中原"的民族气节。⑦ 黄遵宪在《日本杂事诗》中写道:"亡国遗民,真能不食周粟者,千古独渠(朱舜水)一人也耳。"王韬在《扶桑游记》中赋诗道:"舜水先生寄高躅,眷念家国怀君恩。"我来访古心慷慨,谁欤后起扶

---

① (明)朱舜水著,朱谦之整理:《朱舜水集》,中华书局1981年版,第614页。
② 同上书,第320页。
③ 同上书,第744页。
④ 同上书,第674页。
⑤ 杨儒宾、吴国豪主编:《朱舜水及其时代》,国立台湾大学出版中心1999年版,第52页。
⑥ 朱舜水の乞师意識について、『新井白石全集五』に収録されている『白石先生紳書』巻2には、「水戸に来りし朱舜水の死し時、金三千両有て中納言殿へ返し献ぜられし也。世に在しほど毎年に費なく家事を約にせしを鄙吝なるは唐人の習也と云ひ者も有き、朱氏は志有てかく有しと也。いかにもして再び本国に帰りて義兵をも挙ん時の料にかく有しと也。哀れ成事也。常に申されしは本朝の如くにはあらず唐山は黄金乏しければ我朝の黄金を以て彼国に用ひんには百倍にもあたるべしと申されしと申されしと舜水の世に在しほどは清朝の政事に缺る所なかりしかば時いまだ至らぬと思ひゐられし也べし。」と記されている、第643—644頁。
⑦ 韩一德:《"言治"时期李大钊思想管窥》,《河北学刊》1986年第6期。

斯文？这可说明朱舜水忠君爱国的精神和大义凛然的民族气节。复旦大学教授赵健民认为朱舜水是一个"国际型"的爱国主义者。①

（三）为人低调、谦逊

朱舜水为人低调、谦逊。南明鲁王朱以海授给朱舜水的敕书，随身携带，从不示人，殁后被徐兴庆研究团队知晓。可见其低调之程度。在与弟子、友人书信中，用了很多"罪甚罪甚""感愧感愧""惭负惭负""笑笑"之类的词语，表明其为人谦虚和开朗心情。在招收五十川刚伯为弟子时，谦虚说道："不佞有四病：一则学疏。不佞三十读礼，来日本二十四年，目不见书史，在他人十三年之前，不知学问，加以二十七年荒废，则四十年矣。四十年之后血气始衰，在下寿为一世矣，岂非学疏？二则德薄。昨日下人干犯邦宪，是德薄不能化下也。"② 1665年，德川光国聘请朱舜水为宾师时说道："但以我才德菲薄，何遽足为庠序之师？"③ 德川光国将建好的后乐园准备赠送给朱舜水，朱舜水在游后乐园时说："瑜德薄学荒，涓人马骨耳，使真得贤人而用之，其德业所至，必当辉煌千古。"④ 朱舜水渊博的知识对日本贡献无可限量，世人皆知，但他十分谦虚："比之他州区区小善，人人所艳称而乐道者，不啻太阳爇火矣。仆虽衰朽远人，蒙上公破格隆礼，亦扶杖而观童叟之鼓舞，可藉手以雪胸中愤闷矣。"⑤ "仆无犄角之功，坐收羁足之惠，拜登为愧矣。"⑥ 也可见朱舜水的修为境界。朱舜水在给吉弘元常书信时说："仆糠秕远人，增之千数不足为贵国重，去之千数不足为贵国轻。将誉至此，

---

① 赵健民：《继往开来写华章——朱舜水研究的回顾与前瞻》，《朱舜水与日本文化》，人民出版社2003年版，第66页。
② （明）朱舜水著，朱谦之整理：《朱舜水集》，中华书局1981年版，第579页。
③ 同上书，第618页。
④ 同上书，第428页。
⑤ 同上书，第246—247页。
⑥ 同上书，第247页。

愧汗浃踵矣。"①并谦称自己"仆自揣谫陋,逡巡拘指而不敢居,亦其宜也"。

三 高规格礼遇朱舜水的缘由

（一）日本当时国家之需

17—18世纪的世界动荡不安。中国处在明末清初的战争时期；中南美洲处于西班牙殖民主义的侵略时期；如德国爆发三十年战争等欧洲乃至世界处于战争状态。而只有日本在儒教为主体的文化影响下持续260年的无战争时代，而朱舜水在日传播儒家文化起了关键性作用。日本此时期是由德川家族统一国家后，为了巩固德川幕府统治，国家既需要忠君的重建社会秩序的思想理论体系（尤其缺乏释典礼仪），也需要休养生息的实践技术。"况上公礼待日隆月盛，且命以释典宗庙之礼及演绎文公家礼，此真希世之盛举。……敬闻上公大使诸士释典礼，伏读图及仪注，击节叹曰：'千百年来未曾闻之事，尊圣好道之厚，天下之善孰大焉，真不世出之明君也！'"②这说明日本长久以来缺乏释典礼仪及其形式规范。再者，德川幕府时期，朝廷与幕府之间因权力关系持续着紧张气氛，德川光国为维护日本国体而倡议君臣大义和尊皇思想。作为硕儒朱舜水也持有此思想理念，并可以协助实现其宏图大略。这是日本如此礼遇朱舜水的重要原因之一。

（二）朱舜水能力全面

不过，在梁启超看来，朱舜水以羁旅穷困之身，博得日本全国人的尊敬，全恃他人格的权威。这倒也是大实话，但倘若用"全恃"之言恐怕也过于武断。因为仅凭人格权威获取全国民众的如此礼遇，

---

① （明）朱舜水著，朱谦之整理：《朱舜水集》，中华书局1981年版，第295页。
② 同上书，第756页。

恐怕言过其实。朱舜水属于通才式人物，能力较为全面。不仅人格魅力超群，还有深厚思想理论知识和实践性技术能力，且文武兼备。文化上，精通古今；思想上，做到"己所不欲，勿施于人"的思想境界且处处为他人着想；实践技能上，能满足当时日本生活领域中的基本所需，且亲手示范并手把手教学。更为重要的是解决了以往日本欠缺的文化礼仪和相关物质技术；言行上，言行一致，表里如一。安积觉在《舜水朱氏谈绮序》中总结较为到位："大义著于安南供役，忠愤见于阳九述略。至于庙堂之制，配享之礼，皆有所论列。参酌通融，则有宗庙图说；辨析精详，则有太庙礼仪。其余所著，该博富赡，维持世教，务为适用，载在文集。"① 这段话是对朱舜水能力全面的精准概括。也如梁启超所言，"舜水不独为日本精神文明界之大恩人，即物质方面，所给他们的益处也不少了"②。这是日本如此礼遇朱舜水的重要原因之二。

（三）与德川光国的需求吻合

德川光国是一位年轻有为、痴心于汉学的儒学者。18岁时，熟读《史记》，立志想成为伯夷一样的人，也致力于编纂《大日本史》。作为一国宰相，德川光国有儒家政治理想的情怀，是一位远见卓识、有胆识的贤明之主，崇尚"忠君"的儒家思想。如中国人民大学教授杨宪邦所言："贤明的统治者当国，知道明理，仁义，爱国利民，讲究功利，极力发展农工商生产经济事业和科学技术，厉行改革，举贤与能，对社会进步势力和进步思想极力推崇，甚至对外国的进步贤能之士，'屈公侯之尊以隆寒士'③。"④ 由于此，德川光国广纳德才兼备有正统儒家文化的硕儒，而朱舜水是德川光国所需

---

① （明）朱舜水著，朱谦之整理：《朱舜水集》，中华书局1981年版，第795页。
② 梁启超：《中国近三百年学术史》，岳麓书社2009年版，第91页。
③ （明）朱舜水著，朱谦之整理：《朱舜水集》，中华书局1981年版，第116页。
④ ［日］町田三郎、潘富恩主编：《朱舜水与日本文化》，人民出版社2003年版，第49页。

之才,并聘其为宾师,执弟子礼。正如台湾大学徐应庆教授所说:"他(朱舜水)致力于传播正统的儒学文化,以达到改造日本社会,实现儒家政治的理想,这是赴江户及水户讲学之主要目的,也是德川光国倾心其理念而尊聘为'国师'的关键所在。"[①] 他们之间的关系如后藤新平所言:"水月镜花,相得则成俊致。"当然,德川光国如此礼遇朱舜水,也衬托出德川光国的思想境界和修为。学者罗以民认为:"李大钊说德川光国'不仅以舜水为宾师而敬之,且有以深悯其孤忠者'是完全正确的。假设朱舜水没有'孤忠',而只是一个乞怜的难民,岂能被德川朝200年所推重?"[②] 此为高规格礼遇朱舜水原因之三。

不过,据濑谷义彦氏研究认为,德川光国邀请朱舜水,一是因为学习中国正统的儒学,一是因为同情之心。他说:"出于一种在高涨的中国热中,想从来自儒教故乡的中国人那里直接学习儒学的本领这样一种热情。""揣摩光国那种对于无可归处、处境可怜的外国人抱有的同情之心,也是有必要的。"[③] 后一点所言"同情之心"之观点值得商榷。因为德川光国不是慈善家,当时日本闭关锁国,逃亡日本不是朱舜水一人,何必为一人而违反国家法律政策?且费了九牛二虎之力留居朱舜水。这不符合国家之理,也不符合人之常理。于是,这必有朱舜水的过人之处,那应是朱舜水的"道"和"器"。

结 论

朱舜水在日本的礼遇有目共睹。生前礼遇备至,逝后,日本知

---

① 徐兴庆编著:《新订朱舜水集补遗》,台大出版中心2004年版,第xiii页。
② 罗以民:《归化、儒化与文化坚守——朱舜水亡命日本的文化心态剖析》,《舜水学探微——中日朱舜水学研讨会文集》,浙江古籍出版社2009年版,第174页。
③ [日]久信田喜一:《水户的朱舜水研究现状》,引自《朱舜水与日本文化》,人民出版社2003年版,第58页。

识文化界和民间组织举行不同的纪念活动。当然，朱舜水思想在日本的全面传播，一来是日本当时国家之需，二来是日本发挥着伯乐作用。因此，朱舜水将自己毕生之知识储备无保留地传播给日本。后藤新平在《朱舜水全集序》中写道："我善于之瑜，之瑜亦感激我之知遇，宛若花有清馨，钟有远响。"① 日本学者作诗赞誉他："龙山云气降豪英，时世屯难义志亨。皇运何当开宝历，虏尘不敢污冠缨。鲁连愤耻蹈东海，枋得精忠事北行。异境术空人亦去，汗青长照寸丹诚。"②

不过，在日本学者邓红看来，朱舜水为了生存下去必须找到自己在日本的存在价值，作为60岁的手无缚鸡之力的老人来说，只有著书立说讲学维持生计：一是向日本民众传授他知道的中国知识学问和诸如棺木制作、裁缝等的杂学；一是写一些日本人之需的应景的祭文序文；一是就学术问题同日本学者的书函交流。

---

① （明）朱舜水著，朱谦之整理：《朱舜水集》，中华书局1981年版，第796页。
② 李甦平：《朱舜水》，云南教育出版社2009年版，第146页。

中国近代新闻通讯业的历史缘起

万京华[*]

摘　要　我国近代新闻通讯业发端于晚清时期。最早开展新闻通讯业务的是英国路透社，1872年路透社在上海设立远东分社；而由中国人自己创办的通讯社，则于1904年诞生在广州。民国成立前我国新闻通讯业的发展尚处于起始的最初阶段。此时，虽然由于世界新闻通讯业的发展，特别是路透社在华势力的扩张，国人对创办通讯社已有一定认识与初步实践，但总体来说其影响仍非常微弱。晚清时期中国人自办通讯社的出现，是我国新闻事业发展到一定阶段的必然产物，也标志着我国新闻事业发展到了一个崭新的高度。本文主要探讨晚清时期新闻通讯业在我国的影响及其历史发展。

关键词　中国　通讯社　历史

我国近代新闻通讯业发端于晚清时期。最早开展新闻通讯业务的是英国路透社，1872年路透社在上海设立远东分社；而由中国人自己创办的通讯社则于1904年诞生在广州。中国新闻通讯业的发展，与中国经济社会特别是近代报业和电信业的发展息息相关，同时也受世界新闻通讯业发展之影响。本文主要探讨晚清时期新闻通

---

[*] 万京华，新华社新闻研究所新闻史研究室主任，高级编辑。

讯业在我国的影响及其历史发展。

一　晚清时期国内近代报业环境的形成

进入19世纪后，清王朝已逐步走上衰败之路，政治腐朽，财政拮据，国防虚弱，危机四伏。在清政府闭关锁国的外交政策之下，中国和外部世界接触很少；而在其内部，由于清政府实行严厉的封建专制主义统治和愚民政策，使得国内信息极度闭塞、根本没有言论出版自由。封建统治者所控制的邸报、官报等宣传工具，内容形式僵化，时效慢，难以满足社会发展的需要。

随着西方的殖民扩张，外国人开始在中国进行文化渗透，并把近代报刊带入中国。进入19世纪后，中国陆续出现了一批近代化报刊，主要是由外国传教士首先创办起来的，其目的是传播宗教知识和教义。1815年8月英国传教士米怜在马六甲编辑出版了最早的近代中文报刊《察世俗每月统记传》。由此拉开了中国近代报刊发展的序幕。鸦片战争前中国境内出版的报刊中，中文报刊已有3种，外文报刊则达17种，主要集中在广州和澳门，出版者包括英国人、美国人、葡萄牙人等，内容涵盖政治、经济、社会、宗教等多方面。

鸦片战争后，外报在中国的发展有了很大变化。外国殖民主义者凭借不平等条约，突破了原来清廷所加的种种限制，取得了在中国境内随意办报的权力，而殖民主义势力在中国的发展，也大大地刺激了他们出版报刊的需要。[1] 报刊数量急剧增加，商业性报刊迅速兴起，继广州、澳门之后，香港和上海成为报刊出版的新的中心，而中国的很多沿海城市甚至内陆地区和清政府的首都北京都陆续出现了外国人所办的近代报刊。外国人将近代报刊这种先进的新闻传

---

[1] 方汉奇：《中国新闻事业通史》（第1卷），中国人民大学出版社2000年版，第288页。

播媒介带到了中国,形成了相当规模的报刊出版网络。在外国人所办的报刊中,还大量使用中国人参加编辑、发行等工作,为后来中国人自办报刊积累了一定的人才基础和经验。

19世纪70年代初,中国人自办报刊终于在汉口、香港、广州、上海等地诞生。办报人主要是洋务派官员、商人和要求改革的知识分子。1873年8月在汉口创办《昭文新报》被认为是中国人在国内创办的第一张报纸,创办人为艾小梅。在中国第一批自办报刊中,历史最为悠久影响最大的是王韬主编的香港《循环日报》,该报由中华印务总局主办,于1874年2月创刊。《循环日报》除刊登新闻消息外,还以政论著称。王韬也成为中国第一个杰出的报刊政论家。

19世纪90年代,以康有为、梁启超等为代表的资产阶级维新派在国内发起变法维新运动,他们将办报作为其宣传变法维新主张的主要方式。据不完全统计,从1895年到1898年,全国出版的中文报刊有120种左右,其中约80%是中国人自办的。维新派创办的报刊,数量最多,影响最大,推动了维新运动的发展。此时,中国人自办报刊已逐渐打破了外报在华出版的优势,成为中国社会舆论的一支重要力量。

到19世纪末20世纪初,以孙中山为首的中国资产阶级民主革命派兴起,他们在进行武装斗争的同时,也展开了广泛的舆论宣传活动,并把出版报刊作为主要的宣传方式。他们在一些报刊上发表文章、政论等,开展舆论宣传扩大影响。资产阶级革命派和改良派还在海外办的报刊上展开大论战,后以革命派的胜利告终。为了扩大革命思想的影响,资产阶级革命派在海外和国内先后建立起一系列舆论阵地,开展宣传活动,逐渐成为报刊活动的主角。

中国近代报刊的兴起与初步发展,为成立以为报纸提供信息服务为主要业务的新闻通讯社,提供了必要的生存条件和基础。

二 西方新闻通讯社对华扩张势力的开始

中国近代报业的勃兴,也使作为新闻批发商的通讯社有了广阔的市场。通讯社,亦称新闻社,是从事采集、加工和提供新闻信息,为其他新闻媒体和各类用户服务的机构。[①] 通讯社诞生于19世纪30年代的欧洲。它和商业报刊一样,都是工业革命的产物,都是适应资本主义的发展应运而生的。中国新闻通讯事业发端于19世纪70年代,最早在中国开展新闻通讯业务的是英国路透社,在后来很长一段时间内,路透社都是在中国最具影响的通讯社。

在早期通讯社之中,欧洲三大通讯社路透社、哈瓦斯社、沃尔夫社规模和影响最大。随着英国、法国和德国殖民扩张的不断推进,这三家通讯社也竭力扩大采集、发布新闻的范围。19世纪60年代末时,他们已基本把世界新闻市场分割完毕。1870年1月17日,路透社、哈瓦斯社、沃尔夫社和美国纽约新闻联合社四家通讯社共同签订协议,在世界范围内划分"势力范围",每家通讯社在各自范围内独自采访和发布新闻,并规定互换采集到的新闻。这个协定史称"连环同盟"协定或"三社四边协定"。

通过"连环同盟"的缔结,四大通讯社在世界范围内垄断了新闻市场。它们凭借自己各方面的优势,限制和排斥其势力所在国的新闻采集、发布活动,迫使众多的新闻机构只能通过它们这唯一的渠道获取新闻,从而达到更好地为本国殖民政策服务的目的。[②]

根据"连环同盟"协定,远东被划入路透社的势力范围。准备大力开拓远东市场的路透社,将目光投向了当时中国对外贸易的中

---

① 冯健:《中国新闻实用大辞典》,新华出版社1996年版,第63页。
② 程曼丽:《外国新闻传播史导论》,复旦大学出版社2007年版,第78—79页。

心——上海。这里不仅商业相对发达，而且也是中国重要的文化中心和新闻出版基地。由于上海租界的特殊地位，很多报刊在这里创办，为通讯社的发展提供了良好的基础。

1871年，路透社派遣亨利·科林斯（Henry W. Collins）到新加坡、上海推广业务，并在日本横滨、长崎建立分社。由于交通、通信的便利，尤其大北电报公司已将电报线路扩展至上海，从上海往北、往南都能通过电报与英国本土发生联系，1872年就在上海成立路透社远东分部，最盛时期，远东分部辖区除中国外还包括俄国的西伯利亚、朝鲜半岛、日本、中南半岛、婆罗洲（今马来西亚）等地区。[①] 路透社开始在中国从事新闻传播活动，成为第一家在我国开展新闻通讯业务的外国通讯社。

路透社远东分社成立于1872年，社址位于上海英租界爱多亚路（今延安东路）120号，初期的主要任务是为总社收集远东、主要是中国的情况，并向英文报纸《字林西报》等发稿。

《字林西报》（North China Daily News）是中国境内第一家获得路透社电讯独占权的英文报纸。其前身为《北华捷报》（North China Herald），曾经是在中国出版的最有影响的一份英文报纸。《北华捷报》由英国商人奚安门于1850年8月3日在上海创办。1864年改名为《字林西报》。《字林西报》在刊载路透社电讯时，都要加注"专供字林西报"的字样。凭借路透社丰富、全面的新闻报道，它成为当时上海最受欢迎、销量最大的英文报纸。

当时上海另外三家英文报纸《益新西报》、《捷报》和《文汇西报》，在与《字林西报》的竞争中始终处于弱势，不得不采取非常手段以获得路透社消息的供应。《文汇西报》曾公开将《字林西报》

---

① 来丰、张永贵：《路透社远东分社的创办及对中国新闻通讯事业的影响》，《新闻界》2002年第3期。

上刊登的路透社稿件加以转登,《字林西报》即以侵犯版权起诉,《文汇西报》败诉。当时,《文汇西报》总董克拉克正在伦敦,他当面同路透社总社进行交涉,路透社总社同意扩大供稿。从 1900 年起,上海 4 家英文报纸都可以采用路透社电讯稿。

路透社来华初期,仅向一些英文报刊供稿,内容以国际新闻为主。《字林西报》曾将路透社电讯翻译成中文,在附属的中文报纸《字林沪报》上刊登,与英文《字林西报》同一天见报,希望借此打开中文读者市场。《字林沪报》创刊时适逢中法战争爆发,该报刊登的消息时间均比上海一般报馆要早几天,比素以报道迅速见长的《申报》新闻也要早一天。这使它一度成为当时上海与《申报》竞争最剧烈的一家商业报纸。但随着中法战争的结束,一般国际新闻并不为读者所注意,该报利用外文译稿的优势日益见弱,经营每况愈下,最终只能转让给日本人经营的东亚同文会。

著名报人的汪康年较早留意到路透社在中国的活动及其在世界范围的影响力。他指出:"路透电报今风行各国,自都城及大城镇无不达到,其访员亦遍全球。"[①] 当时路透社电报在北京每日仅销 9 份,其中 8 份为外国人所购,中国只有清政府外务部购买一份,当汪康年得知外务部拟于 1909 年 5 月停止购买路透社电讯的消息,颇感忧虑,觉得堂堂中国都城竟连路透社新闻都看不到,他呼吁国人多订购路透社电报,以免路透社中止向北京提供电报,但却没人响应,因而不禁感慨:"吾国人不愿讨究外事,一至于此,可叹也。"[②]

从远东分社成立后,路透社独占中国新闻通讯市场达几十年之久。一方面,它将先进的新闻通讯业务带到中国,开阔了人们的视

---

① 许莹、吴廷俊:《中国第一家海外通信社"远东通信社"的理念与实践》,《国际新闻界》2009 年第 8 期。

② 同上。

野，促进了新闻业的竞争，并由此揭开了中国新闻通讯业发展的序幕；另一方面，它通过对中国新闻通讯市场的垄断，在报道中维护英国利益、表达英国立场，控制舆论、混淆视听，也引起国人警醒。总之，不可否认，路透社在中国新闻史上占据了非常独特的地位和深远的影响。

三 电报传入中国及对新闻传播的影响

电报是工业社会的一项重要发明，它使得不同国家和地区之间的信息传递更加迅速便捷，也为新闻通讯业的快速发展提供了必要物质条件。西方主要通讯社的发展，都得益于通过电报手段传递新闻电讯和消息。电报通信技术传入中国之后，也大大加速了我国近代新闻业的发展。

电报是通信业务的一种，包括有线电报和无线电报，是最早使用电信号传递书面信息的方法。早期的电报是有线电报，开始只能在陆地上通讯，后来使用了海底电缆，开展了越洋服务。而无线电报的发明，则使电报业务基本上可以抵达地球上大部分地区。电报通信技术的日臻完善，使得时空对于传递信息的障碍度大大减低了。而当时新兴的通讯社事业，紧紧抓住了电报通信技术发展带来的机遇，先后借助有线电报和无线电报的传输，将通讯社的电讯稿传递到世界各地。先进的电报通信技术，无疑是这些世界大通讯社赖以生存、发展和对外扩张势力的基本物质条件。

电报自发明使用以来，很快为西方资本主义各国广泛使用，它促进了资本主义世界市场的形成和发展。随着西方资本主义国家不断对外进行殖民扩张，能够快速传递信息的通信工具成为迫切需要，电报很快传到了中国。

尽管清政府明确规定海底电缆线端不得上岸，但在 1871 年丹麦大北电报公司还是将电缆擅自从上海引上岸，连接到该公司设在租界内的报房，造成了既成事实。这是外国在中国敷设的第一条收发电报的海底电缆。随后，大北电报公司进一步加快步伐，终于实现了上海经日本与俄罗斯、欧洲的通报，以及经香港与欧洲、美洲的通报。中国与世界各地的电信联系由此开始，但中国的电信主权也不明不白地丧失了。①

虽然清政府对电报通信最初是抵制的，但当时已有不少中国的官员、知识分子、商人在对外交往中认识到电报的先进功能，他们在国内倡导和建议兴办电报事业。当电报传入中国后，中国自己的电报通信事业也开始逐步发展起来。1875年底，在福建巡抚丁日昌的鼓励和支持下，福建船政学堂附设了中国第一所电报学堂。1877年，丁日昌积极推动在台湾建成全长95里的由中国人自己修建、自己掌管的第一条电报线，开创了中国电信的新篇章。

1879年，国内外战事频起，清朝政府为了沟通军情，派李鸿章与大北电报公司交涉，由中国出钱，委托其修建大沽（炮台）、北塘（炮台）至天津，以及从天津兵工厂至李鸿章衙门的电报线路。这是中国大陆上自主建设的第一条军用电报线路。1880年，李鸿章在天津设立电报总局。同时，在天津设立电报学堂。1881年，全长3075里的津沪电报线路全线竣工，并正式开放营业，收发公私电报，全线在紫竹林、大沽口、清江浦、济宁、镇江、苏州、上海七处设立了电报分局。这是中国自主建设的第一条长途公众电报线路。中法战争期间，为加强军事指挥和联络，先后建成了京津、长江、广州至龙州几条重要的电报线路，使全国通信系统在战争期间形成了一个统一的整体。中法战争结束后，中国电报业进入了一个迅速发展的时期。

---

① 闵大洪：《传播科技纵横》，警官教育出版社1998年版，第68页。

中国电报事业的创办，加强了与世界的联系，逐步改变了与世隔绝的状态，在清末社会发展中发挥了重大作用。电报的使用也对中国报业产生了深刻的影响。当1871年中国上海和香港与欧洲接通有线电报后，中国报纸便开始刊登电讯新闻。电报总局准许报馆发送新闻电报，当有重大新闻事件发生时，访员可以通过电报向报馆及时发出新闻稿，大大提高了新闻时效。电报传入中国和在中国的发展，也为通过电报传递新闻电讯的通讯社提供了机遇，路透社远东分社正是借助于此而在中国开展其业务的。

四 中国人自办新闻通讯社的开端

晚清时期，在中国真正具有规模和影响的通讯社，主要是英国路透社远东分社一家，而且当时也不向华文各报发稿。但当时随着世界通讯社事业的发展，特别是路透社在华扩张势力及影响不断深入，国人对通讯社的职能和作用已有一定了解。在20世纪初，中国的广州首先开始出现了国人自办的通讯社（当时一般称通信社），虽然存在时间短，规模和影响都有限，但由此开启了国人自办通讯社的历史，在一定程度上为民国成立后我国新闻通讯业的发展奠定了基础。

（一）国人对于新闻通讯业的初步认识和探索

尽管晚清时期中国社会经济文化的发展仍非常落后，但新闻通讯社这一新兴业务传入中国后，却也使一些有识之士逐渐认识到，通讯社的设立不仅仅在于可以为报纸提供更多丰富、客观、真实的新闻，而且从某种意义而言事关国家前途和民族命运。

欧洲通讯社事业的发展引起时任清政府驻比利时使馆随员王慕陶的关注，他认为通讯社对于各国的内政外交具有不可忽视的重大影响和作用。王慕陶与著名报人汪康年关系密切，受汪康年所托，

1907年王慕陶赴欧后兼任汪主编的上海《中外日报》欧洲新闻采编，积极为汪的报刊提供消息。他在给汪康年的信中谈到对通讯社的认识："欧美日本于报馆外有所谓通信社者，率皆政党中人所组织，故能与政府及政治家密切，消息亦最灵通，而确实各报皆恃通信社为新闻之机关，政党亦即持此以操纵各报"，"纵横捭阖为外交惟一方案，然达之亦有术焉，在古代则舌辩之士、间谍之使，今重复之以报馆及通信社，其用益广，非有此种机关，则以上二者将无所施其技，征诸各国，大致然也"①。王慕陶后来在海外创建了远东通讯社，成为最早在海外开办通讯社的中国人。

作为清廷要员的熊希龄，在担任东三省清理财政正监理官期间，也热心于通讯社事业。他指出，通讯社的影响要大于报馆，"报馆者，发抒其言论于自办之报者也，通信社者，发抒其言论并操纵人之言论于人已办成之报也。两者办法虽异，而其宗旨相同。惟办报之事，骤言之实非易易，盖以各国报纸之发达，每国皆不下数十百种。彼对于其社会价值信用，决非一朝所能得。吾侪东方人，骤办一报于其间，必难与之相抗，销路不广，势力即微，且所费甚巨，或非吾国今日财政所能堪，又万难同时遍设于各国。偏重一方，即使得力，亦不足为全局之影响。而通信社者，倘使办成，则既可收无穷之益，复可免骤进之弊。故以两者利害比较而言，与其办报，又勿宁办通信社之为得也"。②熊希龄曾拟在上海创办"环球通报社"，作为与国外通信联络的总机关，但最终并未实现。

通讯社的发展也得到了新兴的资产阶级民主革命派的关注。1909年8月至10月，孙中山在流亡伦敦期间，曾经和一些朋友商量

---

① 周元：《清末远东通信社述略》，《近代史研究》1997年第1期。
② 周秋光：《熊希龄与近代新闻事业》，《吉首大学学报》（社会科学版）1990年第3期。

过在欧洲筹办通讯社一事。他在《致子匡①函》中提到，留学英国的杨笃生②曾找他"谈通讯社一事"，"弟甚赞同其意。此事关于吾党之利便者确多，将来或可藉为大用，亦未可定。……盖吾人若不理之，必致落于他人之手，则此物又可为吾人之害也，幸为留意图之"③。1911年广州黄花岗起义失败后，杨笃生忧愤不已而在利物浦投海自杀，筹办通讯社一事也暂时作罢，但由此可知孙中山等人已经意识到通讯社之重要作用。

与此同时，国内诸多报业同人也深感在中国建立通讯社之必要。1909年11月3日，上海《民吁日报》曾发表《今日创设通信部之不可缓》的社论，主张立即创办"通信部"即通讯社，配合革命报刊，为民主革命派宣传。④ 1910年由上海《时报》《神州日报》等发起，联合全国43家报馆，在南京召开"全国报业俱进会"成立大会。有人在大会上提出《请成立通讯社案》，指出："报馆记事，贵乎详、确、捷。今日吾国访员程度之卑劣，无可为讳。报馆以采访之责付诸数辈，往往一事发生，报馆反为访员所利用，颠倒是非，无所不至。试问各报新闻，能否适合乎详、确、捷三字？吾恐同业诸君，亦不自以为满意，而虚耗访薪，犹其余事。同人等以为俱进会者，全国公共团体，急宜乘此时机，附设一通信机关，互相通信，先试行于南北繁盛都会及商埠，俟办有成效，逐渐推行，俾各报馆得以少数之代价，得至确之新闻，以资补助而促进步。是否有当，应请公决。"⑤ 会议讨论通过了"设立各地通信社案"，准备先从北京、上海、东三省、蒙古、新疆及欧美入手以次推及内地，但后来

---

① 即王子匡，湖北人，同盟会会员，当时在布鲁塞尔。
② 即杨守仁，湖南人，同盟会会员，曾任上海《神州日报》主笔。
③ 《中国人自办通讯社之始》，《新闻大学》1982年第5期。
④ 方汉奇：《中国新闻事业通史》（第1卷），中国人民大学出版社2000年版，第1021页。
⑤ 戈公振：《中国报学史》，中国文史出版社2015年版，第242—243页。

由于种种原因并未实现。

(二) 中国人在境内最早创办的通讯社

中国人自办通讯社始于20世纪初，是从译报、剪报、通信工作发展起来的，报业相对比较发达的广州成为中国人自办通讯社的最早的发祥地。

中国人自办的第一个通讯社，是1904年初在广州创办的"中兴通讯社"。中兴通讯社属于民营通讯社性质，社址位于广州市中华中路回龙里32号，骆侠挺是发行人兼编辑。1月19日，中兴社发出了第一篇稿件，它的主要发稿对象是广州和香港地区的报纸。中兴通讯社虽然存在时间较短，影响有限，但踏出了国人自办通讯社的第一步。其后，杨实公也于1911年2月在广州创办了展民通讯社。晚清时期，中国境内最早的这两家通讯社都诞生在广州。

与此同时，广州、上海、武汉等地也出现一些类似通讯社的机构和相关业务活动。1908年，广州报界公会成立后，广州各家报纸一般采用报界公会的新闻稿件和公电。广州报界公会起了通讯社的作用。报界公会发给各报的各地新闻，多数是由政府机关与各界送来的。[1] 1909年上海报刊上出现署名"生生社"的稿件，所发稿件有《劝铜锡业》《劝四乡菜园业》《劝木器业》等，就稿件内容来看所发的乃是一组带有提倡实业意味的文章，并不是报道新闻的消息或通讯。但从发稿方式来考察，已是通讯社式的活动。[2] 1909年6月间，上海还曾成立过一所中国时事通讯会社，但它是新闻信息咨询机构，并不发稿。1911年武昌起义前夕，共进会会员胡祖舜以他在武昌胭脂巷11号的寓所为基点，联系一些志同道合的人创办了一家"靠采访新闻维持生活"的机构，撰写揭发清廷黑幕的稿件分送各

---

[1] 《广东省志·新闻志》，广东人民出版社2000年版，第86页。
[2] 马光仁：《上海新闻史》，复旦大学出版社2014年版，第367页。

报,实际上已具有通讯社的性质。

(三) 中国人在海外最早创办的通讯社

中国人在海外最早创办的新闻通讯社,是1909年在比利时首都布鲁塞尔创设的远东通信社。该社主要创办者为王慕陶,时任清政府驻比利时使馆随员。

王慕陶曾任驻日使馆三等参赞,与国内新式知识分子群体交往较多。到欧洲后,他一面积极为汪康年的报刊提供消息;一面以中国各报全欧通信员的名义,与英、法、德、俄、奥、意、荷、比、西班牙、瑞士等国的报社往来,数年间"已遍识各国政党及报馆重要人物",对各国情况多有了解。在欧期间,他耳闻目睹通讯社对于各国的内政外交具有不可忽视的重大影响作用,遂产生创办通信社之意。1909年3—4月,王慕陶以私人名义出面,在布鲁塞尔创办远东通信社,随后在比利时首都、俄国首都电局以英文挂号登记为EX-ORIENT。

远东通信社的创设得到了驻比利时公使李盛铎的资助和支持。虽然远东通信社是以王慕陶私人名义创办的,但实际上有着相当程度的官方背景。李盛铎曾将通信社成立的事情密奏外务部存案,并设法取得外务部、邮传部的经费支持。时任东三省清理财政正监理官的熊希龄也为筹款及疏通人事关系等提供了帮助。1909年10月李盛铎卸任回国后,仍继续支持和帮助远东通信社。

参与创办远东通信社的另一个主要人物是汪康年。汪康年曾先后创办或主持《时务报》《中外日报》《京报》《刍言报》等报刊,是近代中国著名报刊活动家。王慕陶与汪康年关系密切,王的老师陶在宽与汪康年交情匪浅,曾将他介绍给汪康年,远东通信社成立后,汪康年是国内的主要内容提供者和推广人。

远东通信社的人事组织与机构设置:王慕陶任总理(社长),在比利时，总书记窦米茫（比利时人），中国书记吴征，英文书记华池及法、德、俄等各种文字的书记；在国内，上海通信由雷奋、陈景韩担任，北京通信由汪康年、黄远庸担任，李盛铎综理国内事务。① 远东通信社在国内的东京、西京、南京、湖北、天津等处设立了机关。国外的分支机构推及伦敦、巴黎、圣彼得堡、维也纳、海牙等地，与之往来的报纸有九百多家。②

远东通信社的发稿模式主要是向外国报刊提供有关中国的通信和电报，并向国内传播外电外刊内容。作为北京负责人和广有人脉的报人，汪康年是远东通信社国内消息的主要来源，由他选择并将具有新闻价值或反驳外报的国内政治、外交事务写成稿件，寄给王慕陶译成法文转达各国报社。王慕陶则选择并编译外稿发回国内，其重点为两类：一是关于中国的热点问题和欧洲舆论对于中国时局的看法；二是欧美重要国家之间的大事和外交事务。③

远东通信社活动最直接的目的在于协助外交，对此王慕陶、汪康年都曾有所表述。远东通信社成立后，在澳门划界交涉、哈尔滨交涉、南满铁路交涉、西藏问题、粤汉借款、锦瑷借款、东三省日俄问题、湖南饥民问题等与中国外交相关的事件中，都起到了一定的舆论协助作用。远东通信社还向各级"大吏"提供各省交涉事件的信息，实际上充当着官方驻外情报机构的角色，为外交策略的制定发挥作用。

1910 年 7 月 24 日，世界新闻记者公会在比利时首都布鲁塞尔召开"万国记者大会"。王慕陶参加了会议并应邀出任常年会员。这是

---

① 周元：《清末远东通信社述略》，《近代史研究》1997 年第 1 期。
② 许莹、吴廷俊：《中国第一家海外通信社"远东通信社"的理念与实践》，《国际新闻界》2009 年第 8 期。
③ 李礼：《近代知识精英影响国际舆论的尝试——远东通信社成立与解散的幕后》，《新文学史料》2015 年第 1 期。

中国记者参加国际新闻会议和有关组织的一次较早记录。后来，王慕陶又介绍曾任《时务报》总理的汪康年、《北京日报》主笔朱淇、著名记者黄远庸（远生）、上海《申报》主笔陈景韩等人参加世界新闻记者公会。

正当远东通信社业务顺利发展的同时，也遇到一些困扰。特别是1910年熊希龄欲在上海设立环球通报社，以上海为总社，将远东通信社纳入其中，变成其在欧洲的分社，这一计划引起汪康年、王慕陶的不满和反对。当时熊希龄在政界有强大的影响力，远东通信社之前的筹款多仰仗于他。由于熊希龄的退出，远东通信社出现了财务上的困难。1910年底，王慕陶在比利时出版法文刊物《黄报》，印数达一万份，虽然引起相当关注，但也增加了经费支出。1911年，远东通信社的核心骨干人物汪康年去世，使其业务大受影响。辛亥革命后，清政府退出历史舞台，王慕陶虽一度仍署理比利时使馆二等秘书，但民国政府政局跌宕，国内支持的经费更难以为继。1913年，发生新闻史上著名的"癸丑报灾"，中国报业客观上出现大萧条，通信社的空间大为缩减。以上这些原因最终导致远东通信社的彻底停办。

关于远东通信社的具体终止时间尚无据可查，王慕陶编纂的《远东通信社丛录》最后一册即第四册收录了民国二年正月至十月的欧洲通信，可见至少在1913年，通信社还在发稿。①

远东通信社在中国新闻对外交流史上具有重要意义。它是中国第一家总部设在海外和首家向海外发稿的通讯社，对于帮助国人了解真实的欧美世界和让国际社会客观认识中国、为国际舆论增加中国声音发挥了一定作用。此外，远东通信社也为国人开展对外新闻

---

① 许莹、吴廷俊：《中国第一家海外通信社"远东通信社"的理念与实践》，《国际新闻界》2009年第8期。

交流积累了初步经验。

五 结语

综上可见，民国成立前我国新闻通讯业的发展尚处于起始的最初阶段。此时，虽然由于世界新闻通讯业的发展，特别是路透社在华势力的扩张，使得国人对创办通讯社已有一定认识与初步实践，但总体来说，其影响仍非常微弱。晚清时期中国人自办通讯社的出现，是我国新闻事业发展到一定阶段的必然产物，也标志着我国新闻事业发展到了一个崭新的高度。中华民国成立后不久，很快就出现了国人自办通讯社的高潮，通讯社的职能和作用逐渐为更多的人所知晓和了解。

中华民族文化认同是华文传播的核心

乔云霞[*]

摘 要 民族认同是社会成员对社会中的人、事、物以及自我、集体的一种价值评估和共同的心理感应。在当今这个信息一体化、政治民主化、经济全球化的世界里，我们需要牢固的"身份意识"和清醒的"民族认同"。华文传播是民族认同建构在精神与价值认同上的媒介化表征，民族认同与华文传播在目的和功效上是内在一致的。从社会传播机制的构建上来说，民族认同既是华文传播的目标，也是其核心。华文传播是独特而重要的人的感官延伸与见证，它是推动社会发展的功能性呈现。民族认同构建所依托的载体是多样的，但华文传播作为其中最为重要的载体，需要我们更加重视和善用。华文传播运用凸显民族记忆、传播特定的价值观和共享重大事件的关注等手段，通过创造一致的心理归属、营造优势的意见环境和内化意识形态等作用机制，实现了意识控制和建构集体记忆的效果，从而对民族意识和民族认同产生了重要影响。华文传播的终极目的是中华民族和睦相处，"让世界了解中国"，实现"中国梦"。

---

[*] 乔云霞，女，河北大学新闻传播学院教授，新闻界人物研究所所长，新华社—郑州大学穆青研究中心研究员，中国新闻史学会特约理事，《晋察冀日报》史研究会副会长。

关键词 文化认同 华文传播 核心

随着中国和平崛起，迫切希望与西方发达国家进行平等的对话与交流，实现更大的国际话语权；而伴随着成长遭遇到瓶颈的西方发达国家，也希望与中国增进了解，实现共赢。在这样一个碰撞、冲突、理解、消融的过程中，许多因素在影响着这一世界一体化的进程，而华文传播以其自身的独特性，成为其中不容忽视的重要力量。在信息一体化、政治民主化、经济全球化的世界里，我们需要牢固的"身份意识"和清醒的"民族认同"。民族文化认同是华文传播必须特别强调的，中华民族文化认同是华文传播的核心。综观整个人类的文明史，文化发展的一个重大特点就是既保持本民族的特点，同时又不断地对外来文化加以吸纳和创新。从地理空间看，"民族认同"是由文化中心区向四周扩散，根据传播途中信息递减的一般规律，离文化中心区越远的地方，越不能保持文化元素的原形。当一种文化元素传播到另一个地区和国家以后，它已不是原来的形态和含义，在传播和采纳过程中已被修改过。在构建华文传播民族认同中，我们应采取多种方式保留中华民族的因素。华文传播的目的旨在"让世界了解中国"，让世界了解中国的民族文化，扩大中华民族对世界的影响力，实现"中国梦"。

一 全球化背景下民族认同的重要

本妮迪克特·安德森在《想象的共同体—民族主义的起源与散布》一书中指出，民族是一个"想象的共同体"，它是"想象"的，是被构建的，因为它的成员从不认识，甚至从未听说过其他绝大多数成员，但他们依然觉得自己是同一个具有至高无上重要性单位的成员。这个想象的共同体常常被构想为一种深厚的、能够跨越各种阻碍的同志关系。"认同"（identity）主要有两层含义：一为逻辑学上的同一性；二为时间跨度中所体现出来的一贯性与连贯性。① 根据《现代汉语词典》的解释，"认同"是指"认为跟自己有共同之处而感到亲切"；还有"承认，认可"之意。作为一种认知行为，认同会产生直接的感应和判断，即它是人们在社会互动过程中对自身角色以及与他人关系的一种动态的评估或判定。认同行为不仅是主客体之间相似性的共鸣感知，还是一种心理沟通的反应过程。

民族认同，是民族的共同体在一定时空中认可的同一性、一贯性与连贯性，人们在社会互动过程中对自身角色以及与他人关系的一种动态的评估或判定；它是社会成员对社会中的人、事、物以及自我、集体的一种价值评估和共同的心理感应。广义的民族认同不仅包括个体对本民族的信念、态度和行为卷入，而且还包括个体对他民族的信念、态度和行为卷入情况。在单一民族国家，民族认同往往与国家认同是重叠的，但是在多民族国家，国家认同是较民族认同更高层次的认同。民族认同包括以下几个要素：民族自我认同、民族归属感、民族态度和民族社会参与和文化实践等。在当代，中华民族的民族认同，可以分为三个层面：一是共同的民族渊源；二是共同的民族文化；三是共同的国家——中国，这三个层面共同构成对中华民族的认同。本文所谈的是中华民族的认同。

面对全球化带来的信息汇流以及社会思潮的碰撞，各国各地区的人们对有归属感的社会认同的期待更加强烈，从国家和民族以及个人的全面发展来讲，这样的社会认同感的构建也更加重要和必要。

---

① [美]本尼迪克特·安德森：《想象的共同体——民族主义的起源与散布》，吴叡人译，上海人民出版社 2005 年版。原作名：Imagined Communities: Reflections on the Origin and Spread of Nationalism，内容简介。

"全球化正在深刻地改变我们对世界的看法，它正引发新的定位与迷失方向的体验，新的有区域性和无区域性的认同观。"① 而在国家和民族层面上，由于文化所代表的符号意义和背后所代表的实际利益的争夺，民族意识和民族认同问题已被深深地纳入了民族国家的视野，新闻传播对民族意识和民族认同的影响问题也逐渐得到世界范围的重视。不管是对于任何一个国家来说，抵制分裂主义，团结各族人民，都是社会稳定与发展所必需的基本条件。20 世纪末，随着苏联解体和东欧剧变，引发"第三次世界民族主义浪潮"，各种形式的国家裂变、民族冲突波及全球。或四分五裂，或族际冲突，或兵戎相见，在一片纷扰中，民族认同显得尤为重要。

20 世纪 80 年代，费孝通先生曾提出"从'自在'到'自觉'"的中华民族演进论，认为："中华民族作为一个自觉的民族实体，是在近百年来中国和西方列强对抗中出现的，但作为一个自在的民族实体，则是在几千年的历史过程中形成的。"② 这一著名论断本身，既是中华民族长期发展和融合史的客观反映，又是近代以来国人"中华民族"认同的自觉延续。中华民族大家庭中的优秀成员，有着爱国主义的光荣传统，在共同缔造统一的多民族国家的历史过程中，始终与伟大祖国共荣辱、同命运。

为了加强民族的团结，增强其民族凝聚力，该民族内部总要想方设法巩固其共同心理。在当今这个信息一体化、政治民主化、经济全球化的世界里，我们需要牢固的"身份意识"和清醒的"民族认同"。我们应不断增强各族人民对中华民族的认同感、对中华文化的认同感、对伟大祖国的认同感、对中国特色社会主义道路的认同

---

① ［英］戴维·莫利：《认同的空间：全球媒介、电子世界景观与文化边界》，司艳译，南京大学出版社 2003 年版，第 164 页。
② 费孝通：《中华民族的多元一体格局》，《腾讯文化》2015 年第 4 期。

感；我们应始终保持着和睦相处、和衷共济、和谐发展的统一局面。中国各民族团结进步是中华民族的生命所在、力量所在、希望所在。这是中华民族发展的需要，也是世界人们的期盼，世界进步的需要。

二 民族认同是华文传播的核心

民族认同与华文传播，可以说是一种互相影响与互相建构的过程。华文传播是民族认同建构在精神与价值认同上的媒介化表征，民族认同与华文传播在目的和功效上是内在一致的。从社会传播机制的构建上来说，民族认同既是华文传播的核心与目标，也是其重要成果。

民族认同是社会成员对社会中的人、事、物以及自我、集体的一种价值评估和共同的心理感应。辨析认同，可以更清晰地了解社会的生成过程，理解其作为一种感应与评判事实与观点的社会心理的逻辑。华文传播既是社会发展鲜活的文化文本，也是不断发展的时代风貌的媒介化文本，它通过最有效的信息内容与呈现方式，实现社会及其成员文化的传播与传承，它在迅捷而丰富的信息传播中，达成人们社会化认知能力的提升，事实与观念形态的各类信息触及人类的身心，影响人类的行动。

在社会形成及发展的过程中，华文传播是逐渐形成的产物，它能提供民族认同产生的载体和感知的内容。民族认同作为对信息内容的认知及观念的价值判断是华文传播社会功效的归宿，尤其是在以人为本和为社会大众服务的主旋律中，民族认同的形成本身也对华文传播提出了新的机遇、挑战和要求。我们应该重视华文传播的社会价值和社会影响力。因此，在华文传播的发展过程中，民族认同是必要的、不可缺少的。而在华文传播流程中，民族认同是公民表达认知与判断的需要，只有公民的这种需要得到了满足，社会才能和谐,精神文明建设才会顺利发展,社会认同感就会找到一个落脚点,反过来辅助华文传播的生存与发展。社会发展、人们物质文明和精神文明提高,也同样需要华文传播来传递正确、健康的信息、价值、知识等。所以,民族认同感也是华文传播的核心。

在思想意识形态建设中,华文传播提供全社会精神支撑的动力系统,它能够在价值体系、凝聚力打造等信仰共识、观念统一以及文化自觉上,积极反哺经济、制度建设,并作用于社会建构。华文传播是一个长效的整合社会建构各要素的过程,其过程与结果之一就包含民族认同的一种建构,包括国家认同、文化价值认同等。华文传播在社会精神动力的组织与凝聚中,尤其在社会危机阶段可以通过媒体的社会动员和符号化象征,彰显出不可替代的作用。"在全球化时代,面对不断出现的文化冲突,每个国家都在探寻平衡发展国家经济实力与文化竞争力的道路,一旦文化冲突中丧失本民族文化认同的支撑,信仰危机便会投射并加重社会失序、失范;而丧失了社会成员的共同价值认同,将导致该民族或国家在国际社会中失语,身份认同和话语权一旦失去,生存与发展将无从谈起。"[①]

三 构建华文传播中的民族认同

华文传播是社会发展过程中信息真实化与舆论化的一种产物。华文传播以事实为核心,通过大众传媒将世界的过去、现在以及未来告知给受众。华文传播对于事实的记录是一种集体文化的时代书写,其日常性的传播是社会发展的镜像;它不仅反映变化与变迁的动态,还因为这样的纪实成为社会发展的要件,它本身的信息属性使其构成社会历史的组成部分。但是,"新闻传播不是现实生活的原

---

① 操慧:《论新闻传播对社会认同感的建构》,《郑州大学学报》(哲学社会科学版) 2011 年第 2 期。

汁原味的还原，它却能在原态的基础上通过主体选择表达我们人类对世界、社会以及自我的理解，是人类的认知在真实世界时空中的某种抽象，它通过媒介化的表达，使认知的时空构建起来，体现出人与社会互动过程中的创造力，这样的时空建构已经突破物质层面的有限延伸，是人类有效利用媒介和信息自我完善与推动社会发展的价值开掘与精神型塑，它是物质信息与精神感悟的时空的延伸和再造，能够为社会发展的过程注入动力和提供解释。所以，新闻传播是独特而重要的人的感官延伸与见证，它是推动社会发展的功能性呈现"[1]。

民族认同所依托的载体是多样的，尤以人群的迁移更为重要，中国侨民带给迁移地中华文化，这是华文传播的重要渠道。此外，各种文化的交流、通商、旅游以及其他人员的流动，也是传播文化的重要媒介。由于交通通信技术手段的发达，华文传播的媒介增多，世界范围内的文化传播正是通过各种途径，以前所未有的规模和速度进行着。但新闻传播作为其中最为重要的载体需要我们更加重视和善用。当丰富的新闻信息在日常传播中流动时，世界变得时空收缩为"地球村"。我们可以跨越时空去满足自身的信息需求，而这些信息需求又会帮助我们实现其他需求，个人需求的满足经由实践的累积逐渐变为人们的价值观。随着社会化的推进，认知能力的提升将使我们的价值观，既能够求同存异，又能够"异中有同"。作为特定国家和地区的人们要谋求整体和个体的可持续发展，就必然需要构建民族认同，新闻传播是在提供这一认同的构建中以信息的流通和价值的导引来达成的。

华文传播中各类真实的信息影响甚至改变着人们的思考、行动、

---

[1] 操慧：《论新闻传播对社会认同感的建构》，《郑州大学学报》（哲学社会科学版）2011年第2期。

价值观、对社会的认知，用舆论压力引导人们在正确的价值道路、道德正途、法律允许范围内行动。华文传播是推动社会和谐发展的一种重要方式。受众对华文传播不是一个简单的选择回应，而有一个在接受或半接受，甚至抵触的过程中的自我调适过程。这和时代语境下的总体价值取向有关，这个时代语境可以直接或间接地出现在新闻传播的背景中，也可以是受众自身的认知储备的有效调动与激发，无论过程中的可能性有多少，而要达成民族认同。

华文传播就是要在信息传播的内容及形式上，选择到符合受众认知习惯的方式，期待借助传播的事实、观点及附带的情感，能够被受众感知与接受，并引发心理的感应或共鸣，从而形成一种民族性的认知度和共识度，致使当同类语境或事物、现象出现时，传受双方作为社会共同成员能够表现出趋向一致的态度、情感和行为，此即为民族认同的生成。

从人类社会出现至今，对集体的认同感和归属感就没有间断。在全球化背景下，华文传播运用凸显民族记忆、传播特定的价值观和共享重大事件的关注等手段，通过创造一致的心理归属、营造优势的意见环境和内化意识形态等作用机制，实现了意识控制和建构集体记忆的效果，从而对民族意识和民族认同产生了重要影响。民族共同经历的历史和民族起源是民族认同的重要来源，它完全可以，事实上也经常被用来塑造现实中人们共同生活的意志和愿望，以此实现民族认同的目标。华文传播常常通过仪式和庆典的转播和直播来实现对民族记忆和集体认同的回归。新中国成立以来，我国先后举行了多次国庆首都阅兵，2015年9月3日还首次举行了以纪念抗战胜利为主题的阅兵活动。2017年是中国人民解放军建军90周年，7月30日上午9时在朱日和训练基地举行，庆祝中国人民解放军建军90周年，首次在野战化条件沙场阅兵，是我军首次以庆祝建军节为主题举行的专项阅兵,也是我军革命性整体性改革重塑后的全新亮相。中共中央总书记、国家主席、中共中央军委主席习近平检阅部队并发表重要讲话。接受检阅的共有 12000 名官兵、600 余台(套)装备,1 个护旗方队、27 个地面方队和 9 个人员方队;陆海空三军航空兵 100 多架战机编成 1 个纪念标识梯队、1 个空中突击梯队和 6 个空中梯队,从东北、华北 6 个机场起飞。① 阅兵式的新闻传播,展示全军部队新形势下勠力强军兴军的崭新风貌,激励全党全军全国各族人民不忘初心、继续前进,凝聚实现中国梦强军梦的磅礴力量,凝聚国家民族发展的强大向心力,激发并建构起中华民族自立、自强、自尊以及追求和平、开放、进步等民族自豪的社会认同感,也受到国际社会的重视。

历年春节晚会都是在"北京时间"晚上八点准时开始,新年"零点钟声"是春节晚会的一个重要时刻和高潮,也是春节这个节日本身的"非常时间"或"神圣时间"。这个时间由于时差的原因并不会与全球其他地区的时间相吻合,但在春节晚会北京时间零点钟声敲响的时刻,总会插播海外华人与祖国共同欢庆新年到来的场面,让观众感受到无论身在何处,中华儿女总会在这个时刻一起欢度春节这个"神圣时间",从而创造一种国家与民族"天涯共此时"的一致性空间。中国历年的春节晚会,通过卫星转播,让全球的华人共同观赏,其目的是帮助营造一个以晚会为中心的大一统时空观,"全球华人"所具有的符号效应,在这个时刻与晚会象征性衔接,使晚会从传统习俗中获得进入中国人世俗生活的合理性,并成为在普通民众中创造中华民族认同感的重要手段。②

---

① 《建军 90 周年阅兵:12000 名官兵 600 余套装备接受检阅》,《青年之声》2017 年第 7 期。

② 吕新雨:《解读二零零二年"春节联欢晚会"》,《读书》2003 年第 1 期。

但是，目前华文传播中还是"存在传者本位的角色定位，过于简单机械地政治化、宣传图解化与概念化，只注重信息密集、内容同质的强势传播，在某个时期形成新闻报道的'声势'，却忽略或者不顾受众接受的心理与真实的需求，这与我们所意识到的以受众为中心的传播观是背道而驰的。试想，在这样的状态下要建构一种民族认同是难度较大的。在 21 世纪的转型发展过程中，对外传播的多元化更凸显了坚守本土的责任艰巨，任重道远。"[①] 这种态势下，首先是通过华文传播对国情正确、全面、深入、多样的认知，只有清醒地知晓我们在世界发展格局中的时空坐标，我们才会在全球发展趋势的大潮中保持自己的航向。其次，华文传播中对具体事实背景的解释与分析也是其建构民族认同感的必备。在动态表象的传播背后，意味着什么、为什么等这些深层信息需求需要得到回应，媒体固然担当着回应与解释的重要责任，但其他渠道的参与，包括媒体发动的一种公共表达都会有利于探寻民族认同的作用。

每个国家和民族都会运用各种手段，借助传播如影随形的特质来实现民族意识的培养和民族认同的塑造，通过对价值和信仰的控制以及集体记忆的建构，进而实现维护社会秩序，增强民族凝聚力的目标。

[①] 操慧：《论新闻传播对社会认同感的建构》，《郑州大学学报》（哲学社会科学版）2011 年第 2 期。

对外传播与国际话语体系

China's Strategies in International News Coverage: An Analysis of the Representation of the US Presidential Election Campaign in Chinese Newspapers

Cui Yan[1]

Abstract: This paper examines how the newspapers in China presented the 2012 US presidential election campaign to their audience and how did the coverage uphold the domestic political ideology and serve to maintain domestic political stability. Five newspapers were selected for this study, and these newspapers included *People's Daily*, *Southern Daily*, *The Beijing News*, *Southern Metropolitan Daily*, *Global Times*. Results of quantitative content analysis show that the news article sources were dominated by their own sources or official Chinese sources, with a small percentage of diverse voices as a supplement; the primary object of the news coverage was to influence readers with opinions; the stances mainly fell in the neutral or balanced stance; the issue frame occupied 40.4%, followed by the fame frame and independent frame. Results of qualitative content

---

[1] Cui Yan, Associate Professor, Beijing Normal University-Hong Kong Baptist University United International College.

analysis show that there are a number of balanced or neutral reporting, which reflects China's political ideology of China's peaceful development to some degree. In order to exert the function to maintain political stability, Chinese newspapers adopted the strategies of negative reporting and selecting pro-China views. Nevertheless, a small number of them mentioned the positive meaning of the democratic system and practices, which reflected an effort of strong-market oriented newspapers to achieve professionalism as well as a way to gain trust from their audience.

Key words: international news, framing, domestic political ideology

Elections have important influences on a given society since the results determine the distribution of political power. Furthermore, the U.S. presidential election has recognizable influence on the other nations. For the Chinese public, the presidential election also provides a concrete example to understand how the U S political system works. During this process, the news media plays a crucial role in generating and shaping public opinion on the U S political system.

This paper attempts to examine how the newspapers in China presented the US presidential election campaign to their audience and how did the coverage serve to maintain domestic political stability in Chinese society. The first section reviews the related literature and proposed research questions informed by the literature. The second section describes the research methods and data adopted in this case study. The third section reports the research outcomes and findings. Then the last section summarizes the findings.

I. Literature review and research questions

1. News framing

Due to all kinds of the limits of journalism, framing is unavoidable during the process of news reporting. As Entman (2004, p. 5) puts it, framing concerns "selecting and highlighting some facets of events or issues, and making connections among them so as to promote a particular interpretation, evaluation and/or solution."[1] A news article can have profound influence over human consciousness (Entman, 1993).[2] Just like Price et al. (1997, p. 483) noted: "by activating some ideas, feelings and values rather than others, then, the news can encourage particular trains of thought about political phenomena and lead audience members to arrive at more or less predictable conclusions" (quoted from Stroembaeck & Luengo, 2008). [3][4]

Researchers found that the way of framing is based on an issue's relevance with domestic society. For example, J. C. Gordon, T. Deines and J. Havice's (2010) research indicated that due to Mexico's high vulnerability to the consequences of global warming, Mexico's coverage deviates from using international relations as the most popular frame. Instead, Mexico's newspapers more commonly employ ecology/science and conse-

---

[1] Entman, R. M., *Projections of Power: Framing News, Public Opinion, and U S Foreign Policy*, Chicago, IL: University of Chicago Press, 2004.

[2] Entman, R. M., Framing: Toward Clarification of a Fractured Paradigm, *Journal of Communication*, 1993, 43 (2), pp. 51 – 58.

[3] Price, V., Tewksbury, D., & Powers, E., Switching Trains of Thought: the Impact of News Frames on Readers' Cognitive Responses, *Communication Research*, 1997, 24, pp. 481 – 506.

[4] Stroembaeck, J., & Luengo, O. G., Polarized Pluralist and Democratic Corporatist Models: a Comparison of Election News Coverage in Spain and Sweden, *International Communication Gazette*, 2008 (6), pp. 547 – 562.

quences as frames. ① S. Iyengar and D. R. Kinder (1987) argued that news frames reflect and sustain the official view, meaning they subscribe to the perspective of officials. ② S. Reese and B. Buckaley's (1995) study showed that the media used frames to support administration policy. ③

2. The establishment of frames

A frame is constructed based on the context in which the process and effects of framing happen. Framing is congruent with the dominant political culture in a given society, and all frames are dependent upon the national context (Entman, 2004). ④ As J. Yang (2003) noted, media frames are unavoidably employed by journalists in selecting and presenting media texts. ⑤ A variety of factors affect the news' framing of politics, including the given political system, the development of media commercialization, the circumstances of a particular election or issue, etc. (Stroembaeck & Aalberg, 2008). ⑥ J. Stroembaeck and T. Luengo (2008) argue that we can see news framing as "a manifestation of structural biases in different settings" (p. 553). ⑦ Media in different countries use the election frames

---

① Gordon, J. C., Deines, T., & Havice, J., Global Warming Coverage in the Media: Trends in a Mexico City Newspaper, *Science Communication*, 2010, 32 (2), pp. 143 – 170.

② Iyengar, S., & Kinder, D. R., *News that Matters*, Chicago, IL: University of Chicago Press, 1987.

③ Reese, S., & Buckaley, B., The Militarism of Local Television: The Routine Framing of the Persian Gulf War, *Critical Studies in Mass Communication*, 1995 (12), pp. 103 – 112.

④ Entman, R. M., *Projections of Power: Framing News, Public Opinion, and U. S. Foreign Policy*, Chicago, IL: University of Chicago Press, 2004.

⑤ Yang, J., Framing the NATO Air Strikes on Kosovo Across Countries: Comparison of Chinese and US Newspaper Coverage, *Gazette*, 2003, 65 (3), pp. 231 – 249.

⑥ Stroembaeck, J., & Aalberg, T., Election News Coverage in Democratic Corporatist Countries: A Comparative Study of Sweden and Norway, *Scandinavian Political Studies*, 2008, 31, pp. 91 – 106.

⑦ Stroembaeck, J., & Luengo, O. G., Polarized Pluralist and Democratic Corporatist Models: A Comparison of Election News Coverage in Spain and Sweden, *International Communication Gazette*, 2008 (6), pp. 547 – 562.

in their own particular ways (Stroembaeck & Dimitrova, 2006) . [1]

Prior research showed US media is more likely to frame politics as a strategic game, and the tendency to frame politics as a game rather than as issues is prevalent in democratic countries (for an overview, see Stroembaeck & Dimitrova, 2006; Stroembaeck & Kaid, 2008) . [2] The increasing commercialization of media around the world is also perceived as a cause for the changes in framing in the media's coverage of election campaigns. However, J. Stroembaeck and P. Aelst (2010) argued that these changes are not simply caused by commercialism but a result of several influences, including the way journalists respond to politicians' attempts at public relations, a consequence of journalistic professionalization or greater political independence. [3]

Besides, Gan et al. (2005) suggested to adding the regional perspective frame to the elections news as international news. They found that journalists also tend to frame the news from the perspective of their own region. For example, *The Straits Times* was seen to emphasize how Asia would be affected by the candidates and the election results of a US presidential election. This frame stresses the impact of proposed policies by candidates or the election result on other regions. [4]

---

[1] Stroembaeck, J., & Dimitrova, D. V., Political and Media Systems Matter: A Comparison of Election News Coverage in Sweden and the United States, *The Harvard International Journal of Press/Politics*, 2006, 11 (4), pp. 131 – 147.

[2] Stroembaeck, J. & Kaid, L. (Eds.), *The Handbook of Election News Coverage Around the World*, New York, NY: Routledge, 2008.

[3] Stroembaeck, J., & Aelst, P., Exploring Some Antecedents of the Media's Framing of Election News: A Comparison of Swedish and Belgian Election News, *International Journal of Press/Politics*, 2010, 15 (1), pp. 41 – 59.

[4] Gan, F., Teo, J. L., & Detenber, B. H., Framing the Battle for the White House: A Comparison of Two National Newspapers' Coverage of the 2000 United States Presidential Election, *Gazette*, 2005, 67 (5), pp. 441 – 467.

3. The news coverage of foreign elections in Chinese media

For Chinese journalists and news organizations, the US presidential election is regarded as a politically sensitive topic and it should be reported cautiously. Therefore, Chinese newspapers coverage of the elections is expected to have a closer link with domestic political ideology.

As Zhou (2010) noted, on the one hand, for the purpose of upholding the existing political system and national stability, the authorities prohibit or limit some particular topics from being covered in the media so as to minimize the possible influence on China's politics. On the other hand, China has increasingly integrated into the global system, and the public have various channels to get information about the world.[①] Zhou (2010)'s study supported his hypothesis that CCTV adopted a "minimization of 'sensitive' news" strategy to safeguard domestic political ideology.

Nevertheless, in Zhou (2010)'s study of international news on CCTV, he found that some coverage is not crafted in line with the demand of political stability; rather, this news was reported for the underlying intention of systematical reform and social change by drawing attention to foreign democratic practices. Comparing with party newspapers, market-oriented newspapers have more incentives to publish this kind of news article: it can be an embodiment of their work to achieve professionalism as well as a way to gain trust from their audience.

4. Research questions and hypotheses

Informed by the above literature, two research questions are pro-

---

[①] Zhou, B. H., Neiwai zhijian de guanlian zhengzhi: Zhongguo dianshi guoji xinwen yanjiu——Yi CCTV xinwen lianbo weili (Linkage politics in Chinese TV foreign news: A study of Xinwen Lianbo of CCTV), *The Chinese Journal of Communication and Society*, 2010, 13, pp. 37 - 74.

posed:

RQ1: What are the percent distribution patterns of news article source, news reporting style, stance toward the US and news frame in the news coverage of the US presidential election in the selected Chinese newspapers?

RQ2: How did the news coverage of the US presidential election uphold the domestic political ideology and serve to maintain domestic political stability?

II. Research method and data description

1. Choice of newspapers

Five newspapers were selected for this study. They include *People's Daily* (PD), *Nanfang Daily* (ND), *The Beijing News* (BJ), *Southern Metropolitan Daily* (SMD), and *Global Times* (GT). In terms of the newspaper type, the first two newspapers are major Communist Party newspapers on a national and provincial level respectively, and the latter three are strong market-oriented newspapers.

2. Coding scheme

Article source

The article source variable refers to the provider or origin of a given news article. It was constructed based on the relevant literature (e.g., Liu & He, 2006; Zhang, 2012) and preliminary reading of the sample. The article source includes five categories: (1) *Xinhua News Agency*, (2) this newspaper, (3) foreign origin (referring to translated and edited foreign news coverage), (4) special contributors (referring to invited analysts and commentators from this newspaper), and (5) others (referring to the internet or other sources that have not been mentioned above).

News reporting style

News reporting style was coded into three categories according to the data and previous literature (e. g., Stroembaeck & Dimitrova, 2006): (1) Descriptive style. It refers to news articles that do not go much beyond specific events and are isolated from the context of the event. (2) Analytical style. It refers to news coverage that emphasizes issues, contextual meaning or the impact of events, or, even though the story was initiated by a particular event, the event was used to introduce and explain issues rather than merely report on the event. (3) Combined style. It refers to news reports that consist of two separate parts describing and analyzing an event.

Stance of news reporting

In this case, the stance refers to the favorability toward the US. The favorability is set as five categories: (1) favorable. (2) Slightly favorable. (3) Neutral or balanced. (4) Slightly unfavorable. (5) Unfavorable.

News frame

Frames refer to the overall frames used to structure the text. They can be identified from the headlines, opening paragraphs, opinions or information dominant in the news article. The construction of the frames not only took previous literature (e. g., Gan, et al., 2005; Stroembaeck & Dimitrova, 2006; Stroembaeck & Luengo, 2008; Stroembaeck & Aelst, 2010) as a reference but also was developed based on the texts.

In this study, the frames presented in the news coverage of the U. S. presidential election include eight categories. The following frames were not necessarily mutually exclusive; however, only the most prominent frame was coded in a news article.

(1) Horse-racing frame. It focuses on winning or losing in an election campaign. The horse race frame is a common frame that reduces election coverage to a simple win-lose situation. This frame emphasizes the competition between the candidates by keeping track of who is ahead according opinion polls. The content mainly covers campaign performance, predictions of results or the organizational or financial strength of the competitive parties and candidates.

(2) Political strategy frame. It is about how the parties or candidates act in order to win the election. It is defined as news articles focused on why the parties or candidates act as they do with regard to electoral or opinion gains, such as stories on the targeting of different voter groups. The content may focus on how political actors act in order to achieve support from voters, or focus on the likely makeup of the cabinet of the government after an election.

(3) Conflict frame. It focuses on the conflict between parties and individuals, which may be caused by their differing views towards issues or the policies each advocates. According to H. A. Semetko and P. M. Valkenburg (2000), journalists rely on "conflict between individuals, groups, or institutions as a means of capturing audience interest" (p. 95) . ①

(4) Human interest frame. It refers to news focused on individuals' feelings, experiences, or traits instead of the impersonal institutions they stand for. It presents an event, issue, or problem from an emotional an-

---

① Semetko, H. A., & Valkenburg, P. M., Framing European Politics: A Content Analysis of Press and Television News, *Journal of Communication*, 2000, 50 (2), pp. 93 – 109.

gle. The news may give anecdotal accounts of the involved people/parties, employ adjectives or personal descriptions that arouse particular emotions (such as feelings of empathy, concern, sympathy, compassion or outrage). It focuses on how individuals and groups are affected by specific issues/policies (Price et al., 1997; Valkenburg et al., 1999)[①], or it portrays candidates from the perspective of personal attributes, character and behavior instead of decision-makers for certain issues or policies.

(5) Issue/policy frame. It explains the implementation and undertaking of the issue/policy advocated, or emphasizes the consequences of such policies. The content could be information that accounts for the history or reasons for undertaking specific policies, or about the candidate/political party's approach to a given issue or policy, or the consequences of specific issues/policies mainly concerning America (Rhee, 1997).[②]

(6) Sino-US linkage frame. The news reports about all kinds of linkage between China and the United States. It might present views from officials/people of one country to another country, mention the impact brought about by an event/issue in China, compare how specific issues/policies would be handled if they had happened in the opposing country, or cover the official or informal connections between them.

(7) Regional/global perspective frame. The news reports about the impact or implications of the candidates' speeches or the result of an election on regional or world affairs. It might present views from officials/people of the US toward other countries and vice versa, mention the im-

---

① Valkenburg, P. M., Semetko, H. A. & Vreese, C. H., The Effects of News Frames on Readers' Thoughts and Recall, *Communication Research*, 1999, 26 (5), pp. 550 – 69.

② Rhee, J. W., Strategy and Issue Frames in Election Campaign Coverage: A Social Cognitive Account of Framing Effects, *Journal of Communication*, 1997, 47 (3), pp. 26 – 48.

pact brought about by an American event/issue on other countries, compare how specific issues/policies would be handled if they had happened in different countries, or cover the official or informal connections among them.

(8) Not applicable. It is not a specific frame, and it was set to accommodate those reports which are hard to classify into any of the above categories.

In the analysis, (1) and (2) were regarded as under the game frame; (3), (4) and (8) were grouped under the independent frame. (5), (6) and (7) were grouped under the issue frame. Further, (1), (2), (3), (4) and (8) can be simplified as the non-issue frame.

3. Sampling methods and result

The time frame of the U. S. presidential election in the year of 2012 began on January 3, 2012 and ended on January 8, 2013, following the dates of the beginning and the final result of the election.

Stories from the above five newspapers were all located by searching the *WiseNews* database with the keywords of "U. S. presidential election" (meiguo zongtong xuanju) or "The biggest election in United States" (meiguo daxuan) . In the news coverage of the presidential election, the first three paragraphs should contain explicit information about the election, the candidates, the party leaders, or the parties competing in the election, as suggested by Stroembaeck and Dimitrova (2006) .[1] Repeating reports and reports which did not focus on the election were deleted af-

---

[1] Stroembaeck, J., & Dimitrova, D. V., Political and Media Systems Matter: A Comparison of Election News Coverage in Sweden and the United States, *The Harvard International Journal of Press/Politics*, 2006, 11 (4), pp. 131 – 147.

ter data cleaning. This procedure yielded a total of 285 news articles, with 33 from the *People's Daily* (PD), 26 from *Southern Daily* (SD), 62 from *The Beijing News* (BN), 63 from *Southern Metropolitan Daily* (SMD), and 101 from *Global Times* (GT).

4. Validity and reliability

In terms of the coverage of the U. S. presidential election, Cohen's kappa was used to calculate inter-coder reliability as well. The reliability coefficient was 0.95 for news article source, 0.92 for news reporting style, 0.78 for news frame, and 0.82 for the stance toward the US.

III. Results of quantitative content analysis

1. The characteristics of the selected newspapers as a whole

In regard to RQ1, the percent distributions for news article sources, news reporting style, stance toward the US, and news frame in all selected newspapers are as in the Graphs 1 – 4:

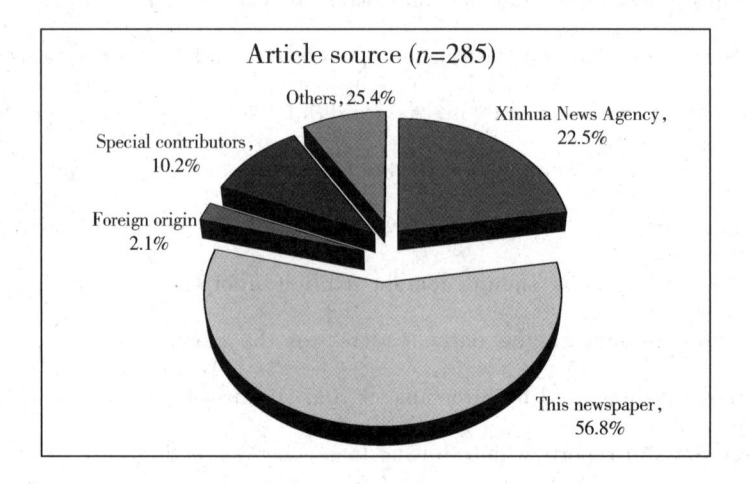

Article source (*n*=285)
- Others, 25.4%
- Xinhua News Agency, 22.5%
- Special contributors, 10.2%
- Foreign origin, 2.1%
- This newspaper, 56.8%

Graph 1　The distributions of article source

In terms of news article source, the result shows that the source from

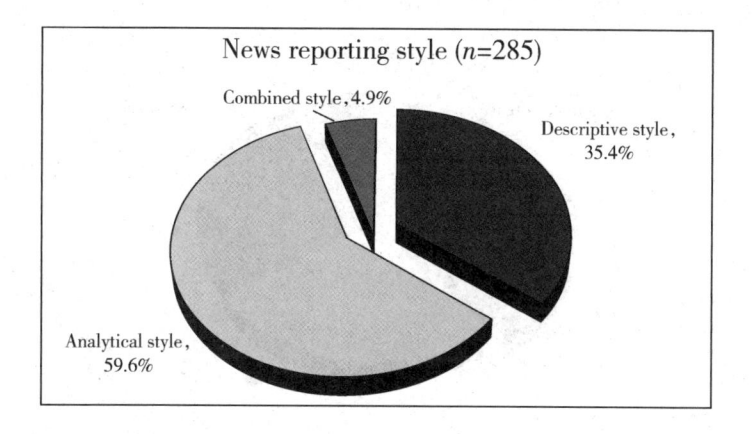

Graph 2 The distributions of news reporting style

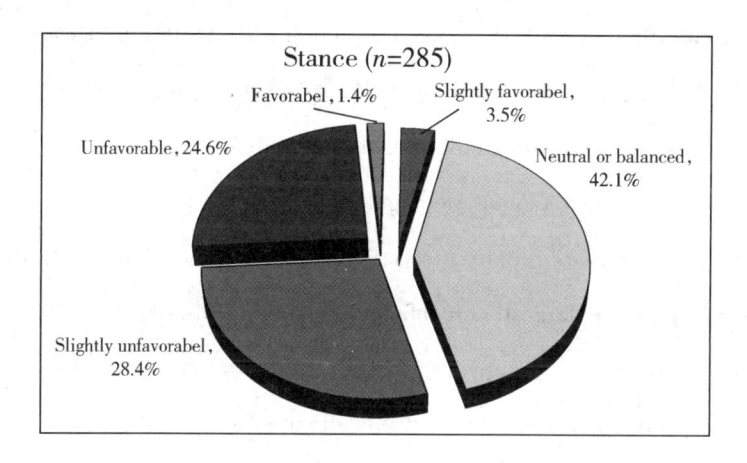

(Pie chart: Descriptive style, 35.4%; Analytical style, 59.6%; Combined style, 4.9%)

Graph 3 The distributions of stance

(Pie chart: Neutral or balanced, 42.1%; Slightly unfavorabel, 28.4%; Unfavorable, 24.6%; Favorabel, 1.4%; Slightly favorabel, 3.5%)

this newspaper occupied the largest percentage (occupying 56.8%), followed respectively by Xinhua News Agency (occupying 22.5%), special contributors (occupying 10.2%), others (occupying 8.4%), and foreign origin (occupying 2.1%). This result shows that the Chinese newspapers largely relied on their own sources or those from an official Chinese news agency, which means that article sources were adopted as a means to frame the news in line with Chinese political ideology. The sources from

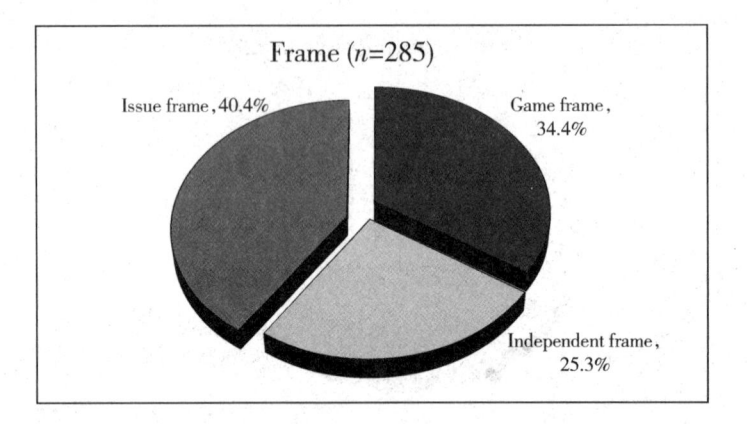

Graph 4 The distributions of frame

special contributors were partially from editorials, so this part also represented the official position. In brief, the news article sources were dominated by their own sources or official Chinese sources, with a small percentage of diverse voices as a supplement.

In terms of news reporting style, the result shows that the analytical style occupied the largest percentage (occupying 59.6%), followed by the descriptive style (occupying 35.4%) and combined style (occupying 4.9%). This result indicates that the primary object of the news coverage was to influence readers with opinions. The combined style occupied only 4.9 percentage points, which suggests that separating facts and comments was not a common practice in the news coverage of the US presidential election.

In terms of stance toward the US, the result shows that the stances mainly fell in the neutral or balanced stance (occupying 42.1%), slightly unfavorable stance (occupying 28.4%), and unfavorable stance (occupying 24.6%) categories. Only a small percentage of the sources belonged to the slightly favorable stance (occupying 3.5%) and favorable stance (occupying 1.4%).

In terms of the news frame, the result shows that the issue frame occupied the largest percentage (occupying 40.4%), followed by the fame frame (occupying 34.4%) and independent frame (occupying 25.3%). Considering the large percentage occupied by the unfavorable stance, the issue frame could be used as a method to uphold the domestic political ideology. The game frame and the independent frame might attract readers' interest in this kind of news topic. Therefore, using these two frames would help to maintain China's political stability as well.

2. The characteristics of individual newspapers

The following graphs show the percentage distribution of individual newspapers regarding news article sources, news reporting style, stance toward the US and news frame.

(1) Article source

The percentage distribution of news article source is as in the Graphs 5 - 9:

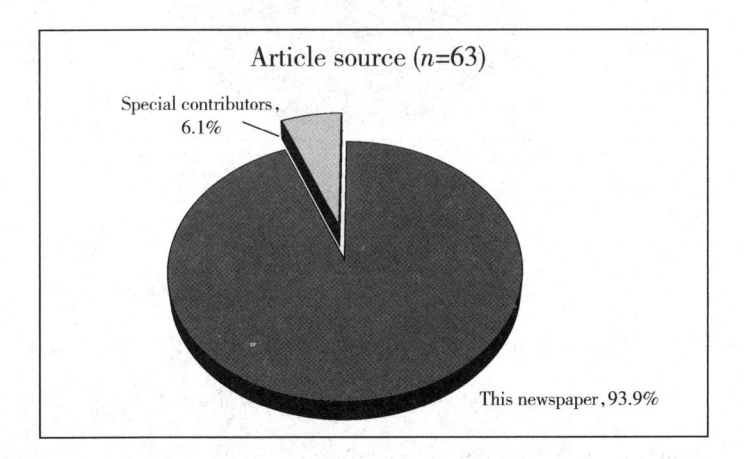

Graph 5　Article source of PD

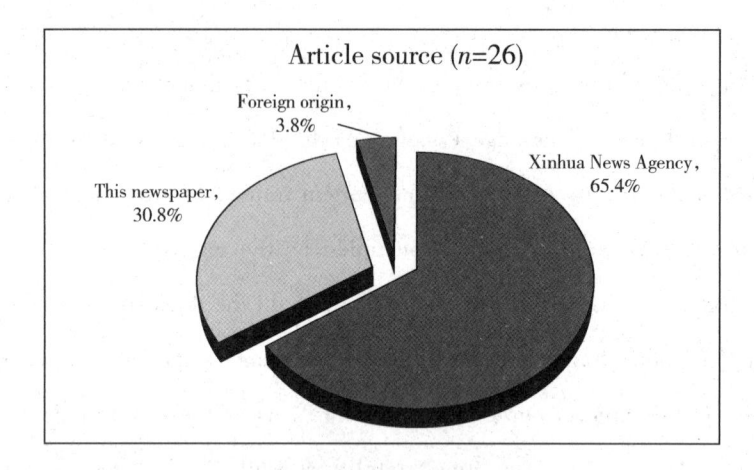

Graph 6　Article source of SD

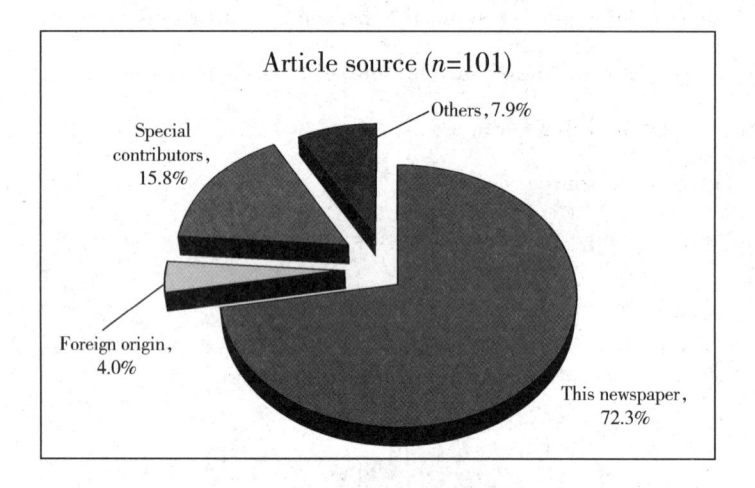

Graph 7　Article source of GT

In terms of news article source, PD almost exclusively used its own sources. 93.9% of its news coverage was from this newspaper, and the special contributors were basically the senior editors of PD who drafted the editorials of the international news edition. As discussed in the research methods section, sources can influence the stance and the frame of news articles; therefore, PD could effectively present its own perspective with

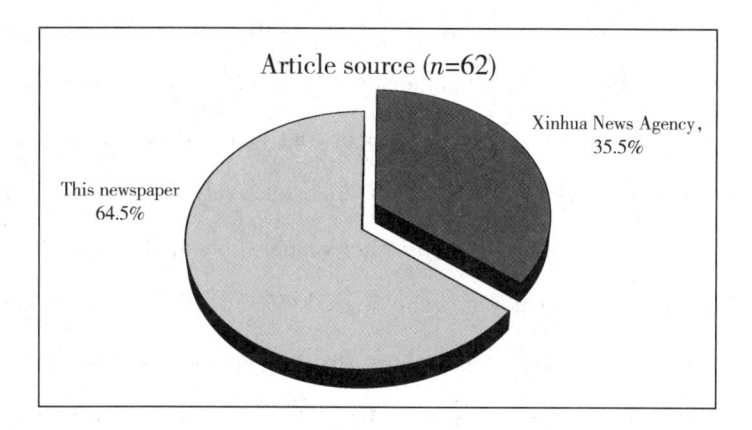

Graph 8 Article source of BN

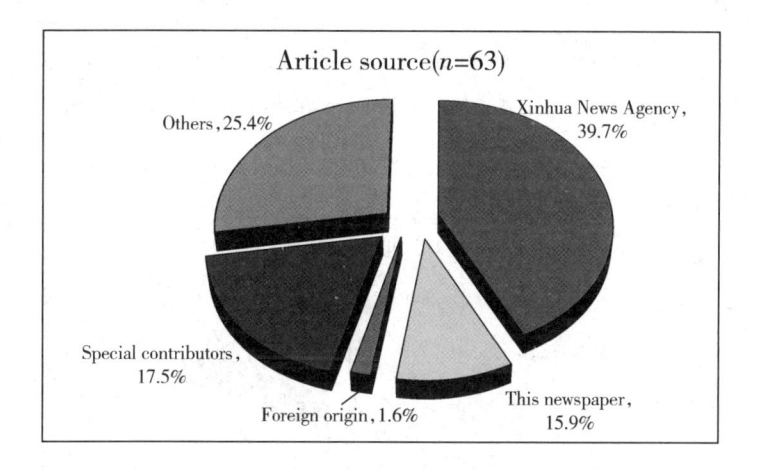

Graph 9 Article source of SMD

self-supplied article sources. SD largely relied on sources from *Xinhua News Agency*, which occupied 65.4%. Meanwhile, SD adopted sources from this newspaper, which occupied 30.8%, as a supplement. In addition, it used a piece of foreign news coverage as one of the article sources, which slightly added to the diversity of the news article sources of SD.

Sponsored by PD, GT benefited from PD's well-established network of stringers. Therefore, GT was able to adopt 72.3% of its sources from this newspaper. GT adopted 15.8% of its sources from special contributors, which indicates that GT attached a lot of importance to opinions. Besides, by adopting other sources (occupying 7.9%) and sources of foreign origin (occupying 4.0%), GT had relatively diversified sources. BN's article sources were from this newspaper (occupying 64.5%) and from *Xinhua* News Agency (occupying 35.5%). SMD's article sources were the most diversified among these five newspapers, including sources from *Xinhua* News Agency (occupying 39.7%), other sources (occupying 25.4%), special contributors (occupying 17.5%), this newspaper (occupying 15.9%), and foreign origin (occupying 1.6%).

(2) News reporting style

The percentage distribution of news reporting style is as in the Graphs 10 – 14:

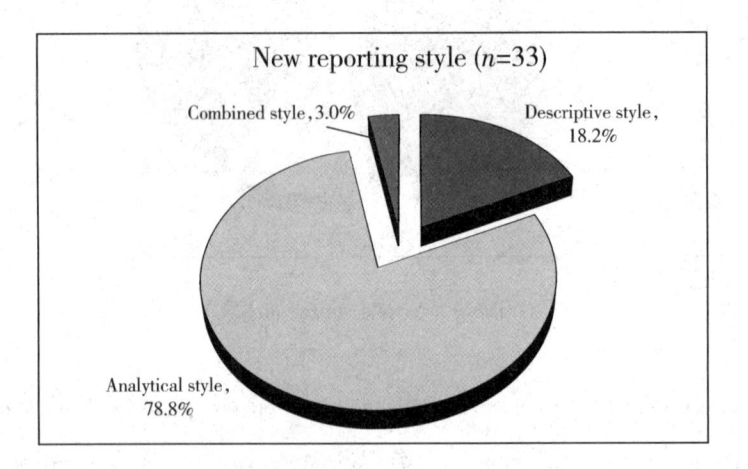

Graph 10　News reporting style of PD

In terms of news reporting style, PD is dominated by the analytical style (occupying 78.8%), which means PD put a significant amount of weight upon influencing readers with opinions. Besides, the descriptive

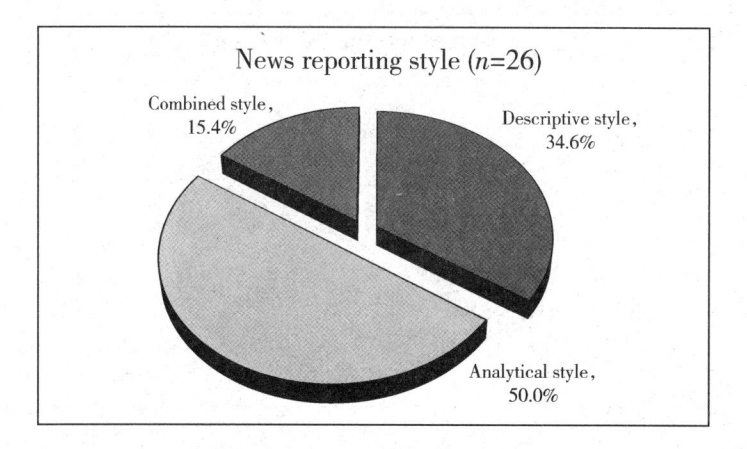

Graph 11　News reporting style of SD

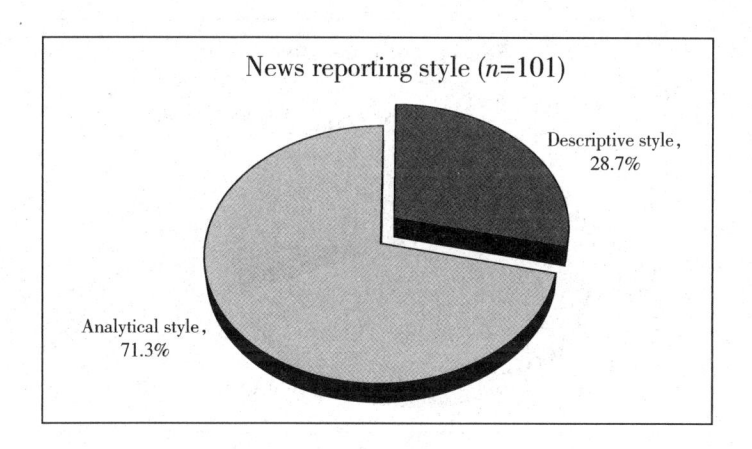

Graph 12　News reporting style of GT

style occupied 18.2% and combined style occupied 3.0%. Comparing with PD and other newspapers, the news reporting style of SD was more evenly distributed among the analytical style (occupying 50%), descriptive style (occupying 34.6%), and combined style (occupying 15.4%).

GT featured a high percentage of the analytical style (occupying 71.3%), which made it second only to PD. In other words, GT attached a lot of importance to opinions. The descriptive style, which focuses on

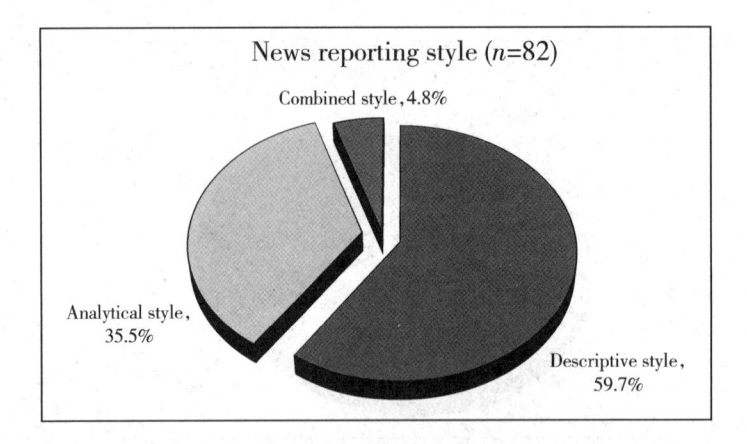

Graph 13　News reporting style of BN

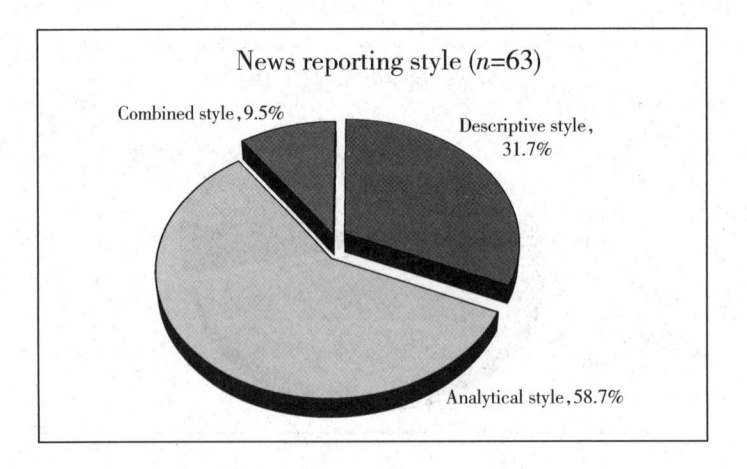

Graph 14　News reporting style of SMD

providing information, occupied 28.7%. In contrast with GT, BN slightly emphasized the descriptive style (occupying 59.7%), while it put less weight on the analytical style (occupying 35.5%) and adopted the combined style the least (occupying 4.8%). Similar to GT, SMD also had a greater percentage of the analytical style (occupying 58.7%) than descriptive style (occupying 31.5%); however, SMD was also different from GT since it adopted a more diversified news reporting style, as evidenced by the combined reporting style occupying 9.5% of the total.

(3) Stance

The percentage distribution of news stance toward the US is as in the Graphs 15 – 19:

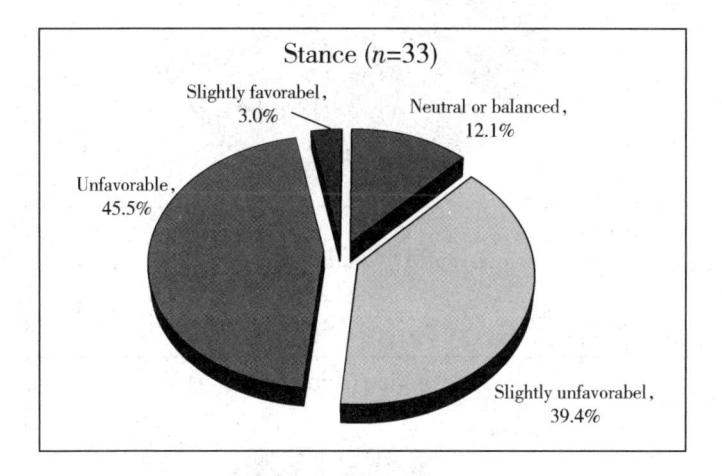

Graph 15 Stance of PD

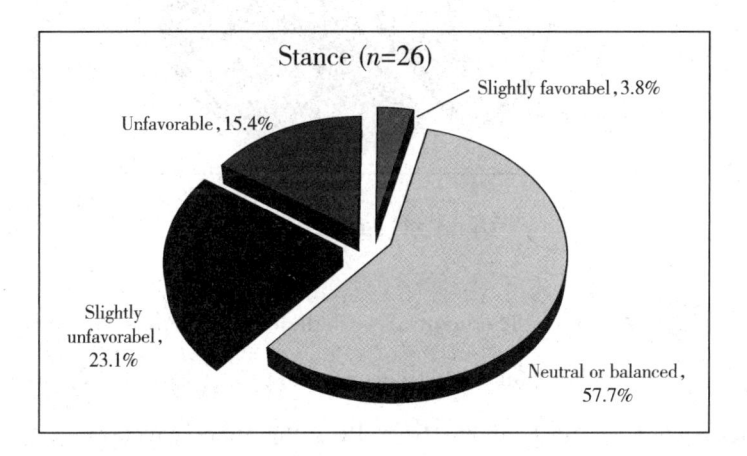

Stance (n=33)
- Slightly favorabel, 3.0%
- Neutral or balanced, 12.1%
- Unfavorable, 45.5%
- Slightly unfavorabel, 39.4%

Graph 16 Stance of SD

Stance (n=26)
- Slightly favorabel, 3.8%
- Unfavorable, 15.4%
- Slightly unfavorabel, 23.1%
- Neutral or balanced, 57.7%

In terms of news stance, the news coverage of PD was dominated by the unfavorable stance (occupying 45.5%) and slightly unfavorable stance

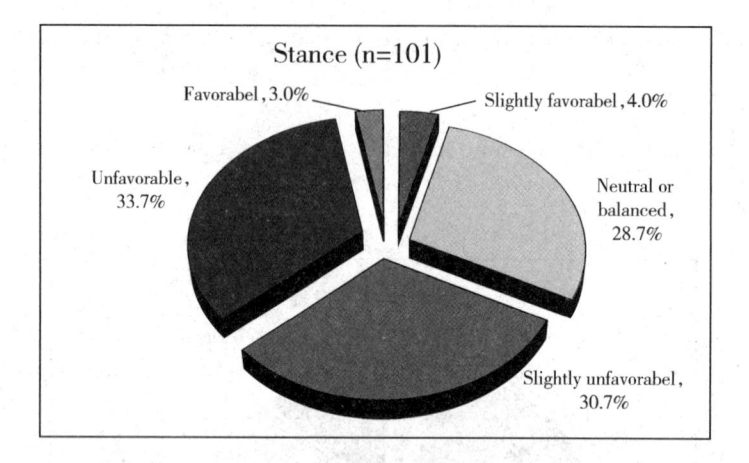

Graph 17 Stance of GT

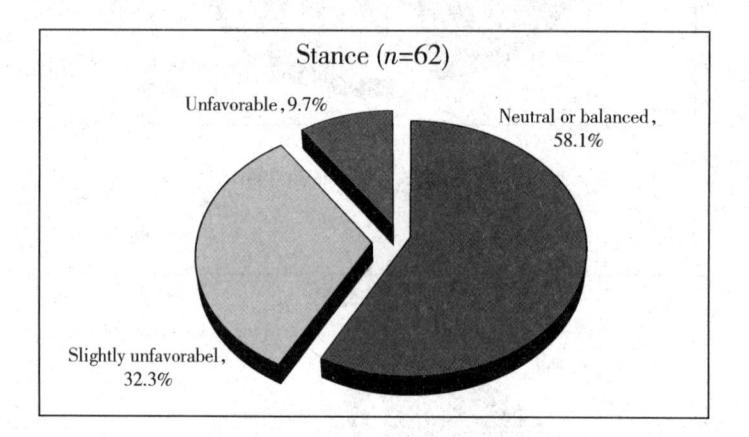

Graph 18 Stance of BN

(occupying 39.4%). The neutral or balanced stance occupied 12.1% and slightly favorable stance only occupied 3.0%, while there was no favorable stance at all. Different from PD, the news coverage of SD was dominated by the neutral or balanced stance (occupying 57.7%), followed by the slightly unfavorable stance (occupying 23.1%), unfavorable stance (occupying 15.4%), and slightly favorable stance (occupying 3.8%).

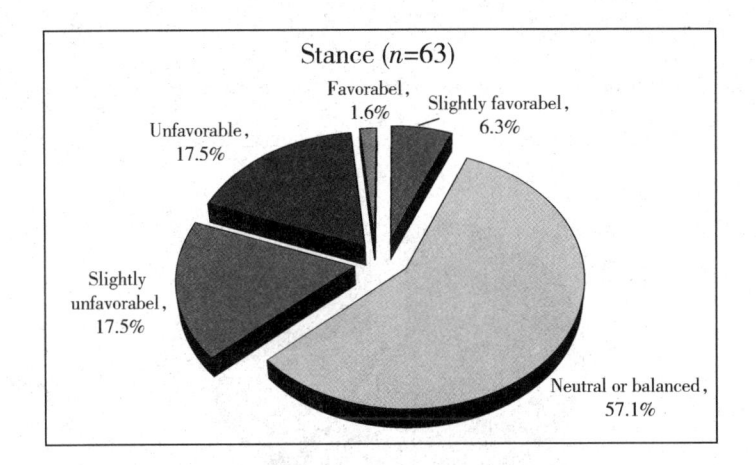

Graph 19 Stance of SMD

In the news coverage of GT, the unfavorable stance occupied the largest percentage (occupying 33.7%), followed by the slightly unfavorable stance (occupying 30.7%), neutral or balanced stance (occupying 28.7%), slightly favorable stance (occupying 4.0%), and slightly favorable stance (occupying 3.0%). That is to say, GT tended to be opinioned in its news coverage of the US presidential election, and its main stance was unfavorable or slightly unfavorable. In contrast to GT, the neutral or balanced stance occupied the largest percentage (occupying 58.1%) in the news coverage of BN; and it was followed by the slightly unfavorable stance (occupying 32.3%) and unfavorable stance (occupying 9.7%). Similar to BN, the neutral or balanced stance occupied the largest percentage (occupying 57.1%) in the news coverage of SMD. Differently, SMD adopted a more diversified stance, and it also included the slightly unfavorable stance (occupying 17.5%), unfavorable stance (occupying 17.5%), slightly favorable stance (occupying 6.3%), and favorable stance (occupying 1.6%) in its coverage.

(4) Frame

The percentage distribution of news frame is as in the Graphs 20 – 24:

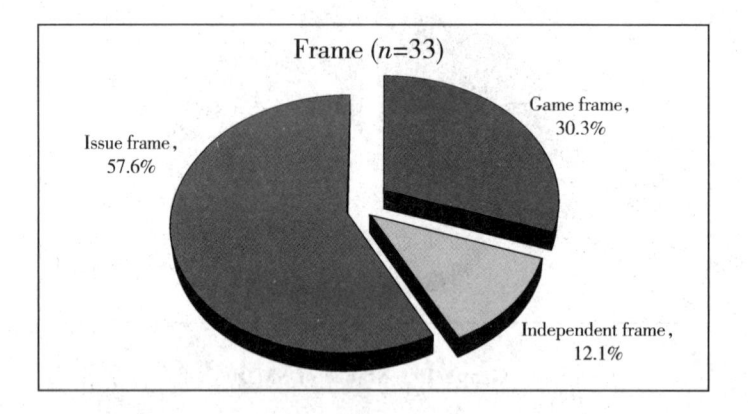

Graph 20　Frame of PD

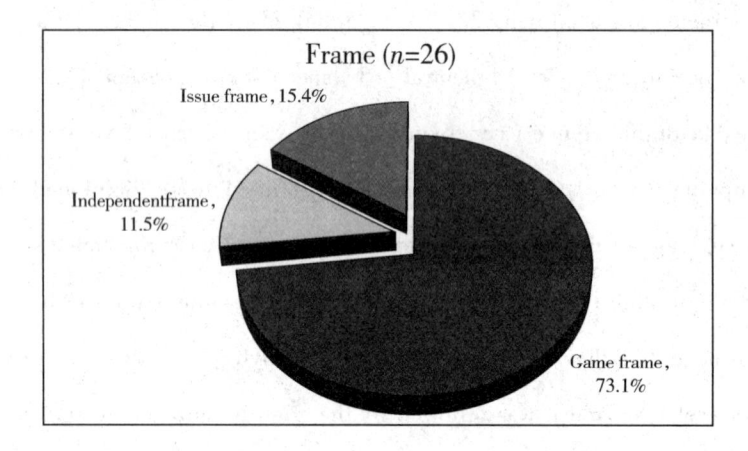

Graph 21　Frame of SD

In terms of the frame, the news coverage of PD gave greater weight to the issue frame (occupying 57.6%) than non-issue frames, which included the game frame (occupying 30.3%) and independent frame (occupying 12.1%). Different from PD, the news coverage of SD was dominated by the game frame (occupying 73.1%); besides, the issue frame oc-

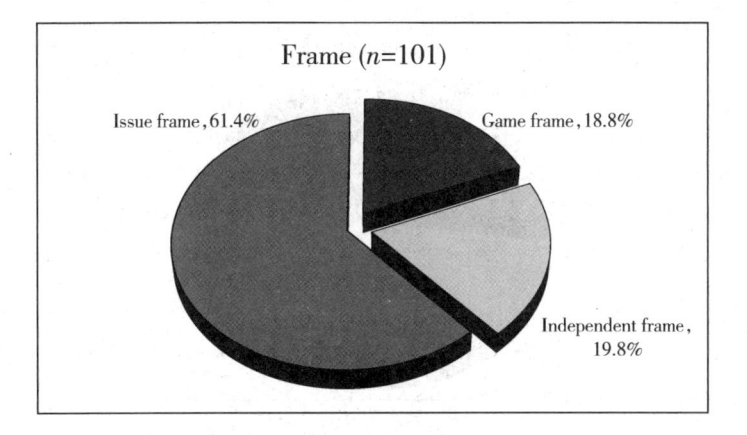

Graph 22　Frame of GT

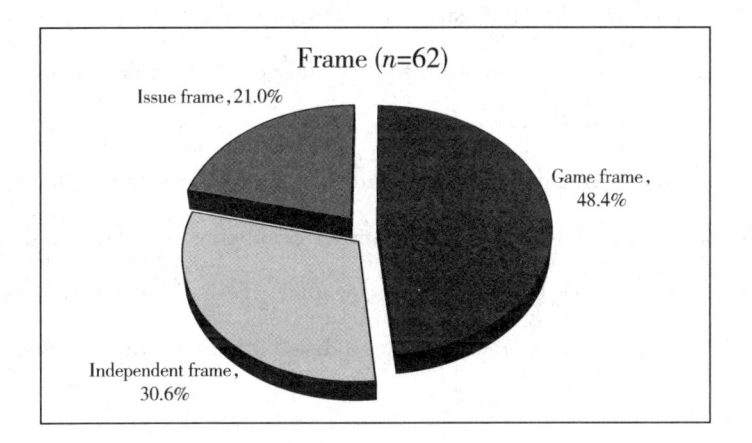

Graph 23　Frame of BN

cupied 15.4%, and independent frame occupied 11.5%. That is to say, PD emphasized analyzing issues, while SD tended to attract readers by portraying the US presidential election as a political game and emphasizing conflicts and human interests.

The news coverage of GT gave greater weight to the issue frame (occupying 61.4%) than non-issue frames, which included the game frame (occupying 18.8%) and independent frame (occupying 19.8%). In the

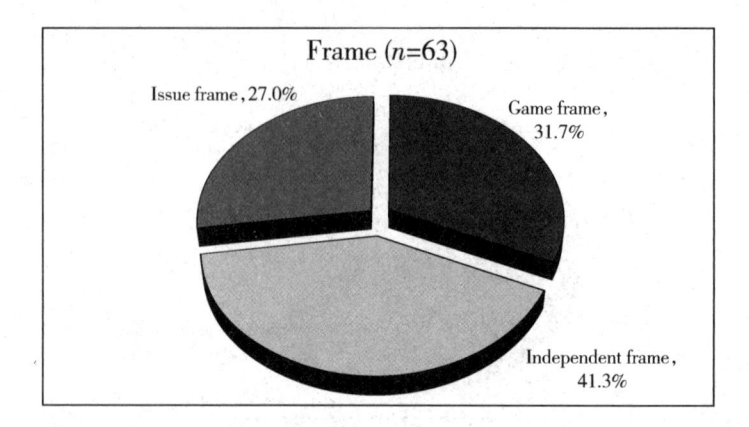

Graph 24　Frame of SMD

news coverage of BN, the game frame occupied the largest percentage (occupying 48.4%), followed by the independent frame (occupying 30.6%) and issue frame (occupying 21.0%). In the news coverage of SMD, the independent frame occupied the largest percentage (occupying 41.3%), followed by the game frame (occupying 31.7%) and issue frame (occupying 27.0%). In other words, these three newspapers represented three modes of the percentage distribution pattern in terms of the frame.

IV. Results of qualitative content analysis

In terms of the 2012 US presidential election, Chinese newspapers generally tended to uphold China's political ideology and served to maintain domestic political stability. There are a number of balanced or neutral reporting, which reflects China's political ideology of China's peaceful development to some degree. Paying attention to these reporting will help us to have a comprehensive understanding about how this topic was covered in the selected Chinese newspaper.

1. Indexing the political ideology of China's peaceful development

In the news coverage of the 2012 US presidential election, some articles demonstrated a balanced attitude. Here is an example exemplified in a headline: "Money contributions to politics-spending a lot while regulation is tight" (BN, 2012 – 07 – 15). Another news article introduced the opinions from both sides. It wrote:

> In this regard, the Atlantic Monthly considers the history of political contributions as a pendulum-deregulation is the swinging direction for the time being. The result, as hoped, is more forces can join the election, but it may produce bigger scandals in a looser era, resulting in the making of new rules.
>
> ... Politicians can listen to the voices of voters in the process, which is not a bad thing. In addition, even candidates try to promote a policy which may benefit a certain interest group, s/he also needs to face numerous restrictions from both houses of Congress, and thus directly repaying an interest group turns out to be a very difficult thing to do. (The curbs of US election political-funding, 2012 – 10 – 29)

Regarding the American social situation, some news coverage appeared to be more balanced. SD wrote:

> Second, although the American economy did not quickly recover in the past few years, it is still in a slow recovery. In particular, the housing market showed an obvious trend of recovery. The unemployment rate in September fell to 7.8%, breaking key psychological

barrier at 8%. The unemployment rate rose to a 4-year high at the end of October, which boosted Americans' optimism about economic development and Americans' confidence in the economy... Though Obama was successfully re-elected, American social and racial rifts have deepened, Congressional gridlock continues, and the economic situation remains serious after a fierce election campaign...

("Defeating Romney by a large margin, Obama is reelected," 2012 - 11 - 08)

In terms of the role of the US in the international community, a news article of SMD informed readers that two out of every three voters think the United States is in decline according to a poll from November 2011. In contrast, another poll conducted during the same period in 12 European countries showed Europeans hold an optimistic attitude toward the US as the leader in world affairs. It was said that 54% of participants expressed support for the United States' leadership in the world. ("Americans look forward to a competent president in the general election, 2012 - 01 - 29)

In addressing the issues related to the Sino-US argument, a news article of GT said that more and more Chinese people tend to believe that "China has become a strong nation thanks to domestic society, and domestic questions are much more urgent than external challenges." Meanwhile, the United States is not able to contain China's development, though it might add to the cost of China's development. However, the US would pay for it. ("Romney or Obama, we do not care who is elected," 2012 - 08 - 30)

Concerning the most sensitive topic of the democratic election system, a news article of GT recognized that the US presidential election is "the most typical election in the Western world as well as one of the best organized elections" on one hand and indicated that all systems need to adapt to the changing of the world through reform and criticized the American system's self-reform capacity for weakening on the other hand. This article claimed that the problems of the election gradually caused serious threats to the US in a rapidly changing world. ("Watching the US presidential election, Chinese become much more objective and calm," 2012-09-08)

In the same article, the author also discussed the linkage between the US general election and Chinese society. This article recognized that the general election has a great influence on China, and many Chinese admire the US general election and American democratic system. Nonetheless, the Chinese mainstream thinks China has different national conditions compared with the US and does not think China should adopt the American system. In addition, the article continued, many Chinese started to believe that "walking on one's own way" is a good choice since China has developed rapidly. Meanwhile, China is willing to learn from the US. The author wrote:

> For China, there are many things worthy of learning from the US, which is the consensus view of Chinese society. The truth is that what should be learned and what is relatively easy to learn will not encounter big resistance in the China. While for those lessons that seemingly should be learned but include great difficulty or high risk, China must learn them with great caution. For example, China has been promoting elections as a democratic method. Some practices involved

with the fundamental political system, such as the two-party or multi-party system, which are not included in the framework of China's reform at all.

From the above words, we can see the author intended to create a more objective, peaceful and confident image of Chinese society. Taking Shan Renping as a pen name in this newspaper, the author, whose real name is Hu Xijin, is the chief editor of GT and also the major writer for the editorials of GT. I would argue that Hu's opinion probably did not directly reflect the general public's view in China; however, his viewpoint is in line with China's political ideology.

2. The strategy of reporting conflicts, challenges and problems

Since China and the US have different political systems and experience ideological confrontation, highlighting negative aspects about the US presidential election would increase Chinese readers' negative impression of the American political system, and Chinese readers are expected to draw a conclusion that democratic politics is not a good choice for China. In contrast, the news coverage in Chinese newspapers tends to stress the positive side of domestic politics. Through this underlying comparison, Chinese readers are possibly more accepting of China's political system. Thus, Chinese newspapers exert the function to maintain political stability. Specifically, negative news is mainly embodied in the following three aspects.

(1) Focusing on the conflicts and lies during the election

Each newspaper gave considerable space to addressing the conflicts in the electoral process. For example, under the headline " 'Converging attacks on the frontrunner' Romney" (GT, 2012-01-06) and employing the source of Fox News of the United States, it was reported that the Obama team started to attack Romney——making fun of him as "Mr. 25%" (Romney only obtained about 25% of the vote in the Iowa primary), and claimed that he was a "weak leader". Below are more examples from different newspapers.

Under the headline "The general elections of the United States have become a 'smear' campaign", a news article stated:

> Comparing with any other general elections in history, the intensity of "smearing" lies with multimedia platform and "burning money" on both sides in this election astonished many Washington political observers. The Washington Post also exclaimed that this election is turning from ugly to hideous. (PD, 2012-08-22)

Under the headline "Romney's speech strongly attacked Obama", it was written:

> American NBC News Net says Romney made a new criticism of Obama on the 13th, saying his campaign is dishonest and trying to deceive the American people. He (Romney) said, "Obama's campaign record is as disappointing as his performance record over the past 4 years. He has adopted a very irregular way of campaigning, which is to slander, to smear, to distort facts, to deceive, and to be dishonest, which denigrates the Presidency." (GT, 2012-09-01)

Under the headline "Buying White House", it was written:

But this expensive election has caused a great negative impact, for both sides have spared no effort to attack and to demean the image of each other. Romney is described as "the mouthpiece of the rich, an irresponsible politician." Obama is portrayed as "an economy killer". (SMD, 2012 - 09 - 16)

A headline showed that due to being very dissatisfied with the election result, 100000 Americans called for secession through online signatures (GT, 2012 - 11 - 14). The article said that this "independence wave" possibly went throughout the whole of America after the result of the election was released, though it is difficult for it to threaten social stability.

In brief, the news coverage with conflicts and lies attract readers' attention. Through emphasizing that the general election is like a political game, Chinese newspapers showed little concern for political issues, which led their readers' attention away from the values of the democratic system. In this way, Chinese newspapers not only safeguarded the CPC's political interests, but also could make a profit from the market. Thus, with eye-catching news articles, these newspapers serve both political and commercial interests.

(2) Emphasizing the challenges during and after the election

The news coverage of the US presidential election paid a great deal of attention to the challenges during and after the election. In terms of domestic challenges, PD summarized:

However, regardless of who participated in the campaign, s/he is unable to avoid the "three high" challenges that the United States is currently facing: high unemployment, high deficits and high national debt. High unemployment threatens the living security of millions of Americans and their families, high deficits and high national debt are a persistent illness of the American economy, and the three are interrelated. (2012 – 01 – 06)

SD not only reported on American domestic issues, but also mentioned the challenges that Americans are facing in the international community.

And then looking back on Obama's running of the country over more than three years, it is hard to use positive words to describe America's situation at home and abroad. At home: the economic recovery is weak, the unemployment rate has stayed above 8%, the commitment to reducing half of the budget deficit cannot be realized, and a number of health insurance reform affected the benefit of many people. In terms of foreign policy, though the government ended the Iraq war, it is far from eliminating the threat of terrorism, there is no breakthrough on the hot issues such as Iran and North Korea, and some interest groups felt that they have not gained enough attention. (2012 – 08 – 10)

When the election was close to its end, the Chinese newspapers tended to highlight the further challenges for the future president. For example, GT wrote:

USA Today reported, with foreign lands full of confrontation, Congress split at home, and a budget impasse that could cause a new economic recession rising on the horizon, whoever wins on November 6th will take over an awful mess. (2012 – 11 – 02)

In another news article, GT reported on the questions to be solved by the newly-elected president, which were indicated in American media. It said:

Before the general election result is announced, the Wall Street Journal could not wait to send its blessings: congratulations on winning the election, but I am sorry to interrupt your celebration, because you will face the following five questions: the fiscal cliff, employment, the retirement crisis, debt, as well as China. So, I wish you, the new president, good luck. ("The great suspense will be broken today, the concerns of different countries are different," 2012 – 11 – 07)

When the result of the election was announced, the Chinese newspapers analyzed the result. PD said that the close result indicated that many Americans do not endorse Obama's performance over the past 4 years since they feel very anxious about the current economic situation ("Obama wins the United States presidential election," 2012 – 11 – 08). BN stressed that "The US is facing serious challenges" and "the unemployment rate is staying high" in its subtitles (Obama is reelected as the president; Romney admits defeat, 2012 – 11 – 08) .

The news coverage also emphasized the bad effects caused by the election system. A news article said that "The Associated Press claimed on the 7th that American politics is deeply divided after the most expensive, the dirtiest, and the most intense campaign in history." Further, it stressed that American society is fragmented after the election. In a later part of the same news article, it wrote:

The New York Times said on the 7th that Obama's dramatic re-election is not a sign of the final union of the disintegrating nation on Election Day. Obama's victory showed no sign of national unity. Wealthy Americans supported Romney while the poor voted for Obama. Voters are also apparently divided in terms of gender, age, and ethnic and religious differences.

("It's hard to be relaxed after winning the fierce election campaign; facing with financial difficulties, exhausted Obama leads the United States on its way with difficulty," GT, 2012 – 11 – 08)

(3) Highlighting the problems of polarized American parties

One of the fundamental differences between China and the US is political system. The US has adopted a multi-party system while China has been practicing a one-party dominated political system. The more problems the American political party system has, the more convincing the idea that the Chinese political system is a good choice. Below are some examples.

In an editorial of an international edition, PD wrote:

From the perspective of the relations between the two parties, complementarity has been reduced in the traditional sense. It has become increasingly common for serious opposition on major issues to undermine the other party's work, resulting in a series of major policy decisions of the Obama administration experiencing difficulty in getting passed. The issues of the upper limit of the national debt, immigration reform, tax reform, financial reform, and employment law either have been shelved or narrowly passed, and thus further widened the rift between the two parties.

From the perspective of the relations between the federal and the local governments, Obama's administration often cannot push forward major government decisions at the local level. Frequently, the federal government has a new regulation regarding the issues of new energy, the return of manufacturing, infrastructure, and education reform while local governments have another perspective on them. The serious confrontation between the two parties make it difficult for Washington to make decisions, so "political paralysis" has become a hot word in the US.

("What has made 'political paralysis' become a hot word in the US," 2012 – 08 – 01)

In GT's election coverage, one news article borrowed voices from the American media, stressing the election not only caused the fragmentation of American society, but also "burned money". It said:

In the view of analysts, these two numbers (referring to 16.4

trillion as the upper limit of the national debt ceiling and 6 billion as the general election spending, noted by the researcher), which are not directly related, have revealed the same problem——the political division of the United States. Both parties in Congress take raising the debt ceiling as a battle chip, and the political and social divisions induces the two parties to "burn money". "We are rapidly becoming the Divided States of America" lamented the website of the American Broadcasting Company. (2012 - 11 - 02)

The same article cited the opinion of a correspondent from North Korea, who said that no matter how transparent the cost, spending so much money in an election and determining success or failure based on the fundraising seems to not be the right direction for democracy. Further, by borrowing sharply critical voices from the Boston Globe, this article reported that the money spent in the election was misused:

> Presidential and congressional campaigns have spent billions of dollars, but one fact has not got enough attention——that almost all of the money was given to the publicists, media and advertisers. These people's work, frankly speaking, is to distract the public's attention and to confuse public opinion. Candidates became the slaves of funders, and also became the slaves of people who spend large sums of money. American politics was kidnapped; it was dragged into the dark room of the national economic recession and fell into the dungeon of marketing promotional hype.

3. The strategy of presenting pro-China views

(1) Presenting the opinions from China's perspective

As discussed in previous literature, international news often relies on connections with domestic society to attract the interest of readers. Accordingly, there is a considerable amount of news coverage on the issues involving China in the United States presidential elections. Chinese newspapers took a close look at these issues. Chinese newspapers often adopted the stance of the Chinese government to explain the issues, which served Chinese political ideology. By highlighting the negative speeches made by the presidential candidates, the news coverage may call on the public's nationalist sentiments.

Regarding the question of American policy toward China, the news coverage reported the candidates from both parties gave fierce speeches against China in the general election, and emphasized that those speeches were just a "campaign trick," according to an expert. The news coverage also presented the expert's opinion that the election would not bring a major change of policy toward China no matter is elected. Also, Obama would enhance cooperation with China after his re-election. ("Experts say that Obama would be both a friend and an enemy of China," 2012 – 11 – 08)

During the election process, the news coverage also paid attention to Chinese American politicians. It was reported that the two parties respectively employed a Chinese-American "political star" – Elaine Chao and Judy May Chu to serve as their Asian-American voters campaign team leader. A news article continued:

Analysts believe the action of both parties reflects the importance of Chinese Americans in American political life and their voice is growing from one angle. ("A reporter from this newspaper interviewed the chairman of the National Council of Chinese Americans-XueHaipei," BN, 2012 – 08 – 23)

Similarly, another news article from PD also emphasized the importance of Chinese Americans in terms of the election result. It said:

The chair of the National Council of Chinese Americans, Xue-Haipei, told the reporter in an interview that swing voters have become an object to win over for both parties in this election. Due to Asian Americans, including Chinese Americans, having the highest percentage of undecided voters, the Asian vote will play a key role in the election result. ("In the US general election, Asian-American votes play a key role with a small number of people," 2012 – 10 – 25)

In a SD news article, a connection between the Chinese Americans' political participation and the rise of China was made. It stated:

... Zeng Zhihua (a senior economist at the World Bank, noted by the researcher) said that more Chinese Americans, as an example of Asian Americans, got the chance to enter into the field of politics and business, which is related to the rise of China. The United States has attached a lot of importance to this point. When it designated Gary Locke as Commerce Secretary, the purpose was to enhance Sino-US economic and trade ties; now it has appointed him as the Ambassador to China. The meaning is self-evident. With the improvement of China's soft power, Gary Locke's appointments can be counted as one of Obama's campaign strategies. ("Asian-American voters might be 'a lifeline'", 2012 – 09 – 07)

A news article analyzed how the candidates addressed Chinese issues in the general election. It said:

Shi Yinhong, a Professor from the School of International Relations at Renmin University, told the reporter that the "China card" in the US general election featured selected facts and exaggeration. They did not talk about how many benefits the US has gained from China, only saying how many losses that the US has suffered. Also, they did not carefully describe the so-called "losses", while exaggerating facts. They picked up some matters from a bunch of facts, disregarding the others. Then they played up the selected facts. ("The US-election enters into a 'sprint of one hundred days,' the two parties play the 'China card'", BN, 2012 – 07 – 31)

Chinese newspapers analyzed the reasons why the presidential candidates favored Chinese issues. BN pointed out that Chinese issues are not isolated issues, but an extension of the American domestic economy and employment. SD put this point in a more straightforward way. It wrote:

It is driven by a short-term political interest in acquiring votes in an election year in which American politicians attacked China as a campaign strategy. In particular, currently the US is experiencing a weak economic recovery and continuing high unemployment. Both the Democratic and Republican parties cannot come up with an economic recovery plan that convinces voters. Finding a "scapegoat" is obviously a simple and effective way to divert voters' attention.

("Why did the United States play the 'China card' in the general election?" 2012 – 09 – 21)

Nevertheless, the news article informed Chinese readers that American politicians may not undertake the great risk of attacking China in an electoral year. However, when they start to realize their campaign promises after the election, their strong stance toward China probably will bring serious results since they had threatened to adopt a trade policy which would lead to the rising of commodity prices and spark a trade war, thus causing real damage to the American economic recovery.

(2) Highlighting the voices that are fit for China's stance

a. Adopting various voices to criticize the problems of election

Tactically, the viewpoint critical of the US usually did not come from Chinese officials; rather, they were cited from America's own media, Americans or other foreign sources. Since these criticisms were from the U. S. or a third party, they are supposed to be more persuasive. These negative voices were selectively presented. In one sense, the newspapers were borrowing others' mouths to speak their own words. These opinions were aimed at safeguarding China's political ideology.

The news coverage of the US presidential election adopted different voices. There were voices from the American media. For example, it was said that the American media commented that when the two presidential candidates accuse each other of being a "liar" and try every means to win 270 electoral votes in the end, the most fundamental issue, the fate and future of the country as a whole, is put aside. (PD, 2012 – 11 – 08)

There were voices from American commentators and experts. For example, a news article reported that a political commentator said that this presidential election is "the most boring, and the most unoriginal" in the history of American elections. The commentator criticized the election, noting that while the American people are suffering from the slowdown of the economic recovery, the candidates of both parties are arguing about trivial matters and cannot put forward a policy to improve the economy. (BN, 2012 – 08 – 12)

Borrowing the voices of the candidates, PD intended to show readers a terrible social situation. It reported that Ryan (the Republican vice presidential candidate), attacked the Obama administration's "failed record", saying the United States is experiencing the worst economic recovery in seventy years and that the United States is facing "3Ds", i. e., "Debt, Doubt and Despair", and Obama has already become a part of the problem. (PD, 2012 – 08 – 13) Similarly, PD reported that Romney said that the United States has been "full of difficulties and disappointments, debt and despair" over the past 4 years. ("American Republicans play the 'change' card," 2012 – 09 – 01)

The news coverage used a poll to indicate the American public was not satisfied with the election's cost. A news article reported that a newly published poll showed most Americans think spending during the election has been too high, and they also oppose the law of unrestricted political contributions. Further, the news article cited an analyst of the poll, saying that the survey result shows that Americans are strongly dissatisfied, and they think the electoral system is unjust. (BN, 2012 - 05 - 27)

The news coverage of the US presidential election also adopted individual Americans' voices to speak from China's perspective. For example, it was reported that an American couple both believed that America's economic status is not good. ("The dissident American couple," PD, 2012 - 12 - 13) In another example, a taxi driver said that no matter what commitments presidential candidates made during the campaign, as long as the candidate enters the White House, those commitments become nothing. ("A taxi driver said 'I donated MYM 5 to each candidate,'" BN, 2012 - 11 - 04)

When addressing policy toward China, the news coverage presented selective viewpoints from the candidates. Take one of GT's headlines as an example: "Obama satirizes rival Romney for promoting employment in China; Romney criticizes the President for being weak toward China" (GT, 2012 - 07 - 27). In the content of this news article, it was reported that the famous French Newsweek "Letters" (L' Express) said that the main tone of presidential election advertising has been to gleefully attack, oppose and laugh at rivals since 1956, but this general election could have "the most negative energy in the history of presidential elections."

Another news article adopted the voice of the Daily Mail of the UK, which claimed on October 29 that Obama and Romney have great ideological differences, and this has made this general election became the most divisive one in recent memory. (GT, 2012 - 11 - 02) SMD presented the opinion of Jonathan Haidt, a professor from the Stern School of Business at New York University, saying that the current situation in America is that "everyone agrees that something is missing in this country, and they all blame each other, and believe that tax policy will restore justice. But there is no consensus on the definition of justice." ("A war about the definition of justice," 2012 - 10 - 21)

In a news article, the electoral system was criticized through an expert's voice. It reported that Thomas Neil, an expert from the Congressional Research Service of the United States Library of Congress, is aware that in the "electoral college" system, voters do not know the Electoral College members in advance, and members of the Electoral College may not follow the rules for voting. Facing these kinds of problems, Thomas admitted that that "electoral college" system is not perfect. (PD, 2012 - 10 - 28)

b. Adopting the pro-China's voices in China-related issues

The Chinese government is dissatisfied with both presidential candidates' stance toward the issue of the Sino-US trade relationship. Adopting different voices from outside China is a strong way to show that the Chinese government stands on the right side. At the same time, it also represented the presidential candidates as having an irresponsible and unreasonable image. Then it is reasonable to expect Chinese readers to be in line with the Chinese government. Thus, the news coverage can serve to maintain the political stability of China.

Below are some examples of foreign voices speaking from China's perspective. In a news article of BN, John Frisbie, the chairman of the US-China Business Council, was cited. The chairman said that evidence showed that the best way to make progress is to conduct comprehensive contact with China rather than using it as political rhetoric. ("The US general election should not take China as a target," 2012 - 10 - 28) In another news article, it was reported that the American mainstream media, the Wall Street Journal, and the Washington Post published editorials to criticize Obama and Romney for going to extremes on the issue of trade with China (BN, 2012 - 09 - 21)

To support Chinese viewpoint that criticizing China is an irresponsible move, PD's editorial cited an unnamed American analyst. It wrote:

As one American analyst said, the right way for the American leadership is to discover and solve their own challenges of internal development, instead of guiding voters toward focusing on hypothetical conflict with China. The United States simply cannot find the answers that they need in China. ("A prosperous and powerful China is not the strategic failure of the United States," 2012 - 03 - 01)

The news coverage of the US presidential election also highlighted the rise of China and China's influence on the world through foreign voices. It was reported that Michael Steele, the former chairman of United States Republican National Committee, pointed out that "the winner of the United States presidential election will certainly redefine the relations with China from a long-term strategic view, and he must recognize China's unique status in the global economy, as well as the more important strategic position of China." ("How does Romney compete with Obama," 2012 - 01 - 12) A news article used the Voice of Germany to say that using China as a scapegoat is "a dangerous game" which "makes these politicians look ridiculous and criticizing China also may bring more serious consequences than ever before." (2012 - 07 - 27)

Adopting the news coverage of various foreign media, a news article compared the US presidential election with China's leadership transition at the same time. GT reported that the Daily Telegraph of the UK said that "the influence of China's leadership transition is no weaker than the United States presidential election in any sense." The National of the United Arab Emirates (UAE) wrote that "For some people, Beijing has become an equal international power center of Washington." CNBC cited the views of some analysts, saying that "the transition of leadership in China every ten years is probably more important than the United States presidential election." It reported that Australia's Sydney Morning Herald adopted "China vs the United States: the rise and decline of the Empire" as a headline on November 3rd. ("China and the US are going to set the 'main political tone'" GT, 2012 – 11 – 06)

Regarding the most sensitive topic of ideological difference, the UAE's words were adopted to represent China's perspective. It was reported that a UAE article said, now only a few people think that China should practice the American democratic system. Although many people feel frustrated with corruption and abuse of power, they are all aware of the fact that the living standard of the Chinese people has increased significantly over the past 30 years. (GT, 2012 – 11 – 06)

4. Another type of linkage-politics

In Chinese newspapers, though most opinioned news articles are covered from a negative perspective, a small number of them mentioned the positive meaning of the democratic system and practices. Here are a number of examples:

A news article of BN indicated that voters held the greatest speaking right. It was said that they can affect and decide the future direction of their own countries ("Voters participated in politics; while politicians are 'full of tears'", 2012 – 12 – 30). SMD explained the reason why voters held the greatest speaking rightin an analytical news article. It pointed out that the electoral system puts pressure on politicians-because voters can decide who can become president and the future direction of the nation through their votes. It means public opinion has the power to influence decisions, and election results reflect the highest public opinion (2012 – 12 – 23).

A news article of BN reported that the American public treated voting seriously. They regarded voting as a duty of citizenship. A reporter of this newspaper was sent to a voting site. The reporter observed that at one of the early voting sites which was located on the ground floor, people who were waiting to vote were waiting in a queue to the elevator, even though it was working time. ("The 'first village' of the US general election voting ends in a tie," 2012 – 11 – 07).

Unlike other newspapers that only criticized the problems with the money donated to the presidential election campaign, a news article of BN indicated that the US has carefully made detailed provisions for campaign contributions, including prohibiting corporate contributions, setting a limit for contributions, and publicizing the income and expenditure of the donors. These provisions aim to maximize the openness and fairness of the election and prevent interest groups from pursuing illegal interests through huge donations. ("The curbs of US election political-funding," 2012 – 10 – 29)

Disagreeing with other newspapers that focused on American political division, SMD published an interview with Zhao Kejin, an associate professor of the Research Center for Sino-American Relations at Tsinghua University. Zhao is against the idea of American political division. He pointed out that is a false question. Instead of saying political division, he proposed that there are only political struggles under the framework of mainstream political consensus. Zhao thought many American domestic problems appeared because the US went too far on the way of adopting the strategy of a globalized free market. Zhao said:

> American political positions are not as obvious as voting, and it is also a result of balancing among various positions. I think the United States is walking in the right direction, rather than moving toward the wrong direction, although the walking is comparatively difficult for the time being ⋯
> ("Does the US general election have a 'two line struggle'?" 2012 – 02 – 09)

Zhao indicated that the parties in the United States have a recognized framework of consensus. This framework consists of representative democracy, a mixed economy (the market and adjustment by the state as a supplement) and liberal political values. Within this framework, different parties seek to consult with one another and compromise. Zhao's analysis elucidated the issue in a rational manner, departing from other Chinese newspapers which exclusively focused on the arguments between the American parties or intentionally presented simplified subjective value judgments with selective voices.

Concerning the value of "justice" in the election, SMD also covered it from a positive light. It wrote:

"Justice" has become a common issue of concern between the politicians and voters in the United States presidential election. Its political implications have gone beyond the policy differences on specific issues (such as employment, taxes and illegal immigration). Paying attention to justice helps one to think about the core values of American society and priorities among different values. This concern makes democratic elections play a valuable role in civic education.

("The value of 'justice' in the US presidential election," 2012 - 02 - 05)

SMD's coverage of issues related to China is also an example. Instead of highlighting the times that the US treated China as a scapegoat, SMD emphasized both sides hope to develop healthy Sino-US relations. In a news article, Obama was cited as saying that "China is a potentially important partner," and Romney said "So we can become a partner with China, not become an enemy." ("Submitting the paper of the 'final debate', Obama gained the upper hand, while Romney has no fault," 2012 - 10 - 24) In addition, another news article also showed that more and more Americans accept China's status as an economic power in the world and also recognize that Sino-US economic and trade relations have a significant impact on American interests. Thus, this news article presented the view that China issues may cause some degree of controversy but still cannot become a key topic that may influence the election results. ("Talking about the news coverage of the US presidential election," 2012 - 10 - 24)

V. Summary

Results of quantitative content analysis show that the news article sources were dominated by their own sources or official Chinese sources, with a small percentage of diverse voices as a supplement; the primary object of the news coverage was to influence readers with opinions; the stances mainly fell in the neutral or balanced stance; the issue frame occupied 40.4%, followed by the fame frame and independent frame.

Results of qualitative content analysis show that there are a number of balanced or neutral reporting, which reflects China's political ideology of China's peaceful development to some degree. In order to exert the function to maintain political stability, Chinese newspapers adopted the strategy of reporting conflicts, challenges and problems and the strategy of presenting pro-China views. In addition, a small number of them mentioned the positive meaning of the democratic system and practices, which reflected an effort of strong-market oriented newspapers to achieve professionalism as well as a way to gain trust from their audience.

Paying attention to these reporting will help us to have a comprehensive understanding about how the US presidential election was represented in the Chinese newspapers and how the news coverage upheld domestic political ideology and served to maintain domestic political stability.

"一带一路"背景下中国佛教的对外传播与交流

王晓岚[*]

摘　要　当年,"丝绸之路"不仅向外国输送中国的丝绸和茶叶,还输送给中国佛教,因此它不仅是中外贸易之路,还是"佛教之路"、宗教文化交流的信仰之路。佛教既是"一带一路"沿线国家的主要宗教之一,在当地具有深厚的社会基础和大量信仰者,同时也是中华文化重要的组成部分。因此,佛教在"一带一路"战略中有着独特的价值和使命,理应发挥重要的文化纽带作用。而且在事实上,中国佛教界已成为中华文化对外交流的先行者和传播者,协助政府开展民心融合的工作,与"一带一路"沿线国家佛教界广泛进行宗教文化交流,并取得了丰硕的成果。他们不仅注重海外弘法与传播、广泛进行佛教文化交流与互访,同时还非常重视传播平台及其内容的建设。民心交融要绵绵用力,久久为功。中国佛教的对外传播与交流,正是以此为着力点,发挥着独特的作用。其成功的经验值得传统媒体认真学习借鉴。

关键词　"一带一路"　中国佛教　对外传播

---

[*] 王晓岚,河北省社会科学院研究员。

2013年，中国国家主席习近平在出访中亚和东南亚国家时先后提出共建"丝绸之路经济带"和"21世纪海上丝绸之路"的倡议，表示要把中国发展同"一带一路"沿线国家的发展结合起来，把中国梦同沿线各国人民的梦想结合起来，赋予古代丝绸之路以全新的时代内涵。四年来，"一带一路"已逐渐从理念转化为行动，从愿景转变为现实，在政策沟通、设施联通、经济合作、人文交流等方面都取得了丰硕的成果。

历史上，"丝绸之路"还有"佛教之路"的美誉，不仅是中外贸易之路，也是宗教文化交流的信仰之路和多民族文化的融合之路。佛教是"丝绸之路"输送给中国的宝贵礼物。2014年中国国家主席习近平在巴黎世界教科文总部发言中，曾经高度称赞佛教文化给中国和世界人民带来了文明。

佛教既是"一带一路"沿线国家的主要宗教之一，在当地具有深厚的社会基础和大量信仰者，同时也是中华文化重要的组成部分。因此，佛教在"一带一路"倡议中有着独特的价值和使命，理应发挥重要的文化纽带作用。而且在事实上，中国佛教界已成为中华文化对外交流的先行者和传播者，协助政府开展民心融合的工作，与"一带一路"沿线国家佛教界广泛进行宗教文化交流，并取得了丰硕的成果，主要表现在如下几个方面。

一 海外弘法与传播

中国佛教界的海外弘法之旅，范围广，影响大。一些寺庙纷纷在海外建设法场，搭建善缘，弘扬佛法，加强与当地人民的心理沟通与交融。如2016年8月，在匈牙利首都布达佩斯，虚云禅院净慧长老舍利塔落成并举行了开光仪式。2017年5月，柏林禅寺方丈明海大和尚主持匈牙利中国禅宗佛教会（普济寺）移交柏林禅寺暨柏林禅寺僧团入驻佛教会仪式。

布达佩斯的虚云禅院、普济寺都提倡净慧长老的生活禅理念，让信众理性信仰佛教，在生活中修行，更好地从事社会工作和处理家庭生活，与人和平相处，包容、自信。

慧日禅寺传喜法师弘法足迹遍及许多国家和地区，2016年他应法国各界人士之邀举办多场心灵讲座，其中有《超越生死的"琉璃光"——南无消灾延寿药师如来》《认识福报》《点燃智慧火》等，还有中英文双语的《永恒的甘露——法华经观世音菩萨普门品讲记》，深受信众的欢迎。此前，德国《欧洲新报》、意大利《欧洲华人报》均开辟专栏长期刊载传喜法师的文章，在欧洲华人中产生了很大的影响。这两家报刊都是欧洲发行量和影响力很大的华人报刊。传喜法师住持的慧日禅寺荣获为"最具教育影响力的中华寺院"，法师本人被誉为"中国文化非官方大使"。

习近平主席说："'一带一路'延伸之处，是人文交流聚集活跃之地。民心交融要绵绵用力，久久为功。"那些在海外落地生根的佛堂寺庙就是民心交融的纽带、着力点。那些不辞劳苦到国外弘法的高僧大德就是中国文化走出国门的先行者、传播者。

二 海内外佛教文化交流与互访

近几年，海内外佛教文化交流与互访频频，有效加深了彼此之间的理解、交融与友谊。

世界佛教论坛已连续举办了四届，是一个平等、多元、开放的高层次交流平台，也已成为全球最有影响力的宗教论坛之一。2015年10月24日，第四届佛教论坛在江苏无锡正式开幕。来自全球52个国家和地区约1000名高僧大德莅会。论坛以"同愿同行交流互鉴"为主题，探讨了佛教在化解人类生存发展中所面临的问题与困境的积极作用,以及佛教与互联网、"一带一路"等热点话题,并通过宣言,称:"只有全世界多元文明、不同宗教和谐共处,交流互鉴,美美与共,灯灯互映,才能实现世界之持久和平与共同繁荣。"

中国人民大学国际佛学研究中心连续七年举办了分别以"经典翻译与宗教传播""禅定思想研究""戒律思想与实践""菩提心思想研究""佛性思想研究""因果思想研究""心与心所研究"为中心议题的国际佛学论坛,为汉传、藏传与南传佛教之间搭建了一个有效的文化交流平台,深化了彼此之间的理解,对世界各地、各个语系的佛教学者、法师乃至整个学界、教界都有着积极而深远的意义。

"天下赵州国际禅茶文化交流大会"由禅门巨匠、生活禅创导者、赵州祖庭柏林禅寺净慧长老与中韩两国茶文化界共同发起,旨在向世界传播禅茶文化,至今已成功举办了十一届,先后在台湾佛光山寺、庐山东林寺、福鼎资国禅寺、宁波七塔寺、杭州灵隐寺、韩国首尔曹溪寺、湖州寿圣禅寺、江西百丈寺、赵州柏林禅寺、黄梅五祖寺举行。每一届都有来自世界各地的高僧大德、专家学者参加,第十届有1500多人参加,第十一届有近千人出席,通过交流,大家进一步理解了"正、清、和、雅"的禅茶四德,以茶印心,和合欢喜,善缘广结,有力地传播、弘扬了中国的禅茶文化。

今年5月,在澳门召开的"一带一路背景下的佛教使命"高峰论坛,有海内外2000余人参加。论坛通过的《共同宣言》呼吁"佛子应有历史担当",希望"丝路重光,正法久住,同圆国梦,天下归仁"。中国佛教协会副会长觉醒在开幕式致辞中指出:"'一带一路'发展战略的提出,是一次多元文化的大融通,代表了人类文明发展的新境界。在这个进程中,中国与欧亚大陆各国之间文化领域的交流合作不可或缺。中国不仅要为'一带一路'建设提供强大的'经济支撑'，中国佛教更应为化解'一带一路'上的各种与宗教有关的冲突提供'价值支撑'……为社会和谐发展和各民族友好交流贡献出自己独特的智慧和力量。"

三 佛教界的传播平台与内容建设

佛教界的传播平台与内容建设，近几年有长足的进步。各寺院不仅有自己的网站，方丈住持、名僧大德也纷纷开设博客、微博、微信。

传喜法师有9个国内博客、13个国际博客，各个不同，影响非凡。他住持的慧日禅寺，其网站名叫"佛教慧日"，内容十分丰富，有各类栏目，如藏经阁、慧日论坛、影音图库、精华文库、法脉传承、网络电视、弘法动态、法师精华、慧日图库、慧日音频、佛教观察、信众论坛、特色专题等。每一个栏目下面又有若干个子栏目，如"特色专题"栏目内有道家文化、儒家文化、中医文化、素食与健康、吸毒危害、喝酒危害、吸烟危害七个子栏目。网络电视从早上4点半开始直到晚上12点结束，有早晚课、佛号念诵、佛法讲座、佛教故事等，人们可以随时点击观看。

总之，中国佛教界积极践行"人间佛教"思想，把佛法贯穿到社会生活中。他们非常注重传播平台的建设，其内容以弘法为主，特别关注人们的心理困扰，答疑释惑，对当今社会发挥的影响越来越大。星云大师是第二届全球华人国学传播奖之年度海外影响力大奖获得者，就是一个明证。

习总书记指出："真正要建成'一带一路'，必须在沿线国家民众中形成一个相互欣赏、相互理解、相互尊重的人文格局。民心相通是'一带一路'建设的重要内容，也是'一带一路'建设的人文基础。要坚持经济合作和人文交流共同推进，注重在人文领域精耕细作,尊重各国人民文化历史、风俗习惯,加强同沿线国家人民的友好往来,为'一带一路'建设打下广泛社会基础。"民心交融要绵绵用力,久久为功。中国佛教的对外传播与交流,正是以此为着力点,发挥着独特的作用。其传播平台及其内容的建设,也值得传统媒体学习借鉴。

俄罗斯"中国威胁论"源流考

罗 兵 李 萃[*]

摘 要 不论中俄关系是友好还是敌对,甚至在中国被侵略、被威胁之时,中国威胁话语都一直存在。中国威胁就是他者对于中国的"莫须有"想象,是个伪命题。异国对中国的全部想象中,中国威胁既非全部也非主流,只是少数外国人的耸人论调,这种话语在国际上可能永远都不会销声匿迹。任何国家在人们眼中都有一些负面的评价,这是国际舆论中的正常现象,只要不是主流,不必过于在意。

关键词 俄罗斯 苏联 中国威胁 "一带一路"

2017年5月在"一带一路"国际合作高峰论坛上,有记者向普京提问,是否存在"中国经济吞掉俄罗斯"的风险,不过普京当时反驳记者,指出"一带一路"完全不会给俄罗斯带来危险,中俄只会是互惠互利的合作,"一带一路"是重要平台能促进欧亚大陆合作。[①] 2017

---

[*] 罗兵,浙江传媒学院新闻与传播学院副教授,博士,主要从事国家形象、对外传播等研究;李萃,衡阳师范学院外国语学院讲师,主要从事英美文学、跨文化传播研究。
项目资助:广东外语外贸大学2017年"亚太翻译与跨文化传播研究"招标项目阶段性成果。
① 杨睿:《普京反驳中国威胁论 即兴奏两曲却叹琴难弹》,财新网,2017年5月16日,http://international.caixin.com/2017-05-16/101090991.html。

年6月26日蒙古国总统大选,选举期间三名候选人都将"中国威胁论"作为攻击对手的杀伤性武器,民主党总统候选人巴特托勒嘎在竞选演讲中说:"蒙古国经济受到'南部国家'的威胁,许多省份的地下资源出口到中国,是纠正这个问题的时候了。"[①] 2017年8月8日,日本政府批准的2017年版《防卫白皮书》声称:"中国对地区和国际社会安全环境的影响令人强烈担忧。"这份白皮书字里行间弥漫着"中国威胁论"的味道。[②]"中国威胁"是一个老话语,百余年来"中国威胁论"内容不断丰富,本质上就是西方的"黄祸论"思维,其内容大体包含中国人口威胁、中国领土威胁、中国经济威胁以及中国军事威胁等。历史上这个话题不断被重新提起或翻新出现,只因它是西方国家对中国进行军事侵略、经济制裁以及意识形态攻击的一个极好借口。今天"中国威胁"仍不时在一些国家泛起,成为实现"一带一路"倡议的重大阻力。

俄罗斯以及中亚等俄语国家和地区是"新丝绸之路"经济带最重要的区域,中亚五国是经济带最核心的区域,高加索的阿塞拜疆、格鲁吉亚、亚美尼亚以及东欧的乌克兰、白俄罗斯和摩尔多瓦等国是该经济带的重要组成部分,俄罗斯局部地区隶属于该经济带。俄罗斯在国际上是一个举足轻重的国家,对中亚以及经济带沿线诸国影响尤其深远,中亚等国对于中国的认识在很大程度上受到俄罗斯的影响,在"一带一路"背景下对俄罗斯的"中国威胁论"进行历史梳理具有一定的现实意义。

[①] 杨涛:《蒙古国大选候选人炒作"中国威胁论"》,环球网,2017年6月26日,http://world.huanqiu.com/exclusive/2017-06/10896126.html。

[②] 蓝建中:《日本鼓噪"中国威胁论"包藏险恶用心》,新华社,2017年8月10日,http://news.xinhuanet.com/mil/2017-08/10/c_129677231.htm。

一 俄罗斯"中国威胁论"缘起

"中国人口多","中国可能对世界造成威胁"这样的论调由来已久,并成为中国在世界上的主要负面形象。"中国威胁论"的历史渊源可以往前追溯到19世纪的"黄祸论"。1798年,马尔萨斯在其《人口论》中提出,"人口是按几何级数增加的,而生活资料只能按算术级数增加"。过剩的人口将造成巨大的社会危机。"黄祸论"正是在马尔萨斯"人口论"的基础上提出的。在西方人眼中,"黄祸"带来的巨大威胁:一是"白种人国家的工人害怕中国苦力的竞争,害怕那些生活水平保持在最低限度的廉价劳动力抢去他们的饭碗";二是"远东工业化引起更加普遍的疑惧";三是"很大部分黄种民族在政治上的完全解放,他们在现代化武器的配备之下站了起来,他们由于人口数量上的优势,能够把欧洲人和美国人赶出东亚,夺得亚洲甚至世界的霸权。与此有关的想法就是,不仅黄种工人而且黄种农民和移民也将移居到迄今为白人所控制的地区来"[1]。让人担心的是,伴随着人口的极度膨胀,廉价劳动力抢走白种人的饭碗,工业化制造的廉价产品冲击着世界商品市场,觉醒的黄种人将夺取亚洲甚至世界霸权,人口向外扩张产生的大量移民蚕食白人的领土,担心中国以此方式拓展中国新的疆域。"中国这个国家人口多得仿佛要溢出来一样,他们富有进取心,勤劳能干,渴望在所有能提供安全和保护的地方定居下来……只要有保护,就可以使他们不拘数量地进行移民,并且——也许可以大胆地说——建立第二个中国。人口完全过密的中国是几乎取之不尽的殖民人力的丰富的来源。"[2]

沙俄是俄罗斯历史上国力最强盛的时期,全盛时期其国土面积

---

[1] [德]海因茨·哥尔维策尔:《黄祸论》,商务印书馆1964年版,第17—18页。
[2] 同上书,第20页。

达到 2280 万平方公里，几乎涵盖了所有的俄语国家和地区，包括俄罗斯、乌克兰、白俄罗斯、摩尔多瓦、芬兰、亚美尼亚、阿塞拜疆、格鲁吉亚、哈萨克斯坦、吉尔吉斯斯坦、塔吉克斯坦、土库曼斯坦和乌兹别克斯坦，立陶宛、爱沙尼亚、拉脱维亚、波兰等国的全部或绝大部分领土。

19 世纪 40 年代以后，中国的国门被西方国家的坚船利炮打开，西方对现实中国的描述越来越多，俄国人心中的中国逐渐褪去了"理想国"的光芒，变为一个"落后、愚昧、停滞、官僚主义盛行的国家"，中国国民形象则多是"奴性、保守、狡猾，且具有攻击性"。19 时期后期，俄国在远东巧取豪夺了中国大片领土，同时大批中国的移民和劳工来到远东地区。由于害怕中国收复被俄国占领的领土，同时畏惧中国的"人口扩张"，一些俄国学者和政客开始大肆宣扬"中国威胁论"，其主要观点是："中国是俄国的主要威胁之一，中国对俄国的西伯利亚和远东居心叵测，企图用'人口扩张'的方法来使它们变成事实上的中国领土，未来中俄之间一定会为此发生战争。"①

无政府主义的创始人巴枯宁（1814—1876）是早期"黄祸论"的制造者之一。他认为，中国是来自东方的严重威胁。中国人"精力无比充沛，而且强烈好战""原始的野蛮、没有人道观念、没有爱好自由的本能、奴隶般服从"，开始熟悉和掌握来自欧洲的"纪律、新武器和新战术"。中国人口数量庞大，必然向外寻找出路，"他们十分拥挤地居住在帝国境内，于是现在越来越多的人以不可阻挡之势大批向外移民……转眼之间，西伯利亚，从鞑靼海峡到乌拉尔山脉和直至里海的整个地区就将不再是俄国的了……他们不仅将充塞整个西伯利亚（包括我们的中亚细亚新领土），而且还将越过乌拉

---

① 于鑫：《俄罗斯的"中国威胁论"：历史与现实》，《西伯利亚研究》2010 年第 6 期。

尔，直抵伏尔加河边！"为此，俄国应该采取相应的措施，"把它的全部武装力量坚决地派往西伯利亚和中亚细亚，并着手征服东方"。① 巴枯宁认为中国非常富饶，征服中国很有价值，而且中国比较容易征服，至少比征服印度容易得多。同时他认为中国是俄国潜在的严重威胁，所以，应该立即全力征服中国。

19世纪80年代，俄国亚洲问题专家普尔热瓦利斯基提出，"东方由于历史发展和政治制度的典型特点，不可能在接受和掌握欧洲文明方面取得进展"，"在中国发展现代工业将破坏牢固的家庭和传统的行业，引发大量失业，制造千百万无产者，他们由于人口密度太大，会比欧洲无产阶级更危险，不能就业的居民只好移居国外去另谋生路"。在他看来，中国是凝固和僵化的，即便掌握欧洲的科学技术，但难以真正融入欧洲文明。普尔热瓦利斯基"建议用武力迫使中国将长城以北地区全部向俄国贸易开发"，中国军队虽然人口众多，但是不必害怕，因为"一头狼足以迫使上千头的羊群逃跑，而每一名欧洲士兵相对于中国军队而言就是这样一头狼"。② 普尔热瓦利斯基与巴枯宁有着相同的逻辑，中国是俄国潜在的威胁，不过目前的中国是停滞和贫弱的，同时，中国又是一只"肥羊"，对俄国有着巨大的利益，所以应该尽快对中国开战。可见，所谓"黄祸"，只不过是俄国入侵中国的一个极好的借口。

俄罗斯远东政策研究专家马克西莫夫对"中国领土威胁"最为担忧。俄国侵占了中国大片领土，按照中国的政治传统，中国必将伺机收回失地。中国"从来不曾，也不会放弃它曾经占有过的领土，只是等待有利时机来收回它。它忍气吞声地把阿穆尔和乌苏里让给

---

① 吕浦：《"黄祸论"历史资料选辑》，中国社会科学出版社1979年版，第2—4页。
② [俄]亚·弗·卢金：《俄国熊看中国龙——17—20世纪中国在俄罗斯的形象》，刘卓星等译，重庆出版社2007年版，第108—110页。

了俄国,肯定将会努力收回它们,就像17世纪时收回阿穆尔,现在想收回喀什一样。中国对俄国正采取越来越具威胁性的态势……几十年后,一个经济上和军事上强大的中国将不仅严重威胁到俄国,而且威胁到全体白色人种"[①]。马克西莫夫说出了很多俄国人的心声,俄国抢夺了中国大片领土之后,内心一直惴惴不安,怀疑中国强大起来之后必将收回这些领土,他们深切担忧,几十年后,经济上和军事上强大的中国将对俄国和全体白色人种都造成严重的威胁。直至今日,这种紧张、焦虑和不安仍然折磨着俄罗斯人。

此外,中国经济威胁的论调在沙俄时期就已经开始出现,博尔霍维季诺夫警告说:"中国人几乎将富足的乌苏里边疆区一切角落的贸易都抓在自己手中,将近80%的贸易机构都是他们的,俄国的中小商人和他们竞争简直就力不从心,因为中国人的生活需要是最低的,又广泛开展了相互支持,出售的商品比俄国货便宜。中国人有时赔本出售,直到把俄国竞争者挤垮,然后立即提高价格。"[②] 不过经济威胁的论调在当时还很少见。

沙俄时期中国贫弱落后,被西方列强所觊觎,同西方其他国家一样,俄国也希望前来中国分一杯羹,所谓"中国威胁",其实是为俄国发动入侵中国制造舆论,提供借口。俄国侵占中国大片领土之后内心惴惴不安,担心中国强大之后伺机夺回领土。同时中国人口众多,俄罗斯又担心中国采取移民的方式悄悄地"占领"俄国领土。

二 从"兄弟"防范到"军事威胁"

苏联包括东斯拉夫三国(俄罗斯联邦、乌克兰、白俄罗斯)、中

---

① [俄] 亚·弗·卢金:《俄国熊看中国龙——17—20世纪中国在俄罗斯的形象》,刘卓星等译,重庆出版社2007年版,第113—114页。
② 同上书,第124页。

亚五国（如今的乌兹别克斯坦、哈萨克斯坦、吉尔吉斯斯坦、塔吉克斯坦、土库曼斯坦）、外高加索三国（阿塞拜疆、亚美尼亚、格鲁吉亚）、波罗的海三国（立陶宛、爱沙尼亚、拉脱维亚）、摩尔达维亚等15个加盟共和国，几乎涵盖了所有的俄语国家和地区。

1917年十月革命之后，苏联主动向中国示好，欲与中国进行外交谈判，表示愿意废弃沙皇时期签订的不平等条约，归还中国领土和赔款，二战时期中苏成为盟友，新中国成立之后中苏是"同志加兄弟"的关系，这一阶段苏俄的"中国威胁论"大大降温。但即使在中苏"蜜月"时期，苏联依然存在"中国威胁"的思维。1954年赫鲁晓夫请中国派遣工人去人口稀少的西伯利亚工作，但很快就撤销了这一请求。赫鲁晓夫当时对苏联其他领导人讲："你们发现了吗，毛泽东多么愿意派人去西伯利亚！你们想一想，这是为什么？他们想兵不血刃地占有西伯利亚。这是他们目标长远的政策。我们应当表现出谨慎态度。要知道请中国人来容易，赶他们走就难多了。"[①] 在中苏蜜月期间（20世纪50年代），中国和苏联是"同志加兄弟"的友好关系，然而，潜伏在俄罗斯人内心的"中国威胁"的意识并未完全烟消云散，其骨子里面的防范意识仍然不时地流露出来。

1958年赫鲁晓夫提出建立长波电台和联合舰队，此后中苏两国关系不断恶化，1969年发生珍宝岛事件，边境冲突频频出现，中苏关系面临巨大危险。在两国关系恶化的背景下，苏联重提"中国威胁论"，其宣扬的中国威胁程度超过沙俄时期，甚至超过美国的威胁。在这个时期中，苏联特别强调来自中国的"军事威胁"。苏联著名作家、诺贝尔奖获得者索尔仁尼琴1973年在《致苏联领导人的一封信》中写道："近半个世纪以来，我们在军事方面唯一真正必须要

---

① 于鑫：《俄罗斯的"中国威胁论"：历史与现实》，《西伯利亚研究》2010年第6期。

做的事情就是防御中国，最好是不与中国去打仗……除了中国以外，世界上没有人真正能够威胁到我们，没有人将会对我们发动进攻。"①中苏关系恶化之后，苏联极端强化了"中国威胁论"，其内容以威胁程度最高的"军事威胁"为主。中苏友好之时赫鲁晓夫对中国有所防范，然而不能容忍中国对苏联的防范，中国领导人担心国家安全，不同意苏联在中国建长波电台和联合舰队，以赫鲁晓夫为首的苏联人就立刻翻脸了。

三 永远的隐忧：人口扩张

苏联解体之后，中苏关系向中俄关系平稳过渡，两国关系朝着健康、友好的方向发展，成为"建设性的伙伴关系"，后来更进一步发展为"战略协作伙伴关系"。在此背景下，"中国威胁"虽然不再是俄罗斯的主流论调，但仍然不时地冒出来，成为当前俄罗斯关于中国最主要的负面形象，其中尤以"人口威胁"为主，其他类型的威胁可以归咎于"人口威胁"引发。

2004 年，为了评估远东居民对华态度，俄罗斯科学院远东分院在远东的几个区进行问卷调查（n = 700），调查结果显示：在"对俄罗斯利益及其远东领土构成的诸多威胁"的问题中，"中国的扩张政策"居于首位（46%），高于"美国的霸权主义"（35%）和"同日本千岛群岛的争议"（40%）；其扩张方式主要是"领土扩张"（40%）、"人口扩张"（31%）、"经济扩张"（27%）。② 2008 年俄罗斯"社会舆论基金"（ФОМ）在全国 46 个州（或边疆区、共和国）③ 的 100 个

---

① 于鑫：《俄罗斯的"中国威胁论"：历史与现实》，《西伯利亚研究》2010 年第 6 期。
② 吴大辉：《评俄罗斯的"中国威胁论"》，《国际经济评论》2005 年第 3 期。
③ 俄罗斯联邦现共有 89 个第一级行政区，包括 2 个联邦直辖市（Федеральныйгород）、21 个共和国（Автономнаяреспублика）、6 个边疆区（Края）、49 个州（Области）、1 个自治州和 10 个民族自治区。

居民点进行了一项关于中国形象的民意调查（n=1500），结果显示，在对中国的态度问题上，29%的受访者持肯定态度，9%的受访者持否定态度，56%持中立态度，6%的表示难以回答。进一步分析持否定态度的原因，7%的受访者认为是"中国威胁"，具体包括：中国人太多，将挤满俄罗斯的领土（3%），廉价的中国商品霸占俄罗斯市场（2%），中国敌视俄罗斯，想侵占俄罗斯（1%），掠夺俄罗斯的资源（1%）。① 可见，在中俄不断发展友好关系的同时，"中国威胁论"在俄罗斯民众中仍有出现，"中国威胁"仍是当前俄罗斯人对中国持否定态度的主要原因，其中尤以"人口威胁"、"领土威胁"和"经济威胁"为主，在远东地区"中国威胁论"表现得最为强烈。不过从总体来看，持中国威胁论调者只占极少的比重。

"人口威胁"是当前俄罗斯"中国威胁论"最主要的内容，而且"领土威胁"也随之而来，一些俄罗斯人认为中国将以人口扩张的形式潜移默化地夺取俄罗斯的领土。著名电影导演、杜马代表 C.C. 戈沃鲁欣就对中国"人口威胁"深表担忧，他说道，"中国有十几亿人口。最终他们在历史发展中的唯一生存希望就是我们！我们的能源、我们的土地。来自中国的自然扩张，即边境迅速中国化正在进行中。在国家东部地区到底有多少中国人，你们知道吗？将近100万！这还是保守的估计"②。著名作家 А. И. 索尔仁尼琴也持此观点，他在1998年出版的《崩溃中的俄罗斯》一书中写道，"中国不需要战争，需要人口输出——现在已经开始输出了，成千上万，甚至上百万的中国人拥进我们空无人烟的土地上"③。索尔仁尼琴认为，俄罗斯政府忽视远东的发展，大量的移民可能导致远东逐渐被

---

① Ирина Шмерлина. Образ Китая, http://bd.fom.ru/report/map/d083021.
② ［俄］亚·弗·卢金：《俄国熊看中国龙——17—20世纪中国在俄罗斯的形象》，刘卓星等译，重庆出版社2007年版，第334—335页。
③ 同上书，第335页。

中国化。即便是坚决拥护同中国结盟的雅科夫列夫，也对中国表示担忧："中国人相当集中地向西伯利亚和俄罗斯远东的其他地区渗透，这大概是得到北京鼓励的行为。中国人大批渗入和落户的威胁特别大，因为'渗入者'坚信，他们不是到别国的土地上，而是到历史上属于中国的，只是在150年前丢失的土地上。目前，同我们友好的中国还继续紧张地进行对上述领土的科学论证工作。"① 雅科夫列夫担心中国将以"人口扩张"的方式"收复"被俄国侵占的领土。

苏联解体之后，从中独立出来的中亚五国将中国为"最大威胁"，有调查显示，31.6%的吉尔吉斯斯坦受访者、30.5%的哈萨克斯坦受访者认为中国是他们国家"最大威胁"。② 在2010年КИСЭИП的调查中，研究者在阿拉木图以及乡村居民中进行了系列深度访谈，分析发现，哈萨克斯坦民众对中国感受最强烈的威胁是"人口威胁"。在他们眼中，中国"是一个好战的、人口过剩的国家"，生存空间受到严重挤压，中国人势必向外扩张。在当前的形势下战争的可能性不大，主要是人口对外扩张，扩张的方式如"很多中国人在大型石油公司、天然气公司工作"，或者"中国人娶我国贫穷人家的姑娘，从而成为我们的公民"，或许多中国人在哈国长期工作和生活，或移民。当中国人在当地的数量剧增时，哈国民众感受到莫名恐慌，"移民五千万人过来，这里就是中国的一个新区了"。"侵占领土"是哈国人一个挥之不去的隐忧，他们认为虽然当前不会有战争的威胁，但是"也许随着时间推移，当中国人满为患、人们没有地方可以生

---

① [俄] 亚·弗·卢金：《俄国熊看中国龙——17—20世纪中国在俄罗斯的形象》，刘卓星等译，重庆出版社2007年版，第336页。

② Центрально-Азиатский Барометр, http: //www.m-vector.com/ru/news/? id = 289. 2012 - 10 - 24. Компания M-Vector. отчет по результатам социологического исследования 《социальные настроения населения Кыргызстана электроальная ситуация》, 2011, 8 (19), http: //m-vector.com/upload/VectorRosta/VectoRosta25/pdfot.pdf.

活的时候，可能出现中国入侵我国领土的威胁"，"对于中国而言，不排除我们会成为它的美味"。①《新彼得堡报》2003年9月25日报道，"在12年间俄罗斯人口数量从1.304亿减少到1.041亿，同时从独联体国家引入950万人，12年来俄罗斯人数减少3580万人，年均自然减幅为1.7%，按照这个趋势，2010年俄罗斯人口将下降到9100万人，2020年将为7700万人，2030年将为6500万人，2040年将为5500万人，2050年将为4600万人。然而，根据官方的判断，在俄罗斯的常住中国人大约800万人，如果20世纪90年代以来每年五六十万中国人来俄罗斯，2002年将超过100万人，2008年前将达到200万人。根据这样的趋势，2010年俄罗斯的中国人将达到2100万人，2020年4400万人，2030年7000万人，2040年1000万人。大约在2025年，在俄罗斯的常住人口数量将超过俄罗斯人……俄罗斯人还可以长期掌控国家主权吗？"② 事实上，近年来俄罗斯的中国人数量并未快速增长，2013年以来连续三年，在俄华人数量仍然只是100余万人③。相反，随着中国经济和社会快速发展，近年来华的俄罗斯人越来越多，某些俄罗斯人和媒体的"中国人口扩张"论调脱离事实，实为臆想。

一些党派为了吸引民众关注，故意以"中国威胁"为噱头。例如，俄罗斯自由党④大肆宣扬"中国威胁论"，猛烈抨击俄罗斯当局的对华政策，质疑俄罗斯与中国建立"战略伙伴关系"的政策，其民族主义倾向非常强烈。自由党认为，俄罗斯当局反复灌输中俄

---

① Б. Г. Мухамеджанов, А. Жусупова. Казахстан в оценках жителей и экспертов. Науч. -попул. изд. Алматы, 2011, c. 201.

② Евгений Гильбо. Перспективы китаизации России. Газета "Новый Петербургъ", №38 (625), 25.09.2003 г, http://www.xpomo.com/ruskolan/liter/china.htm.

③ 王祎：《鲜明的时代感——旅俄华侨华人社团》，中国侨网，2016 - 11 - 25，http://www.chinaqw.com/hqhr/2016/11 - 25/114817.shtml。

④ 自由党，俄罗斯的激进民族主义组织，2009年被解散，与2010年成立的"人民自由党"不是同一个组织。

"战略伙伴"关系，中美俄"三角"中主要是对抗美国的侵略，这是没有根据的。中国正在购买旧航母和现代驱逐舰，中国军队是俄罗斯军工集团的主要买家。"我们的政府一直没有注意中国正在觊觎西伯利亚和远东的领土。中国对俄罗斯的主要武器是人口（近15亿人）。"他们认为现在俄罗斯还没有抵御中国人口扩张的办法，中国的入侵已经开始，但是俄罗斯当局对此视而不见。"俄罗斯边境人口数量与中国北部没有可比性（他们1.5亿人，与我们1000万人相比较）。西伯利亚和远东居住着200多万中国人。例如，在勃拉戈维申斯克，中国人已经占居民人口10%。"而且，大批的中国人移居俄罗斯，却并不会与俄罗斯人融合在一起，很难实现对中国人的同化。"中国人没有与俄罗斯混居在一起，更不会融合到俄罗斯人之中。例如，在莫斯科居住着30万中国人。他们居住在自己的社区，遵循着自己的规则。他们有自己的报纸、自己的有线电视、自己的医院和幼儿园。"成为俄罗斯首都中一个真正的中国人的"国中之国"。俄罗斯自由党明确指出，"中国威胁"是俄罗斯对外政策的主要问题。中国人在占领他人土地方面有丰富经验。他们提出，"现在的维吾尔自治区50年代并入中国。那时候那里的维吾尔族占92%。但10年之后汉人已经占到96%。这样他们就变成了少数民族"①。俄罗斯自由党看似有理有据，其实观点偏激错误，作为论据的基本数据都有严重错误。新中国成立后，新疆地区维吾尔族和汉族人口都有所增长，增幅基本持平。2010年全国第六次人口普查，新疆的汉族占全区总人数的40.1%②，新疆的汉族占96%这样的数据完全没有事实依据的。

---

① Партия Свободы. Китайская угроза. 5 апреля 2004 г. http://www.xpomo.com/ruskolan/liter/china.htm.
② 国家统计局：《新疆维吾尔自治区2010年第六次全国人口普查主要数据公报》，http://www.stats.gov.cn/tjgb/rkpcgb/dfrkpcgb/t20120228_402804343.htm。

"经济威胁"也是这一时期的主要内容。由于中国人口多,而且勤劳肯干,不怕吃苦,人力成本较低,导致商品价格低廉,大量廉价的中国商品进入俄罗斯市场,对俄罗斯本土企业造成强烈冲击。此外,不少进入俄罗斯的商品质量低劣,也引起俄罗斯国内民众的强烈不满。可见,"经济威胁"在一定程度上也是受人口因素的影响。

"中国军事威胁"论调在当前虽然已经退居次要位置,但依然还存在。俄罗斯军事理论家沙拉文提出,对于俄罗斯而言,中国将成为比车臣战争、科索沃战争更厉害的"第三类威胁",中国是俄罗斯的头号敌人。[①] 在讨论俄罗斯对华军售问题时,常常出现"中国军事威胁"的思想,反华人士认为,如果俄罗斯将最先进的武器出售给中国,中国的军事力量可能超越俄罗斯,对俄罗斯将造成强大的威胁。"军事威胁"在一定程度也受中国人口因素的影响,有俄罗斯人甚至认为,如果俄罗斯在战争中损失100万人,那就大伤元气,而100万人对于中国来说却不算什么。近代以来中国并未对别国发动侵略战争,反而成为他国眼中的"肥羊",屡屡受到他国侵犯。中国军事威胁的话语完全凭空想象,毫无事实根据,纯属"莫须有"的威胁。

四 被想象的"中国威胁"

"中国威胁"实际上是一个伪命题,是一种来自"他者"的想象。俄罗斯学者卢金对"中国威胁论"进行了针锋相对的反驳,他指出,有些人认为"建立与美国一致的遏制中国政策,可以巩固俄罗斯的地位"。他们宣扬"中国威胁论",目的在于"破坏中俄关

---

① Александр Григорьевич Яковлев. ТРЕТЬЯ УГРОЗА: Китай — враг № 1 для России Проблемы Дальнего Востока, № 1, 2002.

系，激发俄罗斯对'黄祸'的恐惧和对中国的敌视，完全是符合美国反华的全球竞争逻辑的。至于有些人说中国可能侵犯俄罗斯的领土，其实是一些不想了解中国文化和当代中国政治的人"①。卢金看到了俄罗斯"中国威胁论"的鼓吹者的政治立场和真正意图，并对其进行了批驳。

2013年3月5日，在莫斯科举办的题为"中国威胁论是否成立"的论坛中，俄罗斯地缘政治问题科学院副主席康斯坦丁·索科洛夫明确指出，"只要看看利比亚战争、叙利亚问题，如果将来再发生伊朗战争，就可以明白，威胁并不是来自中国，而是来自以美国为首的北约集团"。俄罗斯亚洲工业家企业家联盟玛格丽特·费多托娃认为，"在俄罗斯存在所谓'中国威胁'的地方恰恰是俄罗斯发展比较落后的地区。近年来，俄罗斯在开发西伯利亚和远东地区方面的工作并没有带来很大成效。对于俄罗斯来说，最大的威胁不是来自中国，其根源在于腐败。而中国威胁论的存在恰恰证明了俄罗斯在发展远东地区方面的无力和中国在中俄边境地区经贸活动的活跃。此外，中国威胁论的存在也是一部分西方势力在俄罗斯挑唆的结果"②。索科洛夫、费多托娃也看到，真正威胁俄罗斯的不是中国，而是美国，这与库济克、季塔连科的观点一致。同时费多托娃还指出俄罗斯最大的问题是国内腐败。

俄罗斯科学院通讯院院士库济克和院士季塔连科积极推动中俄合作，反对中国威胁论调，他们认为，"在未来十年，重点应该放在充分发挥俄罗斯明显且为中国迫切需要的相对优势（拥有能源，领土辽阔和过境运输能力）。大规模吸引中国人到西伯利亚和远东投

---

① A. B. Лукин. "Китайская угроза" и дуализм сознания. Политические иследования, 2011（6）：183-186.

② 刘旭：《中俄专家：所谓"中国威胁论"是一个伪命题》，人民网，2013年3月7日，http：//news.xinhuanet.com/world/2013-03/07/c_124429379.htm。

资,以及俄罗斯企业参加振兴中国东北和西部的任务,能够大大地振兴俄罗斯的机器制造业,首先是创新,然后便可大量生产现代化产品。可以说今天俄罗斯走向强大的必由之路恰恰就在中国"①。库济克、季塔连科认为俄罗斯的威胁应该是美国,应该与中国紧密合作,中国是俄罗斯发展和强大的关键所在。他们不仅反驳了"中国人口扩张"收复领土的论调,而且认为应该吸引中国人到西伯利亚和远东,以解决俄罗斯人力资源缺乏的问题,促进俄罗斯的发展。

在中俄友好国家关系的背景下,俄罗斯官方对"中国威胁论"基本持否定态度。如俄罗斯现任副总理普里霍季科曾指出,"据相当可靠的资料,常住俄罗斯的中国公民,总数不会超过 15 万人至 20 万人。俄罗斯最近一次人口普查的结果更低,仅为 3.5 万。没有根据说中国政府鼓励中国公民到俄罗斯,更不用说非法进入了"。"伊尔库茨克州立法会议主席维克多·科鲁戈洛夫认为,来自中国的挑战根本不存在,相反,来自中国的经济支持却是远东地区发展的关键。中国的崛起将为远东地区带来发展的新机遇。"②

国内个别学者对于俄罗斯的中国威胁问题进行了研究。于鑫对俄罗斯的"中国威胁论"作了历史的回顾和现实的思考,他指出,当前俄罗斯"中国威胁论"主要包括"经济威胁"、"人口威胁"、"军事威胁"、"领土威胁"和"中国环境威胁"。与西方明显不同的是,"俄罗斯的'中国威胁论'民间调门高于官方,地方政府调门高于中央"。目前俄罗斯存在"中国威胁论"主要有五个原因:其一,"沙俄和苏联长期的反华宣传的影响";其二,"西方国家的挑拨";其三,"俄罗斯国内极端民族主义思潮的兴起";其四,"苏联解体后

---

① [俄罗斯] Б. Н. 库济克、М. Л. 季塔连科:《2050 年:中国—俄罗斯共同发展战略》,冯育民等译,社会科学文献出版社 2007 年版,第 305 页。
② 吴大辉:《评俄罗斯的"中国威胁论"》,《国际经济评论》2005 年第 3 期。

俄罗斯国力衰弱和近年来中国的崛起"，强弱关系的反转让俄罗斯人心理上难以接受；其五，借"中国威胁"的话题赚取民众支持。于鑫认为，从历史上看，俄罗斯"中国威胁论"实质上是为反华、侵华政策服务的。当前中俄关系以友好合作为主，"中国威胁论"是中国崛起的必然"副产品"，不必过分紧张。为了打消俄罗斯一些人的"中国威胁"的顾虑，可以采取一些相应的措施，如提高中国出口商品的质量，打击非法贸易和非法移民，加强官方和民间的交流。① 吴大辉认为，当前俄罗斯的"中国威胁论"依然有一定的市场，主要包括"固有领土回归说、过剩人口扩张说、贫穷引发侵略说和原材料掠夺说"四个方面的内容，其生成的原因为"历史的记忆无法抹去、现实的反差不断扩大、中方的实务授人以柄、西方的鼓噪乘虚而入"。② 于鑫、吴大辉对俄罗斯的"中国威胁论"内容、形成原因等进行了梳理，并从中国的角度提出应对策略。

结　语

中国威胁是他者对中国一种杞人忧天式的臆想，是他者幻觉中可能出现的威胁，并无事实依据。这种想象在各个历史时期都曾发生，在俄国侵略中国的时期，在中苏两国亲如兄弟的时期，在中俄成为战略伙伴的时期，中国威胁的话语都曾不时响起。沙俄屡屡侵犯中国边境，尤其第一次鸦片战争之后，沙俄通过一系列不平等条约侵占中国超过150万平方公里领土，中国受到包括沙俄在内的西方列强的严重生存威胁，在此情境下沙俄开始出现"黄祸论"，其主要原因是为沙俄侵略中国进行舆论准备，而在侵占中国大片领土之后，俄国人又内心不安，担心中国伺机夺回，同时俄国人还担心中

---

① 于鑫：《俄罗斯的"中国威胁论"：历史与现实》，《西伯利亚研究》2010年第6期。
② 吴大辉：《评俄罗斯的"中国威胁论"》，《国际经济评论》2005年第3期。

国通过人口渗透的方式悄悄"占领"。20世纪50年代中苏处于"蜜月时期",两国亲如手足,在国际上苏联是社会主义阵营的"老大哥",即便如此,苏联在心理上对中国仍然有着防范,担心中国通过人口渗透"占领"西伯利亚地区。中苏关系破裂、对抗时期,中国更是被建构成一个对周边国家、社会主义阵营乃至世界有着极大威胁的存在。苏联解体之后中俄进入战略合作伙伴时期,二十多年来中俄关系持续稳定健康发展,此时在俄罗斯仍不时响起中国威胁话语,并成为俄罗斯中国负面形象的最主要因素。不论中俄关系是友好还是敌对,甚至在中国处于被侵略、被威胁的地位,中国威胁话语都从来没有消失过,中国威胁就是他者对于中国的"莫须有"想象,是个伪命题。

  各个历史时期中国威胁都不是俄国对中国的主要想象。在17—18世纪,受欧洲的影响,沙俄对中国的想象主要是"睿智的、开明的、富饶的",第一次鸦片战争之后心中的印象主要是"落后、愚昧、停滞、官僚主义盛行",新中国成立之初苏联将中国视为兄弟、亲密战友、社会主义国家同盟军,即便中苏两国关系恶化甚至进入对抗,中国仍是苏联想争取的盟友,苏联解体之后,中国在俄罗斯人心目中主要形象都是正面的,只有极少数人对中国持负面印象。异国对中国的全部想象中,中国威胁既非全部也非主流,只是少数外国人的耸人论调,这种话语在国际上可能永远都不会销声匿迹。也有不少人对"中国威胁论"进行了针锋相对的反驳,认为宣扬中国威胁是符合美国反华的全球竞争逻辑的,中国不仅不是俄罗斯的威胁,而且是今天俄罗斯走向强大的必由之路。任何国家在人们眼中都有一些负面的评价,是国际舆论中的正常现象,只要不是舆论的主流,就不必过于在意和举步不前。唯有做好本国之事,对外求同存异,推动人类命运共同体构建,中国在国际舞台上的形象自会日渐优化。

二次编码：边疆省区周边传播的媒介困境与突围

万 忆 易正逊[*]

摘 要 在"一带一路"倡议背景下，边疆省区周边传播的重要性日益凸显。然而，近年来，这些省区的周边传播活动在许多重要议题上都没能收到预期的传播效果。这与当前边疆省区周边传播显现的媒介困境息息相关。本文运用国际传播学中的媒介"二次编码"理论，对边疆省区周边传播实践中媒介的传播基础建设困境和跨文化传播能力困境展开了深入分析，揭示了其中的现象和成因，并提出了相应的解决对策。

关键字 边疆省区 周边传播 媒介困境 二次编码

引 言

边疆省区的周边传播是指中国沿边的省区秉承国家意志，面向

---

[*] 万忆，浙江工商大学人文与传播学院教授，中国地方国际传播研究中心主任；易正逊，浙江工商大学中国地方国际传播研究中心科研秘书。本文系全国文化名家暨宣传文化系统"四个一批"人才自主申报项目"中国边疆省区国际传播能力建设的现状、问题及对策研究"（项目编号：1140KZ0117431）阶段性成果。

邻近国家开展的国际传播活动。与其他内陆省区相比，边疆省区与邻近国家地缘相近、人缘相亲、文缘相通，开展周边传播效果更为显著。在"一带一路"倡议背景下，边疆省区周边传播的重要性日益凸显。

在国际传播活动中，媒介的作用更为复杂而重要。从事国内传播的媒介只需将原始信息通过采编手段（一般性的编码、释码）变成可接受的信息，然后传播出去就可以了。而国际传播是跨越国界的信息传播，媒介不但需要进行一般性的编码、释码，还需要对信息进行二次处理，即进行跨文化的编码、释码，以实现传播者与受众之间的语言转换和文化对接。媒介的两次编码、释码工作成效如何，直接影响到国际传播的最终效果。

从2016年开始，笔者对西南、东北等地区边疆省区的周边传播活动展开了实地调研，发现这些省区的周边传播活动在许多重要议题上都没能收到预期的传播效果。例如，云南省对湄公河流域国家在"地区安全风险防控"方面、广西对越南在"健康疫病风险防控"方面和黑龙江省对俄罗斯在"经济合作风险防控"方面的传播活动都没有达到我方预设的传播目标，最终导致双方在这些问题上未能达成共识和相互理解。个中的原因是多方面的。但是，毋庸置疑，这也与当前边疆省区周边传播显现的媒介困境息息相关。那么，媒介究竟陷入了何种困境？又当如何突出重围呢？本文拟在此作一初步地分析和探讨。

一　国际传播的媒介作用

在国际传播活动中，媒介的作用就是对"待传"的信息进行两次编码、释码，然后向国外受众进行传播。

按照传播过程的经典解释，媒介是传者将信息传递给受众必要和必需的载体，信息的编码和释码由媒介工作者承担。具体到国内传播，报刊、广播电视和网络新媒体等只需对信息进行一般性的编码、释码，也就是将信息以文字、图片、声音、画面等符号形式呈现与传输，受众便可进行相应的"译码"，以理解和接受相关信息。但国际传播是跨国界的信息传播行为，针对的是国外受众，只经过一般性编码、释码的信息无法让国外受众成功译码。因此，有传播学者通过对传统"5W"模式的扩展，并借助奥斯古德与施拉姆"编码者、释码者、译码者"的概念进行分析后认为，由于信息传播的完成需要进行意义的交换，而交换的前提是编码和解码的双方应当有共同经验领域，即一是对传播中所使用的语言、文字等符号含义的共通的理解，二是大体一致或接近的生活经验和文化背景。①

按照国际传播的媒介"二次编码、释码"理论，第一次编码、释码是将原始信息转化为可被一般受众接受的信息的过程，也就是媒介机构日常工作中的信息采集、符号化和发布与传输的过程——报刊通过文字和图片、广播电视通过声音和画面将信息传播给受众。第二次编码、释码，也就是跨国界、跨文化的编码、释码，是指对已完成一次编码、释码的信息进行进一步的语言转换和文化对接。其中，"语言转换"简单地说就是翻译，解决的是受众"看得懂""听明白"的问题，这是实现文化对接的基础；而"文化对接"则是指更深层次地转化，也就是迎合受众的接收习惯和接受心理，解决的是受众"可理解""能认同"的问题。

二 媒介困境的表现与成因

如前所述，在边疆省区的周边传播实践中，媒介的作用就是将

---

① 翁昌寿、李建霞、方莉：《法兰克福书展中国主宾国活动报道效果分析》，《国际新闻界》2009年第12期。

待传的信息进行二次编码,以期成功地跨越有形的物理国界和无形的文化鸿沟,将之传播给外国受众。对信息的第一次编码,有赖于外宣媒介的传播基础建设;对信息的第二次编码,则有赖于外宣媒介的跨文化传播能力。根据笔者的实地调研,当前,边疆省区的主流外宣媒介在这两方面都陷入了困境。

(一) 传播基础建设的困境

从本质上说,边疆省区的周边传播属于狭义的国际传播,也就是"国家(政府)通过大众传媒开展的国际传播"。边疆省区周边传播使用的大众媒介包括报纸、广播电视和网络新媒体等。而报纸的涉外发行数量、广播电视的跨境覆盖范围以及网站的国际点击率都是对外传播"渗透力"的实际表现。对外传播的"渗透力"是对有形传播资源的概括性描述[1],即媒介基础建设所形成的传播能力。对外传播渗透力决定信息一次编码的数量、质量以及辐射的范围,是构成传播效果的主要部分,也是传播影响力生成的物质基础。令人遗憾的是,当前边疆省区周边传播的基础建设薄弱,直接影响了对外传播"渗透力"的形成。

1. 平台建设困境导致传播力不强

可信的传播平台是边疆省区开展周边传播活动的阵地和基础。就当前的整体状况而言,边疆省区周边传播的常设平台相对较少,现有平台建设相对落后,还无法适应和完成周边传播的要求和任务。

报纸是传统的主流媒体,也是边疆省区开展周边传播活动的首要政策发布平台。为此,有些省区专门开办了专业的外宣报纸。

例如,黑龙江省针对俄罗斯编辑发行了以介绍经济政策和商贸信息为主的俄文报纸《远东经贸导报》,该报每周1期,发行量10000

---

[1] 胡鞍钢、张晓群:《国际视角下中国传媒实力的实证分析——兼与黄旦、屠正锋先生商榷》,《清华大学学报》(哲学社会科学版) 2007年第3期。

份，采取赠送的方式，经中国对俄口岸工作站投送到俄远东及西伯利亚地区主要城市。① 由于未能实现精准投放和市场化发行，该报的传播效果难以评估。

由于民族和地缘的关系，东北三省都开办发行有专门的朝鲜文报纸。《吉林朝鲜文报》还于 2012 年 3 月 20 日在首尔推出《海外版》，隔周出一期，一共 12 个版面，节日期间扩展到 16 个版面，是吉林省第一家在韩国正式发行的报纸。《吉林朝鲜文报·海外版》现在的发行量是 5000—10000 份，主要在韩国的中国人聚居区发行，对于首尔以外的地区读者和订阅读者采用邮件托运等方式发行。该报的传播对象主要是中国在韩务工生活的 70 多万朝鲜族民众，为他们传播来自故乡的信息。为了扩大在韩国的影响，该报还对青瓦台总统府、首尔市警察厅等国家和政府机关实行投递。② 由于其受众定位主要是本国或侨居国外的中国朝鲜族民众，该报的对韩传播效果同样难以达到预期目标。

在没有开办专业外宣报纸的省区，当地的主流报纸都定期或不定期地开设有外宣专版或专栏。

例如，《广西日报》设有专门的东盟报道部，定期开办"东盟视点"专栏，主要介绍东盟国家的经济社会发展状况和自然人文风光。《广西日报》的受众主要是广西的各级党政干部和各族各界群众，并不在东盟国家发行和寄售，难以对东盟国家的政府和民众形成影响。因此，所谓的东盟报道不可能是"外宣"，而只能是"宣外"。这样的情况，在其他边疆省区也十分普遍。

边境外宣期刊是由中央外宣办主管，各边疆省区外宣办主办的专业外宣媒体。黑龙江省委外宣办主办的俄文杂志《伙伴》，每月 1

---

① 内容来源于在黑龙江省委外宣办的调研。
② 内容来源于跟《吉林朝鲜文报》社长的访谈。

期，每期 5000 册，已经在俄罗斯获得刊号并落地发行，发行方式主要以赠送和订阅为主，以俄罗斯境内媒体、企业、社团、院校及富人社区等为重点发行区域。① 新疆对中亚传播的《友邻（哈文）》杂志，每期印数 10000 份，传播范围为哈萨克斯坦的 14 个州和两个直辖市的图书馆、高等学府和政府机关以及中亚各国的哈萨克人，每期在南方航空公司国际航班（中亚航线）投放 2000—3000 份不等。内蒙古对蒙古国传播的《索伦嘎（蒙文）》、新疆对俄传播的《大陆桥（俄文）》、云南对东南亚传播的《湄公河（泰文）》《占芭（老文）》《吉祥（缅文）》、广西对越传播《荷花（越文）》以及山东对韩传播《金桥（韩文）》等外宣杂志，目前发行数量基本在 5000—10000 份。

截至目前，这些边境外宣期刊基本未能实现在传播对象国的落地发行，主要通过邮寄赠送给政府官员、企业家和专家学者等高端人群阅读。这种相对被动的发行方式并非来源于传播受众的客观选择，而是来自传播主体的主观意愿，外宣期刊是否能够被阅读或者所传播的信息能否被接收，即能否实现传播主体的传播诉求，仍待检验。此外，现有的外宣期刊发行数量较少，经费主要来源于中央外宣办的拨款以及地方外宣办的资金配套——以《伙伴》杂志为例，每年中央外宣办的经费拨款都在 60 万元到 80 万元②——根本无法满足其内容生产和发行的需要，其传播力自然大打折扣。

电视媒体凭借其跨越时空、声画俱现的特点成为现时国际传播的主力军。目前，边疆省区中仅有云南电视台和广西电视台开办有面向东盟国家传播的国际频道。

2015 年，云南电视台国际频道通过与柬埔寨国家电视台合作开

---

① 内容来源于对《伙伴》杂志的调研。
② 同上。

办无线数字地面电视公司在柬埔寨正式落地。云南广播电视台还将无线数字移动技术输出到老挝，用中国技术标准建立了当地电视网，通过这一方式，不仅使云南台国际频道覆盖了老挝全境，还有效传输了包括央视一套、四套、央视国际频道在内的30多套国内外电视节目。① 云南电视台国际频道目前还进入了缅北地区的电视网，并已和泰国签约进入泰国电视网，预计可覆盖一千万用户。广西电视台的东盟落地情况不如云南，目前还未能有效地进入当地的有线电视网。

现代的电视传播，大都采用卫星覆盖加有线传输的方式。广西电视台、云南电视台的卫星频道和国际频道虽然通过卫星理论上实现了对东南亚国家的覆盖，但是，由于无法大规模地接入当地主流有线电视网，在东盟国家实际可信的收视率难以统计。

在没有开办国际频道的边疆省区，电视外宣以开办外宣栏目为主。例如，黑龙江电视台开办了俄语《你好，俄罗斯》和英语《这就是黑龙江》两档电视外宣栏目。《你好，俄罗斯》每期时长20分钟，每周日6:30在黑龙江卫视和黑龙江高清频道播出；《这就是黑龙江》每期10分钟，每周播出六期，周一至周六凌晨3:20分播出。② 由于没有切实可信的信号传输手段，这类外宣栏目的实际传播效果可想而知。

广播媒体是传统的国际传播利器。在边疆省区中，广西北部湾之声面向东南亚，使用英语、泰语、越南语、广州话、普通话5个语种播音；云南国际广播通过越语和华语等对东南亚国家进行广播。

---

① 内容来源于云南省广播电视台国际频道官方微信：《刘奇葆点赞云南广播电视台国际传播能力建设》，https://mp.weixin.qq.com/s?＿＿biz=MjM5NTY4ODAzMw％3D％3D&idx=1&mid=207943018&sn=8950ea9728dab590c033e25cd69b1d2d。

② 内容来源于与黑龙江广播电视台国际部的访谈。

其他边疆省区结合本地的语言特点，还开办有兼具对内对外传播功能的朝鲜语、藏语、哈萨克语、维吾尔语、蒙古语等语种广播。如内蒙古人民广播电台第九套节目蒙古语广播"草原之声"的节目信号通过卫星传输，在蒙古国首都乌兰巴托落地，全天播出 18 小时 15 分钟；新疆人民广播电台维吾尔语《中国之声》节目十年前就通过与土耳其"方向电台"合作实现落地。而这些少数民族语言的电台基本是为了满足国内广播听众的信息需求，虽通过卫星信号以及媒体合作达到了"走出去"的目的，但并没有实现对对象国专业化的传播，传播能力和传播效果有限。

除了自办国际频率以外，有些边疆省区还通过相互之间借用渠道来实现对外传播。例如，若按照各边疆省区所在的区域来确定各自的周边传播对象，吉林省首先应该对东北亚国家特别是朝鲜和韩国传播。但吉林广播电视台则通过与其他边疆省区的广播媒体进行合作来进行对外传播，合作的广播电台包括广西人民广播电台北部湾之声、内蒙古广播电视总台草原之声、新疆人民广播电台维吾尔语《中国之声》。但是这种"借船出海"的方式往往存在"舍近求远"的弊端，未能发挥周边传播的优势，偏离了周边传播的初衷。

随着科技的进步，网络新媒体已成为国际传播的主力。周边国家受众由于地理上的接近以及语言文化上的相通，热衷于通过边疆省区的新闻网站了解中国信息。中国吉林网·朝鲜文版是《吉林朝鲜文报》通过报网融合打造的新媒体网站，本来主要是面对中国朝鲜族民众的，但在该网站超过 60 多万人次的年点击量中，来自国外的点击量超过三分之一，受众遍及朝鲜、韩国、美国、荷兰等十多个国家和地区及国内十多个省份。（如表 1、表 2）

表 1　　　　　　　中国吉林网·朝鲜文版点击量统计

平均日访问量	1877.09
平均周访问量	13121.94
平均月访问量	56388.88
本年访问量	774452.00
国外 IP 数	381511
国内 IP 数	376606
无法识别 IP 数	16335
累计 IP 数	774452

注：1. 统计起始日期为 2016 年 1 月 1 日，结束日期为 2016 年 12 月 31 日。
2. 网站独立 IP 访问量（IP），24 小时内相同 IP 地址只被计算 1 次。
资料来源：作者对吉林日报集团的调研。

表 2　　　　　　国外点击量排名前 20 位的国家

访问者位置	访问量	访问比率（%）
韩国	338324	88.68
美国	17848	4.68
日本	15578	4.08
加拿大	2436	0.64
澳大利亚	1107	0.29
越南	956	0.25
德国	505	0.13
俄罗斯	485	0.13
英国	381	0.10
印度尼西亚	373	0.10
新西兰	372	0.10
新加坡	305	0.08
法国	301	0.08
泰国	246	0.06
菲律宾	218	0.06
马来西亚	180	0.05
柬埔寨	125	0.03
巴西	103	0.03
蒙古国	34	0.01
朝鲜	24	0.01

注：地理位置分析以独立 IP 访问量和国家为单位。
资料来源：作者对吉林日报集团的调研。

目前，外宣新闻网站日益成为周边国家民众获取中国信息的重要渠道，为此，边疆省区依托传统主流媒体开办了多个语种的外宣网站——黑龙江的俄语外宣网站"伙伴网"、韩语新闻网站"黑龙江新闻"以及英文东北网和日文东北网和广西的越语、泰语版的北部湾在线以及新疆的维文、斯拉夫维文、拉丁维文、俄文、英文、哈萨克阿拉伯文、土耳其语新闻网站等。但这些外宣网站基本未能实现自主新闻采编和运营，其内容基本来自翻译传统媒体的新闻稿件，无法适应新媒体受众的信息接收偏好。如"伙伴网"日均自译稿件8000字左右，其内容主要只能挑选国内媒体已发布的关于中俄经贸、科技、旅游等方面的信息。另外，这些外宣网站还未能适应媒介融合的新特点，开发出适合年轻受众接收习惯的版面和内容，对国外的年轻受众缺乏吸引力。

2. 媒体外交困境导致公信力不足

媒体公信力是决定国际传播效果的关键因素。边疆省区周边传播的效果如何，与所运用传媒在对象国受众中的公信力息息相关。要提升本国媒体在对象国受众中的公信力，最好的办法是开展媒体外交，通过与对象国极具公信力的主流媒体开展交流合作，以此来获得对象国受众的信任。

目前，边疆省区开展的媒体外交主要是人员互访和内容交流。

异地采访是边疆省区主流媒体每年与周边国家同类媒体开展的媒体外交的主要形式。从2007年开始，广西日报社几乎每年都与越南广宁报社开展业务交流和互相采访活动。但是，这些活动和报道的内容往往只在本国媒体中以中文刊登了事，并未实现对国外受众的传播。这样的活动即便每年开展一次，又如何建立起媒体自身在国外的公信力呢？

举办电视周是边疆省区与周边邻国开展节目交流的一种重要

方式，主要是通过在传播对象国租用展厅或者某一时段的电视频道集中播放本国电视节目，来达到开展周边传播的目的。例如，吉林省从2012年到2017年，相继在日本、欧美、大洋洲、俄罗斯以及东盟国家举办了电视周。但是，像这种一阵风似的文化展演活动，每年针对不同的国家和地区，又如何能在特定的地区和特定的受众群中建立起长期的公信力，从而取得有影响的累积效果呢？

（二）跨文化传播能力的困境

在国际传播中，本国信息能够使外国受众看懂、读懂、听懂，就需要对本国信息进行第二次编码，即进行语言转换和文化对接。在这方面，边疆省区的外宣媒体也陷入了困境。

1. 语言转换困境导致理解障碍

在国际传播中，语言转换指的是将本国语言翻译成对象国的语言，使对象国民众能够听清、听懂的过程。在边疆省区，媒体的外宣内容有很多是由现成的中文信息经过翻译而成的，这就要求翻译必须规范、地道和新鲜。

所谓语言翻译的规范，就是严格按照所使用语言的语法、句法和修辞方式来进行文字转换，避免不严谨、不标准的表达方式。通俗来说，就是避免"Chinglish"，即"中国式英语"或"中式英语"的表达。但目前由于体质机制的限制，边疆省区的外宣媒体或者外宣栏目中基本没有外籍记者、编辑和主持人，外宣稿件主要依靠外语人才进行相应的语言翻译，而不是直接用外语写作，其结果往往导致翻译后的稿件出现用词、语法、语序等方面的不规范、不准确甚至产生歧义和错误。[①] 如黑龙江《远东经贸导报》，主要读者是俄罗斯商人，根据笔者在黑河口岸的实地访谈，许多俄罗斯商人反映

---

① 内容来源于对黑龙江省委外宣办的访谈。

该报存在许多语法错误,他们往往看得懂每个单词,而无法理解整个句子或整篇文章的意义。

语言翻译的地道精当,也就是保证语言翻译的"原汁原味",使对象国受众对传播内容产生亲近感和认同感。广西外宣办在电视剧《老马家的幸福往事》的译制过程中,花了近四千万元,邀请了40多位越南籍的配音演员参与电视剧的译制,从而使剧中演员的语气、语调都跟越南受众保持一致,避免了由于语言翻译过程中的不地道导致传播障碍或者隔阂的出现。据越南收视统计显示,该剧在越南国家电视台第11频道收视率位居越南全国同一时段的第一位。但这样做投资巨大,许多边疆省区的外宣媒体无法做到这一点,导致外宣内容语言翻译不够地道,难以使对象国受众真正理解。

随着社会的发展,语言的内涵及表达方式也在快速变化。国际传播需要跨越文化差异,就更加要对传播对象国语言环境和语言系统的变化给予密切关注,避免使用已被淘汰的传统用语,多使用与时代和当地社会发展合拍的新鲜语言。例如,从1957年开始,中国一直引用朝鲜的语法语序,而韩国和朝鲜在语言上已产生了很多差异,朝鲜相对比较封闭语言变化较小,而韩国比较开放首先接收西方的外来文化,语言更新较快。当代朝鲜语和韩语在表述、用词方面已有很大差异,而中国的翻译人员已经跟不上韩语词汇的更新。东三省的朝鲜文报经常受到旅华韩国读者的诟病,这是一个重要的原因。

根据笔者调研,媒介语言转换困境的形成是因为边疆省区缺乏复合型的外宣人才。所谓复合型外宣人才,就是既精通外语又通晓国际传播规律的编辑记者。以广西电视台国际频道为例,绝大部分记者编导为学新闻出身,语言能力仅限于交流,两名翻译承担了台里大量外事行政工作,无法全责投入节目创作。这样的情况在其他省区的各类媒体均普遍存在。

2. 文化对接困境导致认同困惑

如果语言转换解决的是"看得懂、听得明白"的问题，那么，文化对接的意义则在于获得对象国受众的内心认同，由清楚到接受。从大的方面来说，国际传播应该与国际通行的认知和规范体系对接，遵循人类共同的伦理和道德。具体到某一个对象国，传播主体应该与对象国的社会文化习俗对接，尊重其文化偏好。

中国周边有四个政治单元，近三十多个国家，每个国家都有不同的政治体制、文化背景和宗教信仰，对周边任何一个国家的传播活动都应该将这些差异考虑进去。以黑龙江省对俄传播为例，长期以来，部分俄罗斯远东民众对中国有着怀疑和防范的心理，原因主要在于：一是中俄两国价值观不同，对中国的政治体制不认同；二是文化上的隔阂，东正教和西方文化对俄罗斯文化影响深远，与中国的文化传统迥异；三是近代以降，俄罗斯与中国存在复杂的边境领土纠纷，担心中国的和平发展有损俄远东利益。[①] 这些价值观、宗教信仰以及对待历史问题的看法上存在的差异，都需要黑龙江的外宣媒介在日常的对俄传播中谨慎对待，不管是负责内宣还是外宣的编辑记者，都应该注意避免触碰对象国的社会文化禁忌，以免产生不必要的误会。黑龙江黑河市的媒体在宣传跨越两国界河的大桥建设时，过分渲染大桥的通达性，引起了对岸布拉格维申斯克部分媒体和民众的疑惧，致使很长一段时间内，布市方面对大桥的建设一再拖延，直到最近中俄两国高层达成共识，才重新开始动工。这方面的传播教训值得认真汲取。

[①] 内容来源于对黑龙江省委外宣办的调研。

三 媒介困境的突围

站在研究者的立场，本文的主要目的在于运用成熟的国际传播理论来分析边疆省区周边传播面临的媒介困境。至于如何突围，这主要是外宣管理部门和媒介自身的责任。本文在此仅尝试提出一些解决问题的原则思路。

（一）夯实传播基础

在媒介融合的背景下，报刊等印刷媒体的受众日益走向高端化。专业类外宣报刊需要明确自己的传播对象，努力实现在对象国本土出版发行，避免出现内外宣不分，甚至由"外宣"变成"宣外"的尴尬情况。

例如，黑龙江新闻社韩国支社创办的韩语版《黑龙江新闻》，2012年3月更名为《中国周刊》，主要面向韩国政商界及新闻界，深入报道和介绍我国及黑龙江省的政治、经济、文化状况和社会发展成就。[1]《中国周刊》由黑龙江新闻社负责内容采编，在韩国印刷厂印刷，由韩国支社负责发行。在受众定位上，该报（刊）目标明确，把韩国政商界和新闻界人士确立为第一读者群，把包括朝鲜族和汉族在内的旅韩华人华侨确立为第二读者群。目前，该刊的广告市场占有率、订阅率以及读者认可度在韩国位于同类十多家报刊的首位。[2] 其他边疆省区的外宣报刊均可参照《中国周刊》的成功经验，大力推进在周边国家的落地生根，积极融入当地发行市场和广告市场，淡化自身的"异国"特色，真正做到传播方式的"随风潜入夜"和传播效果的"润物细无声"。

由于政策、技术和成本的限制，卫星广播电视频道和频率在我

---

[1] 内容来源于对黑龙江通讯社的社会调查。

[2] 同上。

国目前还属于稀缺资源，边疆省区大规模开办开播国际频道和国际频率尚不现实。各边疆省区可以根据周边传播任务和邻国区域划分，联合开办相应的国际频道和频率，由处于各政治单元的边疆省区共同为国际频道、频率提供资金和内容，共同搭建广播电视外宣平台。

以东北三省为例，黑吉辽三省都负有面向俄罗斯传播的任务，如果东北三省能够共同依托本省对俄传播资源，创办对俄传播的广播电视国际平台，以与俄交往最密切的黑龙江省为主导，三方共同出资运营并提供传播内容，这样既缓解了某个省单独开办对俄广播电视国际平台的经济和内容生产压力，也满足了三省对俄传播的需要，实现了周边传播的区域合作，可以更好地完成国家赋予的周边传播重任。

至于网络新媒体，重点在于充分利用国内媒介融合的最新技术资源，摒弃过去单纯依靠外宣网站的过时做法，开发出适合年青一代接受习惯的各种社交媒体和新闻客户端，吸引国外年轻受众通过网络了解中国和相关省区的经济社会发展状况，通过增强传播力的方式来树立中国媒体在国外年轻受众中的公信力，进而扩大自身的影响力。

除了常设平台的建设，边疆省区的外宣媒体还应创新开展媒体外交，在内容上通过"议程设置"聚焦我方关切，在形式上加强双方互动共襄盛举。这样既可以有效提升我方媒体在对方国家的知名度和公信力，又可以通过对方媒体的既有渠道传播我方内容，以弥补我方常设平台的传播漏洞和死角，全面提升周边传播的水平和成效。

(二) 提升传播能力

提高媒介的跨文化传播能力，也就是要增强媒介在国际传播中的第二次编码水平。媒介的编码水平来源于媒介工作者的编码水平。

这就需要媒介机构大力培养既精通外语又掌握国际传播规律,并且熟悉对象国社会文化状况的复合型外宣人才。

精通外语是从事国际传播的编辑记者必备的工作技能,这一方面需要通过学校教育的方式进行基础培养;另一方面还需要在实际工作中进一步熟化自身的语言文字运用,并通过语言的学习来掌握该国的社会文化状况,以提升自己的跨文化理解能力。

光精通外国语言和熟知国外文化是不够的,从事国际传播的人还必须通晓国际传播规律。边疆省区从事周边传播的编辑记者需要掌握中央的宣传纪律和国家的外交政策,同时具有娴熟的新闻业务技能,只有这样,才能真正"讲好中国故事,传播中国声音"。这一方面,边疆省区可以参照中央媒体与北京大学、中国人民大学、中国传媒大学等高校合作共建的做法,与本省、本地区的新闻传播院校开展跨学科的国际传播人才联合培养,将学历教育与职业教育有机结合起来,相信假以时日,一支外语水平高、新闻业务精、了解国外社情民意的高素质周边传播人才队伍就一定能建立起来。

以佛道儒为代表的华夏文明对周边国家传播路径探析
——以缅甸为例

李美霖 张 聪[*]

摘 要 中华民族作为世界上最古老的民族之一，在漫长的人类历史发展长河中创造了灿烂的文明和文化，这其中以佛、道、儒文化最为经典。随着中国综合国力的提升和"一带一路"的倡议，中国国际话语体系的构建显得尤为重要，在这一时期探析以佛道儒为代表的华夏文明对周边国家的传播路径对提升国际传播能力、构建对外话语体系有着积极而重要的作用。本文以中国周边国家缅甸为例，着重梳理、分析了佛道儒文化对缅传播的路径与特点，并比对不同文化对缅传播影响力的不同。从而力求"见微知类"助力华夏文明国际话语体系的搭建。

关键词 佛教 道教 儒家文化 对外传播 国家话语体系搭建

中国传统思想文化在数千年的发展演变中，逐渐形成了以儒佛

---

[*] 李美霖，北京印刷学院新闻出版学院16级硕士；张聪，北京印刷学院新闻出版学院教师，中国传媒大学博士。

道三教为基本组成部分的多元融合的文化系统，进入宋朝以后出现的以儒为主、佛道为辅的"三教合一"更是构成了上千年中国思想文化发展的基本格局。

缅甸作为中国重要的邻国和"一带一路"的沿线国家，与中国素有难以割舍的胞波情谊，优越的地理位置使得缅甸成为最早与中国发生交往的国家之一。缅甸同时也位于古代中国"丝绸之路"开辟后重要的陆路交通线之上。缅甸与中国的交往历史悠久，关系密切决定其受中国佛教儒为代表的传统文化影响最为深远。在新时期再次探讨以佛道儒为代表的华夏文明传播路径显得尤为重要，同时佛教、道教、儒家文化因为具有各自特定的形成背景、环境和传达理念，在对缅传播的过程中也将具有不同的路径和特点。

一 佛道儒在缅甸的发展和影响

儒佛道三教是中国传统思想文化的三大基础。儒佛道三教关系的演变与发展构成了中国传统思想文化的内在矛盾和发展动力及方向。自佛教传入中国之后，与中国传统思想文化，尤其是儒、道两家互补互融，逐步形成中国化的佛教。佛教在与儒道两家斗争冲突、互补互融中不断发展，逐渐形成了以儒家为主、佛道为辅的"三教合一""三元一体"的中国传统思想文化的基本格局。

(一)佛教文化交流源远流长、有望成为华夏文明对外传播的典范

佛教，历史最悠久的宗教之一，自东汉传入中国以后，千余年来一直是中国信徒的主要信仰。而佛教的哲理，部分则与儒、道等相结合、相融会、相激荡，然后汇入了中华文化源远流长的大海里，形成了中华文化的主流之一，为中华文化放射出灿烂辉煌的光芒。佛教文化在中缅两国的传播和发展已经有2000多年的历史，在这段漫长的时间里经过了初试、冲突、适应和融合等一些改变，早就在

两国人民的生活里挥之不去。

在缅甸80%以上的缅甸国人，包括华人信奉佛教。到了20世纪90年代，缅甸的僧侣、沙弥、尼姑就已多达三十余万人。在缅甸，千姿百态、金碧辉煌的佛塔和寺庙遍布全国。在这里，弘扬佛法与文化的传承是没有国界的。在中国，目前寺庙有一万三千余座，超过二十万人出家，一亿多的宗教信徒是信仰佛教的。

中缅之间的佛教交流古已有之，早在公元前4世纪以前，就已经存在一条经由缅甸通往印度的"陆上丝绸之路"[1]，正是这样一条交流之路将中印缅三国联系在一起，推动了佛教文化的传播。公元后的几个世纪，中国僧侣已经在缅甸太公、卑谬和蒲甘用中文讲经布道[2]。在11世纪缅甸蒲甘王阿奴律陀征服直通前，汉传佛教已经存在于伊洛瓦底江上游流域。蒲甘寺院中的弥勒佛和文殊菩萨塑像，江喜陀王后所造的阿毗耶德纳寺中的观世音塑像，都说明汉传佛教在蒲甘王朝时期就已经有了一定的影响力。早期的汉传佛教寺院多建在上缅甸，诸如瓦城的观音寺由当地华商出资于乾隆年间所建，建成后即由华僧长期住持[3]。18世纪以后，随着华人活动范围的扩大，华僧往来于下缅甸者逐渐增多，主要是为了朝拜仰光"瑞德贡"大金塔，也有些为了参访、弘法、募化、考察等。

当代最有代表性和最隆重的活动是中国佛牙三次巡礼缅甸，有力地促进了缅甸佛教的发展，加深两国人民和两国佛教徒的友谊。中国佛牙第一次巡礼缅甸是在吴努执政期间的1955年。1994年4月20日至次年6月5日，缅甸政府又一次迎请中国佛牙来缅甸巡礼。

---

[1] 陈茜：《川滇缅印古道初考》，《中国社会科学》1981年第1期。
[2] 李晨阳：《中缅佛教文化交流的特点和作用》，《佛学研究》2003年第00期。
[3] 袁丁：《缅甸瓦城华侨观音寺研究》，《八桂侨刊》2000年第1期。

两国的友好合作关系发展到了一个新的阶段。

1996年，中国佛教协会选派5名比丘赴缅甸国立佛教大学留学，留学僧人的弘法实践推动了中缅双方的佛教文化交流。2012年12月，云南省西双版纳总佛寺隆重举行大雄宝殿、僧寮福顺楼和鼓楼落成开光庆典仪式，包括来自缅甸在内的9个国家的佛教代表团共襄盛举，标志着云南南传佛教与南亚、东南亚佛教文化交流进入了一个新的历史时期。2013年6月，中国佛教协会在云南省德宏傣族景颇族自治州瑞丽市边境姐告口岸隆重举行赠送缅甸3尊佛牙舍利等身塔恭送法会。至2015年11月，瑞丽市佛教协会已经连续3次举办"中缅边境南传佛教文化交流会"，来自缅甸南坎、木姐、腊戍等地佛教代表团与云南南传佛教团体交流互动，共话遵循佛陀教导，利乐有情，续写中缅传统友谊。

（二）儒学文化在缅甸未占支配地位，传播力度"由盛而衰"

儒学是中国思想文化的主流和基础，本土化儒学的形成和发展有着深刻的中国社会历史文化根源。中国与缅甸山水相连，壤土相接，相去不远，水、陆交通十分方便。地理环境为中国与缅甸的交往提供了有利条件。早在2000年前，儒学便伴随中国与这一地区的交往而传入。因缅甸与中国国家关系的性质不同，不同历史时期交往深浅程度各异，加之佛教一直以来作为缅甸主流宗教的地位未曾撼动，因而缅甸民众接受儒家思想影响的程度相对薄弱，这无疑增加了儒家思想文化对缅传播难度。

历史上儒学文明形成伊始，就向四周被称为夷、蛮、戎、狄的地方辐射。"中国者，聪明睿智之所居也，万物财用之所聚也，贤圣之所教也，仁义之所施也，诗书礼乐之所用也，异敏技艺之所试也，远方之所观赴也，蛮夷之所义行也。"中国创立的儒家文明"内其国而外诸侯，内诸夏而外夷狄"。

儒学走向周边（主要是东、南），首先是通过博士①传经，秦汉时代开先河。儒学通过博士首传朝鲜。"朝鲜自汉武帝列置四郡，臣妾内属而中华政化所尝渐被，虽更魏历晋，视时污隆，乍离乍合，然义理之根诸中者，未尝泯也。"高丽距中国最近，儒学浸润最早。

儒学南传，其主要通道是越南、缅甸等地，也是依靠博学的儒士、名臣，"威仪共秉周公礼，学问同遵孔氏书"，"敷文此日身同轨，秉礼从来国有儒"。秦汉时代，越南系郡县属地，始设学校，受儒学礼义教育。名儒任延，东汉初年任九真太守，将儒学传到越南。三国时代名儒士燮治理交趾达四十年之久。"许慈，……师事刘熙，善郑区学，治《易》《尚书》《三礼》《毛诗》《论语》，建安中，与许靖等俱自交州入蜀。"进而引来了一批名儒、博士，在缅甸等地教以诗书，熏陶美俗。

（三）道教文化发展潜力大、前景好

创立于汉朝末年的道教是中国唯一的本土宗教文化。道教文化集中国古代文化思想之大成，是中国文化软实力的重要组成部分。道教文化尊道贵德，重人贵生，其中一些思想在几千年的文化发展中已衍化为民间世俗，成为劳动群众精神生活的重要内容，其影响力也早已走出国门。

道教在缅甸的传播，最早可以追溯到东汉末年。在古代，由于交通不便利，道教传播的局限性非常大。郑和下西洋以后，道教传播力度和范围才首次散播开来，华人华侨将道教等中华文化带到了缅甸等国，逐步完成了中华文化在东南亚的落地生根。但由于缅甸当地佛教文化扎根深厚，受道教文化影响较浅，力度远不如新加坡和马来西亚。此二地由于华人华侨相对集中，交通便利，已成为当代的东南亚道教传播中心。

---

① 博士在中国历史上一指博通古今之人，一指古代学官名。

中国缅甸山水相连，随着数千年的历史发展，道教各派以及妈祖、吕祖、关公、八仙、玄天上帝、太上老君等道教信仰在缅甸也渐渐得以广泛传播。从文明交往的角度看来，传承是同一文明进步之经，传播是不同文明发展之纬，而道教在缅甸的流传则呈现出明显的经纬交织特性，"传播"与"传承"共现。

二　佛道儒在缅甸面临的现状、问题

（一）汉传佛教式微缅甸本土佛教，但发展前景依然可观

佛教是一种世界性宗教文化，具有相对的独立性和持续性，强烈影响着世界各民族文化的发展。它也反映了人类社会的发展水平，是人类在一定历史阶段适应与改造自然状况的映射。从某种程度上来说，每位民众都是佛教文化的承载者。随着中国民众向外移居，汉传佛教也随着带到海外，传播范围随着中国移民移居地域的扩大而扩大，正所谓有海水的地方就有华人，有华人的地方就有（汉传）佛教。缅甸汉传佛教的传入、立足、发展与演变与缅甸华人密切相关，二者相互依存，在当地强势宗教文化和主体族群的汪洋中顽强生存。

中国僧侣出入缅甸历史悠久，其历程大体呈现如下特点。1949年以前，中缅往来自由，中国僧侣以私人身份入缅者居多。1948年缅甸独立后，入境缅甸受限，中国僧侣以私人身份入缅者减少，代之以中缅两国佛教团体互动为主。1988年后，缅甸实行开放政策，中国僧侣个人和团体入缅进行参访、修禅等活动的明显增多。此外，不少中国僧侣借道缅甸前往印度、东南亚等地朝圣、留学等，中途在缅甸短暂停留，这无疑有助于汉传佛教在缅甸的传播。经过长期的耕耘流布，汉传佛教已在缅甸落地生根。据统计，截至2005年5月，全缅甸由华僧管理的寺院达55间，汉传佛教僧侣人数有二三百

人，其中以仰光的汉传佛教寺院最多，达到 8 间，僧侣人数有 114 人，其余寺院散落在缅甸各地，以上缅甸居多。

　　缅甸早期汉传佛教寺院的运作模式大致分为四种：一是"十方道场"模式，即住持由大众推选产生，住持选定后，再由住持选任寺院的其他各项职事；二是初期为"十方道场"，后期转为"子孙道场"模式，这一模式的住持皆由开山者所剃度的徒众来接替；三是礼请贤德僧人担任住持一职，这一模式是由于寺院的开山者没有剃度的徒众或者没有适合的接任人选而形成；四是"聘任"模式，即住持由宗教团体聘任。目前缅甸境内的大多数汉传佛教寺院采用"子孙道场"模式，因为缅甸独立后，中国僧侣于中缅之间的自由往来受限，汉传佛教寺院的传承面临困难，以致各寺院自行收徒，从而使得"十方道场"的风貌日渐萎缩。

　　目前汉传佛教寺院的主要活动为经忏佛事。华人敬重祖先，为亡眷做超度在信众中非常盛行。经忏佛事活动是缅甸汉传佛教寺院的一项基本功能，也是其主要的收入来源。缅甸独立后，政府实行外汇管制，无形中冻结了资金外流。过去华人信众有寄钱回家乡做佛事的习惯，外汇管制政策实施后，资金无法汇出，部分华人只能转向当地寺院，请华僧超度亡故的亲人，从而使得汉传佛教寺院的经忏佛事活动一时间繁忙起来。华僧也顺应这种改变以维持生计。

　　至于收入，除了经忏佛事活动外，每月的初一、十五和每年的固定法会也为汉传佛教寺院带来一定的收入，平日的信众供养和寺院的新建筑收入也有一部分，仰光的寺院还可以通过为华人修建灵骨塔位以安放骨灰，从而带来一定的收入。几千年的传承让汉传佛教成了中华文化不可分割的一个重要组成部分，也成了衡量海外华人中华性（Chineseness）的一个重要指标。汉传佛教在缅甸的传播与发展，与中国移民对缅移居及其中华性的保持相辅相成。中国民众移居缅甸让汉传佛教得以在缅甸传播和发展，反过来，汉传佛教在缅甸的传播和发展非常有助于保持在缅中国移民或缅甸华人的中华性，使其区别于当地其他族群。

在东南亚地区，相对来说缅甸的汉传佛教当前是式微的，这不仅是因为当地主流宗教文化的强势存在，也因为缅甸政府的政策导向，汉传佛教并未获得与南传佛教平等的对待。汉传佛教的地位某种程度上来说是缅甸华人境遇的一种折射。随着缅甸的民主转型，随着中缅关系的发展，缅甸华人的境遇趋势向好，汉传佛教在缅甸的发展也前景可期。

（二）儒家文化"由盛而衰"，对面传播模式单一需艰难开拓

缅甸，在中国秦汉时代被称作"南蛮"之地，三国时代，南蛮酋首孟获与蜀交战，七次被擒，受中原儒学文明感化，将孔子忠恕之道播扬于"南中国"（今缅甸）。缅甸仰光等地有一深富历史意味的地方剧《七擒孔明》流传，反"七擒孟获"之意，剧中将中国老子、孔子和八卦易经都列入被擒之列。孟获既是南蛮王，又是缅甸第一个接纳传播儒家文化博通古今的"名儒"。

秦汉时期包括缅甸在内的东南亚各国兴起儒学教育。早在秦时中国便派往地方官以诗书化训国俗，以仁义固结人心，使"文教振乎象郡（越南）"。此外兴办教授儒学的学堂，在学校开设儒家伦理课，并在全社会倡导儒家伦理。此外还有向中国派遣留学生。这些缅甸留学生在国子监学习儒学，学成后把儒学带回自己的国家。

此外，缅甸在当时也兴起修建孔庙祭祀孔子的热潮。但建孔庙最早、规模最大、祭礼最隆重的是越南。在越南孔子被尊为"文宣王""至圣先师"，并逐渐被偶像化、神圣化。儒学亦被儒教化。值得一提的是越南曾仿中国实行以儒学为准的科举取士，20世纪初方才废除。科举制度使儒学与仕途结合，极大地推动了儒学在越南的

传播。此外在东南亚某些国家还建有岳王庙和关帝庙。岳飞和关羽是忠义的象征,此虽非直接祀孔,却也起到传播儒家思想的作用。相比之下缅甸对孔子、孔庙的传承则显得局限得多。

但缅甸积极输入与印制儒家经典和贯穿儒家思想的文学及史学著述,并创办各种宣传儒学的报刊。18世纪末缅甸来使孟干便曾带回《朱子全书》等大批儒书。此外《三国演义》《水浒传》《红楼梦》等文学名著及许多史书亦先后传入东南亚。这些书籍被翻译成东南亚国家的文字广为流传。

自古儒学研究便很活跃,研究内容包括对儒经的翻译、注释和对儒学内容的论述与阐发。著、译作品极为丰富。缅甸等国积极聘请中外儒学家,成立儒学研究机构,开展儒学研究并组织与参加国际性儒学研讨活动。现在四书、《易经》《孝经》《三字经》《明心宝鉴》等均有缅文译本。同时包括缅甸在内的各国还成立有儒学研究机构以及研究与宣传儒学的文化团体。"孔学会""古学会",并办有"明新月刊""亚洲文化"等弘扬孔孟之道的刊物。这些文化会社通过讲演、征文、征联等形式宣扬儒家思想。此时还出版有《叻报》《天南新报》《日新报》等华文报纸,大力宣传儒家思想。

可以说自古以来儒家文化对缅的传播便主要借助名师、教育、学校等方式。

19世纪后,缅甸政府更是对儒家教育持不干涉政策,儒家教育有自由宽松的发展环境,以孔子学院为代表的侨校遍布全缅各地。仅仰光地区就有三十所以上。20世纪60年代初,全缅甸有小、初、高中华校三百余所。80年代末,缅甸政府调整内外政策,缅甸以儒家文化为主的华文教育的环境得以放宽。一些家庭补习班进行了合并、扩充。鼎盛时规模达到了数百人甚至上千人。

中国经济的腾飞和综合国力的增强,华人的聪明才智、中华文明对世界的贡献，都被世界瞩目。在价值多元的时代，这并不意味着我们可以孤芳自赏。在中华文明与其他文明面对时，接受和融合各种镶嵌了特定知识背景和价值取向以及各种不同文明传承方式的并存，才能使我们中华优秀的文明文化，永远立于世界，服务世界。

（三）道教文化历史传播乏力，"在地性"特征明显，发展潜力大

首先，缅甸道教发展并糅合了中国本土多种道教流派和民间信仰。华人华侨初到南洋，既要谋生存，又要图发展，因而往往会祭拜所有跟生存发展活动密切相关的神灵，如海上保护神妈祖、财神关帝公、福德正神土地公等都是道教不同流派的神灵。

其次，缅甸道教（包括民间信仰）融儒家和佛教智慧于一体。虽然明清时期中国本土道教已呈现出儒、佛、道三教合一的态势，但缅甸道教（包括民间信仰）更为突出地表现出这一特征。道教庙宇供奉佛祖和儒家先师孔子、佛教寺院里供奉儒家先师孔子和道祖的现象司空见惯，广大信众更是普遍信奉儒、佛、道三教，究其原因，一是道教传播稍显乏力；二是信众对于神佛的庇佑持开放态度，而儒释道三家为了自身的发展也默许了三教合一。

最后，道教积极适应缅甸当地的情况。大多数华侨华人经过几代人的经营，早已落地生根，直把他乡作故乡了。而经由华人华侨带去的道教，也入乡随俗，呈现出明显的"在地性"。

三　佛道儒在缅甸的未来

（一）佛教发展应坚固"地区性"与"普遍性"，求同存异立足未来

时至今日佛教文化在其发源地印度已经没落，缅甸取而代之成为名副其实的佛国，而在中国佛教经过千年的发展，不断吸收儒道文化，成功的中国化本土化，中缅两国的佛教文化有着相同的出处，并且经历了上千年的共同进步与发展，二者相互融合相互哺育，却又能

够相互独立，这便映衬了儒家传统的"和而不同"的思想。因此可以说中缅两国之间的佛教文化经过长期演变形成了天然的共同体特征。

中缅两国之间有着相似的文化特性，整个汉唐文明和中华文化体系在缅甸有着巨大的影响，在缅甸当地又有着一定数量的华人群体和较大数量的汉传佛教信徒，同时在缅甸的佛教也包含着自身的特色与属性，可以说在很多方面中国与缅甸都很好地展现了地区文明交流融合的普世性特征和地区特色，即求同存异，和而不同。

中国佛教文化作为华夏文明重要一环可以为中缅之间的各种合作发展提供一个很好的模板，就是在各个合作领域当中都充分地进行交流与合作，既要有地区普遍性又要能够符合当时当地的特点，我们所需要的不是世界大同的统一标准，而是普遍性与特殊性的共存。此外中国佛教文化对缅的沁入与影响也为中国走向世界，赢得他国的信任和增强中国国际影响力提供了方法。

新时代以来中国的发展有目共睹，中国并不向西方资本主义国家一样争取领导权地位，而是带着中国人独有的天下理想希望达到全世界共同发展，这是符合未来趋势的尝试。中国有着带动区域发展的能力，无论是技术还是资金，但无数的金钱未能换来别国的认可，其根本在于他国对于中国崛起的观望，即中国到底是要征服他国还是和谐共存，这一点不是通过自身宣传表述就能够让他国信任的。如果中国能够通过佛教文化共同体的构建同缅甸提升各个方面合作关系，成功将缅甸变为互助互利的可靠伙伴，推进一带一路在缅建设，为缅甸带来实惠可靠的发展，同时在双方发展的过程当中中国依然保持着和而不同的思想，交流、借鉴、融合，不利用暴力手段破坏文化的特殊性和地区限制特性，求同存异，那么就会成功的在世界上树立一种典范，赢得更多国家的信任与支持，真正地走向世界。

（二）儒教文化在缅应继续坚持"民间立场"，弘扬长远文化价值

儒学是中国的，也是世界的。中国儒学发展史，包含了儒学一步步走向世界的历史。

儒家的伦理思想、道德观念极大地影响着缅甸等东南亚国家道德文明的发展。从古至今各国均不同程度地吸取了儒家的道德观念和道德教育方法来建设本国的道德文明。儒家的忠、孝、节、义、信、勇、仁、恕等道德规范不仅为华人所固守，也对原有居民潜移默化产生作用。包括缅甸在内的东南亚各国近来多少都采用儒家伦理推进道德文明建设，认为儒家注重修己爱人，强调推己及人，讲究自省慎独，教人自尊尊人，以此提高人们的道德修养可以培养出道德高尚的人民。

在缅甸，孔教、儒学在思想理念上是以儒学的创立者孔子为教主，实际上是以孔子的伟大人格和思想为依归，本质上是人文道德的，是以宗教的形式传承和发挥孔子儒学的基本精神，保存和弘扬中华文化，它与历史上的儒教文化有一定的联系，与儒学有更直接的承续关系。他们把儒学变成一种"宗教"，在很大意义上是在宗教的活动方式上，在宗教的组织形式上来宗教化，而不是把它神学化，不是在理论上思想上把孔子神化，把孔子的学说变成神学，进行顶礼膜拜，搞成迷信——这一点很重要，这说明孔教运动是传统儒学的民间化、现代化，在思想上仍然保持了传统儒学人文主义的基本品质。孔教运动及其思想有其独特的历史作用和现实意义。在华夏文明对缅传播中应该以儒学传统作为基础性的资源，以儒为主，兼容诸教，整合多元文化，构建21世纪中华民族的对外思想文化传播体系。

在缅甸要建立儒教，也只能是民间儒教，即由儒家学者和民众共同建立非官方非政治化的儒教组织，当然也并非与政治无任何关

系，而是以文化的方式现实政治的目标。儒教发展的民间道路起码应该有两种功能：一是社会教化的作用，以教育的方式面对普通民众；二是宗教的方式，以宗教的形式弘扬儒学和传统文化。实际上二者应该结合起来。这里应该特别强调的是"民间"立场：一是作为孔教这样类似的儒教实体必须是民间力量的支持下组织起来的，有广泛民众基础；二是符合社会上复兴中国传统文化的需要，是社会化的，属于公共领域的文化现象；三是非政治化的，不能有官方的直接支持或强烈的官方背景，以免由于政治的急功近利化而失去其长远的文化价值。①

（三）道教文化在缅传播应具备"走出去"与"落下来"的双层勇气

道教在缅甸的流传历史，是华人文化与其他民族文化接触的历史，不仅丰富了道教的文化内涵，也与其他文化和谐共处，推动着道教文化在当代的有效传承。因此，研究好道教的对缅传播不仅有利于提升中华民族的文化软实力，更能促进世界文化交流的进程，具有民族性和世界性的历史意义。

近30年来，缅甸不断出现专门的道教研究机构和群体。这些机构团体致力于弘扬道家道教文化，推动道教在世界范围内的弘扬，中国对此也引领包括缅甸在内的众多东南亚国家共同启动"道教节世界庆典"活动。

包括缅甸在内的东南亚道教是在非常艰苦的条件下，在很多其他文化的围困之下成长的，所以，中国学者应该多一点对东南亚道教的理解，支持东南亚道教的独立发展并加强东南亚道教与中国大陆的正常交流。中国的文化软实力就在东南亚，就在东南亚的神庙，它们是中国提升文化软实力的现成载体。现在中国更应注重利用这

---

① 郑雯倩：《华夏文明的传播情感论——以儒道佛三家为例》，《东南传播》2016年第10期。

些载体来完成交流。

对此应借力弘道，创造新世界共同体。所谓"借力弘道"，即是立足于缅甸本土道教文化原有的在地性，借助当地道教徒之力以弘扬道教文化之思想精华。缅甸道教（包括民间信仰）随着数千年的本土化发展与中华文化血脉相连，在推动中华文化海外传播的过程中，这是一支不可忽视的队伍。"借力弘道"具有接地气、时效长、节约成本等特点，是传播中华文化便捷的通道。但此前缅甸道教（包括民间信仰）较多涉及"用"或"术"的内容，较少关注"道"及其相关哲理，而文化的高层次传播是哲学理念特别是价值观的传播。缅甸社会文化的现实需要发掘和弘扬道教文化之哲学智慧，这是提升中国的文化软实力，推进东南亚地区和平发展的重要课题。

如何既保持各国在政治经济上的主权、独立和文化特色，又建构中缅道教共同体的身份认同，这是亟待解决的现实问题。在这方面，以贵和尚柔、兼收并蓄而著称于世的道教哲学智慧可望从多个方面发挥积极的作用。

中缅需要共同努力，"由用及体"，"以术弘道"，共同弘扬道教文化中这些穿越时空之智慧。如此，将有助于推动中华文化在海外的传播，深化中缅交往和文化上的互动，促进东南亚地区的和平与进步。

道教文化主张"天生化育""性本自然""道理乾坤""德怀虚谷"，为人类应对20世纪以来的全球性危机带来了"用之不竭"的东方智慧。随着中国的当代崛起，国际道教研究更是出现前所未有的发展和繁荣，一跃成为"汉学中的汉学"。

道家文化与道教有五个特点，决定了它必定要在21世纪兴起，并对当代社会做出独特的贡献。第一，它与自然科学关系密切，古代科学家如葛洪、张衡、李时珍等大多是通道人士。英国科学家李约瑟认为中国古代科学技术领先于世界，而道家、道教的贡献最大。

第二，它与经济发展的关系密切，中国古代经济最发达的汉初、唐初，都是政府实行道家、道教无为而治的结果。新中国经济发展较好的时期，往往与政府实行少干涉主义（无为而治）经济政策有关。第三，它与民主自由的关系密切，道家、道教历史上一向提倡平等精神，追求社会民主与个人自由。①

道教文化在缅甸的传播与发展，首先要积极地"走出去"。"走出去"现象古已有之，从隋唐一直到今天，今天的"走出去"是在原有基础上以更积极主动的姿态，谋求道教文化在缅甸的发展，通过"文化互惠"实现合作共赢。"走出去"的前提是道教文化本身的现代价值，主体是道教界的高道大德及道教研究的专家学者、社会有识之士，基础是现实需求。

但是，"走出去"还需"落下来"。道教要在缅甸的文化生态中发挥应有的作用，获得应有的尊重，必须真正融入当地社会生活，对其政治文化精英、草根阶层产生影响，落地生根。"落下来"一是要建立长效传播机制，制定中长期发展规划，开启中国道教界和道教研究者与缅甸宗教界人士和民间宗教组织的交流互动，建立"主体间性"的沟通对话，而不是"自说自话""自言自语"。二是进行道教革新。道教文化中不乏超越时空的宝贵财富，但亦需要适应现代社会的形势，进行与时俱进的变革，提高道教文化的吸引力和影响力。三是仔细研判道教在缅甸发展的现实环境。缅甸族群众多，语言、习俗、宗教信仰各异，复杂的文化生态对道教既是机遇也是挑战。因此，道教传教活动必须增强内容的针对性，进行精细化传教。四是创新传教方式，使用受众乐于接受、易于理解的语言方式，善用各种媒体尤其是新媒体对受众进行"无缝"传播，以吸引民众尤其是年青一代。

---

① 刘行芳、刘永宁：《论"公共外交"与华夏文明传播》，《新闻爱好者》2013年第10期。

党的十八大以来《纽约时报》对中国国家形象构建的内容分析

曾凡斌　胡慧颖　阳　婷[*]

摘　要　国家形象是国内外公众对一个国家经济、政治、文化等各方面状况的综合认知和整体评价。本研究以《纽约时报》自党的十八大以来对中国的新闻报道为研究样本，通过对其报道议题、选题倾向、报道倾向、标题倾向、信息来源的分析，总结出《纽约时报》构建中国形象的框架特点是客观为主、负面倾向明显。《纽约时报》描述下的中国是一个不断向前发展但各类问题又比较突出的形象，这与其在党的十八大之前所构建的中国形象相比并未发生明显的变化。为了提升中国的国家形象，需要提升国家综合实力，转变对外传播观念，打造具有较强国际影响力的外宣旗舰媒体。

关键词　纽约时报　中国形象　对外传播

一　引言

国家形象是国内外公众对一个国家经济、政治、文化等各方面

---

[*] 曾凡斌，暨南大学新闻与传播学院副教授，博士；胡慧颖、阳婷，暨南大学新闻与传播学院硕士研究生。

状况的综合认知和整体评价，良好的国家形象不仅能够提升一个国家的国际影响力，还能够增强本国公众的凝聚力①，"国家形象"在全球化时代显得特别重要，已经成为国家利益的重要内容。损害国家形象，实际上就是损害国家利益②。随着经济的不断发展，中国在世界中扮演着越来越重要的角色，国际地位日益提高，中国的一举一动都对世界的发展有着举足轻重的影响。长期以来，中国一直致力于在国际上建立和平、友好、负责任的大国形象，但仍然避免不了在国际社会中出现"中国威胁论"的声音。有研究显示，西方媒体对中国的报道视角经历了从俯视、轻蔑到平视、理解的转变，但由于长期的意识形态差异和不同的利益诉求，其报道背后折射的价值取向仍然禁锢于既有的对华刻板印象③。

造成西方媒体报道建构的中国形象与我国的实际情况不符的原因是多方面的。中西方之间存在的社会价值观和意识形态的差异是一方面，中国自身的对外传播手段也是重要的一方面。在当前形势下，如何进一步提高中国的对外传播能力，提升中国的国际形象，已经成为重要的国家议题。

党的十八大以来，我国国内形势发生了不少大的变化，经济开始进入新常态，抗战胜利 70 周年阅兵仪式、G20 峰会、世界互联网大会等重大国际性活动、会议在中国的召开进一步提高了我国在国际社会中的影响力。同时，习近平总书记非常重视我国的对外传播，他强调要加强国际传播能力建设，增强国际话语权，在习近平总书记的对外传播思想的指导下，我国对外传播的内容和形式都发生了

---

① 宋正：《文化传播与国家形象塑造》，《光明日报》2013 年 10 月 27 日第 7 版。
② ［英］乔舒亚·库珀·雷默等：《中国形象：外国学者眼里的中国》，沈晓雷等译，社会科学文献出版社 2008 年版，序言，第 1 页。
③ 徐明华、王中字：《西方媒介话语中中国形象的"变"与"不变"——以〈纽约时报〉十年涉华报道为例》，《现代传播》2016 年第 12 期。

转变。中国的对外报道从以往的宣传风格转变为开始注重讲述中国和中国人的故事，在形式上也变得更加活泼多样，一系列领导人的漫画头像的出现打破了以往的严格限制。这些转变也在一定程度上引起了西方媒体的关注，越来越多的中国故事开始出现于西方媒体的报道中。另外，要进行好我国的对外传播，就要了解国外的主流媒体，如《纽约时报》是如何报道我国的国家形象的，并针对性地做出相应的对策。

国内外对《纽约时报》的研究一直未断，个案分析、比较分析等成果显著。但党的十八大以后对《纽约时报》涉华报道的系统研究比较缺乏。本文将以党的十八大为历史基点，系统分析和研究《纽约时报》对中国的新闻报道，探究其报道框架、报道议题、报道的政治倾向等，总结其自党的十八大以后对中国形象的构建、态度和立场。

本文的研究范围是党的十八大之后《纽约时报》的涉华报道。本研究的样本来自《纽约时报》中文网开设的中国专栏的新闻报道。样本选取采用逐年间隔随机抽样的方法。具体来说，2012年间隔12篇抽取1篇，2013年间隔13篇抽1篇，2014年间隔15篇抽1篇，2016年间隔12篇抽1篇。2012年抽取7篇，2013—2016年各抽取50篇，共计207篇。被抽取的个体组成最终样本。

二 研究发现

（一）新闻选题分析

党的十八大以来，《纽约时报》对中国的报道涉及政治、经济、社会、文化等多个领域。在本文所选取的207篇样本中，笔者将其分成了政治、经济、社会、外交、文化、环境和港澳台七种类型，经统计，以上七种类型的报道数量分别为68、24、59、22、9、9和16，不同类型的报道占比如图1所示：

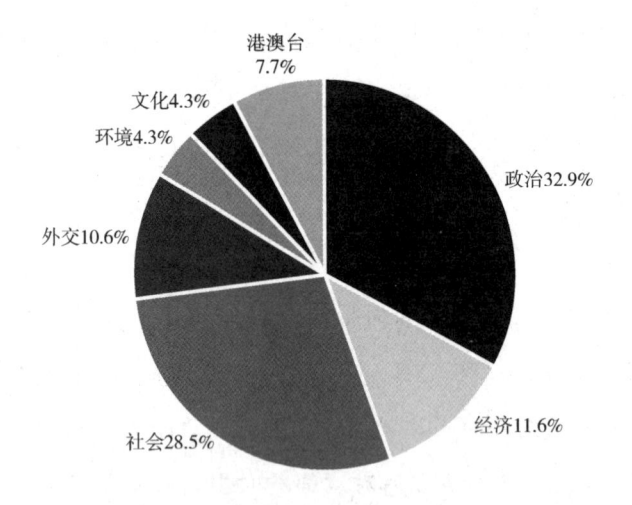

图1　各类新闻报道所占比重

从图1中的数据可以看出,《纽约时报》对中国的报道中,政治新闻和社会新闻的报道数量最多,所占比重分别为32.9%和28.5%,这两类新闻报道所占的比重超过了报道总量的五分之三。另外,《纽约时报》对中国经济和外交方面的报道也较多,在样本总量中所占比重分别为11.6%和10.6%;对港澳台的报道数量较少,所占比重为7.7%,新闻报道数量最少的是文化及环境领域的报道,二者所占比重皆为4.3%。

(二)选题的倾向性分析

新闻的客观性是世界各国媒体所共同遵循的准则之一,它和新闻的真实性一样,其重要性不言而喻。对于具有世界影响力的大报《纽约时报》来说,它从首任发行人阿道夫·奥克斯开始就把"无畏无惧,不偏不倚,无分党派、地域或任何特殊利益"的客观报道当作自己的新闻信条,它也因此获得了强大的公信力和赞誉,成为"报纸中的报纸"。

在对中国的新闻报道中,《纽约时报》在报道的选题上呈现出一定的倾向性,总体上以中立为主,负面选题比重较高,正面选题偏少,这也成为《纽约时报》在对中国的报道在选题上的一个特点。在本文选定的207篇样本中,中立性的选题数量为104篇,超过总量的一半,负面性的选题报道数量为89篇,而以称赞表扬为代表的正面选题报道的数量仅14篇。

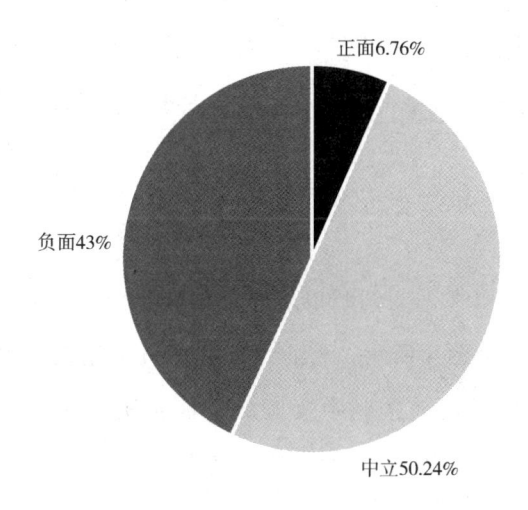

图2 各类新闻报道所占比重

从图2中的数据可以看出,《纽约时报》对中国的报道选题是以中立为主的,但负面选题所占的比重高达43%,而这些负面选题分布于政治、社会、外交等多个领域的报道中,正面选题的报道比重仅占6.76%,这与比重为43%的负面倾向形成了较大的反差,也在一定程度上反映了《纽约时报》对于中国的报道在选题上的倾向性。

在所选取的研究样本中,《纽约时报》对各个领域的新闻报道选题倾向有所不同,但仍以中立和负面倾向为主。在本文划分的七种类型的新闻报道中,有五种类型的新闻报道,即政治、经济、社会、环境及港台类新闻报道,其报道选题的负面倾向超过了中立倾向,这进一步说明了《纽约时报》在报道中国时在选题上的负面倾向的比重(见图3)。

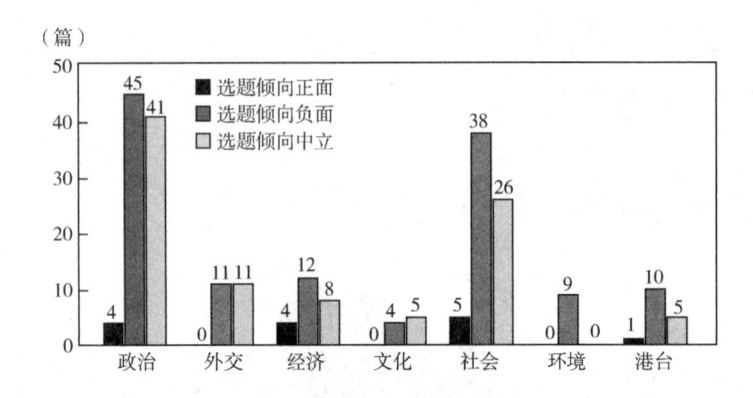

图3　各类新闻报道的选题倾向比例分布

党的十八大以来《纽约时报》对中国的报道在不同年份选题倾向所占比例不同，如图4所示，《纽约时报》负面选题比例最高的是在2013年，这一年的负面选题中反腐的新闻报道占了较大的比重，这是因为党的十八大以来中国的反腐力度加大，因违纪而接受调查的官员数量增多，因而《纽约时报》也加大了对中国反腐的关注力度。

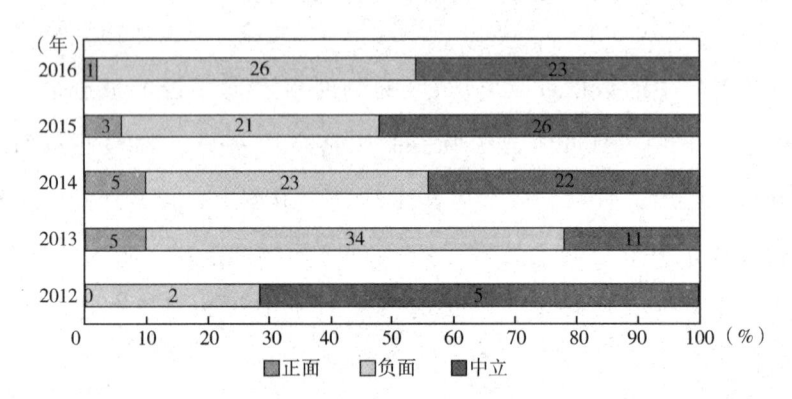

图4　党的十八大以来各年份选题倾向分布

（三）报道中的倾向性分析

《纽约时报》在对中国的报道中坚持以客观报道为主，但仍然出现了较大比例的有负面倾向的报道。

经统计，在本研究所选的207个样本里面，报道倾向客观的有

143 个，占比为 69.08%；报道倾向呈现负面的样本有 64 个，占比为 30.92%（见图 5）。总体来说，《纽约时报》对涉及中国方面的新闻报道较为客观，占比将近 70%。根据交叉分析，报道倾向呈现负面的样本主要集中在政治类新闻和社会类新闻，样本数量分别为 32 个和 22 个。

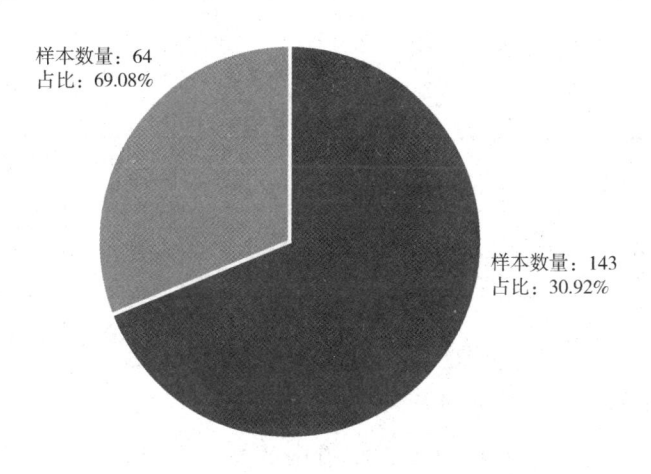

图 5　报道倾向比重

（四）标题的倾向性分析

新闻报道必须遵循客观性原则。然而实际操作中，"客观"只是一个理想化的状态。上述统计显示，《纽约时报》对涉及中国的新闻报道负面倾向性占比为 30.92%，也就是说，其对中国的报道存在一定的偏见。

偏见存在于新闻报道框架中的每一个部分。众所周知，标题是新闻的"眼睛"。新闻标题能够第一时间传递给读者新闻报道的主要内容。所以新闻标题的倾向性也直接影响受众的感受。

在本文选取的 207 个样本中，新闻标题倾向性较为明显的样本有 21 个，占总样本的 10.14%，而这些有明显倾向性的新闻标题主要集中在政治和社会领域的新闻报道中。在标题有明显倾向性的 21 个样本中，整篇新闻的报道倾向性明显的样本有 11 个，占比为

52.38%，选题为负面的新闻事件的样本有 17 个，占比为 80.95%。该数据表明，《纽约时报》在报道中国的负面新闻时报道的倾向性和标题的倾向性都更加明显。

新闻标题往往通过具有刺激性的词语和字眼吸引受众，在《纽约时报》具有倾向性的新闻标题中，主要通过动词、负面名词以及形容词来表现这种倾向（见表1）。

表1 标题倾向性词语汇总

动词	危及 拒绝严惩 罢工潮涌动 崩盘 威胁 抗议 盗窃 刑讯逼供 示威 选择性反腐 资源掠夺
负面名词	危机 担忧 阴影 花瓶 "奸情"
形容词	情有独钟 "钱"景堪忧 无能为力 剑拔弩张

（五）报道的信息来源分析

在本研究中，信息来源为《纽约时报》关于中国的报道中信息的提供者，既包括直接出现在报道中的受访者或机构，也包括被间接引用或转述的信息出处。根据信息来源的渠道，将其分为单一中国信息源（信息提供者均为中国方面）、单一美国信息源（信息提供者均为美国方面）、单一国际组织信息源（信息提供者均为国际组织和机构面）、混合多方信息源（信息提供者来自多方）、不明信息源（没有明确信息源），见表2。

表2 信息来源分析

信息来源类型	样本数量	占比（%）
单一中国信息源	63	30.43
单一美国信息源	20	9.67
单一国际组织信息源	4	1.9
混合多方信息源	107	51.70
不明信息源	13	6.30

从表2可以看到，《纽约时报》采用混合多方信息源最多，占比为51.70%，超过一半；其次是单一中国信息源，占比为30.43%。

这两个数据符合《纽约时报》"国际化大报"的立场。对涉及中国的新闻事件，中国方面最有发言权，信息源更接近新闻事实。而采用多方信息源进行论证，有利于展现多方意见，平衡各方立场，更能让人信服。

但不可忽视的是，单一美国信息源的比重为9.67%，接近十分之一。笔者进一步分析，发现信息源为单一美国方面的样本多集中在政治新闻和社会新闻领域，且负面的报道倾向比重为56.25%。例如，在涉及中国与美籍华人之间的关系上，《纽约时报》习惯采用单一的美国消息源。例如在一篇题为"中国黑客行动，美国华人之忧"的报道中，《纽约时报》引用自己的报道，指出越来越多的证据表明网络攻击来自中国，攻击的主要目标是美国，这是一篇采访美籍华人如何看待来自中国的网络攻击的报道，在这篇报道中，《纽约时报》设定了中国的网络攻击给在美国的美籍华人带来了焦虑这一框架，报道中所采访的美籍华人在接受采访中也是基本按《纽约时报》设定的框架表达了担忧的态度。

（六）党的十八大以来《纽约时报》构建的中国形象分析

1.《纽约时报》构建的中国政治形象分析

在本研究所选取的样本中，《纽约时报》报道的中国政治新闻的样本共有90个，占据总样本的43.48%。涉及的议题有反腐、敏感政治事件、民族宗教人权、政党及政治制度、军事外交、港澳台、官员作风建设、国家领导人等。其中，军事外交和反腐议题数量较多。在选题上，负面选题占据一半，中立选题紧随其后，但正面选题比例远远低于负面选题；在报道倾向上，64.44%的报道比较客观，负面倾向的占比为35.56%。总之，《纽约时报》在对中国政治新闻的报道上，选材多负面和中立，正面极少；报道倾向总体上较为客观，但负面倾向依然明显，见表3。

表3　　　　　　　　　政治新闻样本的倾向性分析

	选题倾向			报道倾向	
倾向性	正面	负面	中立	客观	负面
样本数量	4	45	41	58	32

2.《纽约时报》构建的中国经济形象分析

本研究中,《纽约时报》报道的中国经济新闻的样本共有24个,占据总样本的11%。涉及的议题有中外企业事务、对外投资贸易、股市楼盘、经济发展、经济改革、外汇,其中中外企业事务和对外投资贸易涉及较多。在选题上,负面选题占据一半,中立选题占三分之一,正面选题最少;在报道倾向上,客观倾向占比为75%,负面倾向占比为25%。总之,《纽约时报》在对中国经济新闻的报道上,选材多负面和中立,正面较少;报道倾向大部分较为客观,见表4。

表4　　　　　　　　　经济新闻样本的倾向性分析

	选题倾向			报道倾向	
倾向性	正面	负面	中立	客观	负面
样本数量	4	12	8	18	6

3.《纽约时报》构建的中国社会形象分析

为方便统计,本研究在此将医疗、教育、环保、司法、民生、人口等方面的新闻均归类到"社会新闻"。《纽约时报》报道的中国社会新闻的样本共有68个,占据总样本的32.85%(见表5)。社会新闻事关整个社会的和谐发展,涉及,因此涉及的议题也比较分散。议题相对集中在环保、司法、冲突、灾难等领域。其中环保问题涉及9篇,冲突事件8篇,灾难事件7篇。

表5　　　　　　　　　社会新闻样本的倾向性分析

	选题倾向			报道倾向	
倾向性	正面	负面	中立	客观	负面
样本数量	5	37	26	46	22

从报道选题上看，负面选题占比为54.41%，中立选题占比为38.24%，正面选题最少，占比为7.35%；在报道倾向上，客观倾向占比为67.65%，负面倾向占比为32.35%。总之，《纽约时报》在对中国社会新闻的报道上，选材多负面和中立，正面较少；报道倾向于客观，但负面倾向也比较严重。负面选题集中在空气污染，暴力冲突事件、维权人士被送检等。这些选题带有西方媒体惯有的选题倾向，即具有较大影响力的事件或突发类新闻。

4. 《纽约时报》构建的中国文化形象分析

本研究中，《纽约时报》报道的中国文化新闻的样本共有9个，占据总样本的4.35%。涉及的议题主要有记录中国大饥荒的文学作品《墓碑》、中国动画艺术家徐军的作品及人生经历、清华学者描写中国外交新著作的专访、"A4腰"引领时尚潮流、女权纪录片《流氓燕》、体育乒乓球员"中国制造"现象、外国学者眼中的中国幽默、摇滚乐初来中国、张艺谋电影《长城》。相对于其他类别的报道，《纽约时报》对中国文化新闻的报道数量少，议题也比较分散。在选题上，多中立；报道倾向上，绝大部分是客观的。塑造的是一个较为客观和中立的中国文化形象，见表6。

表6　　　　　　　文化新闻样本的倾向性分析

倾向性	选题倾向			报道倾向	
	正面	负面	中立	客观	负面
样本数量	0	4	5	7	2

三　结论与讨论

通过对党的十八大以来《纽约时报》对中国形象的构建的分析，本研究发现，与党的十八大之前相比，《纽约时报》对中国国家形象的构建中无论是在构建方式还是构建的中国形象上，都没有发生明显的变化，在构建方式上，《纽约时报》仍然是通过客观报道为主，负面报道倾向明显，从报道选题、报道倾向、标题倾向、信息来源选择等方面来构建中国形象，《纽约时报》在报道中所构建的中国仍然是一个正在积极发展但同时也存在突出问题的国家。

党的十八大以来，中国在政治、经济等领域都取得了不少新的变化和成就：政治上提出了"中国梦"的引领方向，提出"四个全面"的战略布局；经济发展进入新常态，实施创新驱动发展战略；文化上提出树立和践行社会主义核心价值观，继承发扬中华民族优秀传统文化，提升文化软实力，传播中国好声音；外交上坚持走和平发展道路，构建新型大国关系，重视搞好周边关系，提出"一带一路"倡议，成立亚投行；等等。然而这些变化并没有使《纽约时报》对中国的形象构建产生明显的变化。笔者认为，最重要的原因在于中西方之间的意识形态和社会价值观不同，《纽约时报》是美国媒体中最具代表性的主流媒体之一，在报道新闻中所遵循的是西方的意识形态和价值观，报道的是它认为有价值的、值得报道的新闻，这种视角和思维方式导致了其对中国形象的构建很难在短时期内发生明显的转变，在短时间内，《纽约时报》对中国的负面报道是难以避免的，这是中西不同的意识形态、政治制度以及报道方式所带来的必然结果。另外，中国的对外宣传没有达到如期的效果也是重要的原因。从西方媒体塑造的中国形象来看，目前我国的对外宣传还存在着诸多不足，如对西方主流社会的影响力有待提升、应对突发事件和危机公关的能力还需加强、对重大新闻"主动出击"的力度亟待强化等[1]，这些不足的改进和调整需要一个过程，因而也不太可能达到立竿见影的效果。

---

[1] 陈沫：《浅谈中国国家形象的对外宣传》，《理论界》2011年第10期。

菲阿基诺三世时期的南海舆论挑衅及其对中国的南海对外传播策略之启示[*]

李德霞[**]

摘　要　前总统阿基诺三世执政时期的菲律宾曾是最激烈的南海声索方，当时的菲律宾从政界、军方、媒体，到普通大众和民间组织等均在不同程度上加入了舆论挑衅中国的行列。极端亲美的阿基诺三世当局还与美国联手抗华，并在美、日等域外国家的挑唆下，发起了所谓的南海仲裁案。此外，阿基诺三世前政府亦通过展示政治的方式来试图对外争取国际舆论的支持，对内煽动民族主义情绪和挑起反华情绪。正如凡事都有两面性，阿基诺三世时期的舆论挑衅虽使中菲关系一落千丈，并给中国的南海维权带来诸多挑战与麻烦，但对中国改善其南海传播策略却有一定的启示作用。文章从新闻传播的角度，结合中菲关系的现状，提出了一些可能的改善策略以供有关当局与部门参考。如今的中菲关系虽已全面改善，但中菲南海争议的最终解决仍然存在诸多变数，且中国还面临着其他领

---

[*] 本文获得了中国海洋发展研究会（China Association of Maritime Affairs，CAMA）基金项目（名称："南海问题：美菲舆论挑衅与中国的应对策略"；编号：CAMAJJ201502）资助。本文也是福建省社科规划重点项目（名称："南海问题中的美国媒体外交与中国应对策略研究"，批准号：FJ2016A021）的阶段性成果。

[**] 李德霞，博士，厦门大学新闻传播学院副教授，厦门大学传播研究所研究员。

土争端问题所带来的舆论挑衅问题,故而文章应具有一定的现实意义。

关键词 阿基诺三世时期的菲律宾 南海舆论挑衅 中国的南海传播策略

自 20 世纪 70 年代以来,因菲律宾侵夺中国南海领土主权和海洋权益而导致的中菲南海问题就一直悬而未决。2010 年,贝尼尼奥·S. 阿基诺三世(Benigno S. Aquino Ⅲ)就任菲总统以后,由于菲律宾一再扮演"麻烦制造者"的角色,不断在舆论等方面挑衅中国,致使中菲南海主权争议日益凸显。2012 年又因菲律宾军舰试图在中国南海岛礁黄岩岛海域抓扣中国渔民而导致对峙事件发生,中菲关系因此出现裂痕。2013 年 1 月,阿基诺三世当局不顾中方的强烈反对,执意向海牙临时仲裁院提起所谓的仲裁,致使中菲关系一落千丈,长期处于低谷。直至新总统杜特尔特上台之后,采取了不同于阿基诺三世的对华政策,中菲关系才步入新时代,中菲南海问题自此"重回对话协商解决的正确轨道"[1] 上来。尽管如此,中菲南海争议的最终解决仍然存在诸多变数,其中最大的变数莫过于中菲双方对"南海有关岛礁归属的不同认识上",[2] 以及杜特尔特当局多次公开声称,他们最终会向中国提起所谓的裁决问题,并要推动它。[3] 因此,中方切莫掉以轻心,一定要未雨绸缪,提前做好各种应对准备。

众所周知,阿基诺三世执政时期的菲律宾是最激烈的南海声索方,

---

[1] 王毅:《2016 年中菲关系实现华丽转身》,2016 - 12 - 03,http://www.fmprc.gov.cn/web/wjbz_ 673089/zyhd_ 673091/t1421095. shtml。

[2] 文墨:《喜中亦有隐忧处》,[菲]《世界日报》2017 年 3 月 6 日,http://www. worldnews. net. ph/post/60299。

[3] 《杜特地愿与中国联合勘探南海 澄清搁置仲裁结果并非永远不提》,[菲]《世界日报》2016 年 12 月 20 日,http://www.worldnews. net. ph/post/58250。

彼时菲律宾采取的种种针对南海的舆论挑衅行为确实给中国带来了诸多挑战和麻烦，但也给中国的南海对外传播带来了不少启示。本文拟在主要回顾菲律宾南海舆论挑衅行为（以阿基诺三世时期为主）的基础上，探讨中国当下及未来可能采取的一些南海对外传播策略。

一　菲阿基诺三世时期的南海舆论挑衅方式

阿基诺三世当政时期，菲律宾奉行"亲美反华"的外交路线，在南海问题上频频挑事找事，不断利用多种渠道，采用多种方式来挑衅中国，幻想通过舆论战和宣传战来达到搅浑南海、攫取利益的目的，致使南海局势一度达到了剑拔弩张的地步。总的来看，阿基诺三世时期菲律宾的南海舆论挑衅方式大致包括以下几个方面。

（一）菲社会各界的舆论挑衅

阿基诺三世时期的菲律宾，从政界、军方、媒体、部分民众，到民间组织均在不同程度上参与了针对中国的南海舆论挑衅活动。具体表现如下。

1. 菲政界

首先，对美国唯命是从的阿基诺三世在南海议题上对中方态度强硬，不仅数次拒绝与中国进行双边对话，还屡次试图挑动东盟在南海问题上与中国对抗，频频在各种国际场合抨击中国，再三发表不负责任的言论，甚至在接受《纽约时报》专访时，把中国与当年纳粹德国的希特勒相提并论，如此"无知与业余"[1]的言论令国际社会哗然，但他声称自己了解历史，并把新华社对其不当言论的回应称作"无法答复问题"时的"诉诸辱骂"。[2] 为了引起国际舆论对

---

[1]《马拉干鄢宫轻蔑　华媒谴责亚谨诺评论》，[菲]《世界日报》2014年2月7日，http://worldnews.net.ph/post/729。

[2]《中国以骂人方式逃避问题》，[菲]《世界日报》2014年2月8日，http://worldnews.net.ph/post/801。

南海问题的关注,他常常危言耸听,如在巴黎的法国国际关系研究所举办的论坛上发言时,他宣称有些声索国的"新兴侵略模式"不但对区域安全构成威胁,而且对全球社区也构成威胁。尽管没有直接提及中国,但毫无疑问指的就是中国。①

其次,阿基诺三世手下的亲美派政客也屡屡挑衅中国,前外长罗萨尼奥就是一个典型人物。他自上任以来,就一再公开攻击抹黑中国。为了制造议题,营造国际舆论,他一手挑起了所谓的南海仲裁案,并在庭审时高举悲情牌,罗织了中国的诸多莫须有的"罪状",极力把菲律宾装扮成受尽中国欺压的"弱者"形象,却丝毫不提菲相关人员(包括菲渔民)向驻守黄岩岛的中国公务船采用包括挥舞砍刀、投掷石块、燃烧瓶等恶劣手段进行挑衅的事实。②更不要说会提及菲方非法侵占中国南沙部分岛礁的历史事实了。他信口开河地把中国在南海正当的岛礁建设比作"海上柏林墙,是有意制造全球最大的环境灾难"。③ 他所谓的与中方的政治和外交谈判均已穷尽,不得不向临时仲裁院提告的谎言,不仅为中国外长王毅所揭露,也为其他方所证实,如菲现任财政部部长卡洛斯·多明计斯曾在美国接受采访时提到,菲阿基诺三世前政府"基本没有和中国对话";④ 菲律宾大学亚洲中心教授艾琳(Aileen San Pablo-Bavi-

---

① Aquino: West Philippine Sea "aggression a global threat", The Manila Times, 2016 – 09 – 20, http://www.manilatimes.net/aquino-west-philippine-sea-aggression-global-threat/127927/.

② 欧阳玉靖:《外交部边海司司长欧阳玉靖就南海问题接受中外媒体采访实录》,路透社、凤凰网、德国新闻社、中央电视台、日本NHK电视台、美联社、中评社、日本朝日新闻、法新社、新加坡联合早报、今日俄罗斯 & 美国全国公共广播电台(Eds.), 2016, http://www.fmprc.gov.cn/web/wjbxw_673019/t1361270.shtml. 另见《中国指菲渔船公然对抗执法,因此被迫加强黄岩岛海域管理》,[菲]《世界日报》2016年3月23日, http://www.world-news.net.ph/post/51249.

③ 人民日报:《高调表演洗白不了非法行径》,《人民日报》2015年12月14日, http://opinion.people.com.cn/n1/2015/1214/c1003-27923141.html? t=1450095265743.

④ 《基建项目急需数百亿美元资金 菲冀获取中国大规模投资》,[菲]《世界日报》2016年10月10日, http://www.worldnews.net.ph/post/56447.

era）在美国《国家利益》杂志上撰文道：阿基诺三世政府"抵制北京提出的直接双边谈判和在争议地区联合开发资源的提议";①另据《纽约时报》的报道，"菲律宾于2012年中断了有关（中菲）两国南海主权冲突的双边谈判"。②尽管早已卸任，但罗萨尼奥对杜特尔特总统的对华政策极其看不惯，仍然多次试图制止或加以改变。

另一典型人物是菲律宾最高法院法官加彪（Antonio Carpio），他是菲政坛内的"鹰派"政客，也是所谓的南海仲裁案菲律宾代表团的成员之一，且在"裁决"公布之前就未卜先知菲律宾将获胜，③据说菲方有关中菲南海争议的大部分想法是出自他。④ 为使菲律宾非法占领的中国南海岛礁合法化，菲方一直视中方的南海断续线为眼中钉，费尽心机欲除之而后快。在"南海仲裁案"所谓的"第二轮听证会"结束时，加彪挑拨道：倘若断续线有效，菲律宾、马来西亚、越南、印度尼西亚和文莱将各自失去80%、80%、50%、30%与90%的专属经济区，⑤企图以此来唤起东南亚其他声索国对南海断续线的反感和警觉。对于"仲裁院"指鹿为马地将南沙群岛中的最大天然岛屿太平岛从岛降格为礁的做法，加彪的说法是，台湾提到的3口井中有2口不再供水，且水质很咸，太平岛并非全年都有水喝云云，如此严重违背事实的谬论遭到了台湾地区前领导人马英

---

① Pablo-Baviera, A. S., Should Duterte Step Back on the South China Sea? The National Interest, 2016, http://nationalinterest.org/blog/the-buzz/should-duterte-step-back-the-south-china-sea-16333.
② Perlez, J., Rodrigo Duterte and Xi Jinping Agree to Reopen South China Sea Talks, The New York Times, 2016-10-21, http://cn.nytimes.com/asia-pacific/20161021/rodrigo-duterte-philippines-china-xi-jinping/dual/.
③《通过渔业合作解决黄岩岛争端是一个可行办法》，[菲]《世界日报》2016年10月16日, http://www.worldnews.net.ph/post/56597。
④ Slam Dunk, *Soft Landing in West Philippine Sea*, Manila Standard, 2016-07-19.
⑤《南海案第二轮听证会结束 仲裁院宣布明年作判决》，[菲]《世界日报》2015年12月2日, http://worldnews.net.ph/post/48477。

九的有力驳斥。[①] 所谓的仲裁结果甫一出炉,加彪便迫不及待地提议,如果中国拒不服从"裁决",又不让菲律宾渔民到争议地区捕鱼的话,可以运用多种手段向中国施压,比如,再次将中国告上法庭,要求国际海底管理局阻止中国申请勘探海底的许可证,[②] 或"请求联合国大陆架界限委员会暂停处理中方的有关申请"。据菲律宾《世界日报》的分析,加彪的这些招数若真实现的话,将"对中国国家利益造成无可估量的伤害",[③] 也将严重冲击"中国二十多年来在公约体系下做出的贡献和获得的权益"。[④] 加彪还主张,菲律宾打赢官司之后,当务之急应支持菲海岸警卫队和渔民到黄岩岛去。[⑤] 幸好杜特尔特总统没有采纳其建议,但这也招来了包括加彪在内的部分前朝官员的不断施压。

2. 菲军方

众所周知,菲律宾曾沦为美国的殖民地,后虽宣布独立,但从未真正摆脱过美国的影响和操控,在菲律宾武装部队中尤为如此。由于菲、美两军每年都要举办数百场联合军演,故而可以想象,在菲军中,官兵的亲美思想当十分普遍,菲军事实上一直把美军看作其坚固的靠山,从而对美军相当依赖。仗着美国的撑腰,菲前国防部部长加斯明亦不时散播一些狂妄嚣张的言论。举一例来看,2014年1月1日,中国南海捕鱼新规生效后,菲阿基诺三世前当局无视中国的法规,怂恿菲渔民前往捕鱼。可能是基于种种因素的考量,中国执法船当时并未逮捕菲渔民,加斯明于是得意扬扬地说,菲渔民对中国的规定置若罔

---

① 《在台湾国际法学会研讨会上 马英九:南海"仲裁案结果"令人不服》,[菲]《世界日报》2016年7月15日,http://www.worldnews.net.ph/post/54209。
② Palace plots next move in wake of UN ruling, Manila Standard, 2016-07-14.
③ 宗记:《加彪又出狠招》,[菲]《世界日报》2016年8月30日,http://www.worldnews.net.ph/post/55380。
④ 同上。
⑤ Palace Plots Next Move in Wake of UN Ruling, *Manila Standard*, 2016-07-14.

闻，他们今后可以在黄岩岛随意捕鱼而不受干扰。如此公然藐视中国维权执法举措的言论，一方面是为了诱导菲渔民与中方对抗；另一方面则表明菲前政府"执意搅局南海的决心与意志丝毫未有改变"。① 自2016年菲律宾新旧政权更替之后，中菲关系逐渐转晴，但包括菲现任国防部部长罗仁萨拉在内的一些菲高级防务官员仍致力于维护美、菲防卫联盟的基础，他们仍把中国视作"战略威胁"而不时发出与杜特尔特的外交政策不一致的声音。② 如2016年9月在老挝召开的亚洲峰会虽然没有提及仲裁院的所谓裁决，但在峰会开始前的几个小时，菲国防部却当众发布了照片和地图，妄称中国在黄岩岛海域出现多艘船只，是"打算在黄岩岛修建设施的前兆"，并称中国驻菲使馆的否认会让事件"越描越黑"。菲国防部发言人安多隆（Arsenio Andolong）还向法新社发送简讯，称"我们有理由相信，他们出现在那里，是在那座浅滩建设活动的前兆"。事实上，中方迄今未在黄岩岛修建任何设施，菲国防部只不过是像中国外交部发言人所说的那样，在散布谣言，制造紧张气氛。③ 2017年4月下旬，菲国防部部长罗仁萨拉又带着菲军官、地方官员和新闻记者对中业岛进行了高调访问。④ 可见，在中菲关系迅速升温的背景下，菲军方仍念念不忘借机舆论挑

---

① 彭念：《香港中评社社评——坚决挫杀菲律宾的嚣张气焰!》，(台北)《"中央"日报》2014年1月30日，http://www.cdnews.biz/cdnews_site/docDetail.jsp?coluid=110&docid=102629274。

② 《菲律宾对华态度忽冷忽热？学者：菲内部有三种声音在博弈》，2017-03-29，http://mp.weixin.qq.com/s/5ev39NsfG5niEM0xPynm6g。

③ 《菲中过招，东盟峰会暗潮汹涌》，《马尼拉公报》2016年9月8日，http://mbcn.com.ph/2016/09/08/%E8%8F%B2%E4%B8%AD%E9%81%8E%E6%8B%9B%E3%80%80%E6%9D%B1%E7%9B%9F%E5%B3%B0%E6%9C%83%E6%9A%97%E6%BD%AE%E6%B4%B6%E6%B9%A7-3/。另见《菲斥中国南海造岛，证据确凿》，《马尼拉公报》2016年9月8日，http://mbcn.com.ph/2016/09/08/%E8%8F%B2%E6%96%A5%E4%B8%AD%E5%9C%8B%E5%8D%97%E6%B5%B7%E9%80%A0%E5%B3%B6%E3%80%80%E8%AD%89%E6%93%9A%E7%A2%BA%E9%91%BF-3/。

④ 《总统府为防长登中业岛辩护》，[菲]《世界日报》2017年4月24日，http://www.worldnews.net.ph/post/62777。

衅中国。据菲律宾学者理查德·海达里安称,持传统世界观的菲防务官员往往强调的是:"中国在南中国海和太平洋咄咄逼人的态度是众所周知的威胁。"他还指出,鉴于菲军方与美国立场一致,且在历史上具有深刻影响,故而"不理会高级防务官员的意见和感受将是有勇无谋之举",而这无疑是值得中国有关部门警戒的,① 最好不要把所有的宝都压在杜特尔特总统身上,菲军方的想法和举动不容小觑。

3. 菲律宾媒体

在菲律宾,虽然不同媒体的立场差异很大,但在前总统阿基诺三世任内,就南海问题而言,菲主流英文媒体的对华立场似乎都不太友好,尽管偶尔也会出现一些相对理性的声音。对于涉及领土主权问题,且不时处于舆论风口浪尖的南海议题,菲律宾主流媒体自然是十分关注,② 但它们有时会捕风捉影,把未经核实的消息当成新闻刊载出来。2014 年初,在中国某网站上出现的一则消息来源为所谓"专家"的传闻——"解放军南海突现大动作 或武力收回中业岛"③,引起了包括《菲律宾每日问询者报》和《菲律宾星报》在内的菲主流媒体的恐慌,相继予以转载报道,在一定程度上煽动了"中国威胁论"和菲民族主义情绪。④ 在菲媒上,常可看到或听到耸动的言论。2016 年 1 月 8 日,菲律宾 ABS-CBN 电视台针对中国在永暑礁机场正常试飞一事妄加揣测,称中国很快将控制所谓的"西菲律宾海"海域,尤其可能控制其空域。⑤

---

① 《菲律宾对华态度忽冷忽热?学者:菲内部有三种声音在博弈》,2017 - 03 - 29,http://mp.weixin.qq.com/s/5ev39NsfG5niEM0xPynm6g。

② 在《菲律宾星报》(The Philippine Star)的网站上就有一栏是关于南中国海的报道,详见 http://www.philstar.com/headlines/south-china-sea。

③ 《解放军南海突现大动作,或武力收回中业岛》,2014 - 01 - 09,http://mil.qianzhan.com/detail/140109 - b8acf1d8.html。

④ 王盼盼、陈宗伦:《菲律宾媒体为"中国今年收复中业岛"传闻紧张》,《环球时报》2014 年 1 月 15 日,http://world.huanqiu.com/exclusive/2014 - 01/4754953.html。

⑤ 《亚谨诺暗示对南海局势无能为力 菲方近期或再向中国提出抗议》,[菲]《世界日报》2016 年 1 月 9 日,http://worldnews.net.ph/post/49319。

中国在南海正常的岛礁建设活动往往成为菲律宾媒体的攻击对象，如《菲律宾星报》认为，中国在渚碧礁修建跑道的举动，将威胁到菲律宾对中业岛的占领。① 《马尼拉时报》引述菲前外交部发言人查尔斯·何塞（Charles Jose）的话，强烈反对中国在华阳礁和赤瓜礁建灯塔。②

现任的杜特尔特总统于 2016 年 6 月 30 日宣誓就职后，菲媒的对华不友好态度并未立即得到改善，特别是在所谓的南海仲裁案的最后裁决于 2016 年 7 月 12 日面世后的那几天，菲律宾几大主流英文媒体：《马尼拉公报》《菲律宾每日问询者报》《菲律宾星报》《马尼拉标准报》《马尼拉时报》均对菲律宾的"大获全胜"欢欣鼓舞，在对阿基诺三世及其团队大加赞赏，并对中菲南海问题的解决前景充满幻想之际，有些媒体以相当负面的用语来讥讽中国，认为中国若不遵守裁决的话，将"成为无赖国家"，且可能被视为"国际弃儿"。菲律宾一些短波电台的评论员也对中国冷嘲热讽、煽风点火。③ 然而，对于菲律宾民众本应知晓的与该仲裁案密切相关的一些基本常识和重要信息，菲律宾媒体却大多避而不谈或将错就错。例如，尽管早在 2016 年 5 月 5 日接受新加坡《海峡时报》采访时，中国外交部副部长刘振民就已纠正了该报将仲裁院说成国际法庭的错误，明确指出"南海仲裁案"与国际法院无关；④ 尽管联合国和国际法院都在裁决公布后不久即发表声明，澄清常设仲裁院和联合国毫无

---

① 《菲媒：中国渚碧礁工事威胁中业岛》，［菲］《世界日报》2015 年 9 月 12 日，http://worldnews.net.ph/post/45547。

② PH hits China's lighthouses in West Philippine sea. The Manila Times. Oct. 19, 2015, http://www.manilatimes.net/ph-hits-chinas-lighthouses-in-west-philippine-sea/224681/.

③ 柯林：《釜底抽薪》，［菲］《世界日报》2016 年 7 月 28 日，http://www.worldnews.net.ph/post/54556。

④ 刘振民：《外交部副部长刘振民在出席第 22 次中国—东盟高官磋商和落实〈南海各方行为宣言〉第 11 次高官会联合媒体吹风会上发言及会后接受媒体采访实录》，新华社，中央电视台，新加坡海峡时报，凤凰卫视，新加坡联合早报 & 路透社（Eds.），2016，http://www.fmprc.gov.cn/nanhai/chn/wjbxw/t1360807.htm。

关系，国际法院从未参与所谓的南海仲裁案，联合国对仲裁案的法律与实体问题不持立场等；① 菲律宾前参议员、专栏作家弗兰西斯科·塔塔德（Francisco S. Tatad）也在 2016 年 7 月 17 日的《马尼拉时报》上发表的《打破南海僵局》（Breaking the South China Sea stalemate）一文中指出，常设仲裁院（Permanent Court of Arbitration，PCA）只是为国际社会提供解决争端的服务，并非联合国的机构，它与国际法院毫不相干；② 另一菲律宾专栏作家雷蒙·法罗兰（Ramon Farolan）同样在《菲律宾每日问询者报》上发文道：常设仲裁院不是联合国机构，诸如"联合国法庭"或"联合国支持的法庭"这类的表述都是"误导和不正确的"，③ 但菲律宾媒体照样使用这些歪曲误导的用语，仿佛意在表明此裁决是由联合国支持的机构作出的，因此是具有权威性的，以此向中国施加舆论压力。

杜特尔特访华后，中菲关系转暖，为表达诚意，中国暂时允许菲律宾渔民前往黄岩岛附近海域捕鱼。然而，有些菲媒对中国的善意做出了别样的解释，称此举是中国向菲律宾让步，是中国在遵循仲裁案的裁决等，④ 全然不顾中方对此仲裁案反复强调的"四不"原则，即"不接受、不参与、不承认、不执行"。⑤ 尽管中菲关系自杜特尔特上台后不断走近，这是有目共睹的，但部分菲律宾主流媒体依旧对中国质疑声不断，不时指责中国不愿执行仲裁结果。

总的来说，菲律宾主流英文媒体一直对南海问题关注有加，这

---

① 《联合国撇清与南海案关系，中国：再次说明仲裁完全无效》，[菲]《世界日报》2016 年 7 月 15 日，http://www.worldnews.net.ph/post/54228。

② Tatad, F. S., *Breaking the South China Sea stalemate*, The Manila Times, 2016 – 07 – 17, http://www.manilatimes.net/breaking-the-south-china-sea-stalemate/274369/.

③ Permanent Court of Arbitration, Philippine Daily Inquirer, 2016 – 07 – 18.

④ 《菲渔民到黄岩岛捕鱼是中国诚意的表现》，[菲]《世界日报》2016 年 11 月 12 日，http://www.worldnews.net.ph/post/57304。

⑤ 傅莹：《傅莹独家授权发布：中国为什么对南海仲裁案说不》，《环球时报》2016 年 7 月 12 日，http://opinion.huanqiu.com/1152/2016 – 07/9157059.html。

可以从 2016 年《马尼拉公报》、《菲律宾每日问询者报》、《菲律宾星报》和《马尼拉标准报》等四大菲主流英文媒体每月的报道量均在百篇以上（见图 1）得到证实。不过，在 2016 年 6 月 30 日杜特尔特总统走马上任前后的情况还是有些区别的。在阿基诺三世仍在位的 2016 年上半年，这四份菲媒的月报道量均在 200 篇以上，而下半年则起伏较大，7 月是所谓的最后裁决的宣判时期，故而出现了全年最多的 632 篇报道，这是不足为奇的；10 月的报道量（360 篇）居全年第二位，这也是意料之中的，因为杜特尔特访华使得南海问题再度成为菲律宾媒体的热门报道话题。然而，此后的 11 月和 12 月，菲媒的南海问题报道量却有了较大幅度的下降，分别只有 143 篇和 139 篇，说明了经过中菲的有效管控，南海议题已有所降温。

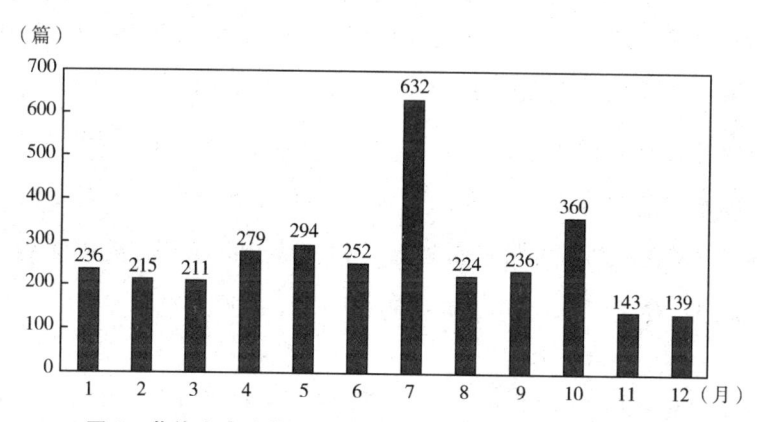

图 1　菲律宾主流英文媒体 2016 年南海问题相关报道篇数

资料来源：根据有关数据库中的数据制作而成。

4. 菲民众

受阿基诺三世前政府和部分菲律宾媒体长期煽动亲美反华言论的影响，菲律宾民众的对华好感度普遍不高。特别是自 2012 年的中菲黄岩岛对峙事件和 2013 年初阿基诺三世当局单方面提起南海仲裁案之后，菲律宾人的对华信任度就曾长期处于负面状态。据菲律宾前外交部委托菲民调机构社会气象站（Social Weather Stations（SWS）

于 2013 年 12 月 11—16 日进行的民调显示，截至 2013 年，菲人对中国的净信任度比例仅为 -17%，而对美国的净信任度比例则高达 82%。在此次民调结果的说明会上，社会气象站总理马哈尔·曼牙哈斯博士还提到，中国在菲律宾的信任度比例从 10% 左右猛跌至 2012 年的 -30% 左右。① 由美国调查机构皮尤研究中心（Pew Research Center）于 2015 年 4 月 6 日至 5 月 27 日所做的一份调查也显示，菲律宾是亚太地区对中国看法最不佳的三个国家之一，② 虽然同一份调查结果同样表明，菲律宾公众在过去一年的对华看法已有所好转，为 +16 点。③ 在上述 2013 年的民调中，大多数受调查的菲律宾人支持菲政府挑战中国的行动。当被问及是否认同菲律宾向联合国起诉中国这一问题时，有 62% 的菲受访者表示强烈同意。④ 而据社会气象站在 2016 年 3 月 16—20 日进行的民调，支持菲政府向中国提起诉讼的菲成年人已高达 78%，反对的只有 8%。⑤ 2016 年 7 月 12 日，所谓的判决结果出来后，菲律宾国内欢呼声一片，民主主义情绪高涨，少数激进分子和菲渔民甚至马上冲到中国驻菲大使馆前示威，⑥ 一些渔民则策划重返黄岩岛，想试试看中国是否会遵守所谓的国际法，⑦ 有菲网民效仿 "英国退欧（Brexit）" 一词杜撰出了 "中

---

① 《自 2012 年起便处于负面》，[菲]《世界日报》2014 年 2 月 11 日，http://worldnews.net.ph/post/1068，另见《民调显示多数菲人，同意政府抗拒中国》，[菲]《世界日报》2014 年 2 月 11 日，http://worldnews.net.ph/post/1069。

② 另两个国家为越南和日本。

③ Stokes, B., *How Asia-Pacific Publics See Each Other and Their National Leaders*: Pew Research Center, 2015.

④ 《自 2012 年起便处于负面》，[菲]《世界日报》2014 年 2 月 11 日，http://worldnews.net.ph/post/1068，另见《民调显示多数菲人，同意政府抗拒中国》，[菲]《世界日报》2014 年 2 月 11 日，http://worldnews.net.ph/post/1069。

⑤ Flores, H., *8 in 10 Pinoys back filing of case vs China*, The Philippine Star, 2016-07-14.

⑥ 庄子明：《南海主权被误裁应加强菲中友好关系》，[菲]《世界日报》2016 年 7 月 22 日，http://www.worldnews.net.ph/post/54388。

⑦ 《菲渔民拟重返黄岩岛　恐引事端》，[菲]《世界日报》2016 年 7 月 14 日，http://www.worldnews.net.ph/post/54168。

国退出南海"(Chexit)这一新词。① 一些美籍菲律宾人在社交媒体脸书(Facebook)上留言,为菲政府取得的"成就"感到自豪。与此形成较大反差的是,杜特尔特当局对裁决的反应相对低调谨慎,如时任菲律宾外长的耶赛在裁决宣布后不久的一档电视节目中,表示欢迎仲裁院的裁决,并"呼吁有关各方保持克制和冷静",这引起了部分菲律宾人的不解和不满。②

杜特尔特执政以后,摒弃了前政府的"亲美远中"政策,主动向中方示好,中菲友好关系重回正轨,中国不但不计前嫌,反而投桃报李,向菲律宾释放了大量的善意与诚意。不过,由于阿基诺三世时期不断妖魔化中国,加之美国长期在菲社会各阶层全面深耕的结果,菲民众的对华信任度依旧不高,据"社会气象站"在2016年9月24—27日所做的民调显示,对中国"非常信任"的和不信任的菲律宾人的比例分别为22%和55%,而对美国"非常信任"的则高达76%,③尽管杜特尔特已几度公开发表对美国和奥巴马不甚友好的讲话。夏威夷大学(University of Hawaii)教授帕特夏欧·N.阿宾纳勒斯(Patricio N. Abinales)指出:"我认为菲律宾人很高兴看到渔民回到了(黄岩岛)渔场,但我不认为这意味着对中国有好感的菲律宾人的比例会从33%提高太多。"④阿宾纳勒斯教授的这种看法并非不切实际,据亚洲脉搏研究公司于2016年12月6—11日在菲律宾

---

① What We Won't Win, Manila Standard. Jul. 14, 2016. See Also a Moral and Legal Victory, Manila Bulletin, 2016 - 07 - 16.

② Whaley, F., *After Celebrating South China Sea Win, Reality Sets In for the Philippines*, The New York Times, 2016 - 07 - 15, http://cn.nytimes.com/asia-pacific/20160715/philippines-south-china-sea/dual/. See Also a Milestone Decision-Yasay, Philippine Daily Inquirer, 2016 - 07 - 16.

③ 李开盛:《杜特尔特值得中国信任吗?》,《金融时报》2016年10月21日,http://www.ftchinese.com/story/001069816。

④ Perlez, J., *Philippines' Deal With China Pokes a Hole in U. S. Strategy*, The New York Times, 2016 - 11 - 03, http://cn.nytimes.com/asia-pacific/20161103/philippines-duterte-south-china-sea/dual/.

全国范围内进行的民意调查显示，虽然杜特尔特总统有意实行"远美亲中"的外交政策，但菲律宾人对美国的信任度仍然是最高的（76%），对传统盟友日本也有高达70%的信任度，而对中国的则只有38%（见表1）。另据菲律宾某家知名媒体的民意调查，有76%的菲律宾网民对中国军舰于2017年4—5月对菲律宾的友好访问一事表示"愤怒"，感到"高兴"的只有18%。① 这些都说明了中国在菲律宾尚有许多工作要做，这点还将在下文的对策中述及。

表1　　　　对选定国家和国际组织之认识和信任评级

（菲律宾/2016年12月6—11日）（用百分比表示）

Countries/Organization	Aware	TRUST			DISTRUST			Don't know/ Refused
		Total	A great deal of trust	A fair amount of trust	Total	Not too much trust	No trust at all	
UNITED STATES OF AMERICA	100	76	24	52	23	21	2	1
JAPAN	99	70	17	53	29	24	5	1
GREAT BRITAIN	93	39	5	34	55	42	13	6
CHINA	98	37	7	30	61	39	22	1
RUSSIA	95	38	5	33	58	41	17	4
UNITED NATIONS	98	74	18	56	24	21	3	1
EUROPEAN UNION	93	49	7	42	46	38	8	3

资料来源：转引自菲律宾亚洲脉搏研究公司于2017年1月12日公布的民调结果。②

5. 菲民间组织

少数菲律宾民间组织的挑衅性言行也多少增加了中菲解决南海问题的难度，如一个在菲律宾国内具有一定影响力的名叫"旅美菲

---

① 《杜特地登舰"侧记"》，[菲]《世界日报》2017年5月2日，http://www.world-news.net.ph/post/63185。

② December 2016 Nationwide Survey on Public Trust in Selected Countries and International Organizations, 2016 - 01 - 12, http://www.pulseasia.ph/december-2016-nationwide-survey-on-public-trust-in-selected-countries-and-international-organizations/.

人推动良政"的海外菲人组织,曾在中菲关系最紧张的那些年里,扬言要发动"全球菲人反华抗议示威",要通过抵制中国货来"抗议中国在西菲律宾海（南海）的蛮横"。① 他们也的确在菲境内组织了多场反华示威游行。另一海外菲人组织"全球菲侨联合会"亦曾在中菲关系困难之际策划了多场反华示威。② 在得知杜特尔特当局将与中国进行直接会谈时,菲律宾一个专门从事防卫工作的非营利组织告诫其要三思而后行,因为在他们看来,菲律宾已成功说服所谓的联合国仲裁院做出使中国的南海断续线声索无效的判决。③

(二) 菲美联手抗华

自1951年菲美签订《菲美共同防御条约》以来,菲律宾就成为美国的条约盟友,也长期被看作美国在亚洲最忠实的同盟伙伴之一,特别是在极端亲美的前总统阿基诺三世任内,菲律宾一直以美国马首为是瞻,死心塌地地跟着美国的指挥棒走。事实上,在阿基诺三世统治时期,南海问题是使菲美关系如此紧密的一大黏合剂,因为双方均有各自的利益盘算。对阿基诺三世政府而言,在南海议题不断升温的背景下,菲方固然无法抵挡中国的军事实力,但只要有美国在该地区的存在,就能起到威慑中国的作用,就能增强菲律宾对抗中国的底气,以期巩固及扩大其在南海的既得利益。对美国而言,在积极推进"重返亚太"和"亚太再平衡"战略的大旗下,被中国视为核心利益的南海问题无疑是其牵制和防范中国的重要抓手,但美国毕竟是域外国家,缺少直接介入南海争端的理由,也有违其一再声明的不在南海领土争议中选边站队的立场,因此,菲律宾这个

---

① 《罗伊黛否认策动菲国政变》,[菲]《世界日报》2016年11月6日,http://www.worldnews.net.ph/post/57141。

② 《空穴来风乎?》,[菲]《世界日报》2017年1月10日,http://www.worldnews.net.ph/post/58727。

③ Duterte gov't cautioned vs talks with China after UN win, Philippine Daily Inquirer, 2016-07-13.

既与中国存在南海主权争议，又扼守南海要道的东南亚盟友，便自然而然地成为美国围堵中国的一枚理想棋子。

于是，菲、美两国在南海问题上一拍即合，着手共同对付中国。一方面，菲律宾仰仗美国的撑持，在国际舆论场上一再充当美国的马前卒，尽其所能地在各种场合炒作南海问题，极力渲染"中国威胁论"和"南海危机论"，甚至叫嚣"美国必须在南海采取军事行动"，[1] 尽心竭力地为美国涉足南海问题创造有利的舆论空间，具体表现在：2013 年初，菲律宾在美国的怂恿下，置中方的强烈反对于不顾，单方面向海牙临时仲裁院提起诉讼，致使中菲关系严重倒退。对此，中国外交部部长王毅曾在 2016 年 3 月的两会记者会上公开指出："菲律宾的一意孤行，显然有幕后指使和政治操作。"[2] 自 2013 年底中国在自己把守的岛礁上从事必要的建设工作以来，菲、美等国就屡屡对中方横加指责，无视包括菲律宾、越南等在内的其他南海声索方的类似行为早已有之的事实。2014 年 7 月，当美国抛出所谓的南海"自愿冻结"倡议时，菲律宾随即跟进，大谈所谓的南海问题"三步走"解决方案，与美国一唱一和。2015 年 1 月，菲美召开"2+2 部长级会议"时，菲律宾提议与美国共巡南海，2 月，菲律宾前驻美国大使戈德伯格肯定这种可能性的存在。[3] 当 2015 年 5 月美国宣称正考虑派遣舰机进驻南海时，时任菲律宾武装部队总参谋长的加沓邦当即表示欢迎，称此举有利于争议海域恢复稳定，菲军亦可能加入美军的行动，菲方还将为巡航美军提供停靠港口等。[4]

---

[1] 范宗鼎：《杜特地在想什么？》，[菲]《世界日报》2016 年 5 月 27 日，http：//www.worldnews.net.ph/post/52887。

[2] 《历史终将证明谁是南海真正的主人》，《现代快报》2016 年 3 月 9 日，http：//kb.dsqq.cn/html/2016-03/09/content_426519.htm。

[3] 《美大使：美菲可能共巡南海》，[菲]《世界日报》2016 年 2 月 4 日，http：//www.worldnews.net.ph/post/49998。

[4] 《批评美菲演双簧戏渲染中国威胁》，[菲]《世界日报》2015 年 5 月 16 日，http：//worldnews.net.ph/post/36597。

2016年4月，美、菲双方真的实现了海上联合巡逻活动。诸如此类的菲、美携手对华行为在阿基诺三世当政时期比比皆是。其实，即便是曾扬言要与美国分道扬镳的杜特尔特总统，有时也坦承，菲律宾在南海问题上需要美军的保护。① 有人分析得好，如果把杜特尔特对奥巴马爆粗口的行为解读为菲律宾"疏离美国"的一种表现，未免太粗浅了，基于历史和现实的原因，菲律宾实际上是"很难主动离美国而去"的。② 对此，中国有关当局还是要谨慎行事，不可不防。

另一方面，对于阿基诺三世政府的对华挑衅性言论，美国亦桃来李答，不失时机地为其舆论背书，内容涉及黄岩岛、南海断续线、美济礁、中国的南海岛礁建设等，尽力将菲律宾塑造成为饱受中国"欺凌"的"无助受害者"的形象，从而以"正义者"和"保护者"的身份插手南海，从中渔利。有人认为："中美两国下的是一盘大棋，而菲律宾这颗关键棋子控制在谁的手里，对中美都至关重要，这后面的战略利益大到谁都输不起。"③ 正因为菲律宾在美国的亚太地缘政治中具有不容小觑的重要性，所以尽管现任菲律宾总统杜特尔特已多次对美国出言不逊，后者仍不愿轻言放弃菲律宾这座桥头堡，而是一再强调将继续推进双边关系的发展。关于菲、美之间在南海问题方面的关系，这里不妨引用前述菲律宾驻华大使仙沓·罗曼那的一句话来总结一下，他说："在南海争议上，菲律宾还是需要美国做后盾，而美国的亚太战略也不能没有菲

---

① 杜特地：《菲南海安全需美国保护》，《马尼拉公报》2016年9月21日，http：//mb-cn. com. ph/2016/09/21/%E6%9D%9C%E7%89%B9%E5%9C%B0%EF%BC%9A%E5%8D%97%E6%B5%B7%E5%95%8F%E9%A1%8C%E6%88%91%E5%80%91%E9%9C%80%E8%A6%81%E7%BE%8E%E5%9C%8B%E4%BF%9D%E8%AD%B7/。

② 文墨：《不理会别人，继续做自己该做的事》，［菲］《世界日报》2016年9月19日，http：//www. worldnews. net. ph/post/55872。

③ 范宗鼎：《杜特地在想什么？》，［菲］《世界日报》2016年5月27日，http：//www. worldnews. net. ph/post/52887。

律宾。"①

(三) 诉诸所谓的南海仲裁案

曾经在国际舆论场上轰动一时、由菲律宾单边发起的所谓南海仲裁案，实由美国和日本等域外势力在幕后唆使和策划，其主要意图之一就是借助法律武器来营造不利于中国的国际舆论环境，损毁中国的国际形象。虽然菲、美都知道临时仲裁院的判决并无约束力，但只要它接受此案，并做出裁决，他们似乎就可以借此大造舆论，向中国施压，迫使中国做出妥协。《人民日报》认为，菲律宾之所以不惜斥巨资控告中国，"是为了演戏给国际社会看"，菲方"似乎笃信只要将中国告上国际法庭，就能制造中国拒不接受国际规则和国际法管辖的假象，国际舆论就会站在菲律宾一边，对中国形成国际压力"②。事实证明，菲律宾的用意确实在某种程度上实现了，因为曾有一段时间，不少国际媒体，尤其是西方媒体，普遍认为不管中方对所谓的南海仲裁案的立场如何，菲律宾起诉中国是按国际法办事，如果中国对所谓的仲裁结果不予执行，就会威胁国际秩序，并可能由此受到孤立。

为了配合仲裁案的推进，菲律宾几次制造新闻事件，如 2014 年 3 月底，在向仲裁院提交陈情书和辩述状的前一天，菲方以向其在仁爱礁非法"坐滩"的军舰提供补给为名，刻意安排了美联社及来自其他媒体的十几位外国记者与载有菲律宾士兵的菲渔船同行，目睹了菲律宾海军强闯仁爱礁的闹剧，向外界展示了所谓的中国在争议水域"恃强凌弱"的行为，以作为其诉诸国际仲裁的证据。

---

① 《杜特地正向中国靠拢，避险策略》，《马尼拉公报》2016 年 9 月 26 日，http://mb-cn.com.ph/2016/09/26/%E6%9D%9C%E7%89%B9%E5%9C%B0%E6%AD%A3%E5%90%91%E4%B8%AD%E5%9C%8B%E9%9D%A0%E6%94%8F%E3%80%80%E9%81%BF%E9%9A%AA%E7%AD%96%E7%95%A5/。

② 《大陆人民日报海外版专文——菲律宾强推仲裁注定徒劳》，(台北)《中央网路报》2014 年 4 月 1 日，http://www.cdnews.biz/cdnews_site/docDetail.jsp?coluid=110&docid=102701754。

当仲裁院于 2015 年 10 月 29 日做出所谓的初步裁决中认定，对菲律宾递交的 15 项诉求中的 7 项拥有管辖权时，菲律宾喜出望外，大受鼓舞，派出了一个由多个部门及驻外使节和外籍律师组成的 48 人的庞大代表团，前往海牙参加听证会，其用意无非还是为了造势，并争取国际社会的舆论支持。① 本来阿基诺三世当局和美国是想等仲裁院做出有利于菲律宾的裁决后，对华掀起新一轮的舆论战与外交战，不料杜特尔特当局却与中国达成了将以谈判协商的方式解决南海争议的共识，这无异于给了美国当头一棒，美国于是又想利用 2016 年 7 月 24—26 日召开的东盟外长会议向中国发难。它伙同日本和澳大利亚在 25 日晚发表了一份声明，断言所谓的仲裁裁决具有法律约束力，企图使中方难堪，但遭到了王毅外长义正词严的驳斥。②

（四）其他方式

1. 地图战：展览政治

菲律宾幻想借国际舆论的同情来使其非法侵占中国南沙部分岛礁的行为合法化的方式是多种多样的。举办地图展就是其中的一种。2014 年 9 月，菲律宾海事和海洋事务机构与德拉萨大学联合举办了一次古地图展，共有超过 60 幅地图参展，最古老的一幅是上文已提及的菲最高法院法官加彪的私人藏品。菲方对此次展览相当重视，包括菲律宾前外长、前防长和前司法部部长等在内的高级官员均亲临现场捧场。③ 这其实是一种典型的展览政治，也属于一种政治叙事方式，菲律宾的用意显而易见：首先，通过展览古地图来向国际社会发出他们的声音，表明他们的政治立场，即中国自宋代至清末，

---

① 《海牙常设仲裁法院如何判决难料》，[菲]《世界日报》2015 年 11 月 25 日，http://worldnews.net.ph/post/48310。

② 《美日澳三国搅局的阴谋不能得逞》，[菲]《世界日报》2016 年 7 月 27 日，http://www.worldnews.net.ph/post/54511。

③ 华益声：《海外版望海楼：菲律宾打不赢"地图战"》，《人民日报》（海外版）2014 年 9 月 16 日，http://opinion.people.com.cn/n/2014/0916/c1003 - 25668744.html。

其领土的最南端始终是海南岛，黄岩岛并非中国领土的一部分，因此，这与中国一再声明的南海诸岛自古以来就是中国领土的说法不符，同样，中国占有黄岩岛的行为是"非法"的。不过，菲律宾似乎忘记了，如果要说古地图、史书记载等历史证据的话，中国能展出的一定历史更久远，且无论是在数量还是质量方面，均会远远超过菲律宾的。其次，借助此次展览，菲律宾企图再次炒热南海议题，对中国展开又一轮的舆论攻势，并为仲裁案的顺利进行推波助澜，因为"展示追求的就是吸引眼球，具有强烈的感官冲击力"①。菲律宾的"良苦用心"也的确没有落空，无论是菲律宾国内的媒体，还是部分西方媒体，均对此次展览甚为关注，并进行了相应的报道，加彪趁机高调宣称："应该尊重历史事实而非历史谎言"，罗萨尼奥亦得意非凡地称："看看这些地图就知道，黄岩岛不是中国的一部分"，菲方甚至声称，要评估是否向仲裁院呈送这些地图。然而，菲律宾似乎同样失忆的是，不论是构成菲律宾现有领土的系列国际条约，或是包括菲律宾宪法在内的菲国内法律，抑或是菲律宾的不少官方地图均显示，黄岩岛根本不属菲律宾。② 中国前驻菲律宾大使傅莹，就曾以一张20世纪五六十年代的菲律宾官方地图，说明黄岩岛、中业岛都不在菲律宾版图内。③ 菲方对此又该作何解释呢？更何况中国自20世纪40年代公布南海断续线以后的几十年里，国际社会并无异议，许多国家还曾在出版的官方与民间地图上均标出了这条断续线。

2. 视频战：展示政治

通过制作和播放与南海相关的纪录片来极力煽动民族主义，激

---

① 李世敏、吴理财：《展示政治：一个新的媒介分析视角》，《新闻与传播研究》2016年第7期。
② 详见华益声《海外版望海楼：菲律宾打不赢"地图战"》，《人民日报》（海外版）2014年9月16日，http://opinion.people.com.cn/n/2014/0916/c1003-25668744.html。
③ 柯林：《釜底抽薪》，[菲]《世界日报》2016年7月28日，http://www.world-news.net.ph/post/54556。

起爱国主义,并挑动反华情绪,是阿基诺三世政府对内服务于其政治需要,对外挑衅中国的另一种方式。2015年,菲律宾外交部、总统府新闻办公室和新闻局联合制作了一部他加禄语纪录片,这部题为《自由》的纪录片由三集组成,分别从经济、历史和法律的角度介绍了菲律宾对南海的所谓主权要求。第一集着重渲染中菲南海争端给菲律宾造成的所谓经济损失,第二集从历史角度诠释了所谓的"西菲律宾海"的主权问题,第三集阐述了中、菲南海主权争议的法律依据。为达到最佳传播效果,菲方可谓煞费苦心,如第一集的播出时间特意选在了菲律宾庆祝独立117周年的纪念日;纪录片不但在菲国家电视台第4频道(PTV4)播出和回放,还透过包括菲外交部和阿基诺三世个人脸书在内的多个社交媒体渠道进行播映;据《环球时报》报道,"视频开头,通过拼接把多个人对中国的指责串在一起,再配上快闪的画面和越来越急促的背景音乐,营造出一种异常紧张的气氛"。纪录片由菲律宾知名电视主持人洛德·乌伊拉主持,既有对菲律宾普通渔民的采访,也有对菲律宾公众人物的访谈。在电视、新媒体、渔民的"倾诉"、名人的激烈言辞等多重作用下,南海议题再度在菲民众中炒热,反华情绪迅速蔓延,甚至"出现了谩骂、诬蔑、恐吓、威胁在菲中国公民、企业和机构的迹象",中国驻菲律宾使馆不得不提醒在菲公民和机构保持高度警惕,而担心事态闹到不可收拾的菲总统府也不得不出面说明,不主张"驱逐华人、抵制中国货"等反华声音,菲阿基诺三世当局可谓作茧自缚。不过,菲外交部当时并未就此罢手,仍然表示,他们打算出版一本漫画书来强化菲律宾人的南海问题意识。①

---

① 《菲对中国人负面情绪升温 使馆提醒在菲公民及机构加强防范》,[菲]《世界日报》2015年6月17日,http://worldnews.net.ph/post/39038。另见《菲今播南海纪录片第二集,将引发何种反响有待观察》,[菲]《世界日报》2015年6月22日,http://worldnews.net.ph/post/39407。

二 中国的应对策略

如前所述，自杜特尔特总统访华之后，中菲关系开始了新篇章，但未来的发展仍存在诸多变数。例如，所谓的仲裁院裁决仍因菲现政府只是暂时搁置，并未真正放弃，且一些域外国家还不时以此做文章，故而依旧会对中国利益形成长期和负面的影响。就像菲律宾《世界日报》的评论员黄信怡所说的那样："阿基诺三世政府炮制的PCA的仲裁结果，无疑是中菲两国友好合作关系的拦路石，甚至是一颗炸弹。"① 又如，杜特尔特政府虽然在向中国靠拢，但正如菲律宾驻华大使罗曼那曾说过的那样，菲律宾只是"想与美国保持一些距离，更接近日本，也不至于抛弃美国而与中国结盟"，"杜特地（即杜特尔特——笔者注）深知菲国实力远不如中国，美国也不可能为菲律宾流血，因此打算游走于两强之间，从中获取最大利益"。② 再如，杜特尔特被多数评论员认为是机会实用主义者，他又具有说话比较随意，有时甚至是反复无常等性格特点。还有，与美军关系特别紧密的菲军方时而发出对华强硬的声音；菲律宾民众对中国的好感度也尚未出现显著的提升，其他东南亚南海声索国现在仍处于观望的态度；等等。为此，中国有关当局切不可等闲视之，依然要防患未然，做好一切可能的应对准备。诚如有人提议的那样："在外交事务上，把困难想多一点，把问题的复杂面想宽一点，应该不会有什么害处。"③

---

① 黄信怡：《菲中关系发展的拦路石》，[菲]《世界日报》2017年2月1日，http://www.worldnews.net.ph/post/59303。

② 《杜特地正向中国靠拢，避险策略》，《马尼拉公报》2016年9月26日，http://mb-cn.com.ph/2016/09/26/%E6%9D%9C%E7%89%B9%E5%9C%B0%E6%AD%A3%E5%90%91%E4%B8%AD%E5%9B%BD%E9%9D%A0%E6%8B%A2%E3%80%80%E9%81%BF%E9%99%A9%E7%AD%96%E7%95%A5/。

③ 文墨：《对话总比对抗好》，[菲]《世界日报》2016年7月1日，http://www.worldnews.net.ph/post/53821。

在提出可能的应对策略之前,很有必要从传播学的角度先实事求是地盘点一下在南海问题方面,中国针对菲舆论挑衅已采取的对策中存在的一些较大的问题,以便总结经验,吸取教训,为将来更好应对做准备。

问题之一,斥巨资在美国纽约时报广场登广告,但实际传播效果恐怕很一般。自 2011 年初《中国国家形象片》在纽约时报广场的 NASDAQ 大屏亮相以来,中国广告片就扎堆在此登陆。2016 年 7 月 23 日至 8 月 3 日,即在临时仲裁院宣布所谓的最终裁决后没过几天,有关南海主题的宣传短片就在此"中国屏"以每天 120 次的频率密集播出了。应该承认,这是有关当局不惜斥巨资抗议所谓的南海裁决的一种迫切表现,但其实际传播效果如何呢?且不探讨这种以政治兼商业的方式来应对南海裁决的做法是否妥当,就像有学者形象地指出的那样,这是"兵来土掩,水来将挡",① 对于像笔者这种到过纽约时报广场的人,可能大多难免对其真正的宣传效果感到疑惑,这部长达 3 分 12 秒的视频广告,确实达到了有媒体报道的那种效果吗?即"清晰讲述了中国最早发现、命名和开发利用南海诸岛及相关海域的历史,并逐步确立了无可争议的主权和相关权利,展示了充分的历史和法理依据"②。事实上,笔者颇认同童之伟教授的观点,即此类广告"给人以中国有权去全球万众瞩目的仲裁院应诉答辩而不去,放弃制度化权力和利益,却在仲裁做出后再花钱买话语权的印象,"它所"产生的综合效用,极有可能不及在美国主流网站上发表一篇言之成理的网文"。③ 或者依笔者之愚见,不如将内容更充实、

---

① 童之伟:《中国应该如何应对南海仲裁案裁决?》,《金融时报》2016 年 8 月 3 日,http://www.ftchinese.com/story/001068750。
② 《南海主题宣传短片亮相纽约时报广场》,2016 - 07 - 26, http://news.xinhuanet.com/world/2016 - 07/26/c_ 1119282458. htm。
③ 童之伟:《中国应该如何应对南海仲裁案裁决?》,《金融时报》2016 年 8 月 3 日,http://www.ftchinese.com/story/001068750。

论证更充分的视频上传到美国当下盛行的一些社交媒体平台上,如"脸书""推特""优兔"等。据统计,"脸书"用户每日的视频点击量可达到 80 亿次,有时甚至超过了"优兔"。① 当然,笔者知道有关当局其实已意识到社交媒体的不容忽视的强大效果,并已初步进行了一些尝试。关于如何利用社交媒体平台的建议还将在下文的对策中提及。

问题之二,对待南海领土争端,中国一向相当克制,也正千方百计地提升自身的软实力,但似乎尚未有显著的成效。诚如中国外交部所云:"中国是维护南海和平稳定、推动地区国家合作与发展的坚定力量。"② 因此,对于南海争端,中国有关当局确实是极其克制,常常是在忍无可忍的情况下才会采取除口头抗议和警告之外的其他自我保护措施,为此,国内时有认为中方"太软弱"的声音,但在国外,不管中国如何克制,听到最多的却依然是中国"以大欺小""恃强凌弱""中国威胁论"等论调。这些年来,中国对软实力的重视有增无减,也投入了大量的人力、物力和财力,想方设法提升中国的国际形象,然而,周边国家对中国的好感度和信任度却依然不高。以菲律宾为例,据称,从 1994 年到 2016 年的 39 次民意调查中,只有 7 次对中国的净信任率是正面的。③ 这除了与周边国家对中国和平崛起感到不适、嫉妒乃至害怕,以及有关方面和境外媒体长期别有用心地妖魔化中国等因素有关之外,我们自身是否也存在一些问题呢?照理说,菲律宾现有华人近 200 万人,中菲交流已有千年之久,中华文明与中华文化对菲律宾的影响不可谓不深刻,且中国国

---

① Holmes, R.:《2016 年社交媒体五大发展趋势》,2016 - 01 - 13,http://tech.163.com/16/0113/11/BD75MS3400094P40.html。

② 《"981"钻井平台作业:越南的挑衅和中国的立场》,2014,http://www.fmprc.gov.cn/mfa_chn/zyxw_602251/t1163255.shtml。

③ Duterte to confront China on drugs, Manila Standard, 2016 - 07 - 19.

力的日渐强大是有目共睹的,可为何中国对菲律宾的影响力和吸引力远不及美国呢?① 我们该如何加以改进呢?接下来本文还是从传播学的视角先针对上述问题提出一些可能的对策,然后再针对其他未提及的问题寻找可能的解决方案。

第一,应注重传播效果。应该说,相较以前,中国近年来对南海主题的对内对外传播均重视多了,不仅传播频率提高了,传播内容丰富了,传播手段也增加了。但不论是借助何种传播媒介,采用何种传播方式,选择在哪传播,传播效果均不可忽视。最好能事先请有资质的第三方机构对可行性和必要性进行专业的评估,然后再决定是否投放,在哪投放,如何投放,投放后同样要请专业机构对传播效果进行科学的评估。已有几次,我们在纽约时报广场投放的广告,似乎都是由媒体记者在现场采访几名受众就算作是对效果的评估了。坦率讲,这种评估方式相当粗糙,也很不客观,没有大数据的支撑,且常常给人自娱自乐的感觉。因为国外媒体固然会对中国的大手笔进行报道,但多数是带着嘲讽的口吻,而更多的相关报道则是来自针对国内受众的中国媒体,其性价比和传播效果可想而知。倘若说一定要以登商业广告的形式来表达对仲裁院所谓裁决之抗议的话,也许应该像有人提议的那样,在所谓判决刚出来时,就在菲律宾主流媒体上刊登广告,把阿基诺三世当局不希望菲民众知道的,菲媒体也尽量避免主动提及的,有关仲裁院的一些基本事实公之于世,即仲裁院不是联合国机构、仲裁费用须由菲方独自承担、法官的服务是有偿的、裁决无执行力、美国也曾拒绝执行等。②

事实上,就传播媒介而言,社交媒体应是当下更适合的选择,

---

① 范宗鼎:《恢复菲中友谊 推动全面发展——专访马尼拉第三区众议员候选人洪于柏》,[菲]《世界日报》2016 年 5 月 2 日,http://www.worldnews.net.ph/post/52232。
② 柯林:《釜底抽薪》,[菲]《世界日报》2016 年 7 月 28 日,http://www.worldnews.net.ph/post/54556。

因为社交媒体"天然带有热衷时政话题的色彩",像南海问题这类热门的政治与安全议题,很容易成为社交媒体上的核心话题,特别是在推特这种"一直把自己定位成以新闻为核心的社交媒体"上。① 据笔者了解,在东南亚,很多人使用脸书、推特和优兔这些西方目前流行的社交媒体,且越来越多的人是以社交媒体为获取信息的主要途径。由于这些社交媒体在国内是被屏蔽的,所以当上面出现一些不利于中国的过激、不实乃至虚假言论时,中国网民往往未能及时发现,更不用说及时进行反驳和辟谣了。尽管中国国际传播机构对社交媒体也越来越重视了,但还应该鼓励更多的民间团体或非官方人士,如非政府组织、学者、媒体人、退休官员、社会知名人士(如马云)等参与其中,注意培养国际舆论圈中的中国"意见领袖",及时发出中国的声音,努力先"影响那些容易被影响的人——即全球各地的年轻网民和非西方国家的受众",② 争取一切可争取的力量,以使国际社会更好地了解中国对南海主权的声索依据、中国的南海立场和主张等,同时也及时对各种过激言论予以灭火,对各种虚假信息和不实言论进行更正,或是举报。

第二,注意把握南海问题报道的主动权。中国在处理南海纠纷时的克制行为很少为国际社会所注意或承认的原因,在很大程度上与我们未能在第一时间向国际社会说明或报道事实真相有关。长期以来,在南海问题方面,我们往往是被动回应而极少主动设置议程,无论是有关当局还是国内主流媒体均是如此。很多时候,我国官方不愿意在事件一开始就表态,主流媒体也可能习惯于待官方出声后才报道,于是就丧失了引导舆论的有利时机,反倒让对方"恶人先

---

① 王冠雄:《Twitter"衰落"与微博"中兴"》,《金融时报》2016年10月20日,http://www.ftchinese.com/story/001069780?dailypop。

② 王磊:《"今日俄罗斯":让美国紧张的航母级媒体》,2014-12-25,http://www.mediacircle.cn/?p=17382。

告状",抢先为西方媒体设置了议程,再经过一些别有用心的境外媒体的添油加醋,中国的"恃强欺弱"形象再次得到"印证",到那时再来竭力澄清事实真相,已是费时费力又没多大用处了。中方对2014年5月发生的中越南海冲突事件的应对就是一个典型的例子。据中国外交部边界与海洋事务司副司长易先良的介绍,自2014年5月2日中国企业所属的"981"钻井平台抵达中国西沙群岛毗连区开始从事钻探活动起,越方就派遣了6艘船只,蓄意对在现场作业的中国公务船进行主动的猛烈撞击,企图破坏中国的钻井作业。[①] 应该说,从这时起,中方最好就能将越方的种种主动挑衅和蓄意破坏的行为借助媒体或其他途径公之于众,好让国际社会在第一时间了解事实的真相。然而,很遗憾,中国外交部直到2014年5月6日才首次在例行记者会上就越南外交部于5月4日的评论做出一句话的简短回应,即"据了解,中国海事局于5月3日为中国981平台作业发布了航行通告。有关作业完全位于中国的西沙群岛海域"[②]。至于越南从5月3日到7日派出包括多艘武装船只在内的35艘船对中方的民用船只进行了多达171次的主动撞击,并派遣蛙人设置障碍物危害航行安全等野蛮挑衅行径,直至5月8日才由易先良在吹风会上予以披露。[③] 而作为国家通讯社的新华社也未能及时发声,其首篇相关英文报道出现在2014年5月6日,比同样是越南国家通讯社的越通社的第一篇英文报道整整晚了2天。这在一定程度上使得原本是受害者的中方,反遭越方倒打一耙,在越南官方和媒体的极力渲染下,中国变成了"强力冲撞"越南船只、"伤害"越南船员的"好

[①] Mu Xuequan, "China requires Vietnam to stop any form of disruptions of Chinese company's operations", *Xinhua General News Service*, May 8, 2014.

[②] 《2014年5月6日外交部发言人华春莹主持例行记者会》,2014年,http://www.fmprc.gov.cn/web/wjdt_674879/fyrbt_674889/t1153069.shtml。

[③] 《越冲击我警戒区及船只1416艘次》,《京华时报》2014年6月9日,http://epaper.jinghua.cn/html/2014-06/09/content_95281.htm。

斗者"和"挑衅者",① 国际舆论一度几乎全然倒向越南。其实,在笔者看来,保持克制不等于就不能及时地向国际社会如实通报情况。类似上文提到的菲律宾有关人员(含菲渔民)曾对中国驻黄岩岛公务船采取的危险行为,如挥舞砍刀、投掷石块、燃烧瓶等,也应尽早向国际社会通报,以免菲方老是抢先以"受欺压者"的形象见诸报端。建议有关机构和媒体在对外的信息投放与议程设置方面应尽量占据主导权,并在报道的时效性和数量方面予以加强。在世界话语权仍掌控在西方手中的大背景下,倘若对发生在我国的事情还不主动设定议程的话,就很难摆脱被人抹黑的命运。

第三,在文化软实力方面多下功夫。"中国没有侵略历史,从来没有侵略过菲律宾",② 这是杜特尔特总统首次访华时亲口说的。与此相反,美国曾长期是菲律宾的宗主国。然而,时至今日,菲律宾对美国的好感度仍然远超过对中国的,这是值得我们深思的。也许一位"亚洲通"的一番话,能多少给我们一些启示,他说:"尽管日本人在倭寇时代与最近的太平洋战争中,两度尝试通过武力侵占东南亚,它所遗留下来的文化影响却可以说是丝毫也不存在。近代以来进入该地区的欧洲人,在通过武力进行统治之同时,也加紧文化渗透,因此尽管武力统治方面已经崩溃,它的文化影响力还会持续下去。"换句话说,"没有同时展开文化工作,便无法保持永久性的影响力——这便是历史的教训"③。菲律宾虽然早已摆脱美国的殖民统治,但几十年来美国对菲律宾的影响力似乎从未减退,从上层精英到平民百姓普遍存在着崇美的心态,把美国视为最向往的国度,

---

① Yang Yi, "China Focus: China urges Vietnam to respect its sovereign rights over Xisha Islands", *Xinhua General News Service*, 2014-05-09.
② 咸杰、王化雨、李奥:《菲律宾总统杜特尔特:中国对菲律宾人非常友好》,2016-10-20, http://news.cri.cn/20161020/2f703a48-fffb-f10a-8e7b-294881815cad.html。
③ 卓南生:《如何辨析日本的乱象与真相——兼论"从安倍到安倍"的日本走向》,[菲]《世界日报》2013年6月28日,http://www.worldnewsph.net/5/w_images/w01.html。

有些菲律宾人甚至希望仍由美国来治理菲律宾，出现这种现象的一个很重要的原因，在于美国对菲施行的长期文化渗透。当下中国若想深化中菲友谊，改变菲律宾人对中国的负面观感，仅靠经济援助是不够的，还得在文化软实力方面多下功夫。菲律宾政坛名人洪于柏在接受菲律宾《世界日报》采访时谈道，中国对菲律宾人的文化影响力远不及美国，应"迎头赶上"，"从娃娃抓起"，他提议：中菲双方均应"加把力，拿出大气魄，组织成规模的菲律宾学生和老师参观、访问中国，到中国去参加更多活动，人数每年至少要一万人；采取政策鼓励更多菲人到中国学习、工作。让菲人认识到他们有一位好大哥、好邻居、好朋友"[1]。杜特尔特总统访华时也表示过，"菲中两国必须建立良好的双边关系，要开展更多的人文交流，加强人员往来，增强两国人民间的联系，'让菲律宾人民了解中国文化，尤其是那些祖辈从中国来菲定居的人和有中国血统的菲律宾人'"[2]。据了解，设在菲律宾红奚礼斯大学的孔子学院已与菲总统府新闻部签订协议，开设汉语课程，现已开始在总统府授课，"对象包括总统府新闻部及其下属的菲律宾信息局、国家出版局、国家印刷局等多个机构共127名职员"，内容囊括"汉语、中华传统文化、当代中国等"，[3] 这是影响菲高层和传媒界的难得良机，要好好把握。由于菲律宾是一个多元、多族群的社会，所以中菲之间的互动不应仅局限于高层和白领，还应尽量深入菲社会其他阶层；不应仅局限于执政党，还应在其他党派中做工；也不应仅局限于政治、经济和文化领域，还应尽可能在深受美国影响的菲军方中开展工作，可以通过两

---

[1] 范宗鼎：《恢复菲中友谊 推动全面发展——专访马尼拉第三区众议员候选人洪于柏》，[菲]《世界日报》2016年5月2日，http://www.worldnews.net.ph/post/52232。

[2] 《菲律宾总统今起访华 "向中国伸出友谊之手"》，2016 - 10 - 18，http://www.chinanews.com/gn/2016/10 - 18/8034526.shtml。

[3] 《孔子学院在马拉干鄢宫开班教汉语》，[菲]《世界日报》2017年2月3日，http://www.worldnews.net.ph/post/59374。

军的定期互访、联合军演、交换信息等来逐步改善关系、增进互信、加强合作。由于地理位置的缘故，菲律宾年年都会碰到不少天灾，而美国往往会以赈灾之名来彰显其软实力。有人认为，中国若想借救灾之机在菲施加巧实力的话，不能只派医疗船，还应多派些舰艇，但为了师出有名，最好能提前与菲方签订"救灾互助协议"。① 这个建议也许值得中国有关当局的参考。总而言之，按照"软实力之父"约瑟夫·奈（Joseph S. Nye, Jr.）的观点，人们的思维往往会受到软实力的影响而发生改变，且就长期而言，软实力可能比硬实力更具影响力。② 因此，中国还应在对菲软实力方面多下苦功。事实上，据菲律宾社会气象站于 2016 年 12 月 3—6 日进行的民调显示，菲律宾人对中国的净信任率已从 2016 年的 -33 大幅上升至 +9，而对美国的净信任率则从 +66 略降至 +59，这说明了中国自杜特尔特总统就职以来在菲律宾所做的努力正得到该国人民的认可。③

第四，充分挖掘和发挥国内媒体在南海维权中的重要作用，善于借助菲律宾主流媒体、其他外媒和社交媒体平台的力量来拓宽宣传渠道，扩大宣传力度，努力改变阿基诺三世时期塑造的中国不良形象。近些年来，媒体技术的日新月异，使媒体在外交活动中扮演的角色越发举足轻重，甚至出现了以媒体为主体的新型外交。④ 环顾周边与中国存在南海领土争议的声索方，如菲律宾和越南，以及一些插手南海问题的域外大国，如日本和美国，都很擅长利用媒体来实现或试图实现其外交意图，我们也不应落伍。首先，对于国内的主流媒

---

① 范宗鼎：《杜特地在想什么？》，[菲]《世界日报》2016 年 5 月 27 日，http://www.worldnews.net.ph/post/52887。
② 王文：《与约瑟夫·奈"争论"美国衰落》，《金融时报》2012 年 12 月 14 日，http://www.ftchinese.com/story/001048019。
③ 《菲人对中俄信任度大幅攀升》，[菲]《世界日报》2017 年 3 月 3 日，http://www.worldnews.net.ph/post/60213。
④ 张小娅：《媒体外交中的政府角色》，《现代传播》2013 年第 2 期。

体,尤其是当下承担最多对外传播任务的媒体机构新华社而言,在报道南海议题时,一方面,最好能更积极主动些,尽量掌握议程设置的主动权,避免待外媒抢先报道之后再做被动回应,这当然也需要有关当局与媒体的密切配合,如及时向其通报信息等,尽量淡化政治色彩,弱化行政管理,尊重媒体的独立新闻采编权等;另一方面,应根据菲律宾的历史、社会与多元文化的特点,为菲律宾量身定制更具针对性的新闻。此外,虽然南海问题高度敏感,极具新闻价值,且涉及国家领土主权;虽然媒体要发行量或点击率,但在报道南海问题时,还是要尽量客观真实地报道,避免煽动民族主义情绪或充斥好战言论,以免一旦被定性为民族主义小报或好战媒体,可能会影响其可信度。其次,为更有效地影响目标受众,应尽量与菲律宾主流媒体或国际媒体机构展开业务合作与人员交流,通过他们来扩大宣传,以使更多的菲律宾人了解中国和中国人民,这对两国保持友好关系很有裨益。具体措施如下:(1)可加强驻菲领事馆与菲媒之间的往来,密切联系,且不应只是在节日期间才邀请他们参加活动,平时就应努力与菲媒搞好关系;(2)可由本国政府通过驻外机构或经由国际记者组织,主动向菲媒和其他外媒提供报道素材,并为外国记者在本国的采访提供便利;(3)促进本国媒体与包括菲媒在内的国外媒体之间的合作,如互换信息,"在重大场合邀请外媒来访或进行联合采访、共同举办论坛、峰会等活动以搭建双边或多边对话平台等";(4)由政府有关部门出面,邀请菲律宾资深英文记者和评论员来华访问,参加相关会议和活动,或邀请菲新闻从业人员来华访学、参加培训或研讨会;可参照法国、英国和澳大利亚等西方国家的做法,依托高校新闻学院、研究机构和基金会来举办这些活动。① 我们以前可能更多地是与菲律宾的华文媒体合作,但事实上,影响力更大的应该是菲主流英文媒体或其他本

---

① 张小娅:《媒体外交中的政府角色》,《现代传播》2013年第2期。

土媒体,应尽可能让中菲两国主流媒体建立合作关系;(5)安排中国外交人员和出访官员接受菲律宾权威媒体或其他境外媒体的采访,或在菲律宾召开记者招待会,或在各种公共场合发表演讲,或在菲主流媒体和其他外媒上发表署名文章,且最好能通过菲律宾盛行的社交媒体与网民进行互动,以此传递中国官方的声音,阐明中国政府的立场、方针和政策,强调中菲之间的传统友谊和共同利益,或许有助于增进了解,加深信任;(6)国内媒体应多主动寻找机会采访菲律宾各界人士,了解他们的真实想法,为我们的外交决策提供参考资讯。最后,充分利用菲律宾人常用的社交网络,来开展新媒体外交。社交媒体上各种信息鱼龙混杂,但其中不乏有用信息,需要专业人士发挥主观能动性来筛选获取。我们也可将希望传递的资讯透过社交网络来扩散至尽可能多的目标受众,同时还可以在社交媒体上就南海这一争议性话题与菲律宾民众展开对话、探讨乃至辩论,通过观点的交锋来达到尽可能影响菲律宾舆论,进而推动南海问题早日解决的目的。至于社交网络上的虚假信息和不实言论,也需要我们及时地澄清。

我们很高兴地看到,中菲两国的新闻主管部门已签署了合作备忘录,中国驻菲大使赵鉴华还于2017年3月初首次在菲总统府举办新闻发布会,他在会上宣布,中国将视菲律宾的实际需要,与后者开展包括"两国新闻官员互访、对菲新闻从业人员培训、共同拍摄纪录片等"方面的新闻合作,"希望通过有关合作,帮助菲民众更全面客观了解中菲两国交往历史以及当前双边关系改善和各领域务实合作的新进展,让中菲友好的理念在菲更加深入人心"[①]。

第五,强化危机处理能力,培养处理复杂态势和重大挑战的能力与素质,避免仓促应对或被动回应。在这点上,海军少将杨毅的

---

① 小刚:《多宣传多交往》,[菲]《世界日报》2017年3月3日,http://www.world-news.net.ph/post/60181。

一些观点颇具参考价值,现转引如下。

要加强危机处理能力和快速反应机制,做好实时、实地的资料录制并及时对外公布,争取获得国际道义和舆论上的主动。

此外,我们不但要化解危机,更要塑造态势,变危机为机遇。要通过一件事、一次争端、一次"过招"来为相关国家"立规矩"。我们要让朋友得好处,让捣乱者吃苦头。我们在与相关国家打交道时,要不逞强、不示弱、守规矩、有信誉,要让人知道,挑战中国的利益是要付出代价的。

面对挑战复杂、威胁多元、压力增大的态势,我们要防止心浮气躁和冒险主义,也要防止保守主义。①

危机常常源自谣言,因此,及时辟谣亦显得格外重要,要尽力改变"政府应急反应慢、信息披露滞缓、不透明"② 的不良形象,迅速灭火,不要让谣言四起。

第六,要善于利用各种国际舞台来争夺话语权,提升我南海维权的软实力,并维护我国的国家形象。我们既要充分运用自己构建的国际多边平台,"也要学会利用现有多边平台向国际社会推介和平发展理念和安全观",③ 学会在多种国际场合及时发声,以使国际社会了解南海问题的来龙去脉、中国声索南海的历史和法理依据,表明中国并非外媒炒作的所谓挑衅者或霸凌者,而是真正的受害者,是南海和平与稳定的最坚定的维护者,说明南海局势紧张动荡的真正原因,澄清南海的航行自由从来就没有问题等。

第七,通过举办多种展览,来扩大宣传力度。菲律宾可以通过

---

① 杨毅:《评论:破解南海困局须综合施策主动作为》,http://military.cnr.cn/gz/20160806/t20160806_522898673.html。

② 李世敏、吴理财:《展示政治:一个新的媒介分析视角》,《新闻与传播研究》2016年第7期。

③ 《中国南海研究院院长吴士存认为,南海局势升温但总体可控》,[菲]《世界日报》2014年6月5日,http://worldnews.net.ph/post/10326。

所谓的古地图展览来表达其政治诉求,我们同样也可以借助展示政治来彰显我们对南海的主权声索依据,我们有更加丰富的古地图和充足的相关史料,完全可以在不同的时间、不同的地点(包括在国外),针对不同的受众来举办展览,同时邀请国际媒体来观看。毕竟,视觉图像是"一种有效的政治传播媒介"。①

第八,针对南海问题定期召开国际学术研讨会,邀请国际知名专家、学者来参会,借由他们来为中国发声,或贡献智慧。越南在这方面做得很不错,很早就开始实施了。事实证明,每次来参会的不少专家、学者都愿意为越南说话,他们提交的很多论文都为越南声索南海主权有所帮助,且每次的研讨会都是越方进行国际传播的良好时机,因为每次都有很多外媒来参会。在日本正在实施的针对历史和领土等争议问题的"对外传播战略"中,收买英国极右智库为其推出关乎中国的研讨会、论坛等是其中一个重要的环节。② 所谓的南海仲裁结果公布前后,我们在国内外举办了系列研讨会,收获颇丰,希望不仅仅是为了应对仲裁结果的权宜之计,而应定期召开相关会议,直至南海问题得到妥善解决。

第九,借由菲华侨华人来展开公共外交。据称,菲律宾人中,每4个就有1个是具有华人血统的。由于他们长期生活在菲律宾,熟悉并已融入当地的文化,且其中多数人希望中菲关系能够越来越融洽,因此,可以借由他们来展开公共外交和民间外交,以其特有的方式来向菲律宾有关当局晓以利害,做好说服工作,"为弥合在南海上的分歧输入正能量"。③

---

① 李世敏、吴理财:《展示政治:一个新的媒介分析视角》,《新闻与传播研究》2016 年第 7 期。

② 冯武勇:《新华时评:日本对华泼"舆论脏水"绝非个案》,2017 - 02 - 03,http://news.china.com.cn/live/2017 - 02/03/content_ 37751741. htm。

③ 《裴援平盛赞东盟国家侨胞 为弥合南海分歧输入正能量》,[菲]《世界日报》2016 年 7 月 22 日,http://www.worldnews.net.ph/post/54417。

第十，保持良好的沟通渠道。两国之间有矛盾、有纠纷、有分歧都是正常的，最重要的是要及时沟通，妥善解决，尤其是在涉及领土主权纷争的南海问题方面。在阿基诺三世任内，中菲南海争端之所以会发展到严重恶化两国关系的地步，就是因为阿基诺三世当局把对话大门关死了，然后在美、日的教唆和支持下，坚持以国际仲裁的方式来解决原本可以通过对话协商解决的问题。因此，保持良好的沟通渠道不可或缺，当然这并不只是取决于中方。值得庆幸的是，中菲双方于 2017 年 1 月同意恢复两国中断近五年的外交部的咨询，3 月，中方邀请菲外交部相关负责人于 5 月赴华举行南海问题双边磋商机制的首次会议。① 菲律宾现任驻华大使罗曼那对此乐观地评论道："前景肯定是光明的，只要我们保持独立的外交政策，只要我们继续同中国领导对话，关键是我们的政策必须不是基于对抗，或姑息，而是基于原则和实际。"② 说明菲方有些人已认识到坚持对话的重要性。

综上所述，在前总统阿基诺三世统治时期，菲律宾在南海问题方面一再饰演"麻烦制造者"的角色，从菲律宾政界、军方、媒体，到普通大众和民间组织等都常以不当言论和行为来挑衅中国。极端亲美的阿基诺三世当局还自觉自愿地充当美国围堵中国的马前卒，并与美国联手抗华。由菲律宾单边挑起、美日等域外大国在幕后怂恿操控的所谓南海仲裁案，是迄今对中国最大的挑衅，也对中国的国家利益造成了最大的伤害。阿基诺三世政府还通过举办老地图展和播放电视纪录片等属于展示政治的方式来试图对外争取国际舆论的支持，对内煽动民族主义情绪和挑起反华情绪。在应对阿基诺三世当局的南海挑衅方面，中国存在着一些较为明显的问题，如在美

---

① 《增加互信 深化合作》，[菲]《世界日报》2017 年 3 月 30 日，http://www.worldnews.net.ph/post/61620。
② 《菲中南海谈判前景光明 驻华大使仙沓罗曼那》，[菲]《世界日报》2017 年 4 月 1 日，http://www.worldnews.net.ph/post/61714。

国纽约时报广场刊登价格不菲的商业广告,但实际传播效果恐没有预想中的理想;尽管中国对待南海争端一向相当克制,也正千方百计地提高自身的软实力,但收效似乎不太明显,仍有待中方细致工作来提升周边国家的对华好感度和信任度。针对上述提及的一些主要问题及其他未提及的问题,本文提出了一些可能的解决方案以供有关当局参考。必须强调的是,所有这一切都应以经济、军事等硬实力为后盾。虽然中菲关系现已全面"融冰",但仍存在不少不确定因素,除了前文已提到的部分内容之外,据说又有日本右翼议员在大肆鼓吹效仿所谓的南海仲裁案发起东海仲裁案。[①] 在所谓的南海仲裁结果宣布一周年之际,菲律宾驻华大使仙沓·罗曼那还向菲律宾记者们表示,若有可能,菲律宾将收复其"失去的"所谓南海岛礁。[②] 更让人不得不提高警惕的是,同样在这一天(2017年7月12日),在菲律宾一智库举办的座谈会上,原来力推"南海仲裁案"的阿基诺三世核心幕僚,如前外长黎罗沙溜、最高法院法官加彪、前国安顾问吴礼示、海洋事务专家巴东巴戈等聚在一起,继续策划如何利用所谓的仲裁结果来与中国对抗。菲律宾《世界日报》专栏作家宗记以"菲中关系 暗涛汹涌"为题写道:倘若遵照这些人的意思,中菲将走向战争,因为"拿台湾牵制中国,是触犯中国最红的红线;以'多边围剿'的外交策略逼中国就范,是践踏中国的尊严;以仲裁庭的裁决为基础进一步压缩中国南海空间,是侵犯中国核心利益"。[③] 因此,中方切忌掉以轻心,务必要做好各种可能的应对准备。希望本文能有助于南海、东海等海岛争端问题的早日解决。

[①] 《CCTV4 中国新闻,12:00》,2017 - 02 - 24,http://tv.cntv.cn/video/C10336/7f8acde108214a6dba80cf97d0d3dc0a。

[②] 驻华大使仙沓罗曼那:《菲"双轨"思路处理南海问题很明智》,[菲]《世界日报》2017年7月13日,http://www.worldnews.net.ph/post/66821。

[③] 宗记:《菲中关系 暗涛汹涌》,[菲]《世界日报》2017年7月13日,http://www.worldnews.net.ph/post/66819。

新媒体与国家形象

新媒体外交视野下中国国家形象的塑造

彭肇一[*]

摘　要　新媒体外交作为一种新的公共外交形式，主要是通过运用各种新媒体工具，向外国公众传递信息，进行舆论引导，提升外国公众对本国的认识，以达成塑造国家形象、增强国家软实力、维护国家利益的目的。新媒体外交对国家形象有塑造功能，国家形象对新媒体外交具有反作用。近年来，中国在利用新媒体外交塑造国家形象上取得了不错的成效，但同时也面临着一些挑战和问题。本文从传播主体、传播内容、受众群体和传播渠道四个方面提出了建议。

关键词　公共外交　新媒体外交　国家形象

在全球化和信息化不断发展的时代背景下，国家形象关乎着一国的生存与发展。国家形象的好坏，对内关系到自信心和凝聚力，对外则是一国国家实力和国际地位的综合体现。在人类社会发展的

---

[*] 彭肇一，华中科技大学新闻与信息传播学院博士生，主要研究领域为国际传播、新媒体外交。

历史进程中，国家形象的塑造与媒体的作用密切相连，各国都曾广泛地利用报纸、广播、电视等传播媒介进行媒体外交，影响国际舆论，塑造国家形象。随着互联网和信息技术突飞猛进的发展，新媒体传播的渠道方式更加丰富和多样，中国亟须有效地管理和运用新媒体工具展开公共外交活动，以塑造国家形象，实现国家利益。

一 新媒体外交与国家形象的关系

媒体与外交活动的融合由来已久，美国第28任总统伍德罗·威尔逊在"十四点计划"中就曾提出了"公开的和平条约，应以公开的方式缔结，外交必须始终在公众的监督下进行"。媒体成了沟通公众与政府外交间的桥梁和纽带。随着传播技术的发展，新媒体工具在全球范围内的普及与发展，媒体外交增加了新的传播手段，国际传播结构发生了显著的变化。各种新媒体平台不断涌现，各国政府与他国公众有了更多的交往渠道和机遇。新媒体的出现，日渐改变和塑造着人们的思考和行为模式，每一个人都能成为信息的制造者和传播者，特别是在当前的外交领域中，新媒体技术的发展以及新媒体手段的不断优化，外交活动的范围得到空前的拓展，这使得世界各国都不得不重新审视新媒体外交的深远意义。美国、英国、法国、韩国、德国等越来越多的国家，纷纷开始采用新媒体这种全新的形式向外国公众全方位地介绍本国国情、宣传政府的政策与观点、传播本国优秀文化等，积极提升外国公众对本国的认识，以达成塑造国家形象、增强国家软实力、维护国家利益的目的。

（一）核心概念界定

随着信息化、全球化时代的到来，国家形象在政治、经济商贸、对外交往中的现实意义日益凸显，无论是在学界还是在外交实践中，国家形象都备受各国重视。利用各种渠道塑造和提升国家形象，树立良好信誉,对国家的生存与发展意义深远。

从传播学的角度界定,徐小鸽指出,"国家形象是一个国家在国际新闻流动中所形成的形象,或者说是一国在他国新闻媒介的新闻言论中所呈现的形象"[1]。刘小燕认为"国家形象是存在于国家传播中社会公众对国家的认识和把握,是公众作为主体感受国家客体而形成的复合体,以及国家行为表现、形状特征、精神面貌等在公众心中的抽象反映和公众对国家的总体评价和解读"[2]。

从国际政治学的角度界定,杨伟芬认为国家形象是"国际社会公众对一国相对稳定的总体评价"[3]。李寿源认为"一个主权国家和民族在世界舞台上所展示的形状相貌及国际环境中的舆论反映"[4]。管文虎提出"国家形象是一个综合体,它是国家的外部公众和内部公众对国家本身、国家行为、国家的各项活动及其成果所给予的总的评价和认定。国家形象具有极大的影响力、凝聚力,是一个国家整体实力的表现"[5]。孙中有提出"国家形象是一国内部公众和外部公众对该国政治、经济、社会、文化、地理等方面状况的认识和评价,可分为国内形象和国际形象,两者之间往往存在很大的差异。国家形象根本上取决于国家的综合实力,但不能简单地等同于国家实际状况,它在某种程度上是可以被塑造的"[6]。

学者们从国家形象的主体、客体以及国家形象的构成要素、决定因素及可塑造性等方面界定了国家形象的含义,国家形象是一国

---

[1] 徐小鸽:《国际新闻传播中的国际形象问题》,刘继南:《国际传播——现代传播论文集》,北京广播学院出版社2000年版,第27页。

[2] 刘小燕:《关于传媒塑造国家形象的思考》,《国际新闻界》2002年第2期。

[3] 杨伟芬:《渗透与互动——广播电视与国际关系》,北京广播学院出版社2000年版,第25页。

[4] 李寿源:《国际关系与中国外交——大众传媒的独特风景》,北京广播学院出版社1999年版,第35页。

[5] 管文虎:《国家形象论》,成都科技大学出版社2000年版,第23页。

[6] 孙有中:《国家形象的内涵及其功能》,《国际论坛》2002年第3期。

的内部和外部公众对其综合国力的整体评价。因为受众的不同，国家形象可以分为国内形象和国际形象。在本文我们只探讨外部公众对一国的整体评价。

国家形象建立在本国综合国力的基础上，依靠传播和沟通来构建和提升，可以从以下两个层次理解。其一，国家形象以本国的综合实力为基础，涉及国家的社会制度、政策法规、经济实力、对外交往、民族文化、国民素质等。其二，即使拥有了国家实力，也不一定具备相匹配的国家形象，必须借助公共外交等多种渠道来传播树立国家形象。"公共外交是一个国家的政府同另一个国家的公众所进行的直接交流和沟通的活动。与政府外交不同的是，公共外交的对象不是另一个国家的政府，而是其公众。"① 媒体与公共外交的关系由来已久，随着信息时代的到来，新媒体渠道成为国家形象的传播媒介中备受关注的部分，拓展了公共外交的外延。

新媒体外交是一种互联网时代催生的新型外交模式，是一种与现代技术相结合的外交形式。国务院新闻办公室季萌认为，"新媒体外交是指信息时代条件下，国际行为体即国家、国际组织、跨国公司或个人为了维护和发展自己的利益，利用互联网技术和网络平台而开展的对外交往、对外宣传和外交参与等活动"②。对外经济贸易大学的董青岭等认为，"新媒体外交是新媒体工具及其衍生形态作为信息传播渠道和政治沟通手段的外交新模式，其实质是以 Web 2.0 技术为支撑、以他国公众为主要说服和沟通对象的数字外交形态"③。

本文认为，新媒体外交，是指包括国家、国际组织、跨国公司和个人在内的国际行为体为了维护和实现自身特定利益，通过新媒

---

① 赵可金：《公共外交的理论与实践》，上海辞书出版社2007年版，第21页。
② 季萌：《新媒体外交：理论·战略·案例》，《对外传播》2009年第10期。
③ 董青岭、孙瑞蓬：《新媒体外交：一场新的外交革命?》，《国际观察》2012年第5期。

体的信息传播功能影响国外公众的认知，实现其目标的外交活动。

新媒体外交是一个相对崭新的事物，是媒体外交发展到互联网时代的产物，而与此同时，媒体外交又是公共外交的形式之一，因此，新媒体外交也从属于公共外交。新媒体外交与传统媒体外交都承担着实现国家外交目的的使命和责任，但与传统的媒体外交不同的是，新媒体的表现手段和形式更加丰富多样，其行为主体不再仅限于国家和政府，而是扩展到了诸多非官方组织、群体以及个人。

(二) 新媒体外交对国家形象的塑造功能

在 Web 2.0 时代，国外的脸书、推特，中国的以微博、微信为代表的新媒体工具正急剧改变着全球政治的运行规则。传者和受者界限日渐模糊，人们的互动更为便利，能够相对自由地发布观点和信息。在新媒体时代到来前，传统媒体具有绝对的权威性，掌控着信息采集和发布的渠道，政府利用传统媒体可以轻易地掌控和左右他国民众的认知。而随着新媒体时代的到来，每个人都可以成为信息传播的主体，新媒体不仅可以在信息投送上更加精准，可以有效地针对特定群体进行定制化的信息发送和宣传劝说，更能通过微博、微信、贴吧等多种方式对一般大众进行大规模的舆论宣传，"从而使得国家与国家之间、信息发送者与接收者之间的边界不断消解"[1]。新媒体重塑了国际传播的传统议程设置和舆论操作空间，改变了国际传播的生产和接受方式。

在这种时代背景之下，各国政府充分地利用新媒体和社交网络，通过开展新媒体外交促进国与国之间的交流，加深理解，减少误会，塑造良好的国家形象。

(三) 国家形象对新媒体外交有反作用

我们不得不承认的是，国家形象的好坏同样反作用于新媒体外

---

[1] 李建秋：《论新媒体传播传授主体及其关系的转变》，《重庆邮电大学学报》（社会科学版）2009 年第 6 期。

交的实施。如果一国拥有良好的国家形象，能够得到其他国家公众的认同和喜爱，那该国的新媒体外交就更容易开展并能够取得较好的效果。相反，如果一国的国家形象很差，又不重视维护和经营，影响甚至削减了他国观众的印象，那该国传播的信息也很难得到他国公众的认可和信任。

与传统媒体一样，新媒体在传播信息时，也会涉及对传播内容过滤、筛选、重新组织的过程，受众再根据自身的认知来重新解读接收到的信息内容。如果一国不重视国家形象，无视其他国家的公众对其的既有看法，只是单方面地推行其新媒体外交政策，那么不仅不会取得预期的效果，甚至会更加恶化外国公众对本国的认知和印象。

新媒体外交是塑造国家形象的重要手段，同时国家形象又反过来对新媒体外交的开展起到助推或阻碍的作用。良好的国家形象有利于实现国家利益，在新媒体时代这种作用将更加明显，积极开展新媒体外交能够更好地为此服务。

二 中国开展新媒体外交塑造国家形象的实践和效果

在全球化、信息化日益加剧的时代态势下，国家形象资源已经成为国家参与国际竞争、提升国际地位的重要战略工具。在新媒体时代，以积极开放的姿态向世界展示中国，与国外公众进行交流，消除误解、减少冲突、增进共识，对于形成良好的国际舆论具有深远的意义。当前，开展新媒体外交成了世界各国的共识，而我国利用各种新媒体工具和平台积极开展公共外交工作，很大程度上提升了我国的国际形象。

（一）创建立体传播渠道

2009年底，中国网络电视台正式开播，它标志着公共外交的全媒体模式已初步形成，开创了以视听互动为核心的全球化、多语种的网络视频公共服务平台。2011年4月13日,中国外交部开设官方新浪微博——"外交小灵通",主要发布有关领导人出访活动、中国与其他国家外交关系、重大国际性会议等信息,获得了国内外的广泛关注,截至2017年7月,已经获得747万粉丝关注,发布微博13000余条。2012年8月,外交部新闻司公共外交办公室升级为外交部公共外交办公室,网络公共外交成为其重要职能之一。除此之外,文化部、商务部、国新办、国侨办、国家旅游局等中央政府部分纷纷开设网站和官方微博。另外,新华社、《人民日报》、中央电视台等中央级媒体在国外新媒体平台的布局明显加快,在推特和脸书上创设了认证账号,与国外的网友进行互动交流。

此外,中国还充分利用一些重大活动,对外呈现一个负责任的大国形象。2015年9月3日中国举行"纪念抗战70周年阅兵仪式",纪念世界反法西斯战争胜利70周年,不仅对于中国人民来说具有伟大的意义,对于世界其他国家的民众同样意义深远。在这样一个特殊的日子里举行盛大的仪式,仅仅在国内的电视上进行直播还不够,与此同时在多个网络平台上进行了直播,全世界的公众都可以进行观看。并且多个门户网站专门开辟了阅兵的直播网站,进行图文解说和翻译。阅兵仪式向全世界展示了中国不忘历史、团结向上的形象,也展示了中国的国家实力。

(二)积极应对突发事件

以往,当突发事件发生时,传统媒体在议程设置和舆论引导上占据绝对主动的地位,但是传统媒体往往存在时效性以及报道形式比较单一的劣势。因此,面对突发事件,特别是一些国际性的灾难事件,我国的媒体报道以及政府反应相对比较落后,这在一定程度上影响了国家形象。新媒体改变了突发事件中传统媒体在公共外交事件中的作用方式,使突发事件中的公共外交可以更好地实施。

当发生突发性事件时，中国运用各种媒体及时、全面、持续地进行报道。2011年3月11日，日本东部发生了9级地震，造成了核泄漏，损失惨重，引起国际社会的广泛关注。在地震发生时中国马上进行了全方位的报道，并且对日本地区的民众表示了诚挚的慰问，在新浪微博等开通了相关话题，使中国民众可以直接表达对日本人民的慰问。在事件发生五年以后，2016年的3月11日，日本国驻华大使馆官方微博发表了悼念微博，并对中国的援助表示感谢，同时期望中日两国之间的纽带更加牢固，获得了数千条的评论和转发。这些在重大灾难性事件发生时的态度和行为，增进了日本民众对中国的好感，同时也给其他国家留下深刻的印象。

2015年6月1日发生的"长江沉船"事件，国内外舆论有不少质疑的声音，国务院"东方之星"号客轮翻沉事件调查组在第一时间成立，立即展开调查工作，随时在新媒体平台更新事故的调查进度，及时发布第一手信息，阻止了虚假信息的蔓延，也对国内外公众的疑问进行积极回应。在事件发生半年内，持续性地发布调查过程和阶段性结果，并最终发布了调查报告，并且表示了对逝者和家属的悼念和慰问。这是对"长江沉船"事件长期的负责任态度，对于国内和国际社会做出了完整的答复，维护了国家的形象。

（三）传播中国传统文化

习近平总书记在纪念孔子诞辰2565周年的国际学术研讨会上指出，要将中国传统文化的具体内容经过合理的加工，通过借古说今的方式来适应当代中国社会发展和国际大势。新媒体外交利用全新的媒介生产和传播的技术平台，传播鲜明的"中国符号"和"中国故事"，来塑造中国形象。

春节是中华儿女盛大的节日，也是中国传统文化的象征。每年的大年三十，中国观众都会守着电视机观看春节联欢晚会，这已经成为阖家团圆、共度新春的文化象征。如今，春节联欢晚会不仅在电视台和电台播出，同时还在多个视频网站进行播放，使全球的公众都能观看。同时，网站还开通了"春晚直播间"，使公众可以边看春晚边进行评论。2016年的春节联欢晚会，日本的NICONICO（妮可妮可）网站也进行了同步直播。春晚走出了中国，不仅使全球华人可以共襄盛举，还变成了向全世界公众宣传中国的艺术与文化的活动。再如，由央视拍摄的纪录片《舌尖上的中国》系列，在第二季播出时，全方位运用了微博等新媒体手段，与受众进行互动，还走出国门参加了戛纳电影节，引起了巨大的国际反响。《舌尖上的中国2》将中华美食上升成为一种文化，展现了中国的普通劳动者与食物之间的故事，传递了中国人重视家庭、热爱生活的态度，利用故事化的叙事描摹出中华的美食地图，并且融入了国际的审美标准和纪录片拍摄手法，在传播渠道上给予多元化的媒介选择和体验，在建构国家形象以及打造文化软外交上取得了不小的成绩。

（四）塑造国家领导人形象

国家领导人形象是国家形象的重要组成部分，对于彰显国家声望具有不可替代的作用。过去，中国的新闻媒体对于领导人的报道往往十分谨慎，报道的内容大多是通稿，不允许对稿件进行修改，内容和形式也比较单一。2008年，奥巴马就任美国传统，他也被称为首个"新媒体总统"，在选举和执政过程中他十分重视新媒体在政治传播和对外交往中的作用。此后，越来越多的其他国家的领导人纷纷注册社交媒体账号，向本国和外国公众展示自己多方面的形象，拉近了与普通公众之间的距离。在这种背景之下，在媒体宣传中中国领导人也开始逐渐展现出新的风貌。

2015年是全球性活动集中的一年，中国领导人在国际舞台频频亮相，传递中国声音、表达中国立场、展示风采。习近平先后出访俄罗斯、美国等多个国家，出席亚非领导人会议和万隆会议 60 周年纪念活动等一系列重大活动。以往这些重大会议都是由新华社、中央电视台进行全权报道，也多是通过传统媒体进行传播。在这一年的重大活动中，国内外的新媒体平台都有内容全面、形式多样的相关报道。新华社在推特上的官方账号 New China 发布的图文《习近平在莫斯科：红场阅兵的精彩瞬间》，获得了大量转发，得到了外国网友和其他国际媒体的认可。人民日报社制作了英语视频《谁是习大大》并在视频网站 YouTube 上进行播出，展现出中国国家领导人亲切的形象。习近平还接受了《华尔街日报》的书面采访，光明网的报道题为《习主席接受美媒专访：开诚布公，从容自信：一次成功的公共外交行动》。这些报道既有流程性的报道，也有观点性的报道，充分勾勒出我国领导人睿智、从容、亲和的风姿风采，展现了中国的良好形象。

在西方的政治舞台上，"第一夫人"的媒介形象也受到高度重视，被视为国家领导人形象的一部分，能为其所代表的国家增光添彩。如美国第一夫人办公室专门在推特为米歇尔·奥巴马开设账号，白宫网也经常发布她的相关消息。彭丽媛女士作为著名的歌唱家和艺术家，本来就在海内外享有盛誉。2015 年以来，新华社、中央电视台等媒体在推特平台展现了彭丽媛女士亲切、优雅、善良的形象，重点报道了彭丽媛看望津巴布韦孤儿、在联合国总部发表英文演讲、与米歇尔·奥巴马为熊猫幼仔取名等较有代表性的活动，取得较好的传播效果。

三　新时期中国新媒体外交面临的挑战与问题

（一）中国开展新媒体外交塑造国家形象面临的挑战

1. 国际舆论的不利因素

近年来，随着中国经济实力、军事实力的迅速提高，美国等西方大国所鼓吹的"中国威胁论"和"中国崩溃论"甚嚣尘上。中国的崛起对美国主导的国际关系格局构成了威胁,一些特殊的势力和利益集团为了自身的目的,恶意抹黑和妖魔化中国。目前,国际社会舆论格局仍然被以美国为首的西方国家掌控,虽然中国在国际社会的话语权有所提升,但是影响力有限。西方媒体在对中国进行新闻报道时,时常带有偏见,特别是借助一些热点话题,例如西藏问题、人权问题等进行炒作,进而影响了公众对中国的认知,对中国塑造国家形象不利。

中国的发展离不开世界,和谐稳定的国际环境对中国的改革发展至关重要,所以中国必须依靠新媒体来营造和维护良好的外部环境。因此,中国相关政府部门必须要增加力量,加大投入,调动资源,动员政府组织、民间组织、意见领袖等不同的公共外交实施主体,广泛利用新媒体平台,向国际社会和外国公众展示真实的中国面貌、讲述中国故事、宣扬中国文化、阐述中国的外交政策,让国际社会理解和认同中国的和平发展道路,中国谋求的是和谐共处、求同存异的发展理念,消除误解、打消疑虑、增进沟通。

2. 新媒体传播格局的挑战

新媒体技术改变了人们的生产和生活方式,信息流动更加便捷,互动交流更加便利,在一定程度上还增进了信息传播的透明度。但是,不同国家在信息输入和输出上还存在着很大的不对称性,美国凭借其技术创新优势,仍然是新媒体公共外交的主要受益者和推动者。无论是硬件的实施、软件的开发,以及互联网的运行规则,以美国为首的西方国家仍然处于长期领先的优势地位,掌控着话语权。某些时候一国政府可以利用新媒体技术刻意制造冲突和误解,从本国的国家利益出发修改话题议程,以达到自身的意图。近些年,美国所推行的"互联网自由"战略和"影子网络"计划,造成了北非、中东和东南亚部分国家的政局动荡,在全球一体化的大背景下,中国也受到了一定程度的冲击。因此,中国既要加强新媒体技术的开发与创新,综合利用各个平台,又要对其带来的消极影响保持警惕和进行有效的规避。

另外,新媒体虽然实现了信息的快速便捷传递,但是任何事物都具有两面性,新媒体参与公共外交活动也会带来一些负面影响,如果对这些消极因素不加以控制,对外交决策的实施以及开展都会起到阻碍作用。在虚拟的网络空间里,信息传播者没有受到约束,可以随意地传播信息和观点,而信息接收者的甄别能力有限,在虚假信息的洪流中,很容易被误导和欺骗,轻信谣言,甚至会帮助谣言的散布。如果各国政府无法对新媒体的信息传播流程进行把关和控制,存在着极大的风险。特别是在进行跨国传播时,用户的文化教育程度以及个人素质更是参差不齐,目前仍然没有有效的技术进行事前的审核与监管,只能进行事后的弥补,这种滞后的补救无法发挥出效力,对于一些不利于国家形象的舆论只能听之任之,这对公共外交活动提出了实实在在的挑战。

(二) 中国开展新媒体外交塑造国家形象存在的问题

1. 施行主体单一

中国在实施新媒体外交上已经取得了不少的突破和成绩,但是总体来讲实施者和参与者仍然以国家机关和政府相关部门为主,内容来源比较单一和严肃。虽然近几年增加了非政府组织等实施主体,但是并没有发挥出很大的作用,得到的重视程度也不够,在新媒体外交的实施主体中处于边缘化的地位。反观欧美一些大国对中国开展的新媒体外交,除了政府组织之外,还有大量的非政府组织、社团、民间智库以及有影响力的个人等,实施的主体非常多元化,在与普通民众的贴近性和亲和力上做得更好。

新媒体在公共外交上的主要作用就是，打破了传者与受者之间、以及传统公共外交主体与受众之间的间隔。只有充分调动民众以及民间组织等实施主体的参与度与创造热情，集合多元化主体的才智，才能发挥新媒体外交的优势，更好地塑造国家形象。

2. 受众定位不清

与传统媒体相比，新媒体在信息投放上更加精准，因此新媒体外交对于公众的划分具有更高的要求，不仅是年龄、职业、文化程度、经济水平，还应考虑国籍、种族、民族等因素，只有充分研究和掌握公众的情况，才能在议题设置和舆论引导上更有针对性，否则在文化背景、政治归属上的差异性，会使得某些宣传活动不仅不能维护国家形象，还会起到负面的作用。近几年中国增加了很多实施新媒体外交的渠道，如外交部、商务部、教育部等许多政府部门都建立了互动网页以及官方微博和微信，在国外的一些社交媒体上也开通了账号等，但是，现在仍然处于全面撒网的阶段，受众定位上还比较模糊，这就造成了新媒体外交的开展效果不是很明显，在议程设置和舆论引导上呈现出较被动的局面。

3. 互动性不足

传统的公共外交是单向性的，新媒体外交的优势在于实时地交流和互动，只有增强了互动性，才能实现获得关注和影响受众的目的。目前中国实施新媒体外交在与受众互动上做得还不足，例如观察外交部公共外交办公室的官方微博"外交小灵通"可以发现，虽然微博保持着固定更新的频率，内容也比较丰富，网友也进行了评论和转发，但是"外交小灵通"的回应较少，这就没有形成一个互动交流的效果。此外，该微博使用中文，主要面对的还是中国国内用户，更多的是便于中国公众了解本国的外交政策和动态，而对国外的公众影响力比较小。随着中国对外传播战略的确立，不少驻外外机构在海外社交媒体平台开设了账号，以英语为主向世界传递自己的声音。截至 2016 年 4 月，有 8 家外交使团在推特开设账号，这些驻外机构的账号大多建立时间不长，其中账号建立时间最短的中国驻巴基斯坦大使馆账号是在 2015 年 11 月建立的。发布帖文的频率不高，并且没有一个相对固定的发布频率或者速度。其中发布帖文最多的中国驻欧盟使团平均每天最多能发布 3—4 条推文。而中国驻智利大使馆文化处，在 2015 年 12 月 21 日后就再也没有一条推文。

四 对中国开展新媒体外交塑造国家形象的建议

（一）在传播主体上，重视民间智库和精英群体的作用

在实施主体方面，除了继续发挥国家和政府部门的主导作用之外，还应增加民间组织、个人等实施主体，重视民间智库的作用。首先是给予足够的重视，其次是给予正确的引导和相应的支持，同时应制定相应的法律法规，规范其行为。此外，还要引导那些有影响力的公众人物，如明星、意见领袖等，这些人发布的观点和信息更容易引起舆论的关注，并且迅速地形成影响。在未来的新媒体外交发展中，要充分利用公众人物，并加强监管。

欧美国家利用中国的微博、微信等新媒体工具，与中国的精英阶层密切联系，如英国使馆的线下活动经常邀请一些中国的明星参与，美国使馆在举行线下活动时特别注意联络中国的大学生群体，这些人的粉丝数量众多，而且对新鲜的事物和理念接受能力更强，对于他人的影响力更大。中国也应该行动起来，增强和其他国家的意见领袖的沟通对话的渠道。例如通过社交媒体的互动，有效促进双方知识精英阶层的沟通和理解，有利于传递中国的信息。

（二）在传播内容上，将中国的文化传播与新媒体特征相结合

在传播内容方面要注重将中国传统文化和新媒体的特征相结合，

柔性地输出中国的文化价值观念。特别是在当下网络文化盛行的趋势下，有许多对中国文化加以歪曲和不实报道的内容，这样不仅不能够吸引和打动国外公众，反而会引起他们的反感。还应该注意的是，由于中国的文化和其他国家的文化有很大的差异，以及思维方式、生活方式、宗教信仰等方面存在差异性，难免会产生冲突和困扰。只有一方面增强文化自信，另一方面充分理解外国公众的需求，并且进行持久的交流和互动，转变眼光和思维，才能在潜移默化中增进外国公众对中国的认知和了解，在开展新媒体外交的过程中保持中国特色和中国风格。

（三）在受众群体上，进行更准确和详细的定位

在受众的选择权越来越多的背景下，强行地输出传播内容已经不符合时代要求，在议题设置时除了要思考应该传播什么内容之外，更应该思考受众想要了解什么，从国外公众感兴趣和迫切想知道的内容入手，遵循"受众本位"的原则，以小见大、由点及面地将信息传递给受众。根据受众需求制定实施方案，研究受众文化背景，传达受众需要并且能接受和理解的信息。通过研究英美两国驻华使馆的微博议题，他们的议题选择具有很强的贴近性，例如留学教育、签证政策、社会、历史和文化等，特别是在文化、艺术、体育、娱乐、影视等方面，中国网友很感兴趣。同理，外国公众对中国的美食、自然风光、古老建筑等中国特色也十分感兴趣，因此在议题设置上可以更加偏向于这些内容，反而能起到比较好的效果。

（四）在传播渠道上，进行机制和技术上的不断创新

如今，新媒体平台为公共外交的开展提供了灵活和多样的渠道，我们在机制上更应该进行创新，不墨守成规和故步自封，可以大胆地引入一些新媒体公司，将一部分业务交给专业的团队和人才来运营，在公司化和市场化的机制下培养既懂得新媒体又懂得外交的人

才。例如，外交部可以通过严格筛选，招聘专门的团队或个人来运营微博账号，并且对其进行培训和引导，让他们了解中国的外交政策，同时又发挥出他们新媒体运营的优势。

除了机制上的创新之外，还有技术上的创新。我们都知道，中国的社交网站从最初的人人网、开心网、博客，再到微博、微信。在微信在中国兴起之前，许多国家驻华使馆主要通过微博来宣传本国的主张，如今他们都已经在中国的微信平台上开通了官方微信账号，只要扫描二维码或者直接添加该官方微信账号，就可以把想要传播的内容直接推送到用户的手机或其他移动终端设备，这种直达受众的信息传播模式的传播效果将更为惊人。微博、微信不是最终媒介手段，凭借人类的智慧和创造力，将来一定还会出现更加先进、便捷的媒介平台。为此，我们只能与时俱进不断适应科学技术的进步，不断地探索和调整新媒体外交战略。

国际传播视角下"一带一路"建设的民心相通

——以数字可视化传播为例

郭 明[*]

摘　要　民心相通是"一带一路"建设重点中的目的所向。以大数据、移动互联为特点的新媒体在国际传播中，将越来越发挥舆论影响的作用，也直接关系着中国与世界的双向互动。在国际传播环境下，充分利用数字可视化传播，有利于提升中国国家形象在沿线国家的好感度，进而使得"一带一路"的对外输出与当地民众充分交流，达到民心相通的目的。当前加强国际传播能力、提升"一带一路"建设的民心相通的对策建议是：一、打造数字云联网的信息文化传播模式，建构智能化互联互通的国际传播体系；二、建立数字化文化产业传播机制，构建新媒体革命下的文化传播渠道；三、在文化产业全球博弈中，注重内容生产与新媒体的文化创新，以打造面向国际市场的数字化文化产业，大力发展国际文化传媒产业。

关键词　国际传播　民心相通　数字化　可视化

---

[*] 郭明，湖北鄂州人，汉族。武汉大学硕士毕业，澳门科技大学国际关系在读博士，广东科学技术职业学院讲师。研究方向：国际传播与国际关系、文化资本、中西文化交流。

"一带一路"是中国为推动经济全球化深入发展而提出的国际区域经济合作新模式①，是中国文化的再全球化国际传播的过程，标志着中国文化以"走出去"为鲜明特征的全球化传播时代的到来。随着全球新媒体时代的到来和"一带一路"周边国家多样文化参与的广度和深度的不断拓展，讲述好中国故事，阐释好中国特色，展示中华文化的独特魅力，提升国际话语权，全面提高国家文化软实力，需要在新技术新理念下创新传播的方式方法，有效传播当代中国的价值观念，促进民心相通。

一 民心相通的建设的必要性

民心相通仍是一个较新的议题，就目前研究而言，以翟崑 2016 年在《一带一路背景下的中国—东盟民心相通现状实证研究》中的数据显示，"民心相通发展状况可分为'顺畅型'（8 分及以上）、'良好型'（6—8 分）、'潜力型'（3—6 分）和'薄弱型'（3 分以下）。新加坡、泰国、马来西亚和印度尼西亚的标准化总评分均在 8 分以上，属于'顺畅型'国家；柬埔寨和老挝的标准化总评分分别是 6.95 分和 6.53 分，属于'良好型'国家；越南、缅甸、菲律宾和文莱的总评分都低于 6 分，属于'潜力型'国家。但是中国与所有东盟国家民心相通的标准化评分都在 4.8 分以上"②。虽然在总体情况上是良好的，但是民心相通程度的潜力仍然巨大，实然层面与应然层面的程度仍有差距。

首先，目前中国的经济大国身份，对于"一带一路"沿线国家具有强大吸引力，中国已是世界第二大经济体，GDP 超过 10 万亿美

---

① 高立：《经济全球化视角下"一带一路"战略的实现路径分析》，《环球市场》2016 年第 6 期。

② 翟崑：《一带一路背景下的中国—东盟民心相通现状实证研究》，《云南师范大学学报》（哲学社会科学版）2016 年第 6 期。

元,每年对外投资超千亿美元,是 120 多个国家的最大贸易伙伴。2015 年,中国对全球经济增长的贡献率超过 25%[①]。中国企业在"一带一路"相关的 49 个国家直接投资额达 148.2 亿美元,同比增长 18.2%[②]。加上现有中国对沿线国家的投资建设项目,投资双方的经济关系密切,这构成了发展民心相通的基础。

其次,在西方话语体系之下,"中国威胁论""中国称霸论"等负面评论层出不穷,归根结底是一种信息不对称造成的结果。没有将中国传统文化中的天下观思想进行有效传播,别国民众也不能理解中国的不称霸理论,而民心相通正是解决这一问题的目的和结果。中国传统文化中的忠恕之道、天下大同思想,很好地诠释了中国"一带一路"建设当中,不称霸、不剥削,合作、互利、共赢的合作方式。因此,民心相通,也是对传统文化所影响的国际交往方式的贴切实践。

二 数字可视化传播对"一带一路"建设的民心相通的作用

"国之交在于民相亲,民相亲在于心相通","以心相交者,成其久远"。"国家之间的关系说到底是人与人的关系,只有打动人心,才能实现其他合作领域的'感而遂通'。"[③] 数字可视化时代,多元跨频的族群间跨文化交往有利于促进自我身份的认同,视听与数字化的深度结合,能有效地扩展国际传播的能力和效力,大大提升了民心相通的向心力。

首先,塑造良好的国家形象,促进身份认同。麦克卢汉曾提到电子媒介的"身份"剥夺,当人与人凭借电子媒介形成直接互动时,

[①] 《国家统计局局长王保安就 2015 年全年国民经济运行情况答记者问》,中国政府网页,2016 年 1 月 19 日。

[②] 《中国仍是世界经济"动力源"》,《人民日报》2016 年 1 月 28 日第 1 版。

[③] 邢丽菊:《推进一带一路人文交流困难与应对》,《国际问题研究》2016 年第 6 期。

就使中枢神经直接相连形成了彼此的深度介入。古代丝绸之路在历史中不仅是一条商贸之路，也是一条人类文化交流的互联互融之路。中华文化的仁爱精神、民本思想和习近平总书记讲到的正确的义利观，都强调了"一带一路"的互联互通是不同于以往西方文明全球化过程中形成的文化帝国主义、文化殖民主义和文化霸权主义。而是鼓励有不同价值观的当地政府和当地人共同分享"一带一路"创造成果的过程，是一场为了更美好生活和可持续发展的文化接触、文化参与和文化交流。当今，中国提出的"一带一路"、互联互通和构建网络空间命运共同体等国际传播与国际秩序的新理念、新倡议和新愿景，与目前全世界在移动端探索国际传播的起点是一致的。大数据、云计算、感应技术、智能物联是实现未来智能媒体的技术条件，通过智能互联网对信息传播能力的颠覆式提升将实现对世界的感应、认知和服务体系。媒体的供给将与用户的需求高度匹配，传统传播的权力界限将越来越模糊，边界正在消解、媒体无处不在，世界则重新连接[1]。

其次，讲好中国故事，提高民心相通的向心力。民心相通的重要环节是讲好中国故事，讲好中国的"一带一路"的故事。第一，数字可视化传播可降低认知负荷。在学习认知理论中，John Sweller 提出了认知负荷理论（Cognitive Load Theory，CLT），他认为从来源的不同分为三种认知负荷："一是内在的认知负荷（intrinsic cognitive load），它由学习材料的结构和复杂性引起；二是外在的认知负荷（extraneous cognitive load），它由信息呈现的形式和方式施加；三是有效认知负荷（germane cognitive load），它由学习者努力地加工并理解材料造成。"[2] 第二，数字可视化传播契合了受众使用媒介的方

---

[1] 腾讯传媒研究院：《众媒时代——文字、图像与声音的新世界秩序》，中信出版社 2016 年版。

[2] 丁道群、罗扬眉：《认知风格和信息呈现方式对学习者认知负荷的影响》，《心理学探新》2009 年第 3 期。

式。"受众使用媒介的方式与动机"是传媒渗透力和影响力的重要指标。移动端则是一个重要的战场,媒介生态随着移动端、智能硬件、直播应用等三大"介质"正发生深刻地变革。以往人们对文字、图片的表达诉求在 PC 端得到了充分的满足,如今在移动端,移动视频的直播极大地满足了人们对内容及时性和互动性的要求。精准传播在智能媒体时代是最有效的传播方式,在"一带一路"国际传播过程中,越能根据不同人群制定有针对性的传播策略和战略,就越能增加传播的精准性和说服力。尤其是相同内容的传播根据受众接受习惯制作不同的版本,传播效果会更好。第三,媒介语言的创新有利于精准传播。"一带一路"沿线 60 多个国家使用多种语言,但不管是外交部门还是企业、务工人员,能够熟练掌握当地语言的人才非常的少。"又如中亚国家、南亚国家、东南亚国家等 29 个国家,使用语言方言近千种,其中官方语言和国语大概 60 余种,只有很少大学开设这些语言专业,招生规模也很小,其中 18 种语言根本没有开设专业。"[①] 语言相通是"一带一路"民心相通的基础。

三 数字可视化传播推进"一带一路"民心相通的思路

目前我们在国际舆论中常陷入被动挨骂的局面,中国国际传媒的实力,无论是传播力还是影响力都比较弱,只有提高国际传播的能力,切实改善中国的国际舆论环境,有效地发出中国的声音,才会得到他国政府和民众的认同和理解。

(一)打造数字云联网的信息文化传播模式,建构智能化互联互通的国际传播体系

"互联网不仅仅是一个媒介,更本质的意义就在于它是一种重新

[①] 王湘穗执笔整理《"一带一路"离不开民心相通》,《研讨会综述》,《经济导刊》2017 年第 2 期。

构造世界的结构性力量,这是它真正的意义。"① "一带一路"民心相通的建设,不仅需要搭建一个国际平台,让中国与世界互联互通,更好的走向世界;也要搭建一个中国平台,让世界更好的读懂中国。这就需要整合统筹所有的传播路径和技术,全面提升国际传播能力。

习主席在 2013 年先后提出"丝绸之路经济带"和"21 世纪海上丝绸之路"两个宏大倡议以来,新媒体在微博、微信、客户端等平台,发出关于"一带一路"的报道,以万为单位计量。"中新社相关报道累计被十余个国家和地区的 343 家(次)华文媒体转载,中国国际广播电台正集中对全球六个战略区域实现重点覆盖。仅从数量来看,'一带一路'的相关报道已经具备'壮大声势'之效,但这只是一种'落地',与'入心'并无必然联系。"② 利用数字可视化传播在移动互联端的强大信息整合能力,建构智能化互联互通的国际传播体系。以数字化和交互感为根本特征的智能媒体,基于大数据与数字可视化的新架构系统的诞生,将在移动端形成强大的信息整合力,既可增加信息传播渠道、提升信息传播速率,还将打通人与人、人与物之间的时空间隔,形成智能化互联互通的"泛在网络"。而大数据的 7V 特征:Volume(海量)、Velocity(高速)、Vast(空间)、Variety(多样)、Value(价值)、Veracity(真实)、Visualize(可视化)③,将帮助人们更好地搜集、整理海量信息,形成"互动、线上、社群"的"内容"和"渠道"多元化的时代。最终实现全球化无缝传播的推送模式,以数据图、数字化演示、交流互动等实现向"一带一路"沿线普通民众传递晦涩难懂的概念、信息、知识等,用更生动的图解、图说、视听手段讲好中国故事,达到信息传播、观念内化、态度演进的目的。

---

① 喻国明:《互联网是一种"高维"媒介——兼论"平台型媒体"》,《新闻与写作》2015 年第 2 期。
② 周均:《以大数据思维创新"一带一路"传播》,《传媒观察》2015 年第 7 期。
③ 许志强:《智能媒体创新发展模式研究》,《理论探索》2016 年第 6 期。

（二）建立数字化文化产业传播机制，构建新媒体革命下的文化传播渠道

创新数字化文化产业传播渠道，促进优秀文艺作品多渠道传输、多平台展示、多终端推送。构建数字化文化产业传播机制，关键是坚持新的媒体思维、媒体精神，创造性地变革媒体语言；在"内容融合"过程中，创新内容的生产、呈现方式，提升内容的黏性；在"技术融合"过程中，注重技术运用、终端平台的开发以及人才队伍的培育；最终实现文化传播体系的现代化、形态的立体化和渠道的多样化。

网络大数据时代，传播的路径已经发生了深刻的改变。传播的形态通过 Html5、交互设计、动画、3D、虚拟现实等形式变得越来越立体；内容在多种应用如微信、微博、App 客户端、社交平台等进行发布；多种终端如手机、电视、平板、手表、汽车、VR 等也会与互联网融合，改变受众的多屏接收体验；数字电视网络、卫星网、互联网、IPTV 等多种网络将采用"数据+场景+故事"的方式，搭载云平台和智能操作系统，实现传播内容从可读到可视、从静态到动态、从一维到多维的数据展现；未来会打造适合用户需要的数据资讯、专属产品、整体解决方案和本地化服务传播渠道，整合各种资源，不断提升服务能力，可帮助政府、企业提升智能媒体环境下文化传播的能力。

（三）以打造面向国际市场的数字化文化产业，大力发展国际文化传媒产业

《文化部"十三五"时期文化产业发展规划》中明确指出："以数字技术和先进理念推动文化创意与创新设计等产业加快发展，促进文化科技深度融合、相关产业相互渗透。到 2020 年，形成文化引领、技术先进、链条完整的数字创意产业发展格局。"[1] 大力发展国

---

[1] 《文化部"十三五"时期文化产业发展规划》，促进数字创意产业蓬勃发展，创造引领消费。

际文化传媒产业，深度挖掘"一带一路"沿线国家和地区丰富的文化资源，包括两河流域文明、基督教文明、希腊文明、印度文明和中华文明的独特文化资源，根据不同国家的文化资源特性，基于文化共识的战略认同，建构不同价值形态的文化产业合作发展平台和有竞争力的文化业态，促进区域间的人际交往和文化交流。尤其着力发展以影视媒体、数字图书、动画产业为优先发展的文化产业，整合一批从事互联网电视、手机电视、网络视频、移动互联网等业务的新兴媒体产业公司，媒体集团凭借自己的传播优势和策划能力联手互联网及相关文化产业，是结合自身特色进行产业转型的有效路径。从视觉传播效果入手，文化产品数字化对于中国传统文化传播模式的创新，实现互联互通，这是我国文化产业拓展极为重要又极具战略前瞻性的突破口与重要抓手。

四 总结

在科技的推动下，介质进化的速度会越来越快，传媒大亨默多克曾说："技术正在转移编辑、出版者、当权派、媒介精英们手中的传播特权，现在是人民执掌传播权的时代。"[1] 关注"一带一路"的民心相通，数字可视化传播、数字可视文化形态与创意符号体系已经是不能阻挡的趋势，这既是时代要求，也是中国文化"走出去"的内在要求，既关乎着人的需求，即人文、文化、艺术、符号、内容如何与网络信息载体、技术间的融合，又关乎着民族国家的发展。随着不断崛起的中国国家经济实力的提升，中国国际传播还将提供卓越的技术创新、活跃的媒体产业和丰富的传播实践，为"一带一路"民心相通构建深层次、多领域的文化对外开放格局，推动中华文化走向世界。

---

[1] 余霞、曹娜:《全媒体与"碎时代"——关于全媒体时代广告传播的思考》,《中国出版》2013 年第 6 期。

算法型内容生产的侵权纠纷和伦理问题分析

罗 敏[*]

摘 要 随着以大数据挖掘和人工智能为技术特征的算法型内容生产模式的崛起，一批基于算法分析的个性化推荐引擎产品在积累了为数众多的用户后，也屡屡遭遇版权侵权的风波。同时，通过数据挖掘用户信息并进行智能兴趣推荐，从而实现商业性目的的做法不仅招致隐私权侵权的争议，更引发令专业人士所不忍的茧房效应。本文基于信息聚合型媒体的内容生产和分发逻辑，对其中的侵权纠纷和伦理问题加以分析，认为数字时代的内容生产需要通过立法手段进行规范，并提供行业内自律模式对技术造成的无序性加以规制，同时增强公众的个人素养和法律意识。

关键词 算法型内容生产 大数据挖掘 侵权纠纷 信息茧房

如果说新媒体的兴起预示着精英媒体时代度过了巅峰期，新闻和媒体的关系不再那么紧密，那么以大数据算法、人工智能等为创新驱动的技术平台的崛起就是在进一步重构新闻生产和内容分发的逻辑。这场由技术进步引发的传媒生态格局的变迁使得传统媒体在

---

[*] 罗敏，暨南大学新闻与传播学院研究生。

一夜之间经历了受众数量和广告利润的断崖式下跌，而一批建立在AGC（Algorithm-generated Content，算法生产内容）模式上的个性化新闻推荐引擎，通过对数据进行抓取、挖掘、统计和分析，实现新闻的可视化呈现，同时结合用户行为如阅读、转发、评论等数据进行的画像，而精准推送，最终迎来用户流量暴涨的春天。

然而，随着大数据挖掘和人工智能技术在各大搜索引擎、社交应用、内容推荐平台等的广泛应用，算法型内容生产机制所引发的侵权纠纷和伦理问题也备受关注。以推荐引擎为技术支撑的"今日头条""一点资讯""Flipboard"等"聚合信息客户端"在积累了为数众多的用户后，由于种种主、客观因素而深陷版权侵权纠纷的旋涡。再者，这些个性化的推荐引擎产品运用机器算法挖掘用户私人信息来间接获取经济利益的做法涉嫌侵犯公民的隐私权，随即引发数据时代公民如何维权的热议。最后，算法推荐模式下用户对符合自身预先观念的同质化内容的长期接触引起茧房效应，成为饱受专业人士诟病之处。

一　算法型内容生产的技术逻辑

顾名思义，AGC算法型内容生产就是充分发挥技术创新的优势，将内容分发从新闻生产系统里剥离出来，并通过算法将内容和用户进行高效精准地匹配，使得内容生产能力和内容分发能力变得高度适配。以"今日头条""一点资讯""Flipboard"等基于数据挖掘的推荐引擎产品为例，它们最基本的运作方式就是以数据挖掘和机器学习的智能推荐引擎为技术中介，实现内容和用户需求的智能匹配、合理组装并进行高效分发，呈现出"全网内容聚合→用户需求挖掘→算法智能匹配→内容高效分发→新闻个性化推送"的一体化流程。[①]

---

① 王卉、张文飞、胡娟：《从今日头条的突破性创新看移动互联网时代内容产业的发展趋势》，《科技与出版》2016年第6期。

在内容的获取环节，以"内容聚类排序"代替"内容生产"。推荐引擎产品一方面赋予自媒体创作的权限，靠自媒体用户自产内容；另一方面和诸多优质资源建立联系，通过网络爬虫技术对指定来源的新闻网站的内容进行访问和保留，如果网页中含有超链接内容，"爬虫"会继续访问超链接，以此循环往复地收集来自互联网各个角落的信息[1]，从而获得海量的数据，实现全网内容的聚合。

在用户的定位环节，即算法对用户群体的画像和用户兴趣的标签化过程，推荐引擎产品运用"机器学习"的方式通过收集用户的身份信息，以及观察用户的阅读、收藏、评论等行为，分析用户对某类信息或咨询的兴趣，然后判断并记忆，据此进行用户需求分析和用户定位，并推荐相关信息[2]。所谓个性化新闻推荐平台就是凭借算法构成的信息过滤机制和新闻推荐系统从多个维度包括用户的身份维度、兴趣维度、社交关系维度等来确定推荐模型，并不断过滤无效信息以优化模型。

在内容的分发环节，主要是依靠算法对用户兴趣挖掘和智能内容匹配所积累的原始数据而形成无限多的兴趣标签、兴趣小组或订阅频道等来实现的，智能推荐平台的内容会根据已有的标签以个性化频道、个性化推荐、个性化杂志等形式推送给目标用户，这些内容既包括热点新闻资讯，也包括为小众所感兴趣的长尾内容。

以上三个环节几乎是同时、交叉进行的，聚合好的内容会按照用户需求来进行个性化分类，而用户在平台完成的个性化操作的行为数据又不断地反馈给已有的内容标签或诞生新的兴趣标签。在这样一个回环往复的过程中，内容重复被定义、被筛选、被标签化，

---

[1] 王成军：《"今日头条"的技术逻辑：网络爬虫＋矩阵筛选》，《传媒评论》2015年第10期。

[2] 马妍：《大数据背景下新闻客户端的发展模式研究：以"今日头条"为例》，硕士学位论文，辽宁大学，2016年。

而用户的需求不断被放大、被细分、被个性化，连接用户和内容的智能推荐系统因此一定程度上避免了推荐模型的固化，使得内容的分发环节变得越来越精准，越来越契合用户的需求。

然而，无论是内容"搬运"还是"二次加工"，无论是网络设链、转码还是数据挖掘、利用，本质上都是商业型媒体为了争夺用户市场的非正常化操作，都有越轨和侵权的嫌疑。但由于我国法律在规范网络传播领域的尚不完善、技术平台自身的监管不力、用户自我权利保护意识的薄弱等，都使得互联网传播时代的侵权主体、侵权行为和侵权责任认定具有一定的复杂性和不确定性。与此同时，究竟是基于用户需求的个性化内容推荐，还是绑架用户注意力的同质化信息禁锢，技术的打磨能否经得起时间的考验仍有待论证。

二 全网内容聚类与版权侵权纠纷

作为信息聚合型媒体，"今日头条""一点资讯""Flipboard"等主要是充当内容"搬运工"的角色，通过签约或邀请主流媒体、政务机构、社会组织、企业等入驻来凝聚全网的优质资源；其次就是结合UGC（User Generated Content，用户生产内容）内容生产的模式，为自媒体用户打开方便之门。由于使用门槛的低成本性、粉丝的易获得性以及产出的内容可以被系统自动匹配给相关用户，使得越来越多的合作机构和自媒体用户选择加入个性化新闻推荐客户端从事内容发布和生产，而这些聚合类信息客户端采取的链接发布新闻的方式和自媒体素质参差不齐的现状无疑加剧了所属平台的侵权隐患。

自2013年起，各类主流媒体网站、新闻客户端、视频网站、自媒体人士都曾以法律诉讼、电子公告、公开信、社论等形式针对个性化新闻资讯应用如"今日头条""一点资讯"等，利用算法"生产"内容过程中的网络版权侵权行为，表示强烈的抗议和谴责。如

2017年世界知识产权日后，先是百名自媒体人发出《联合维权公开信》控诉"一点资讯"严重侵犯知识产权的行为，后有《南方日报》发表《反侵权公告》，声明的最后矛头直指"今日头条"未经授权的转载行为。尽管"今日头条"和"一点资讯"已经通过内容合作或开通应用号的形式与为数众多的版权方建立了合作，版权侵权纠纷仍是只多不少，原因在于：一是聚合类信息客户端本身存在一定的特殊性，二是现有法律对这类特殊技术平台侵权行为的适用性问题，三是我国著作权许可制度作用于新闻聚合问题上的有限性。

（一）侵权主体及侵权行为分析

从侵权主体来看，"今日头条"这类聚合媒体主要是采用链接到其他网站而非直接转载的方式来发布内容，虽然点击链接跳转后可以看到来源网站的名称和具体网址，但并没有完整地显示来源网页。在版权纠纷中，"今日头条"屡屡以自己仅提供搜索、链接为由对侵犯信息网络传播权的诉讼进行抗辩。然而事实并非如此简单。首先，通过算法"搬运"而来的作品如果未经授权或许可，很可能构成网络"转载"侵权[1]；如果对所链接的作品进行"转码"后存在自己的服务器中并向用户提供就可能构成对复制权和信息网络传播权的直接侵权[2]。

其次，聚合媒体平台上所有通过网络爬虫或用户自产的内容会根据已有的标签进行自动归类，以个性化频道、个性化推荐、个性化杂志等形式推送给目标用户，并且算法会根据用户的点击率、浏览时长等热度指标计算并筛选出每天的热点新闻，分类匹配给可能感兴趣的用户。这个分类的过程其实已经涉及内容的"二次加工"，

---

[1] 朱巍：《网络版权侵权认定与法律适用——从"今日头条"版权纠纷说起》，《青年记者》2014年第8期。

[2] 王迁：《"今日头条"著作权侵权问题研究》，《中国版权》2014年第4期。

而加工后的传播过程并没有经过作者授权或法律许可，属于典型的侵权行为①。

最后，"今日头条"一类的聚合媒体通过爬虫技术对来源网页的内容进行层层抓取直达二三级路径以下的最终目标，最后提供给用户的是绕过被链网站首页的"深度链接"。提供"深度链接"服务一方面侵害了原内容提供方的利益；另一方面，由于算法对内容的主动筛选、过滤和推送，其实也脱离了搜索引擎作为纯粹的服务提供者（Internet Service Provider，ISP）的被动性和中立性，因而并不适用于《侵权责任法》所规定的"避风港原则"。

（二）被侵权媒体的维权机制分析

从维权主体来看，主要是媒体机构基于著作权或知识产权受到侵害而频频提起诉讼，而网络传播时代原有的法律对媒体著作权的保护具有一定的限制性和有限性。首先，根据我国《著作权法》的规定，媒体对登载的新闻作品并非都享有著作权，其中，职务作品的著作权由原作者享有，但所在单位享有优先使用权；法人作品全部的著作权属于法人单位；一般作者创作的作品由特约作者或自由撰稿人等独立于新闻单位以外的个人所有。而由于网络环境纷繁复杂，网络作品来源多样，内容发布者和转载者难以厘清，致使版权人或版权授权人并不十分明确。

其次，传统媒体或网络媒体刊登的新闻类作品大致可以分为两大类：一是对单纯事实消息报道的"时事新闻"；二是含有独创性的"新闻作品"、评论等非"时事新闻"。根据《著作权法实施条例》第 5 条的定义，"时事新闻"即"通过报纸、期刊、广播电台、电视台等媒体报道的单纯事实消息"，并且不构成著作权客体，不受

---

① 蔡元臻：《新媒体时代著作权法定许可制度的完善——以"今日头条"事件为切入点》，《法律科学》（西北政法大学学报）2015 年第 4 期。

《著作权法》的保护。但问题是"时事新闻"和非时事新闻的"新闻作品""评论"之间的界限并非泾渭分明，而纯粹的"时事新闻"少之又少，一般新闻整合类 App 在转载时不会加以严格鉴定。

最后，我国著作权法定许可规定的他人使用有关作品无须获得著作权人许可但应支付相应报酬的制度在网络媒体的适用性上存在疑问，聚合型内容生产是否构成网络转载也尚不明确①。此外，诸如"今日头条"一类的信息客户端并没有取得互联网管理法规的登载许可，因而无法知晓新闻媒体中著作权受限的内容对于不具备登载新闻资质的聚合型媒体是否享有著作权②。由于网络著作权许可机制的不完善，致使媒体内容无法为媒体之外的使用者提供合理交易的成本范围，而依靠海量内容聚类发布为主的推荐引擎产品也无法短时间内一一取得所有内容的授权。

三 用户信息挖掘与隐私权侵权论争

从前互联网时期的新闻生产到网络传播时代的算法型内容生产，不仅仅是媒介形态的变迁，更是传者和受众关系地位的变化。"今日头条"号称能在用户通过社交账号登录后的 5 秒内破解用户的"身份"密码，解读出用户的兴趣爱好，并且能在系统积累了一定的用户行为数据后对推荐模型进行不断优化以达到精准传播的目的，即所谓的"越用越懂你"；随着用户操作行为的深入，如在内容推荐平台上进行阅读、收藏、评论、点赞等，系统会迅速记录这些数据，以标签化的形式勾勒用户的个人画像和兴趣爱好；当用户所处的时间条件、地理位置、网络环境等场景发生变化或用户利用社交关系

---

① 蔡元臻：《新媒体时代著作权法定许可制度的完善——以"今日头条"事件为切入点》，《法律科学》（西北政法大学学报）2015 年第 4 期。

② 魏永征、王晋：《从"今日头条"事件看新闻媒体维权》，《新闻记者》2014 年第 7 期。

网络产生分享互动等行为时，基于用户需求的推荐图谱就会进一步细化。

然而，"今日头条"等个性化推荐引擎基于大数据算法分析用户行为规律、掌握用户个体轮廓，以提供个性化产品和服务及进行更准确的广告推荐的方式，却遭到越来越多的质疑，其中以侵犯隐私权为论点的呼声最为激烈。隐私权原本作为自然人享有的一项人格权，更多地体现为对个人信息的一种支配权，而在大数据时代由于个人在网络空间的活动变得可记录、可量化与可转化利用[1]，隐私权实际上已经逐渐从私人信息、私人活动、私人空间的"私域"延伸到"公域"，成为一个既需要私法保护也需要公法规制的复合型权利领域[2]。

从侵权主体来看，有能力运用大数据收集个人信息的国家权力机关、社会职能机构、网络服务提供者、基于用户需求挖掘进行内容推荐的商业型媒体公司等都可能成为侵犯公民隐私的主体。对于"今日头条"一类的信息聚合型客户端来说，利用算法挖掘个人隐私主要是出于商业性目的，通过技术来重建内容和用户的连接以争夺注意力资源，并间接获取经济利益。从这种层面上而言，个人隐私权一定程度上具备了财产权的属性[3]，其实也意味着通过大数据得来的海量数据确实存在巨大的商业变现的潜力。

从侵权行为来看，由于大数据时代数据来源多样，算法对用户进行个性化画像的过程中存在对个人数据不当收集的现象。比如通过技术手段不仅会获取包括个人姓名、肖像、职业、住址等在内的结构化数据，而且更多地会抓取用户在网络平台上制作或发布的文字、图片、视频、网页等非结构化或半结构化数据，后者多属于表

---

[1] 李国宇：《大数据时代背景下的隐私权问题研究》，硕士学位论文，复旦大学，2014年。
[2] 王学辉、赵昕：《隐私权之公私法整合保护探索——以"大数据时代"个人信息隐私为分析视角》，《河北法学》2015年第5期。
[3] 李彤：《论大数据时代网络隐私权的保护》，硕士学位论文，河北大学，2014年。

达性信息，对于用户身份的识别度更高，因此即便匿名化也不会阻止隐私泄露的发生。与此同时，机器和算法对用户数据的收集往往是智能化的、不易察觉的，并且在二次使用数据的过程中并不会征得用户的同意，加之媒介形态的发展不断趋于交互性、沉浸性和想象性，信息的获取也越来越离不开互联网，用户其实有意无意地默许了个人隐私被利用甚至被侵害情况的产生。

从侵权防范措施来看，一是通过法律来防治侵权现象的发生，我国法律对隐私权保护的规定散见于宪法、民法、侵权责任法、行政法等法律条文之中，且侧重于强调个人对其隐私的支配权与隐私的不可侵犯权，对于数字传播时代网络隐私权的保护范围、侵权方式、侵权责任认定等均没有专门的法律进行明确和系统的规定。一是防范侵权可以利用技术手段或人为限定个人隐私的对外公开，如通过数据发布匿名保护技术、社交网络匿名保护技术、数据水印技术等手段[1]抹去或模糊化个人信息。但限于目前的技术水平还无法做到在合理利用大数据资源的前提下，对个人隐私信息予以妥善保护，因此保护网络隐私权任重道远。

四 算法精准分发与信息茧房效应

以往专业媒体的内容生产主要是为了迎合多数受众群体的注意力，流于对热点新闻与离奇现象的报道和独家新闻的追求；虽然也有过分众传播的实践，但总体上对少数受众群体的需求照顾不周。而在算法型内容生产中，智能分发取代传统渠道，不仅可以根据用户的点击率、浏览时长等热度指标计算并筛选出每天的热点新闻，分类匹配给可能感兴趣的用户，而且还能释放出海量独立创作、非主流的但拥有小部分受众群体的长尾内容，让这部分信息也找到自

---

[1] 冯登国、张敏、李昊：《大数据安全与隐私保护》，《计算机学报》2014年第1期。

己的"主人"。但与此同时,这种利用算法根据用户的点击历史和偏好提供后台认为用户希望获取的信息,从而对具有共同兴趣或利益的个体进行"同质化分类"的方式却在无形中加深了用户的偏好或成见,导致茧房效应的产生。

"信息茧房"(Information Cocoons)是2003年美国学者凯斯·桑斯坦提出的用来指涉由算法造成的"个人日报"(Daily Me)式的信息选择行为,而这种行为将人们带向极端主义、安于现状和错误的境地[1]。人们在一个包裹着他们接受的信息而排除他们反对的意见的信息茧房里,将自己归入虚拟的兴趣共同体,其结果只是助长了群体的极化行为。2011年,互联网信息传媒平台Upworthy的联合创始人埃里·帕里泽(Eli Pariser)用"过滤泡沫"(Filter Bubbles)一词来形容这种茧房效应,认为大数据算法一味推送看似符合用户喜好的内容,却使人们被包裹在无法辨明真伪的同质化信息泡沫中,接收不到外来的歧见,从而强化自身预先存在的信念。《人民日报》也曾刊文批评"一些热衷于搬运新闻、沉溺于算法的客户端"通过大量同质化的内容刷屏使得用户接收的内容越来越单一,观点变得偏激,媒体格局变得狭隘[2]。

对于个性化新闻推荐客户端而言,依靠机器推荐和算法过滤来揣测用户的心思,一味选择符合大众口味的社会新闻、娱乐资讯,察觉不到用户真实潜在的需求的现象确实十分普遍。长此以往,这种个性化的内容推荐模式会使用户接触到的内容越来越符合自我的预先的观念和立场,固化用户选择信息的习惯,甚至加深对某些现象或问题的偏见,形成茧房效应。

---

[1] [美]凯斯·桑斯坦:《信息乌托邦:众人如何生产知识》,毕竞悦译,法律出版社2008年版,第19页。

[2] 吕洪:《新闻莫被算法"绑架"》,《人民日报》2017年7月16日。

不过，与其将"信息茧房"的产生归结于商业型个性新闻推荐客户端的漏洞，不如说是人工智能的发展还不够成熟，算法技术还不够理智和人性化造成的后果。毕竟媒介技术融入内容生产本就是一个逐步完善的过程，作为立法者，只有以不断健全的法律制度来规范技术逻辑下的内容生产，才能令信息聚合型客户端在操作上有法可依，有章可循。作为媒介内容的传播者，唯有驯服传播技术，在文化上赋予其特定的意义，在操作上致力于提升用户洞察技术、扩大算法的计算范围和测度指标，在运营上不断加强自身对平台的监管力度，才能实现用户分析与匹配向场景化、智能化与精准化方向推进。

五 法律制度的完善与传媒技术的规制

针对算法型内容生产过程中出现的侵权纠纷和伦理问题，最基本的解决措施可以分为两个层次。一方面是通过立法来健全制度保障，增强法律在网络传播环境下尤其是对提供个性化产品和服务的技术平台的专业性、适用性和灵活性。另一方面，则是要提供行业内的监管和自律，让业界采取自律措施来规范各自在原创内容、个人隐私等数据上的收集、利用、交换方面的行为；此外，加强对技术的研发、创新和规制，让技术真正意义上服务于内容和用户。

（一）健全数字版权管理和著作权许可证制度

《2016年中国网络版权保护年度报告》指出，互联网平台型企业的出现改变了优质版权内容的创作与传播方式，"内容产业正在从以复制权为中心向以传播权为中心转变，内容创作、分发和传播链条上的传统利益格局被打破和重构，网络版权保护的重心和载体也随之发生偏移"[①]。以内容聚合型平台为例，新闻与信息通过算法聚

---

① 《2016年中国网络版权保护年度报告》，http://www.ncac.gov.cn/chinacopyright/contents/10397/330788.html。

合并以标题链接的形式呈现给用户,使得网络版权侵权更多地以聚合盗链、深层链接侵权、"转码"侵权等方式呈现,现有的网络版权法律制度无法有效扼制新技术带来的挑战。

根据我国《信息网络传播权保护条例》的相关规定,算法型内容生产过程中通过对新闻的选择、编排和分类而提供的搜索、链接服务其实已经不属于合法的普通链接行为,也不属于"避风港"原则庇护的范围,已有的"用户感知标准"或"服务器标准"亦无法进行准确的侵权行为定性[1]。按照欧盟的做法,是在立法层面寻求引入"附属版权"概念以加强版权人对网络链接行为的控制,在司法层面通过"新公众标准"将深层链接等行为认定为传播行为从而纳入版权侵权的控制范围[2]。我国目前的法律和条例更注重于对版权侵权行为本身的调整和规范,亟待转向从技术角度或侵权主体的运作模式层面出发以法律明文的形式明确版权侵权责任认定,继而健全数字版权的管理制度,平衡各方利益。

此外,新闻媒体与内容聚合平台的权利冲突可以通过完善网络著作权许可机制,使其更适应网络传播环境下的商业运作模式来改善。一是明确算法型内容生产平台作为侵权主体的身份界定,即是作为服务提供者(Internet Service Provider, ISP)还是内容提供者(Internet Content Provider, ICP)而存在,身份不一样意味着责任也不一样。二是区分不同的网络版权人包括媒体、自媒体、普通用户等作为维权主体或原告的适格性,并据此确定著作权对各类权利主体的保护范围。三是细化法律对侵权客体即新闻作品或原创内容分类的定义,并基于网络传播的现状对著作权中的合理使用和法定许

---

[1] 陈绍玲:《论网络中设链行为的法律定性》,《知识产权》2015 年第 12 期。
[2] 刘政操:《"合法链接"的产业定义与聚合盗链行为司法定性——兼评乐视诉电视猫案》,2016 - 11 - 09, http://www.tisi.org/4738。

可制度做出调整，有学者认为甚至可以重构著作权许可制度以解决新闻聚合媒体的著作权问题①。

(二) 倡导被遗忘权，为数据立法

在个人隐私的保护问题上，我国目前已有的《关于加强网络信息保护的决定》《规范互联网信息服务市场秩序若干规定》《信息安全技术公共及商用服务信息系统个人信息保护指南》等法律、规章和标准，存在操作性较差、规制范围较窄、公民举证困难等缺陷，无法适应技术发展的现状和新要求。

欧盟作为在个人信息立法保护方面的有力倡导者，继1995年颁布《欧盟数据保护指令》后，又于2016年经过议会投票通过了商讨四年之久的《一般数据保护条例》（GDPR），并将于2018年生效。《一般数据保护条例》中对数据主体享有的权利进行了细致的划分，除了明确民众对个人数据使用的知情权、访问权、反对权等以外，更引人注目的是第17条规定数据主体享有对个人数据的"删除权"或"被遗忘权"（Right to erasure/Right to be forgotten），即数据控制者有义务采取合理步骤包括技术措施，对其正在处理的、数据主体请求删除的任何链接或复制内容予以删除②。当然，为了避免加重数据控制者的法律责任，欧盟立法中也对"被遗忘权"的内容设置了诸多限制，并提供了数据控制者拒绝删除个人信息的免责条件。

国内学者认为被遗忘权是隐私权的延伸，可以理解为数据主体对已被公开在网上的、有关自身的不恰当的、过时的、继续保留会导致其社会评价降低的数据，要求数据控制者删除的权利③。被遗忘

---

① 蔡元臻：《新媒体时代著作权法定许可制度的完善——以"今日头条"事件为切入点》，《法律科学》（西北政法大学学报）2015年第4期。

② European Commission, General Data Protection Regulation, 2016-05-04, http://ec.europa.eu/justice/data-protection/reform/files/regulation_oj_en.pdf.

③ 杨立新、韩煦：《被遗忘权的中国本土化及法律适用》，《法律适用》2015年第2期。

权的提出也得到了许多欧美国家的响应,英国《卫报》近日在报道中提及英国政府将推出的一项新法律,旨在监督和强制社交媒体公司和在线交易商删除民众的个人资料,以保护他们的隐私和利益①。不过《卫报》也指出"被遗忘权"不是绝对的,毕竟这只是一项从搜索引擎中删除已知事实的事后权利,而并不是网络本身具备的自我删除的能力。

无论如何,"被遗忘权"的提出意味着在算法挖掘代替人工编辑进行内容生产的互联网时代,为数据立法已经被提上日程,这对于大数据时代个人隐私的保护有着极大的现实意义。我国在个人信息的立法保护上正在不断地与国际接轨,法律业界和学界也在为被遗忘权及国际上其他个人数据保护措施的本土化实践而出谋划策。

(三)规训传播技术与行业内自律

技术造成的失误应由技术的革新来弥补,以人为核心建立的人工智能自始至终应该围绕人的感知、理解和判断来进行系统上的优化,从而更好地融入媒介内容生产。针对个性化内容分发模式造成的"信息茧房"效应,一些基于数据挖掘的推荐引擎产品也正在通过技术改进来尝试填补算法的漏洞,"今日头条"会根据用户使用行为的场景特征及用户需求的动态变化不断细化兴趣标签,使个性化定制的模型不断泛化;"一点资讯"通过"机器学习+人工编辑"的智能模式引导用户在移动端的阅读行为,给用户推荐除热点、爆炸性新闻以外的更有意义和价值的信息②;"Flipboard"允许用户对"Flipboard 封面之星"上榜的杂志进行打分、收藏等,创造了一种社

---

① Rowena Mason,UK citizens to get more rights over personal data under new laws,2017-08-07,https://www.theguardian.com/technology/2017/aug/07/uk-citizens-to-get-more-rights-over-personal-data-under-new-laws.

② 《一点资讯金治:移动碎片化阅读如何向价值延伸》,中国新闻网,http://finance.ifeng.com/a/20160913/14877736_0.shtml.

群互动的体验式阅读①，在设计算法时，收藏与分享数量的权重会高于点击率。

对于技术目前还无法突破的难点，理应在行业自律模式上予以强调。例如在网络版权的保护上，包括人民网、新华网、新浪网、腾讯网等在内的101家网站在2010年联合签署《中国互联网行业版权自律宣言》，致力于采取符合行业公认标准的技术措施，坚决打击侵权盗版行为。2017年网络版权保护大会上，一百多家传统媒体发表声明，要求任何机构或个人除著作权法规定的合理使用外，未经书面许可，不得转载、剪辑、修改、摘编、转帖或以其他方式复制并传播新闻作品，旨在加强新闻作品的版权保护。当然，也有越来越多的专业人士呼吁效仿美国成立隐私权保护的自律组织或自律认证机构②，给数字时代公民个人数据的使用以更多的规制和保护。

此外，在媒体趋向智能化发展的浪潮下，公民应当有意识地加强自身的数据素养、信息素养、技术素养，提高自我的权利保护意识和维权意识。技术变革和内容生产模式瞬息万变的大环境下，唯有充分发挥法律保障、制度管理、行业自律、公民自我防范等多股力量的交互作用，才能更好地让内容体现出应有的价值，让技术发挥出应有之义。

---

① 尤翕然：《基于社交网络的社会化阅读研究》，硕士学位论文，湖南大学，2014年。
② 徐敬宏：《美国网络隐私权的行业自律保护及其对我国的启示》，《情报理论与实践》2008年第6期。

山西大同城墙数字化展示
设计与传播[*]

司峥鸣　杨姝婧　郑春辉[**]

摘　要　作为我国重要的文化遗产，利用新媒介技术对山西大同城墙进行数字化保护，已经是当前古城修复及挖掘历史文化价值的重要课题。本文主要以明清时期的山西大同城墙建筑为研究对象，在对其展现的建筑设计风格及美学特色分析的基础上，基于虚拟现实进行山西大同城墙虚拟场景及虚拟空间交互设计。山西大同城墙虚拟影像式建模设计使用的软件为Autodesk 3ds max 2012版本，对城墙进行最大程度的场景还原，包括墙体路面、城楼、雁塔等三种场景进行影像式建模设计。其中，城楼的影像式建模为主体，包括望楼、洪字楼、角楼、乾楼、南城楼、北城楼、西城楼、东城楼等八个场景。城墙虚拟场景展示设计，展现山西大同城墙独特的建筑设计风格与美学特征。山西大同城墙虚拟空间交互设计主要应用的软件为Unity 3D 5.5.2版本，包括场景搭建、按钮设计、碰撞体设计、运动设计等。山西大同城墙虚拟场景及虚拟空间交互设计体现

---

[*] 项目资助：国家社会科学基金项目《非物质文化遗产的创新保护模式与媒体传播策略研究》（编号：13CXW024）。

[**] 司峥鸣，哈尔滨工业大学媒体技术与艺术系，副教授；杨姝婧，哈尔滨工业大学媒体技术与艺术系本科生；郑春辉，哈尔滨工业大学媒体技术与艺术系，工程师。

完整性、人性化、真实性的设计功能。山西大同城墙数字化展示设计的文化传播策略，拓展古文化遗产衍生品，提升"晋文化"社会影响力；融合科技与文化传播，有效提升跨文化传播力；创新多感官沉浸式交互体验，提供永续性数字化保护经验。

关键词 山西大同城墙 虚拟现实 虚拟场景 交互设计 数字化展示

山西大同在我国北部边防中占据着十分重要的地位，素有"巍然重镇"和"北方锁钥"之称，有着"屏全晋而拱神京"不可替代的战略地位。[①] 北魏拓跋氏建都时，在大同修筑了规模宏大的城池。到了明朝初期，成为京畿屏藩，军事位置十分险要，洪武五年（公元1372年），大将军徐达在旧城基础上增筑，形成今天世人所看到的大同城墙。[②] 山西大同城墙展现大同古城的唯一性、独特性和相对完整性，独树一帜的城墙文化特色。自2008年起，大同开始进行古城恢复重建工作，最大程度地进行山西大同古城文化遗址保护。至今，大同古城的恢复工作已有极大成效，形成了新城古城共同发展的局面。作为我国重要的文化遗产之一，利用新媒介技术对山西大同城墙进行数字化保护，已经是当前古城修复及挖掘历史文化价值的重要课题。因此，本文利用虚拟现实技术，面向山西大同城墙进行数字化展示设计，探索城墙文化展示与传播的新方式。

一 山西大同城墙的建筑设计风格及美学特色

山西大同城墙的修筑主要分为三个时期，分别是北魏时期、辽

[①] 刘昌胜、卢超华、张祖凡：《复建的大同古城墙成为城市景观新元素》，《山西建筑》2016年第26期。

[②] 张奥佳：《大同城墙品牌塑造及传播策略》，《中国市场》2013年第36期。

金时期和明清时期。北魏时期与辽金时期的城墙旧址已无迹可查，且在明清时期被重新修建，现存的山西大同城墙是以明清时期修建的大同城墙为基础所进行的复原，2016 年 11 月 18 日，修复后的山西大同城墙正式合拢，如今的山西大同城墙是以历史资料为依据，在残存的古迹基础上进行的修复与重建。现有角楼四座，分别位于西北角、西南角、东北角和东南角，以西北角的乾楼为最，恢复了历史记录中的乾楼面貌。有望楼 48 座，东面城墙、南面城墙、西面城墙及北面城墙各有 12 座，以乾楼东面的"洪字楼"为首，洪字楼也是根据历史记录在旧址得以重建。东西南北的城门分别为和阳门、清远门、永泰门和武定门。而护城河还在进一步恢复修建当中。全景平面图如图 1。

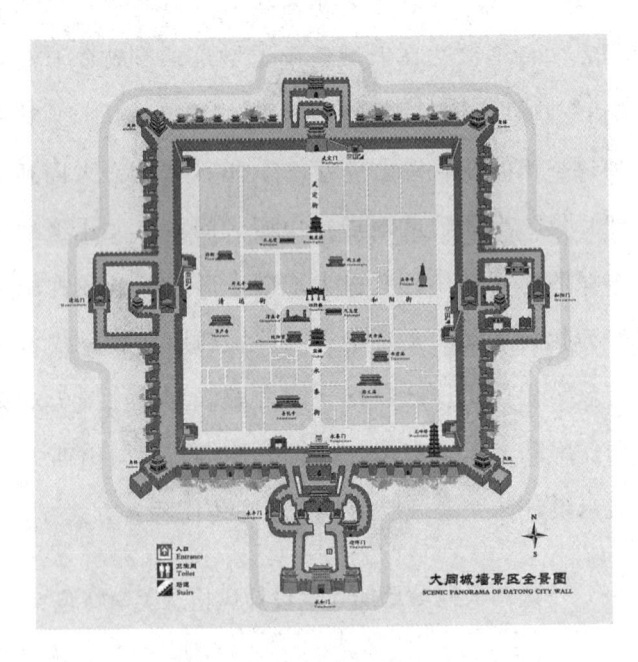

图 1 山西大同城墙全景平面

本文主要以明清时期的山西大同城墙建筑为研究对象，展现出如下建筑设计风格及美学特色。

1. 山西大同城墙因其军事防御功能，整体建筑高大雄伟且坚固厚实

明朝初期，大同是京畿屏藩，军事位置十分险要，因而修筑大同城墙。大同城墙高大雄伟，坚固险峻，各种城防设施齐备，自成一个防御体系。大同的城墙高约14米，上宽12米，下宽18米。其中大墙的正墙高约12米，垛墙（亦称女墙）高约2米，在城墙上的任何一个部位，都可以俯瞰全城。

2. 城墙整体规划有制，每一部分都有对应的军事效用

山西大同城墙整体轮廓为正方形，城墙一律以规整的石条、石板、石方、石柱等为基，墙体用"三合土"逐段逐层夯成，外围砌以青砖。垛口是守御将士的瞭望孔和射击口，借此可以较好地隐蔽自己、打击对方。城墙四周伫立着54座望楼（现复原48座），96座窝铺。四角墩外各建控军台一座，宽16.6米，纵约15米，与角墩间距6.6米，上架踏板与城墙相通。门楼亦称城楼，共有四座，位于四面城墙的中心，平面均呈"凸"字形，城楼均为重檐九脊歇山式屋顶，战时用来观察敌情和打击敌人。其中，南门城楼最为宽敞雄壮，为三层重楼，面宽61米，进深23.35米。为了更加有效地防御，在城墙外侧修有壕堑，深约5米，宽约10米，即护城河。四门之外是瓮城。每个瓮城的建筑面积约为17600平方米，瓮城城门的门洞进深约30米，上建箭楼或匾楼，瓮城与城墙成"凸"字形。瓮城旁辟有偏门，门洞一般进深约30米。瓮城之外，又修有一道弧形城墙，将瓮城圈在内，称作"月城"，月城又辟有城门。这样，出城或入城必须经过三道门卡。在各门之上还建有"箭楼"或二层"匾楼"，发挥军事防御作用。

3. 山西大同城墙外轮廓凸凹相间排列有序

大同城墙的一个突出特点，是它的外轮廓不采用通常的平直做

法，而是像齿轮一样，凸凹相间排列有序。凸出的部分为城墙墩子，墩子为梯形结构。每一边计有十二个，外加角墩四个，共五十二个。墩距一般为113米。每个墙墩作梯形结构，底边长约23米，顶边长约20米，顶面积为400平方米。在四个角墩的外围，还各建有望军台一座，上架踏板与城墙相通，这在各地城墙中是不多见的。

4. 城墙具有设计独特的城楼，在我国建筑史上独树一帜

乾楼位于大同城墙大同城墙西北角，是古城墙四角楼之一。乾楼因其位于八卦十二方位之首"乾"位而得名。四座角楼以"乾楼"最为高大瑰丽，作为"镇城之物"，又被称为"镇楼"，还由于它呈八角形，也被称为"八角楼"。因为平时游人常常于此登高览胜，所以又有"镇楼秋爽"的盛誉。不同于鹳雀楼、秋风楼的混凝土仿制复建，大同乾楼为全木制结构。

各地城墙上很少建有望楼，而山西大同城墙不仅建有54座（现复原48座）望楼，还有造型特殊的洪字楼，为望楼之最，矗立在乾楼东侧，结构和造型颇为精美。

雁塔：雁塔又称文峰塔，是我国城墙建筑史上罕见的雁塔建筑，形制端庄稳重、秀丽玲珑，底部每面石碣上镌刻着全城历朝举子姓名及其功名，激励后人奋进。塔内设踏垛砖梯，可攀登至顶层瞭望城郊原野，是战时重要的观察点，同时雁塔玲珑秀丽，具有很高的美学价值。

二 山西大同城墙虚拟空间设计

（一）山西大同城墙虚拟场景设计

山西大同城墙虚拟影像式建模设计使用的软件为Autodesk 3ds max 2012版本，进行墙体路面、城楼、雁塔等三种场景影像式建模，通过数字化仿真设计，最大限度地进行场景还原，使主体建筑及场

景搭配达到最佳效果,展现其独特的建筑风格及美学特色。

1. 墙体路面的影像式建模

(1) 墙体建模

山西大同城墙场景中墙体建模主要使用 3Ds max 中的标准基本体建模工具,根据文字资料及现场调查获取的照片资料,主要注意对于垛口的形状和样式的设计,并且根据实际的墙体厚度进行等比例的缩放设计,以及城墙全景的城楼位置规划,提前预留好每一个城楼的位置,把握好尺寸和比例关系。最后通过实景拍摄的方式制作贴图,对模型进行材质渲染,达到最好的视觉效果。

(2) 路面建模

山西大同城墙场景中路面建模主要使用 3Ds max 中的标准几何体建模工具,注意路面的宽度设置,由于有垛口和望楼,城墙路面为"凸"字形,需要提前预留设计。根据实地拍摄的照片制作贴图,最后进行材质渲染。制作效果如图 2。

图 2 墙体路面建模效果

2. 城楼的影像式建模

城楼的影像式建模包括望楼、洪字楼、角楼、乾楼、南城楼、北城楼、西城楼、东城楼等八个场景,根据数量特征、位置特征、外形特征、牌匾特征的场景建模构成，形成风格各异、各有个性的城楼数字化展示设计。效果图见表1。

表1　　　　　　　　　　城楼影像式建模效果图

城楼	影像式建模效果图
（1）望楼 **数量特征** 　　山西大同城墙场景中东南西北四面城墙各有12个望楼均匀分布在东南西北主城楼两侧，每侧分布6个望楼。除北城墙最西端望楼为特殊的洪字楼外，其余望楼形状、大小、位置等均完全相同 **位置特征** 　　望楼不位于城墙道路上，望楼矗立方向与所置城墙方向相同，为正北正南方向和正西正东方向 **外形特征** 　　望楼靠城墙外侧一面有两排窗，每排9个窗，大小、形状均相同，且均有窗楣；靠城墙内侧一面有两排门窗，第一排3个窗，第二排设置有2窗1门，门位于两侧中间，上排窗户形状、大小完全相同，下排窗户也相同，但下排窗户比上排略小，该侧门窗也均有窗楣；侧面上部2个窗。靠马路外侧楼面为2排，每排9个窗。望楼位于石台底座上，门前设置有石阶。望楼的房檐有两层，外观设计自上而下为檐—窗—檐—窗门（窗）	 
（2）洪字楼 **数量特征** 　　洪字楼本质上为望楼，只有一座，但结构和造型有别于其他47座望楼，为望楼之最 **位置特征** 　　洪字楼位于乾楼东侧，位于山西大同城墙北城墙的最西端 **外形特征** 　　洪字楼为三层砖木结构建筑，有三层房檐，房檐样式与望楼相同。第二层为主结构，有柱体支撑和装饰，并且为完整的木制门窗组合。一层、三层房檐下具有装饰团。洪字楼下部样式风格与其他望楼相同，为4窗1门，门两侧各有两个大小形状完全相同的窗户，两侧墙体均有3个大小、形状均相同的窗子，所有的门窗均有门楣。洪字楼在底层房檐和二层房檐设有牌匾，整个楼体位于石台上，门前设有石阶	

续表

城楼	影像式建模效果图
（3）角楼 **数量特征** 　　角楼共有4座，除西北角的乾楼外，其他3座角楼样式、大小完全相同 **位置特征** 　　四座角楼分别位于山西大同城墙东北角、东南角、西北角和西南角。角楼坐落方向与望楼不同，不是正南北、正东西矗立，而是以西北—东南方向和东北—西南方向矗立 **外形特征** 　　角楼共有三层房檐，最上层房檐与第二层房檐中间楼体部分四面各有3个窗，所有窗大小、形状、分布方式均完全相同；第二层房檐与底层房檐中间部分为楼梯装饰和壁画；最下层房檐下的楼体部分四面各有2窗1门，两窗分别位于门两侧，四面的门窗大小、形状、分布方式均完全相同。所有的门窗上均有门楣和窗楣。角楼底部由立柱支撑，每一面各有6根立柱，两两对称分布。角楼顶部为四面的屋檐，顶檐上有装饰楼脊突起，且每一座房檐上均有突起屋脊装饰。角楼整体坐落于石台上，四面的门前均对应有石阶	
（4）乾楼 **数量特征** 　　山西大同城墙上仅有一座乾楼 **位置特征** 　　乾楼位于山西大同城墙的西北角，坐落方向与东南角角楼相同，为西南—东北方向 **外形特征** 　　乾楼又名"八角楼"，其顶部为八面立体结构。乾楼共有四层房檐，每层房檐下均有特殊的装饰壁画以及装饰结构。最下部为柱体结构，每侧6根立柱，支撑整座乾楼。乾楼的主楼体为完整的门窗构造，最上部有代表佛教意义的顶仕。乾楼整体位于石台上，共有两座石阶，相对坐落	 

续表

城楼	影像式建模效果图
（5）南城楼 **数量特征** 　　南城墙为山西大同城墙的主城墙，南城楼是山西大同城墙的主城楼，只有唯一的一个 **位置特征** 　　南城楼位于山西大同城墙的南侧城墙的正中央 **外形特征** 　　南城楼作为山西大同城墙的主城楼，是东西南北四大城楼中构造最复杂、结构最精巧、外形最华丽的城楼。南城楼为双层楼结构，外观为两种楼的嵌套。整个城楼由三层房檐组成，房檐样式与望楼相同，每一层房檐均有特殊的墙壁装饰和装饰构造。南城楼北侧为嵌套突出的城楼部分，突出的城楼部分最上层和中间层均有三扇窗，每两扇窗中间均有立柱均匀分布，起到支撑和装饰的作用；最下层有门窗及8根均匀分布的立柱及装饰，两窗对称分布在门两侧，且最下层窗子有窗楣。南城楼中间一层为主要楼层，是完整的门窗构造，每一层楼中均有立柱做支撑和装饰。南城楼南侧为三层结构，与北侧突出部分楼体构造相同 **牌匾特征** 　　南城楼南侧与北侧各有三个牌匾，题字均不相同	
（6）北城楼 **数量特征** 　　北城楼在山西大同城墙上只有一个 **位置特征** 　　北城楼位于山西大同城墙的北侧城墙的正中央 **外形特征** 　　北城楼整个城楼由三层房檐组成，房檐样式与望楼相同，每一层房檐均有特殊的墙壁装饰和装饰构造。北城楼有门窗。中间一层为主要楼层，是完整的门窗构造，每一层楼中均有立柱做支撑和装饰。最上层和中间层均为木制窗子，最上层窗有5扇，中间层窗有3扇，集中分布在正中位置。最上层有6根立柱，均匀分布在窗子两侧，嵌入楼里，起支撑作用。中间层也有6根立柱，分布在窗子两侧和第二层两端。中间层窗子和立柱均比最上层比例大。最下层为木制门，门两侧各有一扇窗，这两个窗子大小形状完全相同，以门为轴对称分布。最下层窗子样式与上两侧不同，且最下层窗子上有窗	

续表

城楼	影像式建模效果图
楣。最下层有 8 根立柱，且有立柱装饰。每层房檐下均有木制装饰和壁画装饰。北城楼两侧最上层有四扇窗，两两之间有立柱，上层共 3 根立柱。两侧中间层均为 3 根立柱均匀支撑分布，最下层分别有 5 根立柱，且每根立柱上端两侧均有装饰 牌匾特征 　　北城楼南侧与北侧各有三个牌匾，题字均不相同	 
（7）西城楼 数量特征 　　西城楼在山西大同城墙上只有一个 位置特征 　　西城楼位于山西大同城墙的西侧城墙的正中央 外形特征 　　西城楼共有三层房檐，靠西侧最上层和中间层均为木制窗子，最上层窗有 5 扇，中间层窗有 3 扇，集中分布在正中位置。最上层有 6 根立柱，均匀分布在窗子两侧，嵌入楼里，起支撑作用。中间层也有 6 根立柱，分布在窗子两侧和第二层两端。中间层窗子和立柱均比最上层比例大。最下层为木制门，门两侧各有一扇窗，这两个窗子大小形状完全相同，以门为轴对称分布。最下层窗子样式与上两侧不同，且最下层窗子上有窗楣。最下层有 8 根立柱，且有立柱装饰。每层房檐下均有木制装饰和壁画装饰 牌匾特征 　　西城楼无牌匾	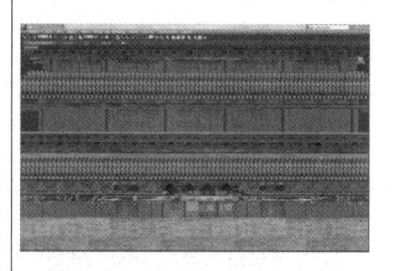 

续表

城楼	影像式建模效果图
（8）东城楼 **数量特征** 　　东城楼在山西大同城墙上只有一个 **位置特征** 　　东城楼位于山西大同城墙的东侧城墙的正中央 **外形特征** 　　东城楼共有三层房檐，东西两侧最上层和中间层均为木制窗子，每层均有4根立柱，位于两连排窗中间，嵌入楼里，起支撑作用。最下层为木制门，有6根立柱，且有立柱装饰，门前两根立柱上有蓝色对联。每层房檐下均有木制装饰和壁画装饰 **牌匾特征** 　　东城楼靠西侧只有最下层房檐下有牌匾。东侧每个房檐前均有牌匾，题字不同	

3. 雁塔的影像式建模

（1）位置特征

雁塔位于山西大同城墙南城墙的靠东侧，位于该处城墙道路中央。

（2）外形特征

雁塔共七层，为八角砖木建筑，每一层交错开洞。最底层门洞前有两座石阶，相对坐落。雁塔整体位于石台上。制作效果如图3。

山西大同城墙虚拟场景既充分还原真实场景，体现原本的造型特色，又兼具视觉浏览的特性，展现各个城楼设计建造的独特之处，将真实与虚拟、历史与现实、设计与审美、军事与艺术融于独特的建筑设计风格之中。

（二）山西大同城墙虚拟空间交互设计

山西大同城墙虚拟空间交互设计主要应用的软件为 Unity 3D 5.5.2 版本。

1. 场景搭建

在 Unity 中导入保存为 fbx 文件的 3Ds max 模型，将 9 个模型依

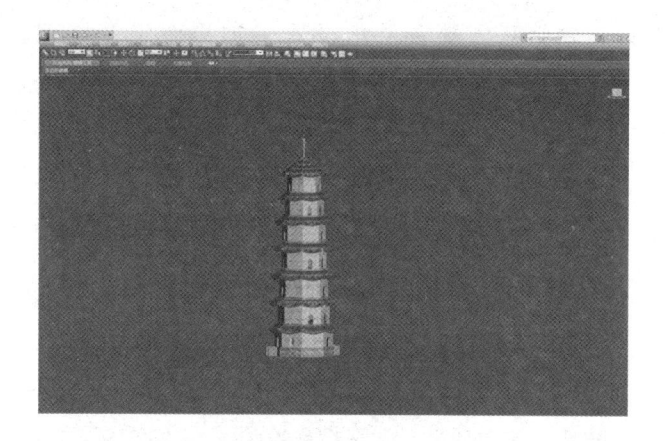

图 3　雁塔的影像式建模制作效果

次导入，并相应复制 47 个望楼和 3 个角楼，按照其实际位置设置摆放。设置天空盒及太阳光，让整个虚拟场景更加接近真实场景效果，形成完整的山西大同城墙虚拟场景设计。场景俯视图如图 4。

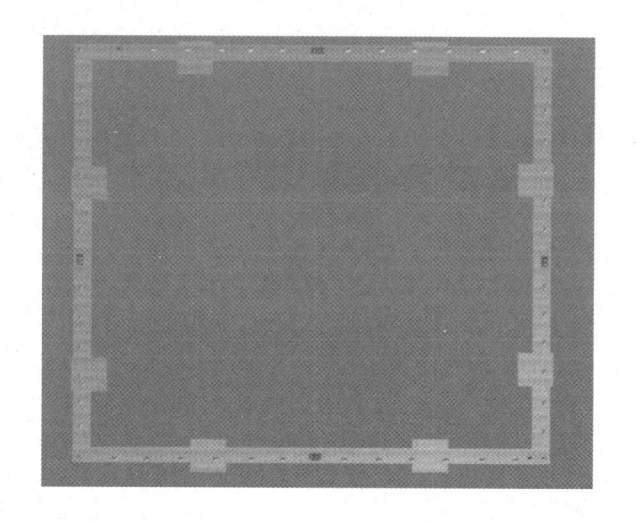

图 4　场景搭建效果

2. 按钮设计

设置按钮的形状为方形，颜色底色为城墙虚拟场景主体灰色，并且在按钮上添加文字，在开始场景中设置"开始游览"和"退出游览"按钮,在交互场景右上角设置"退出游览"按钮,在结束场景中设置"重新游览"和"退出游览"按钮。按钮外观如图5、图6:

图 5　按钮外观效果

图 6　按钮外观效果

在Hierarchy面板创建UI > Button,利用Unity Engine. Event Systems. Event Trigger添加监听事件,之后绑定脚本到Button上实现按钮的点击功能。

3. 碰撞体设计

用户在虚拟浏览过程中,需要保证不会发生撞墙穿楼等非正常情况，因此要求在交互系统的设计中设置碰撞体。首先创建一个空GameObject，再增添新组件Box Collider。根据需求编辑移动旋转缩放等功能，建立多个碰撞体，实现所需功能。

4. 运动设计

根据虚拟游览的需要，本交互系统设计为第一角色控制器，即用户可以以第一视角进行虚拟游览。通过脚本控制，设置用户运动方式，通过W、A、D键分别实现前进，向左运动及向右运动的功能，同时键盘上的箭头键也可以实现相同方向的移动动能。用户可以运用鼠标控制前进方向和视野范围，W + Shift键可以实现加速前进。在游览过程中，如果用户想要退出游览，可以按Esc键调出鼠标光标，从而通过光标选择右上角的"退出游览"按钮。

综上所述，基于虚拟现实的山西大同虚拟空间设计主要实现以下功能。

一是虚拟场景还原度高，具有完整性。城墙虚拟场景模型的建立，为虚拟空间交互设计奠定了基础。首先需要将使用3Ds max制作的墙体、城楼和雁塔导入Unity 3D软件中，在Unity里完成整个虚拟场景的完整搭建，近乎完全还原山西大同城墙原貌，包含47座望楼，1座洪字楼，3座角楼，1座乾楼，东西南北城楼各一座，以及一座雁塔。虚拟场景设计以实景为依托，场景宏大，画面精细，最大限度地还原了真实场景，让用户有更真实的游览体验。

二是交互系统界面操作简单，设计人性化。整体系统界面简洁，功能设计直接明了，用户可以直接选择相应的功能，易用易学，使用群体相对广泛，覆盖年龄层面较广。在使用过程中，使用者通过场景开始界面按钮的设计，可以自主选择"开始游览"；在交互过程中，界面右上角始终设置有"退出游览"按钮，让用户可以在游览过程中的任意时间选择退出游览；虚拟游览结束界面设计有"重新游览"按钮及"退出游览"按钮,让用户可以在第一次选择"退出游览"后仍然有选择重新游览的机会,同时又提供清晰简单的退出方式让用户能再次选择彻底退出程序。

三是数字化展示设计丰富沉浸式体验感受。城墙虚拟空间交互设计以历史为背景,尊重山西大同城墙历史原貌,用户在交互系统中进行的虚拟游览所看到的景观与真实山西大同城墙场景几乎相同,用户可以选择在任何一个城楼或塔前驻足观赏,创造充分的沉浸式虚拟体验空间,提升真实体验感受。

本设计仍存有不足,希望能在未来的研究中进一步加以改进。

一是山西大同城墙数字化展示设计系统是 PC 端制作运行系统,对于其他电子设备以及 MAC 系统的用户具有一定的局限性;

二是山西大同城墙数字化展示设计系统的交互功能可以随着景区功能的不断完善,增加相应的多交互体验功能,包括声音、文字、图像等;

三是丰富山西大同城墙军事价值的故事性内容设计,设计军事主题的动画、游戏等交互内容,丰富内容体验。

三 山西大同城墙数字化展示设计的文化传播策略

(一)拓展古文化遗产衍生品,提升"晋文化"社会影响力

"古文化遗产数字化的最大益处是可以保存和记录文物信息,并运用这些数据在不挪动古遗址文物的情况下进行数字化的展示和传播……开展互联网+业务,拓展古文化遗产衍生品在虚拟空间中的时空延展性。"[①] 目前,在山西大同城墙数字化保护仍显不足的情况下,山西大同城墙数字化展示设计系统突出体现其建筑特色及美学特征,可以配套应用在现有的大同古城的媒介宣传中,通过互联网

---

① 张正明:《风云黄土地 文明千古路——山西历史文化概谈》,《民主》2004 年第 11 期。

等手段对数字化系统设计进行推广，拓展古文化遗产衍生品，丰富文化底蕴和文化意义，让更多人了解山西大同城墙及大同古城，拉动山西省的经济发展。作为"晋文化"数字化保护的一部分，山西大同城墙数字化展示推动"晋文化"数字化进程，提升"晋文化"的社会影响力。

（二）融合科技与文化传播，有效提升跨文化传播力

文化是传播的同义词，二者在很大程度上同构、同质。在传播过程中，由于文化传播能够给予不同文化主体相互学习和借鉴的机遇，尤其在跨文化传播过程，发现彼此差异，求同存异，有效促进文化发展。"跨文化传播和人类生活的各个方面交织在一起，是人与人、民族与民族、国家与国家之间必不可少的活动。"[①] 因此，文化遗产数字化保护与传播，不仅承担着传播本土文化的使命，也要实现与不同文化背景下受众进行有效沟通。为了增进不同文化主体对于文化的理解和认同，新媒介技术的直接、便捷、互动，成为促进跨文化传播，推动我国乃至世界跨文化传播进程的重要载体。互联网及数字技术的发展，助力具有超载性的想象力与创新力的文化数字化保护得以实现，已成为衡量跨文化传播力强弱的重要指标。融合科技与文化传播，既突出本土文化的独特性和差异化，又以普适性的传播技术与手段进行共性传承，这对于提升文化遗产数字化保护的跨文化传播力，具有明确的目的性和有效性。

（三）创新多感官沉浸式交互体验，提供永续性数字化保护经验

以虚拟现实、增强现实等为典型的新传播手段与方式的渐趋多样性，既扩大了文化遗产保存、展示的物质载体和手段的范围，也为受众的多感官沉浸式交互体验，提供在场的想象与实现。基于虚

---

① ［美］拉里·A. 萨默瓦、理查德·E. 波特：《跨文化传播》，闵惠泉译，中国人民大学出版社2010年版。

拟现实的山西大同城墙数字化展示设计，为山西大同城墙得以永久性保存提供可操作性较强的设计模式，为其他文化遗产数字化保护提供可复制的经验方法，也为未来的进一步研究提供实践基础。在进一步的设计与传播研究中，可拓展视觉、听觉、味觉等多感官的使用体验，适应媒介时代受众主动性增强，反馈性加强的地位与作用的变化，强化数字化展示设计技术的深度、广度，多媒介交互综合运用，更好地提高传播体验效果。

城市传播与文化创意产业

链接与消费：场景时代网络语像的新变革

张 芹 王瑞旭[*]

摘 要 信息技术革命带来了视觉符号的急速扩张和媒介平台的井喷式增长，通过符号交流的表情包在网络空间中占据重要位置，形成新的网络通用语。场景作为网络新语的重要入口，颠覆了传统互联网入口的核心逻辑，网络语像在场景中产生着新的变革，链接和消费成为其主要特征。基于此，本文尝试通过探析网络新语像之一的"表情包"，讨论文化浪潮中符号的双轴逆转为表情包的场景参与和消费提供的诸多可能性，以及由此带来的泛艺术化符号文本占领优势的网络文化中等级秩序、权力话语、商业模式等方面的改变。

关键词 链接 消费 场景时代 网络语像 表情包

在这个"认知盈余"[①]的时代，互联网让尽可能多的人的自由时间得以联合，形成一个规模巨大的集合体，从而为价值创造和协

---

[*] 张芹，三峡大学文学与传媒学院教授；王瑞旭，三峡大学文学与传媒学院在读硕士。

[①] [美]克莱·舍基：《认知盈余》，胡泳、哈丽丝译，中国人民大学出版社2012年版，第1页。

作分享提供资源。美国学者克莱·舍基在《认知盈余》一书中这样描述了一次韩国民众对美国牛肉重返韩国市场进行抗议的游行活动："我们可以看到此次游行最不同寻常的并非抗议本身而是其参与者，大多数人是没有选举权的小姑娘，她们连续数周在公园抗议竟是因为韩国男子乐团东方神起在那里才去的。"① 事实上，"东方神起"既不是一个政党也不是一个热衷于政治活动的团体，但是他们的网站以及演出为这些粉丝提供了一个即时的场景去消费、创造与分享。由此可见，场景应用是当下互联网时代一种常常表现为与游戏、社交、购物等具体行为相关的应用形态，而粉丝社群是其重要的动力机制。

诚然，今天在任何场景中我们都不能不考虑社群所形成的势能。这些年轻的"电子土著"们更喜欢用图片与视频来看待这个世界，在他们的参与下几乎任何场景都可以被表情化。作为有亚文化特征的表达方式和有亚文化能力的产品，网络新语像"表情包"在这些场景中既是文化也是商业，既是链接也是消费。

一 "表情包"：网络世界的通用语

表情包作为多个表情组合而形成的集合，是一种发生在网络空间中的流行文化，具有高频使用、高识别度、高情感化、自传播等特征。"据统计，2014年腾讯QQ全年表情发送量超过5338亿次，8亿QQ网民中超过90%在聊天时使用过表情，QQ表情商城共上线超过500套表情包，热门表情包中'QQ表情超清版'一枝独秀。"② 这些表情内容多以时下流行的影视截图、明星语录、动漫为题材并

---

① 腾讯科技：《2015中国网民表情报告》，《互联网数据中心——199IT》，2015年4月，http://www.199it.com/archives/342694.html。
② 中国产业研究院：《表情包行业的产业链及市场规模分析》，百度文库，2017年8月，https://wenku.baidu.com/view/4a91913b7f21af45b307e87101f69e314232fa7b.html。

加注文字用以表达特定的情感，通常是成体系、成风格且成规模的。表情包的话语表达使趣味性增加的同时能够消除文字带来的疲劳感，"言他"的隐性表达更加巧妙与安全。

语言学家索绪尔认为符号文本的建构和展开有两个向度——聚合轴和组合轴，任何符号的表意活动也都将在这个双轴关系中展开。而语言学家雅各布森则将用于比较和选择的聚合轴称为选择轴，用于连接黏合的组合轴称为结合轴。从象形符号到表情图片再到表情包，网络语言现象不断变革的同时伴随着文化环境的嬗变。伴随经济全球化带来的商业社会，电子技术开启的网络生活，大众文化迅速将人们裹挟进众人狂欢的游戏场，致使参与文化文本建构的符号双轴地位逆转：聚合符号让位于组合符号，即作为文本符号选择根据的聚合轴作用急剧缩减，而以邻接黏合为特征的组合轴影响快速增长，因而以碎片化符号组合为特色的表情包轻松地成为网络世界的通用语。

二 场景下的多维链接和双重消费

（一）网络新语像"表情包"的多维链接

1. 人与人的情感链接

随着媒介社交平台的发展，网络表情包的使用渗入网民社交的方方面面，具有表现力的图像缩短了交流双方的距离感，能够迅速形成共鸣和群体身份认同。一言不合就斗图的社交场景中以图表意，来来去去之间，心理上拉近了与交流者的距离。

2016年"葛优躺"表情包爆红于网络，此表情包的原图是情景喜剧《我爱我家》中葛优饰演的"二混子"季春生去家里蹭吃蹭喝的故事。这张图广泛流传后，神创作层出不穷，出现了各式各样的表情包。传神的面部表情和肢体语言，完美传达了发送者内心的微妙情绪，巧妙而安全。我们需要注意的是"葛优躺"里的"葛优"已经不是电视剧里的他了，此时的"葛优"被塑造成都市生活中疲于奔命的中下层角色，无数个都市平民看到"葛优躺"实际上更是看到那个疲于奔命、缺乏生命力的自我，"葛优躺"成为一种置换性表达，人们在转发分享中以一种隐蔽的方式发泄情绪，而"葛优躺"表情包也成为他们情感上的链接。

2. 人与物的体验链接

媒介技术推动人类社会由印刷媒介场向电子媒介场迁移，低门槛的媒介特性使公众拥有更多的接近权。微信作为超级入口具备社交和消费的双重属性，"朋友圈+"的经济模式以社交场景下人与人的情感链接为基础，产品大部分来自强关系下熟人行为，熟人卖家与买家保持一定的社交联系，基于此卖家会实时发布动态和产品。此时社交场景与消费场景重叠与融合，而网络表情包在双重场景中实现着人与物的体验链接。

这种体验主要表现在两个方面：作为买方的消费体验和作为卖方的销售体验；前者以买方和产品为中心，后者以卖方和店铺/产品为中心。不同的体验链接对应的网络表情包也不同。以消费体验为主的买方表情包有"买买买！抢抢抢""这种款式我没有，买""便宜的东西除了什么都不好"等；而以销售体验为主的卖方表情包则有专门的店主表情包，"我是一个努力赚钱还不黏人的小妖精""hello你们炒鸡可爱的店主已上线"，等等。网络表情包戏谑的话语表达调节了沉郁的经济氛围，为传统市场经济注入新的血液和活力，推动共享经济的崛起和场景商业的繁荣。

3. 人与商业的经济链接

"表情包"还是分享经济在文化传播领域的典型体现，其背后的商业价值不容忽视。常常，企业推出新品，会结合产品做一些时下好玩的表情包，或在流行的表情包上贴广告进行植入营销，利用表情传播产生广告效应。表情包行业里把故事讲得好的当属"阿狸"。围绕阿狸这一IP开发的衍生品种类繁多，包括玩具、图书、床上用品、服装箱包、文具饰品等，并在天猫、京东商城及淘宝网上设有旗舰店和专营店。目前阿狸的主题商店有糖果店、咖啡厅等，围绕阿狸形象还开发了动漫游戏业务，阿狸电影《阿狸的梦之城堡》也在筹拍中。这样，消费场景中的网络表情包因其自身的商业属性实现了人与商业的经济链接。

（二）网络新语像"表情包"的双重消费

1. 符号与文化的参与性消费

在各种场景中，网络表情包作为符号和文化进行着参与性的消费。一方面，符号文本建构方式的改变为表情包这种复合型的符号提供了场景消费的载体；另一方面，认知盈余时代人们在自由时间进行协作、分享的同时也在进行着文化的消费。可见，无论是作为符号还是文化所进行的场景消费，都是表情包在现有条件下的被动、参与性消费。

如前所述，从符号学角度来看，文化裂变致使互联网时代参与文化文本建构的符号双轴地位发生了逆转。他们用精致的碎片化组合的各类网络表情包，轻松占据了市场。不过，小表情也有大文化，成为高速运转、崇尚调侃、忽视深度的互联网文化的集中体现。而当段子成为表情包的黄金搭档时，二者的水乳交融、相得益彰，更加迅速地捕获了希望在网络世界进行个体、时尚的表达来重塑自我的身份认同、重获自我的群体归属的新生一代网民的心。

2. 创造与分享的建构性消费

图像数字技术带来图形软件的平民化应用，使得表情图像不再是固定的结果，而只是再加工的材料，所有的图像都是可以拆卸和拼贴的，公众有能力进行表情包自制，没有美术基础的人也能轻易做出表情包。电影和简笔画全都是表情包的灵感来源，或干脆将自己熟人的相片稍作修饰设计，配上无厘头的文字，一个表情就做好了。当然，大批表情包制作软件也应运而生，如：表情工厂、表情me、暴走漫画制作器等。表情包作为文化创意产品本身具有商品属性，以表情包的平台型企业腾讯微信为例，除了主动邀请设计师制作表情，或者与明星合作拍摄表情并在表情商店内售卖这些内部生产方式之外，用户自定义表情和一键收藏功能也使大家可以快速便捷地生产与传播表情。而"微信开放平台"的推出，则吸收了大量社会第三方表情投稿，使微信表情包更加多元。网络表情包的自制与分享使场景中的消费呈现出主动建构的特征，成为场景时代共享经济的新貌。

三 场景时代网络语像变革的现实意义

如果说场景构成了未来生活的图谱，那么网络用语的变化则加速了场景的形成。场景时代网络语像的变革在一定程度上打破了现有的等级秩序并与官方和主流进行着公共的协商，权力话语正发生着空间转向，表情经济在场景下似乎也正成为一种可能。

（一）秩序社会的公共协商

人们通过表情包进行交流传递的不仅是字面含义更是深层次的情感诉求，在网络中形成新的亚文化场景。亚文化对社会秩序和主流的抵抗是伯明翰学派亚文化研究的核心问题。他们认为亚文化是与身处的阶级语境相联系的，即亚文化产生于社会转型期，该时期秩序社会矛盾突出，如贫富差距、公平与法治等，而处于社会边缘的亚文化群体对此感受更为深刻，于是他们打破了既定的主流叙事秩序，转向了非主流的表达方式。

然而，亚文化群体对主流的抵抗常常是仪式性的，即具有协商性。因为文化内部较为温和的抵抗很难转化为动摇主流秩序的实际行动，所以秩序社会中的协商往往是主流文化对亚文化的收编，或者是商品化收编，或者是意识形态收编。充分发挥表情包的商业价值，把一个个表情符号转化成为商品，并进行规模化的复制生产进而带来盈利，实际上就是消解其背后的可能的抵抗意义的一种商品化收编。因此，网络表情包的变革虽然在一定程度上动摇了传统的社会话语秩序和符号文本建构秩序，但是秩序社会中依然存在着协商与收编。

（二）权力话语的空间转向

如今，表情包占据着人们生活的任何场景，小到私人社群大到公共领域，并且已经成为社会争议建构和公共舆论形成的重要导向。传统的由官方舆论场主导的权力话语表达伴随着媒介赋权向民间舆论场转变，平权的互联网在主流话语体系中建立了另外一种主流，具有娱乐性和草根性的网络语言表情包在满足网民需求的同时促进了话语体系的更新，成为各场景参与的新型话语。如在"中非关系"问题中，网民通过自制加工外交部部长王毅表情包，发出"菲律宾你若觉得你有实力和中国玩，中国不介意和你奉陪到底"的声音。当然，我们需要看到在涉及时事政治事件中，网络表情包其实是一种公共修辞策略，是对政治分寸、传播潜力和话语安全的不断把握与试探，正因为符号解读的模糊性，各种解释不再像书面文字那样受官方话语体系的压制，话语霸权被大大稀释。

（三）表情经济的商业蓝图

从博客到微博再到表情包，人们看到的文字越来越少，而图片表情则成为最言简意赅、含义深远的表达方式，表情影响着我们生活的方方面面，甚至还蕴含着不可估量的商业价值。网民热衷于发送表情包,而表情经济也开始崭露头角。"韩国聊天工具 Line 依靠表情包的售卖赚取了 12 亿人民币,我国的表情包制作公司十二栋文化表情总下载量超过 8 亿次,发送量超过 220 亿次,相当于全球每人发送 3 次,十二栋旗下的自媒体粉丝量也超过 500 万次。"在看到网络表情包的商业价值后,许多企业开始进行融资,行业领导者十二栋文化 A 轮融资 2500 万元,表情云 A+轮获得数百万美元融资,表情说说天使轮获得数百万投资。目前,表情包的商业模式主要是表情包贩卖、周边产品衍生产业链、广告合作、表情包 IP 开发等。由此,我们可以看到场景时代网络语言现象的变革不仅带来秩序、权力的变动与迁移,也催生出新的商业模式——表情经济。当然,表情包商业化或者说表情经济并非毫无漏洞,依然存在着制约表情经济发展的因素,一个是社交平台自身的表情体系,另一个则是国内版权问题。

综上所述,我们可以预见:未来的场景时代,网络新语像"表情包"在发挥符号语言功用的同时也许会因场景的细分而更加精细化,它的商业价值会被更充分地挖掘,表情经济将会更加产业化运营。显然,无论是作为符号语言的表情包,还是作为链接与消费的表情经济都有其需要面对的现实问题,在具体的文化语境和商业行为中要审慎而行。

主题性经济报道与城市品牌构建

——基于《湖北日报》"中三角"系列报道的分析

吴玉兰 何 强[*]

摘 要 长江中游城市群（简称"中三角"）理念随着经济区域合作趋势应运而生，2011—2014年，湖北日报传媒集团推出"中三角"大型系列报道，形成3轮报道、239篇作品。这些作品在两会中产生热烈反响，反推"中三角"由构想到具体实施，2015年4月5日，国务院发布《长江中游城市群发展规划》，标志着"中三角"格局正式得到国家批复。本文以此为研究对象，结合品牌传播相关理论，从新闻生产的角度，运用内容分析法，发现"中三角"系列报道具有站位高、权威性、专业性、节奏感等特点，进而探讨主题性经济报道推动"中三角"城市群品牌构建的作用：应时而动，逐步解读"中三角"城市群品牌；议程融合，推进国家战略步步升温；联动要素，共推城市群品牌增值溢价。因此，主题性经济报道促进城市品牌构建，媒体通过主题性经济报道来打造城市名片、树立城

---

[*] 本文系吴玉兰主持的国家社科基金项目《媒介融合背景下提升我国财经媒体传播影响力策略研究》（项目编号：11BXW008）和湖北省重大调研课题基金项目《关于增强湖北软实力对策研究》（项目编号：LX201738）的阶段性研究成果之一。吴玉兰，中南财经政法大学新闻与文化传播学院教授；何强，中南财经政法大学新闻与文化传播学院硕士研究生。

市形象。

关键词 经济传播 城市品牌 报道议程 形象传播 城市群

品牌源于营销学研究，是指标识产品或服务的名称、术语、标记、符号或设计，或者是它们的组合。城市品牌概念最早源于美国营销学专家菲利普·科特勒（Philip Kotler）对地区营销的研究。[①] 美国战略营销管理专家凯文·莱恩·凯勒（Kevin Lane Keller）将品牌概念的主体延伸到了城市，"像产品和人一样，地理位置或某一空间区域也可以成为品牌。城市品牌化就是让人们了解和知道某一区域，并将某种形象和联想与这个城市的存在联系在一起。让它的精神融入城市的每一座建筑之中，让竞争与生命和这个城市共存"[②]。他认为城市品牌的作用在于吸引人们认识和了解城市，赋予人们对城市更多的联想。国内对城市品牌理论的研究经历了从"城市形象"到"城市品牌"的转变。1998 年，王玫提出城市形象建设需要具有品牌意识。[③] 之后，部分学者的研究重点从"城市形象"转移到"城市品牌"。从城市主体出发，通过品牌化方式塑造城市核心竞争力，突出竞争优势，强化品牌效应，通过塑造城市品牌来使城市发展增值溢价。在城市品牌构建中，经济传播能够通过主题性经济报道来从多角度、多层级反映城市经济发展的丰富性，进而打造城市名片、树立城市形象。主题性经济报道是保持经济传播活力的重要方式，经济传播能通过主题性经济报道来发挥其服务性和预测性。

从 20 世纪 90 年代初开始，就有学者先后提出"中三角"的概

---

① [美] 科特勒、阿姆斯特朗：《市场营销原理》，赵平译，清华大学出版社 2003 年版，第 168 页。
② [美] 凯勒：《战略品牌管理》，卢泰宏、吴水龙译，中国人民大学出版社 2009 年版，第 122 页。
③ 王玫：《城市品牌的创立和展现》，《公关世界》1998 年第 6 期。

念，但一直没有被公众了解。随着中部城市经济的发展，区域合作加强，面对这种趋势，湖北日报传媒集团组织大型跨省采访，进行主题性经济报道。2011年至2014年，湖北日报传媒集团以宏大的气势推出长江中游城市群系列报道（也称"中三角系列报道"）。"中三角"系列报道在全国两会上引起国家高层关注，这组报道以建设者的姿态推动"中三角"战略规划的实施，成为《湖北日报》的经典报道，是主体性经济报道的创新尝试和突破。

近年来，学界越来越重视城市品牌传播，如何通过主题性经济报道来构建城市品牌，是值得探讨的问题。本文基于长江中游城市群的发展，以"中三角"大型系列报道作为研究对象，探讨《湖北日报》是如何通过主题性经济报道打造长江中游城市群品牌，并以此探讨主题性经济报道与城市品牌构建的关系。

一 "中三角"系列报道的推出

改革开放后，我国经济体制逐步深化改革，国家经济发展战略强调各地区协调发展，中部崛起成为国家发展的重要战略规划。随着城市化进程的进一步深入，城市群的发展成为区域协调发展的趋势，借鉴西方典型城市群的发展经验，我国已经发展出长三角、珠三角、京津冀等城市群，但对中三角城市群的讨论一直在进行。在城市发展过程中，媒介作为城市发展的重要推动力，现代媒体以建设者的姿态参与到城市建设中去。在中三角的发展进程中，在国家政策战略还未正式实施前，《湖北日报》周密策划，通过主题性经济报道，形成"中三角"大型系列报道，分阶段推动国家战略的实施。

（一）经济转型孕育"中三角"理念

新中国成立后，我国经济发展战略一直重视加快东部沿海地区发展，以此带动全国经济发展。改革开放后，随着沿海优先发展战略不断推进，我国呈现出东部、中部、西部发展不平衡的状况，经济差距明显扩大。从20世纪90年代开始，我国开始重视中部地区的发展，逐步酝酿"中部崛起"战略规划。2004年3月，时任国务院总理温家宝在做政府工作报告时第一次明确提到促进中部地区崛起。2006年4月15日，中央发布《关于促进中部地区崛起的若干意见》指出要开拓中部承东启西的优势。2009年9月23日国务院又讨论通过了《促进中部地区崛起规划》，积极培育沿长江经济带，培育具有发展活力的城市群。2011年3月16日，《十二五规划纲要》明确指出我国应加快构建"长江中游经济带"。

随着全球城市化进程的深入，城市群成为城市区域合作发展的重要趋势。美国波士华城市群、英国伦敦城市群、欧洲西北部城市群、日本太平洋沿岸城市群等著名城市群的发展为我国提供了先进经验。随着我国城市化进程加快，长三角、珠三角、京津冀城市群快速发展。国内外典型城市群的发展给长江中游城市群的发展提供了典范，中三角城市群应运而生。"中三角"（原指湘赣鄂三省，后因安徽加入，也有称"中四角"），一般指长江中游城市群，它以长江中游主要城市为发展组合群，涵盖武汉城市圈、长株潭城市群、环鄱阳湖经济圈、江淮城市群等，形成主体以武汉为中心城市，长沙、南昌、合肥为副中心城市的特大城市群。湖北日报传媒集团站在国家战略的角度，认识到"中三角"发展的必然性和可能性，精心组织策划，推出"中三角"系列报道，挖掘武汉在"中三角"城市群中核心地位。

（二）媒体变革倚重主题性经济报道

随着互联网技术的发展，面对新媒体的挑战，传统媒体显然在时间上失去了优势，只能以内容制胜，从"记录者"的姿态向"建设者"的姿态转变。主题性报道成为传统媒体寻求创新发展的突破点，主题性报道是为宣传党和政府的重大部署、重大决策、重大活动所进行的集中的、大规模的战役性报道。主题性报道是显示一家新闻媒体的组织策划和报道水平、提高媒体影响力的关键一环。我国经济逐步深化改革并与国际接轨，经济传播成为影响人们经济生活的重要媒介力量。经济传播在提供经济信息时更加注重其服务性和预测性，所以主题性经济报道显得尤为重要。主题性经济报道以一定时期党和政府的中心工作为基础，以新的经济政策的出台和落实、新经济成就的展现和总结、大型经济活动的开展与实施等为报道内容，在弘扬主旋律、实现正确舆论导向方面发挥着积极而重要的作用。主题性经济报道对报道对象的形象塑造和品牌构建具有重要作用。"中三角"系列报道以持续较长时间的报道战役实施，报道的范围和重点、报道规模和进程、发稿计划都是其进行主题性经济报道时的精心策划。"中三角"系列报道是湖北日报传媒集团精心策划的一组大型系列报道，围绕中三角经济建设主题，联动各方采访要素，形成三轮重大报道。

(三)"中三角"系列报道概述

随着国家政策的逐渐明朗和中部经济的逐步发展，湖北省政府开始积极寻求区域经济合作发展。2011年4月和7月，时任湖北省委书记李鸿忠先后两次率团赴湖南、江西两省进行学习考察，与两省主要领导者谈三省的全面合作，欲组成中三角，向北、向东、向南分别与京津冀、长三角和珠三角相呼应，希望能打造中国区域发展新的增长极。[①] 湖北日报传媒集团受三省即将合作这一趋势的启发，拟推出长江中游城市群的大型系列报道，同时通过"中三角"主题性经济报道来推动国家战略的实施。

2011年12月，根据湖北省委、省政府和省委宣传部的指示，湖

[①] 梁晓莹：《中三角战略的议程互动》，《新闻前哨》2013年第6期。

北日报传媒集团启动中三角大型跨省采访报道。2012年元旦刚过，湖北日报传媒集团主要负责人带队，赶赴《湖南日报》《江西日报》衔接会商中三角报道有关事宜。中三角的报道，《湖北日报》编辑部的定位是：国家战略的前瞻探路、中部历史的重新锻造、新闻事业的创新尝试；提出采写要立意于"国家高度、全球视野"，体现"站位高、立意深、视野广、气势大"的大报风格。

2011年到2014年，湖北日报传媒集团共三度派出70余人次组成采访组，秉持"责任造就公信力"，完成长江中游城市群大型跨省系列报道，共采访600多位各界人士，刊发80余个整版，并将历时三年的三轮报道汇编成《风起中三角》（第一轮报道：构建中三角，打造新引擎）、《逐梦第四极》（第二轮报道：构建中三角，打造第四极）、《澎湃中国心》（第三轮报道：加快构建中三角　打造特色城市群）等书籍（见表1）：《风起中三角》领风起之先，将城市群理论带入公众视野；《逐梦第四极》开联动之和，湘赣鄂皖与世界城市群交相辉映；《澎湃中国心》探合作新路，见证长江中游黄金水道使命担当。这些作品在两会乃至社会经济发展中都产生了巨大反响。

表1　　　　"中三角"系列报道构成统计

汇编集册	报道专题	报道板块	报道篇数（篇）	报道版面（版）	报道时间
《风起中三角》	构建中三角，打造新引擎	大战略、大趋势、大跨越、大引擎、大融合、大愿景、大思路、大行动	67	20	2012年2—3月
《逐梦第四极》	构建中三角，打造第四极	实践篇、借鉴篇、展望篇	83	26	2013年2—3月
《澎湃中国心》	加快构建中三角，打造特色城市群	实践篇、特色篇、观点篇	89	16	2014年2—3月

二　"中三角"系列报道分析

"中三角"系列报道是《湖北日报》进行主题性经济报道策划

推出的典型报道,该组报道在推动"中三角"国家战略的实施中成为强大的助推力,在全国两会中成为两会代表讨论的热点,让读者认知和支持长江中游城市群发展,塑造出"中三角"的品牌形象,产生了良好的社会效益。本文将选取"中三角"系列报道为研究对象,以《风起中三角》《逐梦第四极》《澎湃中国心》等报道汇编中的239篇报道为研究样本,从新闻生产的视角,结合报道组记者的采访小记和报道总结,对其报道消息源、报道文本、报道文体、报道力量组织等方面的进行内容分析,发现其报道特点,并分析如何通过主题性经济报道来塑造"中三角"城市群品牌。

(一)报道消息源广泛、专业、权威

报道消息源即报道消息的来源,又称"新闻来源",是提供消息的主体,即新闻出处。[①] 消息的来源可以作为评测报道影响力、公信力的重要指标,消息的权威性直接影响报道质量。"中三角"系列报道的消息源主要源于记者本身的采访,专家学者、政府官员、企业家的观点以及特约作者和百姓的观点。其消息源统计见表2。

表2　　　　　　　"中三角"系列报道消息源统计

消息源	数量(篇)	比例(%)
记者	120	50.20
专家学者	67	28.03
政府官员	23	9.60
企业家	16	6.69
特约作者	7	2.93
百姓	6	2.51

从消息源统计可以看出,超过一半的报道来自记者亲自深入实践采写,报道内容涵盖会议新闻、建设成就、实践案例等,这类报

---

① 邱沛篁、吴信训、向纯武等主编:《新闻传播百科全书》,四川人民出版社1998年版,第119页。

道占比50.2%。其次是人物专访,人物专访对象主要是专家学者、政府官员、企业家三类,占比分别为28.03%、9.6%、6.69%,其中采访的专家学者最多,从人物专访来看,访谈人物全部是相关领域权威专家、优秀企业代表、关键政府部门等,这类报道消息源具有很强的权威性,观点也具有较强的说服力,对人们解读政策和认识中三角有巨大帮助,消息源的权威性有利于城市群品牌在受众心中得到肯定和认可,增强品牌的认知度。特约作者主要是集中于在第二轮报道的借鉴篇中,采取约稿的形式,约稿4名作者分别介绍美国波士华城市群、英国伦敦城市群、欧洲西北部城市群、日本太平洋沿岸城市群的建设经验,报道共7篇,占比2.93%(见表3)。其余为百姓对中三角的认识,发出百姓声音和期待,共6篇,占比2.51%。

表3　　　　　　　　　　特约作者稿件统计

特约作者	城市群	报道名称	刊稿日期
陈柏峰	美国波士华城市群	《分工协作造就"波士华"》	2013年3月3日
郭睿	英国伦敦城市群	《工业之都蝶变创意之都》	2013年3月3日
		《"英国管家"更胜"英国制造"》	2013年3月3日
马宁	欧洲西北部城市群	《莱茵河:大马哈鱼回来了》	2013年3月3日
		《工业巨城再现蓝色天空》	2013年3月3日
李颖	日本太平洋沿岸城市群	《"四大公害病"引发环保革命——日本东京城市群对中三角的环境启示》	2013年3月3日
		《环保细节叹为观止》	2013年3月3日

从统计数据可以看出,中三角报道的消息源来源广泛,主体以记者采写和专家学者观点为主。记者采写的报道具有一定的客观性,记者发出的客观报道为受众设置了有关中三角的议题,目的在为受众介绍中三角战略,促进受众对中三角的认识与了解。还有一大部分消息源来自专家学者、政府官员和企业家,这些消息源能成为意见领袖,在对中三角的态度上能发挥宏观引领的作用,让受众认识

到中三角的建设有利于促进我国经济的发展,增加报道的科学性、可信性。值得关注的是,对国外城市群的经验借鉴的报道上,《湖北日报》联系海外学生、华侨来作为特约作者,通过他们生活的切身感受来介绍国外城市群的发展经验,在这 7 篇特约撰稿的基础上,《湖北日报》配上了 4 篇编者按和 2 篇评论,通过编者按、评论、特约通讯等多种形式的结合,生动地介绍了国外经验。虽然通过分析可以看出,就《湖北日报》纸质报纸发稿来看,刊登的百姓声音较少,但是湖北日报传媒集团通过新媒体、神码视频等全媒体渠道进行发布,弥补了平面媒体的受众互动。消息来源的广泛、权威、专业为该组作品在打造中三角城市群品牌上发挥了重要作用,信源的可信度高,让读者认识到中三角城市群的发展有其必然性和可能性,了解中三角总体战略规划,从权威和专业的角度奠定了读者对城市群品牌认知的基础。

(二)报道文本内容丰富、导向积极

报道文本包括文本内容和报道态度,报道文本是报道的具体内容指向,是报道传达给受众的最主要的信息。"中三角"系列报道的内容主要为经济方面的内容,报道内容涵盖产业、旅游、基建、政策、环保、地理历史等方面,其中以武汉为主体的报道占比 65%。

中三角战略内涵丰富,如何将这样一个公众还无认知的国家战略普及到公众,如何让读者理解中三角进而支持中三角建设成为报道组首先要思考的问题。中三角报道组首先致力于解读战略,推动战略在公众中普及。为此,进行了第一轮的系列报道,形成《风起中三角》集册(见表 4),其中报纸以大趋势、大跨越、大引擎、大融合、大愿景等五个版块进行专版报道。这一组报道在《走向城市群的世纪——访经济学家辜胜阻》中详细阐述了城市群以及中三角的战略规划,通过七大板块详细论证了"建设中三角是符合世界城市群发展趋势的宏伟战略"这一观点,让公众对中三角有了具体的认识,对中三角战略进行肯定。这组报道内容涉及战略会议、经济发展、交通建设、科技实力等多方面的内容,全面系统论证,有利于读者提升认识,增强信心。这组系列报道在2012年3月的全国两会上,引起国家高层关注。

表4 《风起中三角》报道统计

报道板块	报道篇数(篇)	报道方向
大战略	17	通过几次战略会议的报道以及政府官员的声音,来论证中三角是国家战略
大趋势	4	通过访谈经济学家辜胜阻以及三篇通讯,主要论证中三角战略符合世界发展趋势
大跨越	4	通过访谈国家规划专委会委员和三篇通讯,主要阐明湘鄂赣三省已经具备了抱团发展的经济基础
大引擎	4	通过访谈经济学家樊纲和对交通、科技等方面的通讯,阐述中三角具备条件,成为国家内需战略引擎
大融合	4	通过专访国务院官员和三篇通讯,表明中三角已经开始融合并且具备融合发展的空间
大愿景	4	通过中国科学院院士和三篇三个城市圈的通讯,展望了中三角的共同发展前景
大思路	24	通过对专家学者、政府官员、企业家的专访,论证中三角战略的必要性和可能性
大行动	20	通过对中三角地区的初步实践的报道,阐明中三角已经开始在行动

2012年12月28日,时任国务院副总理李克强在江西省九江市主持召开长江沿线部分省份及城市负责人参加的区域发展与改革座谈会,高度赞赏构建长江中游城市群的举措,湖北日报传媒集团再次启动中三角报道。在第二轮的报道中,着重从中三角的实践展开,从旅游、交通、科技、产业等方面的实践介绍,有面有点,点面结合,同时介绍长三角、珠三角、京津冀、西北欧、英国、美国、日本等其他国内外城市群的经验,表达对中三角建设的展望,形成《逐梦第四极》的系列报道,系统论证中三角在建设经济第四极路上的实践与展望。在第三轮的报道中,分为实践篇、特色篇、观点篇。

实践篇主要介绍为构建中三角开展的实践,如召开座谈会、商务会,成立研究机构等;特色篇以"起航""水""粮""路""业""融城""跃山""见证"等为篇章,介绍中三角在治水、交通、粮业、产业、城市发展等方面的特色;观点篇全部以专家观点呈现,形成舆论引导。

在报道态度方面,本文以"赞扬""中立""批判"等三种态度为标准进行划分归类,得出态度统计表(见表5)。

表5　　　　　　　　　　中三角报道态度统计

报道态度	报道篇数(篇)	比例(%)
赞扬	93	38.91
中立	145	60.67
批判	1	0.42

从报道态度统计数据分析,在中三角系列报道中,超过一半的报道是持中立的态度,客观地报道中三角建设的实践,占比60.67%,这类报道以提供客观信息为主,不引导读者的思想,让读者通过对事实的了解来把握自己的态度。通过相关性分析,这类中立态度的报道基本与记者的客观采写报道吻合,记者的消息、通讯报道基本持客观态度,大多是对事实的呈现。在报道中,持赞扬态度的报道占比38.91%。通过相关性分析,这些报道大多数是专家学者、政府官员和企业家的专访,大多数的人物专访对国家战略持肯定态度,对中三角的发展充满信心。

从报道文本的分析可以看出,中三角系列报道内容丰富,涵盖经济各个领域,是典型的大经济传播,较为全面地论证了中三角战略,并对中三角的实践及展望有充分论述。报道态度上,客观报道和积极报道的结合,对舆论发挥了正面的引导作用,提升读者对中三角城市群的心理期待,从而提高了城市群品牌构建的心理认知。这组报道从内容上塑造了品牌形象,为受众解读了中三角在各个行业和领域的发展，从态度上引领读者在心中构建城市群形象，并肯定和支持中三角建设，推动品牌构建。

（三）报道文体形式多样、有机组合

报道文体，也即新闻体裁，根据"中三角"系列报道的特点，我们在这里把新闻体裁分为消息、通讯、评论和专访，其他（包括链接、背景、编者按、会议发言稿等）。有关报道文体的统计见表6。

表6　　　　　　　　"中三角"系列报道文体统计

报道文体	数量（篇）	比例（%）
消息	40	16.74
通讯	102	42.68
评论	11	4.60
专访	66	27.61
其他	20	8.37

从报道文体统计分析来看，"中三角"系列报道文体形式多样，体裁丰富。其中，消息共40篇，占比16.74%，主要包括商务会、洽谈会、战略发布会、推介会等会议消息，以及研究机构成立、阶段性成就等消息。系列报道大量以通讯的形式来呈现，这些通讯大多数是记者亲自采写、也有少量特约撰稿，通讯类型涵盖人物通讯、事件通讯、风貌通讯和工作通讯，从各个侧面去描绘了中三角建设的成就与展望。总的来看，通讯共102篇，占比42.68%。其次是评论，报道中配有少量记者撰写的评论，这些评论表达出媒体的态度和观点，占比4.6%。因消息源有部分来自专家学者、政府官员、企业家，所以有66篇属于专访，这些专访直接表达观点和看法，具有明显的报道态度。除此之外，还包括编者按、背景介绍、链接、会议发言稿等多种其他文体，作为主要文体的补充，配合报道。

从文体类型来看，这组系列报道涵盖文体多种多样，通过多种文体全面论证了中三角战略。就单个版面的文体组合来看，此系列报道整体以专版的形式呈现，所以在专版中，没有单一文体的出现，全都是多类文体的有机组合，例如 2014 年 3 月 2 日的版面，以通版的形式报道大别山区在构建中三角中的融合发展，包含 2 篇长通讯、4 篇短通讯、1 篇记者手记、1 篇小贴士、2 篇人物声音的组合，通过多种形式的文字和图片的结合，使得版面要素丰富，可读性强。在同一主题上，运用多种文体的有机组合有利于读者全面认识城市品牌，从多种角度多个侧面去把握城市品牌。

（四）报道力量强大、高质量团队共同参与

报道力量包括报道所采用的人力、物力、财力，同时传播平台也成为重要的报道力量。"中三角"系列报道联动各方要素，形成强大的报道力量。

从人力配置来看，湖北日报传媒集团在组成 70 余人次的采访报道组，共采访 600 多位人士。记者主要是湖北日报经济新闻中心的记者为骨干，联合媒体集团各部门记者，组成强大的记者团。

"中三角"系列报道联动海内外、地区间的各要素来进行报道，联动《江西日报》《安徽日报》《湖南日报》等媒体的记者进行共同参与报道。同时，在对国外经验借鉴的采写上，联动海外的华人华侨，以特约作者的方式完成国外经验篇的报道。报道组一行，由文字、摄影、摄像记者组成，视频、文字、摄影记者共同采访，图文并茂，立体展现一个生动实践中的中三角，描绘了一个极具魅力的武汉。拍摄了 24 期视频节目，通过二维码的形式放在报纸上同步刊播。[①] 小组由纸媒人与网媒人组成的"新搭档"，重点稿件报道采用了最新的"神码"技术，让用户扫描二维码就能了解该大型报道的全新进展。

---

① 周芳：《宏观视野下的主题性报道——方位与着力点》，《新闻前哨》2013 年第 6 期。

从报道力量的组织来看，该系列报道组建出的强大报道团队和报道平台，联动各方要素，提高了报道效率、降低了报道成本。强大的报道力量有利于策划的专业性、多样化、周密性，将该组策划报道打造为质量高、气势大的报道。强大的力量团队打造出的中三角主题性经济报道站位高，能够积蓄城市群品牌构建的合力，打造出一个气势恢宏的中三角城市群形象。

三 "中三角"系列报道与长江中游城市群品牌的构建

通过对"中三角"系列报道的分析，我们可以看出，该组报道具有站位高、权威性、专业性、节奏感等特点。该组系列报道在策划时站在国家战略的高度，在战略还未具体实施就进行策划报道，进而推动国家战略的实施；采访相关权威专家学者、政府官员，其消息来源具有权威性和专业性，有利于将"中三角"城市群的品牌塑造在读者心中；该系列报道把静态报道变为动态报道，连续三年分阶段有秩序地进行三轮报道，很好地把握了报道节奏，迎合了读者的品牌认知节奏，起到了较好的报道效果。该组报道不仅推动了国家战略的实施，还深刻构建了长江中游城市群品牌。

（一）应时而动，逐步解读城市群品牌

主题性经济报道要善于因时制宜，适时而动。"时宜性，即合时宜，采写、发表的时机适当，可产生较大的宣传效果。"[1] 经济新闻报道发展到今天，与其他新闻报道形式不同的是，需要根据某一特定时空下的政策变化和社会变化作为报道的触发因素，寻找主题，积极策划。主题性经济报道并不是无中生有、胡乱策划，而是要根据经济发展的态势和经济战略的演进，挖掘其中有报道价值的点，

---

[1] 谢金文：《新闻与传播通论》，复旦大学出版社2006年版，第274页。

通过策划来反映一定的经济主题,应时而动,准确把握策划节奏,组织报道资源,表现主题。

在"中三角"系列报道中,由于长江中游城市的区域联合发展还在起步阶段,"中三角"的概念还没得到学界和政界的共识,也没有被公众认知。随着武汉经济发展,湖北省政府积极学习考察寻求合作,湖北日报传媒集团在这样经济发展背景的触发下,主动聚集力量发起"中三角"主题策划报道。该组报道第一轮始于2011年年底,策划出了第一组报道,并集中于2012年2—3月两会之前刊发。第二轮报道时隔一年,湖北日报传媒集团加大报道力量配置,继续策划"中三角"系列报道,并于2013年2—3月两会前刊发。第三轮报道再隔一年,于2014年2—3月两会前刊发。在时机的选择上,这组报道连续三年选择在两会前刊发,一年一个节奏,具有良好的节奏感和动态性,三年中,各有侧重,逐步解读中三角城市群,让读者对中三角城市群有逐步地深化地了解,符合读者对城市群品牌的认知节奏。

从报道的思路来看,三轮报道总体遵从"战略解读—战略规划—战略实施—战略成果—战略展望"的思路,第一轮报道侧重对于战略的论证,将长江中游城市群的概念阐述给受众,表明城市群发展中的合理性和可能性;第二轮报道侧重于对战略的整体规划解读,并对目前中三角各城市的发展现状进行点面结合的报道,尤其是大量的、大篇幅的报道对武汉发展现状进行报道,同时借鉴国内外城市群的先进发展经验;第三轮报道侧重于对阶段性发展成果的报道,并对中三角城市群及武汉的发展进行展望。这样的报道思路,层层推进、应时而动,一步步地向读者解读发展战略,让中三角城市群形象跃然纸上。

(二)议程融合,推动国家战略步步升温

议程设置功能是传播效果研究的典型理论,由美国传播学家

M. E. 麦库姆斯和 D. L. 肖提出。① 媒体的议程设置具有实现媒体舆论引导的功能,研究者把议程设置分为政策议程、媒体议程和公众议程,这三个议程又是相互影响的。在媒体报道中,报道主题往往成为媒介议程,媒介议程与政策议程和公众议程是紧密相关的。议程设置的正确与否,直接影响媒体的传播效果,进而影响传播影响力的发挥。主题性经济报道就是选择合适的经济议程,通过主题报道来推动议程的融合。

在"中三角"系列报道中呈现出一条媒体议程、公众议程和政策议程叠加演进的脉络。在系列报道中,我们可以看到三个议程相互融合,政策议程与媒体议程叠加互动,媒体议程又推动公众议程升温,公众议程又反推媒体议程。2011年4月和7月,湖北省委书记李鸿忠分别到湖南、江西考察,他提到三省合作。湖北日报传媒集团受到三省合作的议程的推动,从2011年12月起,迅速组成报道组,先后赴各地开展采访,打造媒体议程,把国家战略通过媒介报道出来,提出构建长江中游城市群这一宏伟战略,第一轮报道推出后,得到强烈反响。媒体议程的及时加入,令政策议程升温,2012年2月湘鄂赣三省会商会召开,多个会议主动邀请《湖北日报》参与,将中三角列入年度工作计划。第一轮的系列报道作品被送到两会代表手中,两会代表成为发声的"意见领袖",为中三角提供了扩散效应,加大了公众议程的讨论,舆论场持续升温,公众议程逐渐演化为跨省的民间合作。2012年、2013年公众议程一次次升温,反推政策议程。2012年12月28日,时任李克强副总理点名把安徽纳入其中,构建长江中游城市群,三省合作变为四省合作。

反观"中三角"系列报道,政策议程、媒介议程和公众议程相

---

① See Maxwell E. McCombs & Donald L. Show, "The Agenda-setting Function of Mass Media", *Public Opinion Quarterly*, 1972, 36(2).

互融合，相互推动，这组报道让中三角战略得到了人民的认识和肯定，从而反推政策的制定和中三角战略的实施，推动国家战略实施步步升温，充分发挥了报道的社会效果。同时，报道通过全渠道刊发，在两会上被两会代表热议，大大提升了其传播影响力。参与到"中三角"系列报道的《湖北日报》记者梁晓莹认为，"从概念到共识，从共识到时间，《湖北日报》做出了探索。从这两次的战役性报道可以得出两点体会：一是要抢占先机，在政策议程上位启动或刚刚启动时，媒体议程就应该及时跟进，从而引发叠加放大效果。二是媒体要利用机会和创造机会，吸引和引导意见领袖参与重要问题或热点问题的讨论，这有利于激发其顺向传播的积极性"[1]。通过三个议程的融合，将政府、媒体、受众交织在一起，有利于将长江中游城市群品牌想象印刻在受众心中，也能调动受众参与品牌形象的构建过程中。

（三）联动要素，共推城市群品牌增值溢价

城市品牌是能够给城市发展带来溢价、产生增值的一种重要无形资产，它的载体是与其他形式相区分的城市形象，它也是城市软实力的重要组成部分。研究学者提出，城市品牌是城市软实力的重要体现，城市软实力是衡量一个城市竞争力的重要因素。城市软实力包括以下 9 个方面：城市文化力、城市管理力、制度创新力、公共服务力、传媒沟通力、重大危机处理能力、环境舒适力、教育发展力、人力素质力等。[2] 其中，传媒沟通力是塑造城市品牌和提升城市软实力的重要手段，通过媒体来宣传城市形象和打造城市品牌。城市群品牌是区域软实力的重要组成部分，城市群品牌能够通过传媒实现增值溢价。

---

[1] 梁晓莹：《中三角战略的议程互动》，《新闻前哨》2013 年第 6 期。
[2] 范晓丽：《城市软实力的概念和要素分析》，《学理论》2012 年第 19 期。

"中三角"系列报道的一大创新点在于联动各方要素进行报道，增强报道的专业性、权威性，同时通过联动各方要素，全面地介绍中三角国家战略以及长江中游城市群，重点介绍发展战略的地位、作用、现状、成就，有利于从多个侧面打造城市群品牌，宣传长江中游城市群形象。该系列报道首先联动四省党报，实现《湖北日报》《江西日报》《湖南日报》《安徽日报》等四大报纸力量的联动，有利于聚合资源、节省报道成本、深度挖掘价值；其次，联动海内外因素，通过设立特约作者的方式联动海外华人，选取国际著名城市圈，通过他们的生活学习工作经验来撰写海外借鉴篇；最后，联动各方专家学者，采访组奔赴北京、上海、广州等多地采访数十位专家学者和政府官员，联动了权威的人士，提升了报道的可读性。"中三角"系列报道在政府与公众之间对于"中三角战略"这一主题发挥了良好的传媒沟通力，畅通了政府、媒体、公众三者之间的沟通渠道，报道内容涵盖城市群建设的各个层面，提升了中三角城市群软实力。通过联动各方要素，从多个侧面来展示长江中游城市群，挖掘城市发展中的亮点，有利于各城市间的相互了解，增强市民对城市的信任感和获得感，从而促进区域内城市间的合作发展，共推城市群品牌增值溢价，发挥城市群品牌的经济价值。

结　语

"中三角"系列报道是湖北日报传媒集团聚焦力量、全力打造的作品，其体现了"站位高、立意深、视野广、气势大"的大报风格。通过对其内容分析，发现其报道具有站位高、专业性、权威性、节奏感等特点。这组系列报道是主题性经济报道的典型示范，对构建武汉在长江中游城市群品牌发挥了重要作用：应时而动，逐步解读中三角城市群品牌；议程融合，推动国家战略步步升温；联动要素，共推城市群品牌增值溢价。2016年12月26日,经国务院批复同意,国家发改委正式发布《促进中部地区崛起"十三五"规划》,规划中明确指出,支持武汉建设国家中心城市。在武汉建设国家中心城市过程中,要发挥媒体沟通力,打造武汉名片:经济传播要注重主题策划,在国家中心城市战略报道上突出前瞻性和服务性;策划要联动各方要素,实现资源的优化配置,提升报道传播影响力,在中三角城市群中实现差异化传播,突出武汉特色,打造武汉风貌;把握报道策划节奏,实现分阶段、有秩序地动态报道,促进武汉城市品牌构建。

文明交流互鉴视域下佛教传播研究的意义与启示

赵立敏[*]

摘　要　自亨廷顿提出"文明冲突论"以来，人们对文明冲突给予了极高的关注，事实上，文明融合与冲突是不同文明相遇的一体两面。在历史的长河中，不仅存在大量丰富的文明冲突的案例，也同样存在大量文明交流融合的事实。佛教在中国的传播，为文明交流互鉴这一新型话语提供了中国特有的案例与视角。作为一种包容、开放、沟通、均衡的传播模式，佛教与儒家和道家一起构成了一个独特的文化同心圆结构，可以说，佛教传播对文明交流互鉴具有特殊的意义和启发作用。

关键词　文明交流互鉴　佛教传播　融合传播　意义　启示

拉里·A. 萨默瓦和理查德·E. 波特认为跨文化交流是指来自不同文化背景的人们相互交流的一种情境，这种交流主要有两种形式：国际交往和国内交往。国际交往主要是国与国之间以及本民族与外来民族之间的文化交流。[①] 中国古代经历了频繁的跨文化交流，

---

[*] 赵立敏，衡阳师范学院新闻与传播学院讲师，中国人民大学传播学博士。

[①] ［美］拉里·A. 萨默瓦、理查德·E. 波特：《跨文化传播》，王纬、徐培喜译，中国人民大学出版社2010年版，第3页。

国内交往层面的跨文化交流包括了春秋战国时期诸子百家之间的文化交流、汉族与少数民族的文化交流等，它们要么构成了中国传统文化的源泉，要么奠定了中国作为一个多民族的统一国度。从国际交往的层面来看，又包括本土文化的输出与外来文化的输入，包括丝绸之路、以外国使节来华为代表的中国与外国在经济、文化、宗教等层面的交流等。历史上曾两次著名的外来文化输入，一次是古代的佛教的传入，一次是近代以来的西学东渐。

一 文明交流视域下佛教传播模式特征

如果说近代的西学东渐代表的是一种"从中心到边缘"的传播模式，那么佛教传播则是一种完全不同的"融合式"传播模式。是一种多元文化融合的典范。一方面，中国文化始终保持着主体性的地位，儒家和道家的基本精神不仅没有消失，反而在吸入佛教的养分之后得到弘扬。自西汉董仲舒提出"罢黜百家，独尊儒术"以来，儒家的经学流派开创了儒家的第一个巅峰。但是到了三国两晋南北朝时期，儒家式微，玄学兴盛。儒家的这一衰落状况一直持续到唐朝，具体表现为文学兴盛和儒理的不振。佛教的传入，让内部能量几乎已经耗尽的儒家重新获得了生命，开启了儒学的第二个以及第三个巅峰，即宋朝的理学和明朝的心学。至于道教，一直以来被批评为理论贫乏，但是通过吸收佛教思想，明显大大丰富了自己的思想体系。另一方面，佛教在传播过程中做到坚持了自身的基本教义，保持了佛教区别于其他思想体系或其他宗教的本真性。例如佛教中的"四谛""三法印"始终被坚持，传法人为了寻求最纯正的佛教理论而不惜跋山涉水，去佛教的诞生地——印度求取真经。佛教在基本教义这一问题上几乎从未屈服于任何一种势力。另外，汉传佛教在中国又主动摒弃不适合中国本土的那些要素，逐渐形成了具有中国特色的佛教，例如吸收老庄哲学的无为思想，开拓了禅宗、净土宗等新宗派，摒弃原始佛教那种烦琐艰难的修行方式，建立僧团制，等等。

推究儒、释、道文化融合传播的特点，可以概括为：这是不同文化间相互尊重、平等、开放和全方位深度互动、互学和互鉴的结果，儒、释、道三种文化在保持和丰富各自的主体性的同时，还具有杂糅的特质和更丰富的主体间性。① 这种融合是在差异基础上的对话，是自我与他者的融入，是中心和边缘的取缔，它实现的是你中有我，我中有你，互相借鉴，共同发展，最终各成其所是。这种传播模式既重视差异，又寻找共同对话和融合的契合点，各种文化既不顽固地排斥对方，也不去强势地同化对方，仿佛它们都既遵守着共同的界限，保有各自的特色，发挥各自的作用，又相互补充，各自从对方那儿萃取对自己有利的部分，获得更大的发展空间。正是这种融合的模式，让任何一种文化都不会在自我封闭和自我消耗中陷入停滞和腐朽，因为通过引入新鲜的血液而延长了各自的寿命，重新焕发了活力，最终的结果是一种多赢的局面。可以推想，如果一种文化既不能通过内部的持续创新来激发活力，也不能通过从外部引入新的力量来改变自身，那么任何一种文化都可能陷入长期的停滞期，甚至最终腐朽、消亡。

二　文明交流互鉴视域下佛教传播研究的意义

佛教传播的模式对于今天中国文化的对外传播，乃至不同文明参与的国际秩序的重建都具有重要的借鉴意义，它对世界的跨文化交流富有启发作用。目前世界主要流行着三种文化传播行为。（1）建立在文明优劣基础上的同化式单向式文化传播。这种传播模式以

---

① 贾文山：《涵化哲学观对中国主导新全球化的启示》，《对外传播》2005年第3期。

萨义德提出的"东方主义"以及福山的"历史的终结"为代表,认为处于优等的西方文明将作为最终的形式必将驯化其他文明。随着西方的霸权文化在经济和科技的扩张力量下对其他国家的文化进行了强势入侵,这种以同化为目的的文化传播给亚非拉民族的文化造成了极大的伤害,文化帝国主义一定程度上造成了世界文化的同质化倾向,让其他族裔的文化慢慢凋零,并一定程度上建立了一个不公平的世界文化秩序,而这种文化的秩序又构成了国际经济和政治秩序不平等背后无形的保障。(2)建立在文明自恋基础上的原教旨主义的文化传播。这种新的倾向表现为对外来文化的防御和恶意,它拒绝与外来文化展开对话和合作,而是过于强调本土性、民族性或种族性,其结果是日益在自我封闭的圈子里面孤芳自赏,甚至它对外来文化的不怀好意转化成为对文化内部中的任何创新和变革的深深敌意,它只是强调要回归最原始的、最纯粹的自己,文化传播的目的不是文化的创新和多样化发展,而是坚持原教旨的自我固化,以文化的单一性代替文化的多样性,以文化的原始性代替文化的创新性,实现纯粹性的统一。伊斯兰原教旨主义运动就是这种文化倾向的典型例子,此外,在日益受到外来文化殖民的第三世界也普遍存在原教旨倾向。(3)建立在文明交流互鉴基础上的包容式的文化传播。这是我国当前大力提倡的文化传播与交流策略,习近平总书记在多个场合提到中国的"文明观",强调要坚持文明多样性,引领文明互容、文明互鉴、文明互通,坚持文明交流三原则:互相包容、多元并存和平等相待。

这种"文明观"在中国古代的儒、释、道文化交融中得到了最好的阐释。站在文明融合的立场上看古代的佛教传播,就能看到佛教传播的当下价值和意义。佛教是古代中华文明进行自我更新和重新焕发活力的一大源泉,它与儒家、道教的融合,最终并称中国的三圣，成为国人的重要信仰。佛教在传播中与儒家、道家的交流，其最后的结果不是三种文化的简单拼凑，而是一个相嵌、相辅、相成的系统。儒、释、道文化在融合传播过程中，三种文化的相互嵌入构成了一个三层结构，就好像一个同心圆。从小的方面看这个同心圆是由"心—身—社会"构成，从大的方面看这个同心圆则是由"人—自然—宇宙"构成。心灵的层面对应佛教，身体的层面对应道家，社会的层面对应的是儒家。同时，人的层面对应的主要是儒家，自然的层面对应的主要是道家，而宇宙的层面则主要对应佛教。这种从内到外又从外到内的无缝对接，让儒释道文化之间实现了高度的契合。

儒、释、道文化融合传播对于中国文化的最大意义就在于它形成了一个文化同心圆结构。三教合一不是杂乱无章的，也不是简单地叠加或拼凑在一起的，而是有机地融合在一起。三家文化相互补充和制衡，一家文化的短处会被另一家文化的长处所弥补，一家文化的扩张会被另一家文化所制约。可以说这种多元文化相互嵌入的结构恰是文明交流互鉴的典范。

三　佛教传播对今天文明交流互鉴的启示

正是佛教的传入，具体来说是儒、释、道之间的包容性传播，才凝聚了中国人的生存智慧，成就了中国人的人生哲学，甚至塑造了中国传统文明。具体来说，佛教传播对当今文明交流或跨文化传播存在如下启示。

（一）不仅要了解不同文化的差异性，还要了解它们的亲和性与互补性

中国传统文化的对外传播能否成功取决于我们对于自身和传入地文化了解的程度如何。所谓知己知彼，才是文化传播制胜的关键。

我们必须这样追问：输入地文化的特性是什么？我们的文化与他们的文化之间构成了什么样的关系？它们应分别处于何种不同的层次，发挥何种功能？如果文化之间存在亲和性，那亲和力表现在什么地方？互补又存在什么地方？中国文化的对外交流绝对不是要去对本地文化构成威胁，更不是要推翻或替代本地文化，而是要在形成对本地文化的补充与加强的基础上实现双向沟通、交流与对话。从本地文化的接受学角度来看，本地居民之所以愿意去接受一种外来文化，必定是这种文化对他们有用处，且不会对本地文化的传承构成威胁或破坏，或不会对本地文化的自尊构成伤害。所以，外来文化的传播要深刻把握与本地文化的关系，这种关系不是对抗关系，而是补充与加强关系，是共美其美、美美与共的关系。当初佛教在中国传播的时候，定居吴国的康僧会说："虽儒典之格言，即佛教之明训。"[①] 近代印光法师也说"儒佛理体和功夫无二致，发挥有深浅"。[②] 换句话说，如果本地文化的缺陷正是外来文化能够弥补的，本地文化的长处正是外来文化能够进一步张扬的，那么本地文化与外来文化就会形成和谐共生的生态。如果本地居民对他们自身的文化的问题深感困惑，或陷入了自身的文化危机，而外来文化的引入又为他们提供了另一种可能的选择，让他们意识到这一外来文化正是对本土文化的问题的解决。如果外来文化的进入不是强加的，而是本地居民自主选择的结果，想必外来文化的传播与接受也就相对容易许多了！

所以跨文化之间的和谐传播必定是建立在文化亲和性与差异性的基础之上的，正是亲和性才能让它们互容，正是差异性才能让它们互补。跨文化的交流既要求同存异，同时又要深刻把握不同文化

---

① 释慧皎：《高僧传》，中华书局1992年版，第188页。
② 印光法师：《印光法师论儒学》，华东师范大学出版社2012年版，第125页。

之间的功能差异，相同重复的文化必有一个是多余的，只有不同而又能互补的文化才是相互需要的。每一种文化都有发挥作用的适切范围，都有各自潜在的功能分区，所以文化的对外传播首先是要对外来文化和本土文化进行定位，规定各自的作用领域。有些文化主要在心灵层次上发挥作用，有些文化主要解决身体的问题，有些文化更善于处理人与自然的关系问题，有些文化则更擅长处理不同民族与国家之间的问题。尽管没有哪一种文化的功能是纯粹、单一的，但是我们依然能够区分不同文化在不同方面的优劣，这样就为文化之间的互补互惠提供了机会，这也意味一个正确的跨文化传播定位一定是基于对不同文化的深切理解的基础之上。如果对外来文化或对本土文化不抱有包容的同情，如果不能设身处地去思考、感受不同的文化的历史和境遇，那么就很难实现文化的和谐传播。一般来说，一种文化是由不同层次构成的一个复合体系，它包含文化的表层结构、中层结构和深层结构，表层是可见的文化符号和物质载体，中层是文化的制度、规范及仪式，深层是文化的心理结构、思维定式、价值取向以及生成它们的历史语境。爱德华·霍尔在《无声的语言》中则把文化分为两个层次——公开的文化和隐蔽的文化。"前者可见并能描述，后者不可见甚至连受过专门训练的观察者都难以察知。"而在"不同的文化交际中，最难突破的是文化中的深层结构"[1]。在跨文化交流中，我们不能只停留在文化表层和公开可见部分上的文化交流，而应该突破文化的深层结构，克服隐蔽的文化屏障，实现文化深层次的契合和交融，这是因为跨文化交流真正的阻力不是来自表层，而是来自那些根深蒂固的、隐蔽于深层次的偏向。

拿中美之间的文化交流来说，如果中国不能了解美国文化深层

---

[1] ［美］爱德华·霍尔：《无声的语言》，刘建荣译，人民出版社1991年版，第65页。

次的结构、特质和它的内在困境，甚至如果中国连自身的文化也知之甚少、模棱两可，那么中美之间的文化交流就必然不会畅通。进一步而言，如果中国不了解美国文化与美国政治、经济和社会之间的深层关系，只是单纯地从文化这一孤立的向度出发，也同样无法很好地进行跨文化传播与交流。同样，如果西方不了解中国文化的特质，不清楚中国文化的功能以及它与西方之间能够构成何种相辅相成的关系，不了解中国文化得以孕育和发展的土壤，那么西方与中国之间的文化交流也会形成障碍。如果我们只是对外来文化一味地拒斥，以自我为中心凌驾于其他文化之上，认为自己的文化就是最好的，其他的文化都不好，如果这种盲目自大的心理不能消除，那么文化之间的对抗就不能避免。

（二）采用多种传播形式，把跨文化传播打造成一个系统化工程

佛教在中国采用了多种多样的传播形式，针对精英阶层与平民阶层等不同受众，佛教的传播不一样。例如针对精英阶层，佛教主动与士大夫交流互动，交游酬唱，切磋义理，也试图依附于关键人物或意见领袖（例如利用君王），达到弘扬佛教的目的。针对平民百姓，佛教采用谶记迷信迷惑大众，利用通俗小说、实物文本亲近大众，利用俗语以及与民间观念的结合深入大众，利用地方乡绅引领大众。针对南北地域差异，佛教传播在北方重迷信、与经学俱起俱弘。在南方，佛教重义理，与玄学相结合。在处理儒家、道教的关系上，佛教坚持自我本质与中国化并举的策略，主动调和儒道，有变亦有不变。针对佛教内部，采用仪式传播、神话传播进行文化整合，确保信徒对佛教组织的忠诚度。对外明确儒、释、道三家各自的用途，最后形成了鲜明的定位——"以儒治世、以佛修心、以道修身"。此外佛教还主动依附中国传统学术风气、利用中国的经验科学进行传播，效果十分明显。佛教传播能够因时制宜、因地制宜，

采用了融合性传播、依附性传播、渗透性传播等多种传播方式，结合了文字文本、实务文本等多种传播工具，妥善处理了宗教、政治、社会的关系。以上种种，对于今天中国文明对外传播都能提供重要的启发，佛教传播的方式和方法直至今天都值得人们效仿。

（三）坚持文明的对话与融合，避免冲突与摩擦

目前，国与国之间、地区与地区之间的政治、经济对抗，都可以在一定程度上反映到文化的差异与冲突上，不同民族之间的信息传播与交往也建立在文化的语境之上，不同的文化之间既有可能产生冲突对立，也可能形成和谐交融。然而，在过去由于我们见多了历史上的冲突与战争，这些战争多发生于拥有不同信仰和价值的种族或其他集团之间，加之自亨廷顿提出"文明的冲突"理论以来不少学者的拥趸，[1] 于是我们倾向于认为"文明的冲突"是一种常态，甚至是不可避免的现象。我们似乎忘记了文明的融合与冲突恰如一枚硬币的两个面，就算冲突到如火如荼时，文化之间的交融也会默默进行。冲突并不是跨文化传播的唯一选择或结果，融合同样是不可忽视的另一种可能。我们已经对"文明的冲突"有了很多的研究，但是对文明是如何融合的颇少关注。事实上，自古以来就不乏文化成功融合的例子，尤其是中国儒、释、道文化的融合堪称典范，更值得我们借鉴。

尽管目前世界正涌起一股逆全球化的潮流，一些西方国家开始走向保守与封闭，但是全球化始终是主流，文明之间的对话、交流始终是主旋律。随着全球化的发展，尤其是在互联网推动之下的新一轮的全球化形势下，文化之间的传播早已突破了时空的限制，其深度和广度已经超过了古代任何一个时期。由文化之间的纵深交流

---

[1] ［美］塞缪尔·亨廷顿：《文明的冲突与世界秩序的重建》，刘绯等译，新华出版社2002年版，第5页。

而引起的文明转型是当今任何一个文明都不得不面对的问题。如果说在过去"文明的冲突"是战争时代的主旋律的话,那么在当前乃至未来"文明交流互鉴"就已经上升为一个更重要的层次,关于"文明交流互鉴"的机制、策略、路径、问题及成功的案例等更需要一大批学者投身进行更深入的研究,而汉传佛教在华传播以及与儒家和道家的文化融合为"文明交流互鉴"提供了中国案例和视角。

山地旅游背景下贵州民族文化开发与传播研究
——以西江千户苗寨为例

田素美[*]

摘　要　旅游开发中,充分开发和利用独特的民族文化势在必行。西江千户苗寨民族文化底蕴丰厚,建筑气势恢宏,自成景观;民族歌舞多姿多彩,活态传承民族文化;其服饰文化内涵丰富,引领文创产品风尚;民族节日成为文化展示的重要窗口,可谓融西江民俗为一体。但民族旅游开发中尚存在着许多问题。比如民族文化开发内涵挖掘不够,"形神"不能同步;社区村民传承民族文化参与度不高,文化传承存在断层现象;民族文化变异严重。为改变这一现状,需要增强少数民族村民的文化自信,提升其文化传承的积极性,"活态传承"民族文化;需要振兴民族民间文化,深挖民族文化内涵,让文化传播"有源可依","形神"同步。

关键词　山地旅游　民族文化　传播　西江千户苗寨

十八大以来,以习近平同志为核心的党中央高度重视文化建设,强调文化对国家发展的巨大作用。习近平总书记指出,"文运同国运

---

[*] 田素美,贵州师范大学国际旅游文化学院副教授,厦门大学新闻传播学院博士研究生。

相牵，文脉同国脉相连"。① 建设社会主义文化强国是实现中华民族伟大复兴的基础和前提。《国家"十三五"时期文化发展改革规划纲要》指出"文化是民族的血脉，是人民的精神家园，是国家强盛的重要支撑。传承振兴民族民间文化。加强对民间文学、民俗文化、民间音乐舞蹈戏曲、少数民族史诗的研究整理，对濒危技艺、珍贵实物资料进行抢救性保护"。② 繁荣发展社会主义先进文化，是党和国家的战略方针。

贵州地处我国西南部，是一个多民族聚居的省份。境内共有世居少数民族17个（苗族、布依族、侗族、土家族、彝族、仡佬族、水族、回族、白族、瑶族、壮族、畲族、毛南族、满族、蒙古族、仫佬族、羌族），千百年来，贵州各民族人民在长期生活的过程中创造了多姿多彩风格迥异的民族文化，贵州民族文化是贵州各族人民勤劳和智慧的结晶，反映了他们的思想、价值观念、生存能力和创造能力，是中华灿烂文化的重要组成部分，也是贵州文化强省的重要资源和依据。近年来，贵州省依据独特自然优势和丰富的民族文化大力发展旅游业，相继推出"山地公园省，多彩贵州风"旅游品牌和全力打造多彩贵州民族特色文化强省战略。民族文化在旅游开发、文化扶贫、全面小康中扮演着重要角色，其地位和作用日益引发关注，如何更好地挖掘、传承、创新、传播民族文化，让其持续健康发展，世代相传，增强文化软实力，传播中华优秀文化，已成为重要的课题。笔者以西江千户苗寨为研究对象，于2017年4—5月展开产地调研，以期清晰展现贵州山地旅游背景下，新传媒时代民族文化的旅游开发及传承和传播现状、存在的问题，并探索解决

---

① 《习近平在中国文联第十次全国代表大会中国作协第九次全国代表大会开幕式上强调：文运同国运相牵　文脉同国脉相连》，《中国青年报》2016年12月1日。
② 中共中央办公厅、国务院办公厅：《国家"十三五"时期文化发展改革规划纲要》，《新华社》2017年5月7日。

问题的途径，为民族文化良性传承、发展和全球传播提供借鉴。

一 西江千户苗寨民族文化在旅游开发中的运用

西江千户苗寨位于贵州省黔东南苗族侗族自治州雷山县东北部的雷公山麓，由平寨、东引、也通、羊排、副提、南贵、也娲、乌嘎、乌仰、两岔河、掌卡等12个依山而建的自然村寨相连成片，是目前中国最大的苗族聚居村，有2000余年历史。西江苗寨现有1300多户6500多人，其中苗族居民占99.5%，素有"千户苗寨"之称。雷山拥有苗族芦笙舞、铜鼓舞、苗族飞歌、苗族织锦技艺、苗医药、苗年、苗绣、吊脚楼营造技艺、苗族芦笙制作技艺、苗族银饰锻制技艺、苗族鼓藏节、仰阿莎和苗族贾理等13项被列入国家非物质文化遗产，16项列入省级非物质文化遗产，为全国拥有非物质文化遗产最多的县份，成为名副其实的"非遗大县"。西江千户苗寨是中国苗族传统文化保存最完整的地方。被誉为"中国苗族文化艺术馆"，是研究苗族历史和文化的"活化石"。

西江千户苗寨旅游业起源于20世纪80年代，经历从村民自发组织到政府主导下旅游公司管理之路，发展迅速。经过多年的不懈努力，2011年西江景区荣升为国家AAAA景区，2012年被国家文化部评为"国家文化产业示范基地""第一届全国敬老文明号""十佳旅游景区"的荣誉称号。目前，西江千户苗寨景区已经成为贵州旅游一张亮丽名片。旅游经济的发展为一度沉寂的民族文化的复兴和发展带来无限的契机和平台，民族文化成为贵州旅游业开发与发展的核心和灵魂。

(一) 民族建筑气势恢宏，自成景观

西江千户苗寨是中国乃至世界上最大的苗族居住村寨，房屋建筑保存相对完整。苗寨房屋以木结构的"吊脚楼"为主，其源于上古居民的南方干栏式建筑，是中华上古居民建筑的活化石。上千户吊脚楼随着地形的起伏变化，层峦叠嶂，鳞次栉比，蔚为壮观，夜间伴着着现代化的灯光装饰，形成环形牛角形状，美轮美奂。吊脚楼不仅具有重要的审美价值，而且建筑结构严谨，巧妙利用力学原理，具有重要的建筑学价值。吊脚楼楼层功能分区使用及其建造仪式反映了苗族人民适应自然的农耕生活的生存智慧及其浓重的宗教文化色彩，具有重要的文化价值。苗族风雨桥更是以其精湛的建筑工艺技巧及其背后的丰富的文化内涵闻名海内外，吸引大批游客。在游客调查中，有90%的游客选择到西江苗寨旅游，原因之一是"被庞大的原生态苗族建筑群所吸引"。2005年，西江千户苗寨吊脚楼被列入首批国家级非物质文化遗产名录。民族建筑气势恢宏，自成景观，成为民族旅游重要的构成部分。

（二）民族歌舞丰富多彩，活态传承民族文化

苗族是一个能歌善舞的民族，人人会唱歌、个个能跳舞。几千年来，歌舞伴随着苗族的历史，生动地反映出苗族人民的生活。苗族的歌舞，古朴、粗犷，表达苗民真挚、纯朴的思想情操，也最能使人感受到民间艺术的真、善、美。西江素有"歌的天堂，舞的海洋"之称，歌舞文化资源丰富，底蕴深厚。拥有苗族飞歌、铜鼓舞、苗族芦笙舞等多项国家级和省级非物质物化遗产。苗族民歌根据其内容可分为游方歌（情歌）、酒歌、苦歌、反歌、丧歌、劳动歌、时政歌、儿歌、谜语歌等几类，曲调各不相同。苗族民间舞蹈有芦笙舞、铜鼓舞、木鼓舞、板舞和古瓢舞等。尤以芦笙舞和铜鼓舞流传最广，历史悠久。苗族"鼓舞"在唐代《朝野佥载》上就有"五溪蛮，父母死，于村外间其尸，三年而葬，打鼓路歌，亲戚饮宴舞戏一月余日"的记载，由此可见苗族"鼓舞"历史之长。西江千户苗寨民族歌舞文化在旅游开发中得到了充分的开发，成为贵州民族旅

游的典范。西江歌舞表演分两大类。一类是在苗寨中心的铜鼓广场举行原生态民族歌舞表演，表演者是当地苗民，着当地民族服装，唱原生态的民歌，跳芦笙舞、鼓舞等。其表演重现苗族生活场景，游客可以参与互动体验，主客同乐。另一类是有贵州省西江千户苗寨文化旅游发展有限公司文化演艺公司组织的大型苗族情景歌舞剧《美丽西江》，集现代化的灯光、音响、舞美为一体，融合苗族的起源、迁徙、定居、发展过程等民族文化为一体。

（三）服饰文化内涵丰富，引领文创产品风尚

苗族服饰样式繁多，据不完全统计多达200多种，年代跨度大。苗族服饰是我国所有民族服饰中最为华丽的服饰，以女性服饰为典型，既是中华文化中的一朵奇葩，也是历史文化的瑰宝。苗族服饰色彩艳丽，图案精美，多见鱼、虾、蝴蝶、石榴、吉宇鸟等图案。图案符号具有丰富的文化内涵，反映了苗族先民生产、生活、迁徙、宗教信仰等文化，被称为"穿在身上的史书"。苗族银饰做工精美，图案丰富，内涵深刻，造型夸张，与鲜艳的服饰搭配相得益彰，体现苗族女性的华美与端庄。西江苗寨苗族服饰在旅游开发过程中，不仅被穿在苗民身上载歌载舞，更多的服饰文化元素如蜡染、刺绣等被开发利用做成了服装、鞋包、首饰等旅游文化产品，供游客参观购买，成为旅游业重要的构成要素与西江旅游收入的一大经济来源。

（四）民族节日成为文化展示的重要窗口，融汇西江民俗为一体

苗族节日繁多，素有"小节天天有，大节三六九"之说。苗族比较重要的节日有斗牛节、芦笙节、爬坡节、姊妹节、牯藏节等。随着旅游发展，西江很多节日被旅游开发利用，成为旅游井喷的经济增长点。目前西江旅游发展中，姊妹节、牯藏节、芦笙节和斗牛节开发较好，很多节日和体育竞技结合在一起，延伸了产业链。节

日也成为西江全面展示苗族文化习俗的大舞台,民歌、舞蹈、各种民俗表演纷纷登场,吸引大量游客参观、感受、参与。

除了建筑、服饰、节日文化外、苗族的饮食文化也被旅游业开发利用,著名的"长桌宴"享誉海内外;苗族农耕文化也成为西江旅游的重要组成部分,引游客参观体验;除此之外苗族刺绣、蜡染、银饰制造等文化元素也得到充分的开发和利用,构成体验产品,制成文创产品等。

综上,苗族文化在山地旅游也发展中,得到了充分的开发和利用,为旅游业的发展做出了重要贡献,由此可见,西江游即民族文化游。

二 民族文化在旅游开发中存在的问题

然而,在旅游开发民族文化的过程中,还存在很多问题不容回避。针对民族文化在山地旅游中开发利用、传播情况,笔者以西江千户苗寨为样本,展开调查,调查对象涉及游客、居民、政府及景区管理者、文化产业开发、经营管理者。由于调查对象中苗族居民文化程度、年龄等限制,调查采用问卷调查法和访谈法相结合的方式,调查内容涉及民族文化内涵开发挖掘问题、景区对游客吸引力问题、民族文化的宣传与传播问题、居民的文化认同及旅游业参与问题、旅游景区居民收入问题、政府对民众文化普及和培训问题等多方面。针对不同的调查对象,设计了不同的问题。共发放调查问卷170份,回收166份,有效回收率为98%。其中游客94份,景区居民40份,旅游业经营者(包括手工品制作者、客栈、酒店餐饮经营者、旅游产品经营者等)20份,政府、景区管理人员、媒介从业人员12份。通过调查和访谈,发现西江旅游发展中,民族文化的开发利用存在以下问题,且这些问题在目前贵州民族旅游开发中具有典型性和普遍性。

(一) 民族文化开发内涵挖掘不够，"形神"不能同步

贵州发展山地旅游，除了贵州独有的山地自然景观外，传统的文化更是重要的资源，是贵州发展旅游业的优势所在，是旅游灵魂和核心。黔东南的苗族、侗族传统文化；黔东的土家族、苗族传统文化；黔西北的彝族、苗族传统文化；黔南的布依族、水族传统文化；黔北的仡佬族、汉族的传统文化；黔西南的布依族、苗族传统文化；黔中的苗族以及屯堡文化。这些不同地域和不同民族的传统文化不仅独具特色，而且底蕴厚重，是全力打造多彩贵州民族特色文化省的丰厚资源准备。贵州在山地旅游非常重视传统民族文化的开发利用。调查中问到"贵州发展旅游业的优势"，有68%的人选择"民族文化"；65%以上人认为，当地发展旅游业"非常重视或者重视对民族文化的开发利用"。贵州民族旅游，文化多是以"活态传承"的方式呈现在游客面前。无论是民族的歌曲、舞蹈、节日仪式、祭祀活动，还是民间手工制作加工等，民族文化都是以苗民或者演员的表演或者动态的展示呈现，形象逼真，吸引游客。游客观看活态民族文化，却很少有人能够看懂文化形式背后的文化内涵。以游客观看民族歌舞表演为例，它可以看作一个典型跨文化传播过程。由于民族文化具有异域文化的特点，因此传播主体（歌舞表演者）与受众（游客）之间对于信息（歌舞）理解缺少"共同的意义空间"，很难到达良好的传播效果。游客如果不明白歌舞、服装等文化符号背后的文化内涵，仅观其形，不知其神，旅游就会进入走马观花，浮光掠影之中，不能领会文化魅力，文化旅游便失去了实际的意义，传统民族文化的传播和传承更无从谈起。调查中，当问到是否理解"民族文化内涵"时，被调查的94名游客中（贵州籍77人，少数民族33人），60%以上的人"不了解"民族文化内涵。（见图

1、图2）

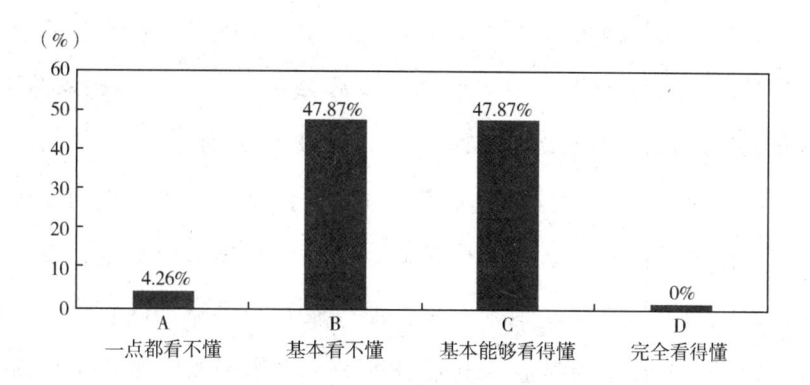

图1 民族旅游您能看懂民族歌舞、祭祀等表演活动吗？

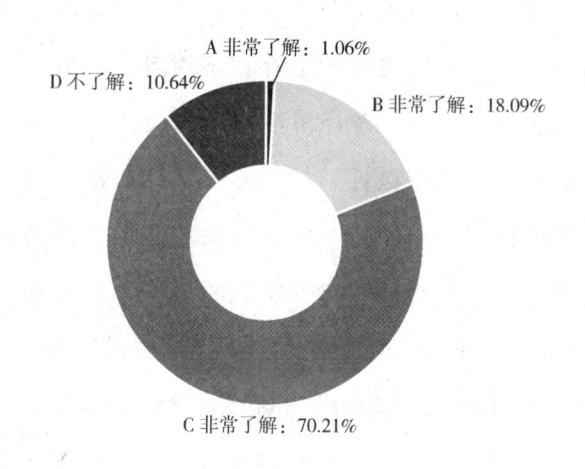

- A 一点都看不懂：4.26%
- B 基本看不懂：47.87%
- C 基本能够看得懂：47.87%
- D 完全看得懂：0%

图2 您了解旅游纪念品图案设计的文化内涵吗？

- A 非常了解：1.06%
- B 非常了解：18.09%
- C 非常了解：70.21%
- D 不了解：10.64%

由此可见，贵州民族旅游开发需要深挖文化内涵，在文化符号传播的过程中，不仅要注重符号的"能指"，更要注重"所指"，要形神同步，才能达到良好的传播效果，追求最大的文化价值和经济价值。

（二）社区村民传承民族文化参与度不高，文化传承存在断层现象

社区民众是原生态民族文化产生和发展的源泉，是民族文化的传承者和弘扬者，是民族旅游发展的主体。民众的文化参与对民族旅游的发展和民族文化的传播意义非凡。但调查发现，当地民众对

民族旅游的参与度不高。调查显示，西江参与民族旅游的村民不足30%，很多民俗演出的演员和民宿、酒店、餐饮、民族工艺品经营者等是来自外地的人口。当地村民大部分还是从事传统的农耕业，与非旅游区村民生活状况差距不大。原因是多方面。

1. 旅游经济效益方面的原因。首先，村民对旅游开发初期政府的征地赔偿不满意，认为赔偿太低，随着旅游经济的开发，村民的收入差距增大，丧失耕地，而又没加入旅游经济活动的村民，不满情绪剧增。其次，旅游收入利益分配的不平衡因素，影响了民众参与的积极性。虽然村民也能从旅游收入中分到18%的旅游收益，但是村民认为西江千户苗寨旅游资源的收益主要由地方财政和景区旅游运营公司所享有，在利益分配上存在不对等，心有不满，影响参与的积极性。最后，参与旅游经济活动的村民实际收入与期望值之间存在一定差距，影响积极性。村民参与民族旅游活动，多以歌舞表演为主，部分村民参与酒店、餐饮及民族文创产品的制作、经营活动。以民族歌舞表演为例，88%以上的人认为村民参加歌舞民族表演，平均月收入应该在3000元以上。但调查结果显示：52.8%的表演者实际平均月收入在2000—3000元，34.72%的平均月收入在2000元以下（见图3、图4）。村民留在家乡参与民族旅游的实际收入很明显低于远走他乡，去发达城市打工的所得。经济利益的驱使，致使村寨里很多青壮年劳动力离开家乡去外地务工，民族文化传承的主力军流失严重，同时也影响了村民的民族文化认同度，留在村寨的村民也不愿意学习、传承本民族文化。现阶段参与民族歌舞表演的群众，多是些留守老人、妇女。调查显示，参与民族歌舞表演的村民，年龄在45岁以上的占75%，其中60岁以上的占20%左右。文化传承存在严重的断层现象。

2. 由于旅游的深入开展，大量外地游客的到来，影响西江当地

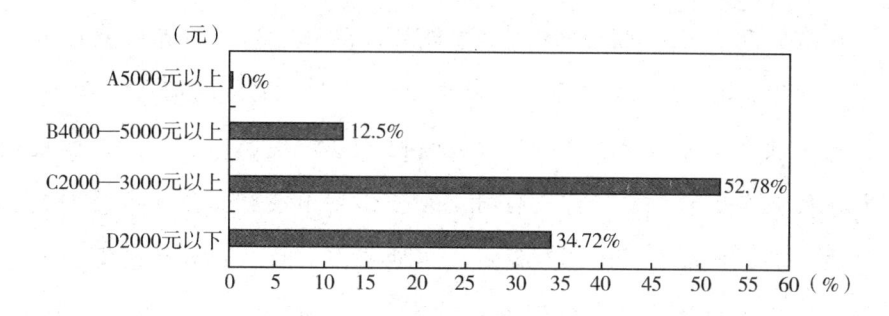

```
(元)
A 5000元以上    0%
B 4000—5000元以上  12.5%
C 2000—3000元以上  52.78%
D 2000元以下    34.72%
            0  5  10 15 20 25 30 35 40 45 50 55 60 (%)
```

图3　您所在地区居民参与民族表演的月收入大概为？

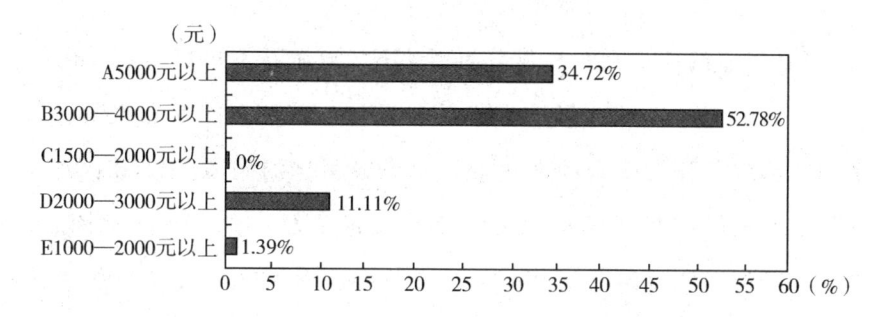

```
(元)
A 5000元以上    34.72%
B 3000—4000元以上  52.78%
C 1500—2000元以上  0%
D 2000—3000元以上  11.11%
E 1000—2000元以上  1.39%
            0  5  10 15 20 25 30 35 40 45 50 55 60 (%)
```

图4　您认为参加民族歌舞表演或从事本民族的文化传承和宣传工作，满意的月收入是多少？

居民的传统习俗和生活方式，使他们产生一种厌烦心理，并且外来的价值观会影响他们的思想及行为，对当地的旅游带来不同程度的负面影响。村民表示旅游开发降低了当地的环境质量，生活垃圾剧增，河流受到污染，噪声让人无法忍受。

3. 当地政府对民族文化普及、培训不到位，部分村民自身并不会本民族文化，无法参与民族旅游活动。民族文化产生、发展与延续依赖于特定的自然和社会环境。随着市场经济的发展和村民生活环境的改变，民族文化赖以生存的自然和社会环境发生了变化。很多文化逐渐弱化或者消失，如民族语言、歌舞、服饰等。很多少数民族的村民，特别是年青一代，自身并不会本民族的语言、歌舞习俗等，他们从出生到成长过程中，生活环境已经汉化。所以无法参与民族旅游的民俗表演活动。调查显示,在18—30岁的少数民族调查对象里,有40%以上的人"一点不会"自己民族的语言、歌舞,因此无法参与传承民族文化。因此村民要参加民族旅游活动,加入传承民族文化的大军,首先自身必须要学习本民族文化,接受本民族文化的教育培训,但调查显示,当地村民对政府有关部门组织的民族文化普及和培训的情况并不满意,43%的人认为很少有培训,14%的认为,从来没有组织过培训。

(三)民族文化变异严重

"在发展的要求和经济利益的牵动下,旅游开发将对传统文化产两个方面的影响,即:保护、传承与发展;破坏、摧残与变异。"[1]贵州民族旅游开发带来的文化变异是不容回避的问题。西江千户苗寨旅游开发时间相对较早,文化变异具有显著性和典型性的特点,体现了其他民族旅游区文化变异的共性。在对游客、村民和管理者等人员的调查中,98%以上的人认为民族文化存在变异。(见图5)

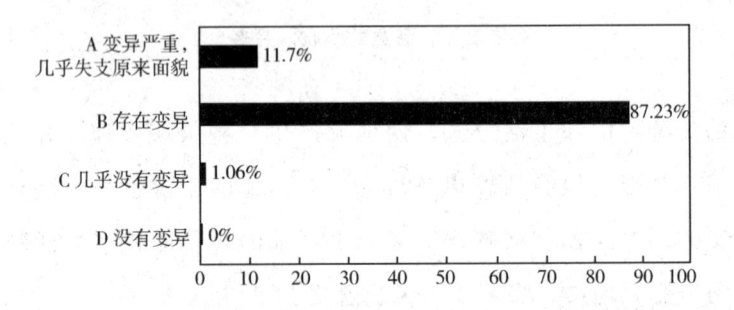

选项	比例
A 变异严重,几乎失支原来面貌	11.7%
B 存在变异	87.23%
C 几乎没有变异	1.06%
D 没有变异	0%

图5 民族旅游中,您认为贵州民族文化存在变异现象吗?

引起文化变迁的原因是多方面的,马林诺夫斯基在《文化变迁动力》中指出:文化变迁的动力来自两个方面:一是文化内部自生的力量,即自主性创新;二是来自不同文化的文化接触下的文化传

---

[1] 王德刚、史云:《传承与变异——传统文化对旅游开发的应答》,《旅游科学》2006年第4期。

播，传播是相互的。西江旅游让大量游客涌入，在这场宏大的跨文化交流中，西江民族文化处于劣势地位，外来文化及经济利益的驱使，改变了当地的生产生活方式和行为方式，改变人们的交往模式、思想观念、风俗习惯等，进而导致文化的变异。

西江千户苗寨文化变异主要体现在以下几个方面。

一是民族歌舞、节日等民俗文化商业化。

西江苗寨的歌舞源于苗民迁徙的历史、农耕劳动的田园生活、对山神万物的自然崇拜、丰收及节日的庆祝场景。反映了苗族先民对祖先敬仰、对劳动的热爱、对爱情的向往、对自然的崇拜、对节日的庆祝等真实的情感，有其存在的现实的生活背景。市场经济的发展、旅游开发使民族歌舞赖以生存的物质环境退化或消亡，在经济利益的驱使下，民族歌舞只能以表演的方式出现在酒店、餐馆、景区表演场或者大礼堂，成为取悦游客的"旅游商品"，供其观其形，闻其声，而鲜有人会其意、知其神。除此之外，很多节日、祭祀等民俗也商业化，如牯藏节、姊妹节、吃新节等。在对游客的调查中，有70%的游客认为西江民族文化商业化现象严重。很多民族因为商业化的驱使而失去本来的意蕴。有10%的游客认为商业化同时也成为民族文化延续的动力。

二是生活方式异化。

旅游活动对西江苗寨文化的影响是多方面、多层次的，西江苗寨的服装、语言、生活饮食及房屋建筑等方面在逐渐发生变化，最后甚至会导致西江苗族文化及景观内涵发生显著变化，对民族文化造成不可逆转的影响。[①] 旅游开发带来西江生活方式的改变，首先体现在着装上，传统的西江苗民的服装是由手工纺织的粗布制成，上

---

① 贺祥、贺银花、蔡运龙：《旅游活动对民族文化村寨影响效应的研究——以贵州省西江苗寨为例》，《凯里学院学报》2013年第4期。

有苗族特有的蜡染和刺绣工艺形成图案，蕴含苗族文化，现在服装多采用现成的布料和花边，放弃蜡染和刺绣。并且穿戴的次数越来越少，村寨中除了一些年迈的老人和一些从事民族旅游业活动的商家和村民，很少有人着民族服装。访谈中，涉及民族服装逐渐消失的话题，80%的村民认为这是一种必然的现象，苗族传统的服装虽然颜色艳丽，图案精美，但是结构和佩戴烦琐，劳作起来缺少便利，另外还有10%的村民认为着本民族服装比较凸显另类，愿意汉化。其次，房屋建筑从材料到功能都发生了很大的变化，很多房屋有传统的木结构的"干栏式建筑"向钢筋水泥转化，很多现代化的楼房出现。房屋功能有传统的人、畜、粮食共用到居住和供游客居住专门的旅馆或酒店。再次，原生态的有一定区域内小部分参加的日常的民族节日逐渐消失，变成官方组织的盛大的旅游节日，成为旅游推介，招商引资，民族工艺品、农产品展销的平台。最后，民族语言使用率降低，村寨中只有少数住在山顶老人使用苗语，为了旅游需要，普通话逐步推广，特别是年轻人使用频率较高，部分年轻人不会本民族语言。另外，饮食结构与合口味也发生了变化。日常婚嫁、丧葬等习俗逐渐简化。

三是民族价值观念改变，民族信仰丧失。

旅游发展使村民有封闭传统的思想观念向接纳外来思想观念，并逐渐与之融合的方向发展，经济利益的驱使也使得传统农耕社会下形成的集体主义观念逐渐淡化。苗族先民崇尚万物有灵，多神崇拜，其信仰充分体现在以祭祀神灵为主题的活动中，具有鲜明的巫文化传统和色彩。随着少民族地区社会发展，为了迎合旅游的需要，这些祭祀活动多成为舞台化的商业表演，民族传统文化走向商品化，商业运作也使得民族信仰丧失。在对参与民族表演的村民展开"演出神圣感"的调查中得知，他们对能参与演出感到自豪，但是60%

村民认为，民族信仰意识淡薄，演出仅仅是谋生的手段，是任务。

四是民族文化庸俗化。

贵州少数民族因其偏远的地理位置，民族文化开发较晚，原生态且带有神秘的色彩。随着民族旅游业的发展，为了经济利益最大化，民族旅游大肆宣传、篡改、伪造甚至歪曲民族传统文化，使许多民族传统文化丧失其民族性特征，导致民族传统文化走向庸俗化，失去本来的面目。

除此之位，民族文化在开发的过程中还存在着文化旅游产品同质化现象严重，民族工艺品产品单一，缺少创意等问题。在对游客的调查中了解他们对购买旅游纪念品的态度时候，10%的游客会每次都买纪念品，80%的游客表示偶尔会买纪念品。但对于西江文创产品的开发评价，97%的游客认为产品开发设计同质化现象严重，缺少创意。

三 民族文化传承、传播的对策与路径

当今，旅游业以前所未有的速度发展，人类进入大众旅游时代。旅游的发展确实带来了民族文化的变异，这一点毋庸置疑。但另一方面旅游业也为民族文化的传承、发展提供了平台，让文化发挥了前所未有的价值，来源于民，造福于民。因此，适时的、合理的旅游开发是"复活"传统文化的重要手段和有效途径，旅游开发作为传统文化在现代社会的一种"存在方式"，不仅使一些失去生存土壤和环境、即将消失的传统文化得以保护和传承，还能够激发传统文化的新发展——创新性提升，使传统文化这棵根植于农耕社会土壤的"老树"在现代文明的环境中发出"新芽"。[1] 文化的变异蕴含着文化的创新和发展。但是我们反对无视民族文化内涵，任意篡改、

---

[1] 王德刚、史云：《传承与变异——传统文化对旅游开发的应答》，《旅游科学》2006年第4期。

伪造文化，或者将严肃的历史文化娱乐化、以猎奇轻佻的眼光颠覆民族文化，曲解其纯真质朴。因此，大众旅游时代，全球传播大背景下如何合理保护、传承民族文化，正确传播民族文化，塑造良好的民族形象显得尤为重要。针对在调查、访谈中存在的民族文化内涵挖掘不够、村民参与民族文化传承、传承的积极性不高、文化变异严重、游客对文创产品的的不满等问题，我们提出如下对策。

（一）增强少数民族村民的文化自信，提高其文化传承的积极性，"活态传承"民族文化

村民是原声态民族文化的创造者、经营者和文化传承的主力军，对民族文化情感最为深刻，领悟最为透彻。针对目前村民对传承民族文化积极性不高的现状，应该针对具体原因，找出解决问题的方法和途径。根据上文分析，村民积极性不高的原因除了经济上的因素之外，还有文化上的因素。针对经济上的原因，政府和旅游业管理者要协同社会各界力量确保村民的旅游经济收入，让村民切身感受到旅游带来的实惠。另外关注村民民族文化情感，切实实现村民文民族文化提升和教育的权利。针对村民，特别是年轻人民族文化缺失的现状，对村民定期进行文化普及和培训。让民族文化进入中小学课堂，让民族文化在孩子心中扎根发芽，代代相传，防止文化传承的断层现象。加强对成年村民的本民族文化的培训。培训可以通过多种形式展开，如挖掘民间艺人，举办非物质文化遗产传承人培训班、文化讲座、师带徒手把手相传等多种方式。村民民族文化教育培训有利于村民提升对民族文化的情感，增强文化自信，形成文化自觉，才能使其积极全方位加入民族文化的传承和传播的大军中来。"活态传承"民族文化的队伍年龄结构才能真正做到年轻化和知识化，文化传承的断层现象才能从根本上解决，文化创新才能真正实现。另外，民族文化依存需要一定的文化环境，政府部门也要

着手对文化原生态环境的保护和"营造",目前,西江景区内群众自发收集文物,建立"家庭动态博物馆"42家。这一举措不仅有利于民族文化传承环境的营造,同时也可以让游客加入体验旅游之中,加大文化传承的队伍,另外也给村民带来一定的经济收入,提高文化保护和文化传承的积极性。

(二)振兴民族民间文化,深挖民族文化内涵,让文化传播"有源可依",形神同步

《国家"十三五"时期文化发展改革规划纲要》明确指出"传承振兴民族民间文化。加强对民间文学、民俗文化、民间音乐舞蹈戏曲、少数民族史诗的研究整理,对濒危技艺、珍贵实物资料进行抢救性保护"。因此,传承民族民间文化,挖掘民族文化内涵,整理民族史诗资料,对民族文化进行抢救保护,刻不容缓。

1. 挖掘整理民族民间文化,出版图书资料

苗族因其没有本民族文字,所以民族文化一直靠口口相传和民俗活态传承。口语传播的时空局限和容易失真的特征,致使苗族文化内涵出现口径不一致,甚至个别传播者为了吸引游客,任意窜改文化内涵的现象。因此,政府部门应组织文化专家学者挖掘民族文化,整理出版书籍资料,统一文化口径,让文化传播"有源可依"。同时将整理出版的图书资料公开向社会销售、向村民、游客免费发送等,传播民族文化。贵州广大文化工作者已取得了不小的成就。如《贵州少数民族风情》《贵州民间工艺研究》《贵州少数民族节目大观》《贵州省志·民族志》《贵州本土文化丛书》、山地文明典藏《贵州非物质文化遗产·行走阅读》丛书、《苗族文化大观》《布依族文化大观》《侗族文化观》等民族文化大观系列丛书、《苗族服饰的人类学探索》等。为民族文化的挖掘和整理做出了巨大贡献。

2. 利用民族文化博物馆，全面传播民族文化

2005年，中国民族博物馆西江千户苗寨馆挂牌，苗族村寨博物馆建立。博物馆内以图片、文字、声音、图书资料、实物等多种媒介符号将苗族传统农耕、生活习俗、节日、银饰服饰等文物、文化进行集中保护传承和展示，全方位传播苗族文化。

3. 充分利用智慧旅游的力量，在官方网站、平台、旅行社、各种旅游平台，图文并茂推介传播民族文化

景区内民族文化传播多以民族歌舞等活态方式展示传播民族文化，由于民族文化的跨文化传播特点，游客如果没有背景知识，很难看懂背后的文化内涵，难以做到观看表演，领略异域文化"形神同步"，因此，景区内在大门口、表演场所等地方要设置电子屏幕，图文辅助介绍民族文化，让游客真正能够看懂民族文化，了解其内涵，领略文化的外在美和内在的强大精神，自觉参与到全民传播民族文化的活动中，扩大民族文化传播的范围和影响力。

4. 利用影视文化传播，充分诠释民族文化内涵，再现保存、传播原生态民族文化

影视艺术作为新兴的艺术门类，不仅是文化的重要构成，而且也是最具科技含量、市场价值最明显、传播意义与社会影响力最大的艺术样式，其文化属性同样鲜明，内在的文化属性，为民族文化传播提供了可行性。[①] 影视因集高科技的文字、图画、声音、光影为一体，为民族的文化的传播提供了绚丽的大舞台，因其故事情节勾勒为民族文化的内涵挖掘和形式创新提供了广阔空间，又以互联网为传播平台，全球传播，无限提高民族文化的传播能力，扩展传播空间，提高社会影响力，赢得国际话语权。贵州利用影视艺术传播

---

① 林华：《贵州少数民族文化与影视传播研究——以贵州影视作品为例》，《贵州省写作学会2011年学术年会论文集》，2011年。

民族文化已经取得了良好的效果。《奢香夫人》以真实历史人物为背景,通过故事情节的勾勒,全方位展示贵州民族文化,深刻挖掘以彝族为主的少数民族文化内涵,向世界昭示了贵州除了生态良好的自然山水,更有历史悠久,多彩的民族文化。《云上太阳》除了将贵州的青山、绿水、蓝天白云呈现在世界面前,更将贵州少数民族的传统建筑、各种民族文化、贵州人民纯朴、善良、大爱无疆的高尚品德展示,诠释并丰富扩展了民族文化的内涵,具有普适的价值。影片在国际上的宣传和获奖引领贵州民族文化走向世界,很多国外旅行者因影片的吸引来到贵州,来到黔东南,来到"人类灵魂最后的栖息地",带来新一波旅游高潮。目前影视作品确实对民族文化内涵的挖掘、文化的传播起到很重大的作用,但是还有很多问题存在。少数民族影视对民族文化深层结构的表达及民族精神核心内涵的展示仍然薄弱,对民族风情的过度阐释也使得作品较浅显[1]。还有的作品为了追求戏剧效果,编造一些离奇故事,窜改民族文化,背离历史,对民族文化内涵的挖掘视角过于狭隘,"落后、封闭、愚昧"成为其代名词。少数民族影视文化传播的民族文化如何客观挖掘民族文化内涵,保持文化的本真,又能实现商业价值,迎合市场的需要,将民族文化与当今社会发展的主流紧密结合,真实反映当下少数民族文化的变迁和生活的面貌,确实是影视文化工作者面临的一大难题。

　　原生态民族文化依存,需要特殊的客观生态文化环境,在市场经济和旅游经济快速发展的今天,无论用什么手段在现实生活中都不可能再现。我们可以借用文化纪录片手段,再造文化环境,还原文化本来面貌,挖掘文化内涵。向世人传播曾经的民族文化的面貌,用现代的科技手段重现、珍藏文化记忆,千百年后让历史记忆重现

---

[1] 张婷婷:《世纪我国少数民族影视对民族文化的传播分析》,《学术探索》2014年第12期。

子孙后代面前,中华民族优秀文化,民族文化不可或缺。

5. 重视人际传播、利用意见领袖——导游,诠释民族文化内涵,传播民族文化。人际传播是一切传播的基础,西江发展民族旅游,也要重视人际传播的作用,除了利用各种方法调动村民和游客传播民族文化外,更要发挥意见领袖——导游对民族文化的挖掘和传播作用

导游在旅游观光的过程中处于中介核心地位,不仅仅是游客出游的服务者,更是民族文化知识的普及者和民族文化符号的诠释者。德国哲学家卡西尔说过"一切文化形式都是符号形式"①。通过自己的导游专业知识,站在"他者"的角度上,向游客阐释民俗"符号"背后的"所指",让游客了解民族文化内涵,扩大跨文化传播共通的意义空间,让民族文化展示,"形神同步"。

(三)转变传播思路,整合媒介资源,构建立体化的传播模式

首先,让民族文化以各种方式走出"省门、国门",积极向全国甚至是全世界推介民族文化,西江已做了大量工作。2014年7月至8月期间,在法国、西班牙等欧洲国家进行为期50天的文化旅游宣传推广巡回演出,推介民族文化,参与国际交流。2017年黔东南到广州、柳州等地参与旅游推荐活动。除此之外黄果树景区、镇远古城、荔波景区参加了"两广(广西、南宁)旅游推荐会",贵州省"中国旅游日","九黎十八寨"民族博览会,武汉华中第七届旅博会,华东五市贵州精品旅游推介会,深圳国旅春茗年会,旅游网答谢会,广州旅交会,南昌第十七届《海峡两岸》旅游交流会,"微拍西江·动人时光"大型网友摄影大赛等传播民族文化。其次,新媒体时代,提高政府和民众的媒介素养,积极动员全员参与民族文化传播。政府要注重和利用立体化的传播媒介,加大宣传力度,全方位、多层面传播民族文化,塑造民族形象,提高话语权。利用互联

---

① [德]恩斯特·卡西尔:《人伦》,甘阳译,上海译文出版社1985年版,第34页。

网、电视、报纸、杂志、车体及户外等做了大量宣传工作。在《人民日报》、《中国旅游报》、《东方之旅》杂志、《贵州日报》、《贵阳晚报》、《贵州旅游时尚》等报纸杂志开设雷山旅游专版；与贵州交通广播 FM95.2 达成景区文化提升合作协议，联合中央电视台 13 频道摄制组对景区"千人长桌宴""民族团结芦笙舞"等具有苗族文化特色的元素进行拍摄，并进行了直播，协助四川传媒学院、韩国 EBS 电视台对景区进行节目拍摄，与河南电视台"家有童心"栏目组、上海尚星频道"美食大王牌"栏目组、中央电视台"中国大观"等栏目合作对景区进行拍摄宣传。政府积极传播民族文化的同时，要注重调动村民积极性，利用各种媒介传播民族文化。再次，加大对民族文化的开发和创意力度，丰富文创产品，让文创产品从传统的民族工艺品延伸到广告、动漫、游戏等领域，增加民族文化的知识和科技含量，在传承中创新发展，在发展中增加传播力度，实现民族文化最大的社会效益和经济效益，让民族文化与世界同步，全球传播。最后，传承传播民族文化，还要媒介发挥"社会公器"功用。对社会生活中民族文化生态失控或失衡现象做出预警与监督，对民族文化的传播坚守专业主义的精神，秉承客观的态度，不能为了媒介组织的经济利益将民族文化庸俗化报道，以赢取点击率、收视率、发行量等。

综上所述，旅游经济为民族文化依存和发展带来前所未有的机遇与挑战。诚如美国学者佛克斯（Fox）所说："旅游业像一把火，它可以煮熟你的饭，也可以烧掉你的屋。"全球化对地域民族文化的冲击和影响不言而喻，这就要求我们充分认识民族文化于中华民族优秀文化的战略地位，正视旅游开发中存在的问题，加强民族文化大保护，挖掘民族文化的内涵，改变文化传承、传播的模式和思路，认真积极地投入民族文化的传承与发扬的伟大事业中，传播和创新民族文化，丰富和完善中华文化。

《侨报》中国奥运报道分析

徐于婷[*]

摘　要　为探究海外华文传媒在里约奥运期间对中国奥运体育报道所起的作用,得出一些思考和启发。方法:运用文献分析、内容分析和案例分析的方法,从报道的宏观和微观角度分析海外华文传媒是如何报道中国奥运体育事件,引导社会舆论以及传播中华民族精神。结果:美国《侨报》的报道类型按内容分,以奥运赛事报道为主。报道数量比较,中国传统强项报道较多,中国奥运报道总体比美国奥运报道多。报道来源比较,《侨报》自编辑的稿件最多。结论:《侨报》的报道类型比重失衡,标题和内容体现唯金牌论,采编能力有待提升,但选取图片的能力值得借鉴。

关键词　里约奥运　中国体育　报道分析

一　前言

(一) 研究目的及意义

笔者在搜索有关"中国奥运报道"关键词时候发现,大部分文

---

[*] 徐于婷,广州体育学院体育传媒学院新闻学专业(本科),现为广东广播电视台经济频道编辑。

献的选材均为国内媒体和外国媒体对中国奥运报道的研究分析,如国内媒体腾讯体育、《中国体育报》等,外国媒体《华尔街日报》、BBC网站、FT中文网、路透中文网、美国NBC、《纽约时报》、日本《每日新闻》等外媒对中国奥运的报道研究。[①] 以上外媒在对中国奥运报道分析时候,总体上还是相对客观,但其中也不排除有主观倾向,如《每日新闻》对中国奥运报道分析的时候,缺少实例证明,只有作者观点的陈述。

除此之外,笔者在搜集近百篇的参考文献中,尚未发现一种海外华文传媒对中国奥运报道作研究分析。

因此,本次研究将选取美国《侨报》作为海外华文传媒的研究对象。并且选取近期比较热的可以体现中华民族盛事的事件——里约奥运中国报道为事例作报道分析。本文将着重探究海外华文传媒在报道中国奥运中所起的作用,从新闻报道分析的各个角度研究海外华文传媒是如何报道中国奥运,引导社会舆论以及传播中华民族精神。本文将从新闻报道的宏观(报道类型和数量)和微观(标题、图片、关键词、报道方式)角度,结合个案作分析。

力求通过此次研究回答以下三个问题:(1)里约奥运期间,《侨报》对中国奥运的报道是怎样的?(2)《侨报》对中国体育报道呈现什么模式?(3)这些报道倾向背后的原因是什么?

(二)研究方法

文献研究法:广泛阅读和搜集与中国奥运报道相关的文献,如外媒对中国奥运的报道研究,国内媒体对中国奥运的报道研究。古今中外与本研究相关的学术论文、学术期刊,进行阅读和分析,全面深刻了解该研究的历史背景、社会背景和发展现状等。

---

① 赵亦楠、胡泳:《优势延伸与本土化——西方财经媒体中文网的国际传播策略》,《青年记者》2012年第19期。

内容分析法：对《侨报》在里约奥运会期间中国奥运报道作定量的分析，搜集此期间的所有报道，借用数理统计对传播内容进行量化的分析与描述。

案例分析法：结合里约奥运会期间中国奥运报道的个案，从报道宏观和微观角度进行案例分析。

(三) 研究对象——《侨报》在里约奥运期间关于中国奥运的报道

在里约奥运期间，《侨报》还开辟了奥运报道专刊，共有12个版面，对奥运会的各个项目进行报道，且对中国奥运报道更多，因此可以作为主要样本进行研究。

(四) 研究样本

笔者选取了《侨报》2016年8月6—22日对中国奥运的报道（资料来源：http://www.uschinapress.com/），所有的样本资料均是《侨报》刊登的报道。之所以选择这段时间，是因为这是里约奥运会主要的比赛时间，前后均有一部分零散报道，但由于量较少，所以不作样本使用。

其中找到《侨报》在2016年8月6—22日对中国奥运的报道，共259篇，作为本次研究的样本。

二 《侨报》简介

《侨报》是美国目前发展最快和最有影响力的华文传媒之一，并且已奠定了自己在报道中国大陆新闻方面的"领军"地位，这是美国其他华文媒体所无法比肩而立的。[1] 研究《侨报》具有现实意义和很强的代表性。

---

[1] 林雯：《论北美华文网络文学的第一个十年》，博士学位论文，福建师范大学，2013年。

三 《侨报》中国奥运报道宏观分析

（一）报道类型分析

本次研究，以"《侨报》对中国奥运体育的报道"为大议题，在该大议题下，《侨报》进行了不同类型的报道，根据这些报道的标题和正文内容，笔者将此些报道分成了三个部分。分别是赛事报道，奥运事件和综合评价，而赛事报道中又可以细分为单纯的赛事报道、赛前预测和赛后评论这三小部分。[①]

1. 赛事报道

（1）单纯的赛事报道：里约奥运期间《侨报》对中国奥运体育健儿比赛的报道，还包括开闭幕式的报道。

如：开幕式报道：《开幕式简约不简单》

单纯的赛事报道：《创亚洲纪录 傅园慧女子100米仰泳斩获铜牌》

闭幕式：《雨中谢幕 里约奥运难说再见》

（2）赛前预测：《侨报》在里约奥运期间，对即将进行的比赛和运动健儿的表现进行前瞻。

如：比赛前瞻：《今日看点：中国田径盼开门红》

运动健儿表现前瞻：《谁是中国一姐？3米板决赛后见分晓》

（3）赛后评论：《侨报》在里约奥运期间，对刚结束的比赛和运动员的表现进行的评论。

如：《中国男篮热身赛何时不再滥竽充数？》

2. 奥运事件

a. 孙杨霍顿事件

《侨报》对该事件的报道共有以下8篇：

[①] 李雯：《2010年中国·成都现代五项世锦赛的宣传推广研究》，硕士学位论文，成都体育学院，2013年。

(1) 8月8日《中国泳协要澳选手霍顿道歉》

(2) 8月8日《霍顿攻击孙杨不后悔　澳教练表示支持》

(3) 8月8日《孙杨否认认识霍顿　1500米要称王》

(4) 8月8日《新华社批霍顿　以反兴奋剂之名挑衅》

(5) 8月8日《霍顿攻击孙杨风波　中国泳协称其没教养》

(6) 8月8日《不受影响　孙杨200自小组第一晋级》

(7) 8月9日《王者归来！孙杨200米自由泳逆转夺冠》

(8) 8月9日《澳洲拒绝霍顿道歉　孙杨教练：这很卑鄙》

这些报道主要是从以下几个角度报道此事件的：

（1）中国泳协对此事件的态度

（2）霍顿本人的态度和其教练的态度

（3）此事件之后孙杨的状态

（4）媒体的态度引导的舆论方向

（5）霍顿依旧坚持态度后中国泳协的态度

（6）此事件对孙杨的比赛是否会有影响

（7）200米夺冠证明孙杨不受此事件风波的影响

（8）澳洲泳协、教练、媒体的态度与孙杨教练的态度对比

b. 女排事件

《侨报》对该事件的报道共有以下14篇：

（1）8月7日《中国女排被逆转遭遇"开门黑"》

（2）8月7日《巴西球迷狂嘘中国女排》

（3）8月7日《首秀失利　中国女排仍值得期待》

（4）8月9日《吐气扬眉　中国放下包袱横扫意大利》

（5）8月9日《零封冤家　中国女排找回感觉》

（6）8月11日《完胜波多黎各　中国女排两连胜》

（7）8月13日《中国女排再尝败绩　郎平：队伍存漏洞》

（8）8月17日《苦战五局逆转巴西中国女排闯进四强》

（9）8月18日《又遇宿敌　中国女排想赢看心态》

（10）8月18日《中国女排　顽强拼搏是你的名字》

（11）8月19日《闯入决赛　中国女排续写传奇》

（12）8月20日《新老榔头　朱婷继承郎平衣钵》

（13）8月21日《12年轮回　中国女排重返巅峰》

（14）8月22日《光彩熠熠　中国女排享受掌声》

这些报道主要是从以下几个角度报道此事件的：

（1）中国女排的开门黑

（2）巴西球迷对中国女排的行为表现

（3）首战失利后中国女排的状态和前瞻

（4）中国女排战胜意大利的事实

（5）继首战失利后中国女排的状态有所好转

（6）中国女排两连胜的事实

（7）教练郎平对中国女排再次战败的原因分析

（8）上一场战败之后中国女排的表现

（9）再次遇到宿敌中国女排的心态

（10）中国女排精神

（11）中国女排闯进决赛的事实

（12）朱婷和郎平的对比

（13）中国女排12年后再登顶峰

（14）国人对中国女排的赞许

c. 中国国旗事件

《侨报》对该事件的报道共有以下3篇：

（1）8月8日《中国国旗，错了！》

（2）8月10日《里约奥组委回应　错误中国国旗系巴西产》

（3）8月12日《开赛六天　正版五星红旗升起》

这些报道主要是从以下几个角度报道此事件的：

（1）中国国旗出错的事实

（2）里约奥组委对该事件的回应

（3）开赛第六日正版中国国旗升起的事实

d. 陈欣怡涉药事件

《侨报》对该事件的报道共有以下2篇：

（1）8月13日《新星涉药　中国泳军里约蒙羞》

（2）8月19日《法庭认定尿样呈阳性　陈欣怡被取消奥运资格》

这些报道主要是从以下几个角度报道此事件的：

（1）陈欣怡疑似涉药的事实

（2）陈欣怡认定涉药被取消奥运资格的事实

e. 秦凯何姿求婚事件

《侨报》对该事件的报道共有以下2篇：

（1）《赛场求婚　秦凯为何姿戴钻戒》

（2）《求婚内幕：秦凯里约为爱疯狂》

这些报道主要是从以下几个角度报道此事件的：

（1）赛场求婚的事实

（2）求婚内幕，包括队友、何姿父亲的态度

f. 美国单独重跑事件

《侨报》对该事件的报道共有以下2篇：

（1）8月19日《荒唐重跑　中国队被挤出决赛》

（2）8月20日《美国队单独重赛　外媒称不同寻常》

这些报道主要是从以下几个角度报道此事件的：

（1）美国重跑中国队被挤出决赛的事实

（2）外媒对美国队单独重跑的态度

3. 综合评价

（1）对奥运精神的评述

如：8月6日的《奥运精神就是危难中前行的火种》一文，论述在危机中前行，正是奥林匹克精神的真谛，号召各国参与者要让里约奥运成为世界各国共度时艰、共谋发展的时代印证。

（2）对"唯金牌论"的评述

如：8月10日的《以"大国情怀"看奥运：金牌至上已成历史，将更重视软实力提升》一文，论述用"大国情怀"看奥运，应该摒弃"唯金牌论"的思想，着重提高软实力。

（3）对奥运首金情结的评述

如：8月8日的《奥运首金情结 绝非中国人"专属病"》一文，论述奥运的首金情结，其实并非只有中国。

（4）对奥运谐星的评述

如：8月9日的《谐星当道 用洪荒之力去搞笑》一文，傅园慧的"名言"引起全社会的广泛关注，不是冠军，但引发的热议一点都不输冠军，体育界呈现谐星当道。

（5）对奥运英雄的评述

如：8月9日的《不以成败论英雄 这届网民棒棒哒》一文，论述奥运场上取得奖牌的选手固然可敬，但没有取得奖牌的选手同样值得尊敬，"键盘侠"也终于懂得不以成败论英雄。

（6）对巴西奥运中，中国的"三大困惑"的评述

如：8月11日的《巴西奥运会 中国的"三大困惑"》一文，提出三个困惑，分别是：奥运金牌是耶非耶，奥运会"政治化"和尽力还是留力，进行讨论。

（7）对中英奖牌之争的评述

如：8月16日的《赛程过半 中美奖牌之争变中英之争》一文，

本来中国在里约奥运前的目标是金牌数要超越美国，称之为中美之争，但后来英国也有了追赶中国的势头，原本的中美之争，变成了中英之争，就此做出评述。

（8）对奥运健儿集体"秀恩爱"的评述

如：8月16日的《秀美秀浪漫　中国选手主角感变强》一文，由秦凯对何姿在赛场上的求婚，论证中国选手主角感变强的事实。

（9）对中国体制的评述

如：8月18日的《奥运成绩滑坡　打破举国体制正当时》一文，本届奥运中国金牌数缩水，总计成绩下滑，从而反映出一些举国体制的问题，需要大家深思。

（10）对女排精神的评述

如：8月22日的《郎平是一个伟大的教练》一文，中国女排的重登世界之巅无疑是令人振奋的，作者从郎平教练的角度，论述获得这种成功的因素。

（二）报道数量

1. 报道类型比较

根据3.1章节对《侨报》报道类型按内容的分类分析，现从报道数量的角度，对所有样本进行比较，见表1。

表1　《侨报》对中国奥运报道类型的报道数量以及百分比分布情况

主题	文本数量（篇）	百分比（%）
赛事报道（单纯赛事＋赛前预测＋赛后评论）	203	78.4
奥运事件	28	10.8
综合评价	28	10.8
总计	259	100.0

由表1可知，在新闻报道的文本数量上来看，赛事报道一类共计203篇，占总数的78.4%，奥运事件和综合评价这两类各是28篇，各占总数的10.8%。

通过该表得出的数据来看，《侨报》对新闻报道的侧重点是关于奥运赛事的报道，而关于奥运事件和综合评价方面的报道较少。因为奥运是全球的盛事，而且中国也是一个体育大国，涉及的比赛项目又很多，所以报道的侧重点还是在于奥运赛事本身。这符合一般媒体报道奥运赛事的规律。

2. 不同项目的比较

由表 2 可知，在里约奥运期间，《侨报》对中国奥运项目的报道数量最多的前三项分别是，游泳 30 篇，占总数的 15.2%，其次是田径，22 篇，占总数的 11.1%，第三是跳水，20 篇，占总数的 10.1%。

表 2　《侨报》对中国奥运项目的报道数量及其百分比分布情况

奥运项目	文本数量（篇）	百分比（%）
射箭	1	0.5
足球	4	2.0
举重	15	7.6
跳水	20	10.1
射击	15	7.6
游泳	30	15.2
击剑	7	3.5
排球	13	6.6
篮球	9	4.6
体操	10	5.1
乒乓球	16	8.1
网球	1	0.5
马术	1	0.5
拳击	3	1.5
柔道	2	1.0
羽毛球	13	6.6
帆船	3	1.5
田径	22	11.1
蹦床	2	1.0
自行车	2	1.0

续表

奥运项目	文本数量（篇）	百分比（%）
跆拳道	3	1.5
赛艇	2	1.0
摔跤	1	0.5
高尔夫	1	0.5
马拉松	2	1.0
总计	198	100.0

通过表2可以得出，《侨报》对中国体育的报道还是抓住了热点，既有奥运的大项，也有中国体育的强项，虽然游泳和田径不是中国队的强项，但是近年来，中国健儿在这两个大项中，也开始崭露头角，因此，除了中国的传统强项之外，对一些朝阳项目也开始关注了。而游泳、田径、跳水这三大项目报道数量居于前列的原因如下。

游泳项目方面，中国队的孙杨、叶诗文、宁泽涛这些运动员，在赛前就已经受到了极大的关注。而这三人也各有各的新闻点，孙杨400米与霍顿差之毫厘，由此引发的孙杨霍顿事件，大家除了关注事件本身的发展，更关注的是孙杨在接下来的比赛中，是否会受其事件的影响，再到200米的逆转夺冠，还有孙杨的强项1500米，但带病出战无缘决赛。另一边的叶诗文和宁泽涛两人皆是赛前大热的人马，却在预赛爆冷出局。这三人在该游泳项目上可谓带有戏剧化的发展。而后来出现的傅园慧和徐嘉余等黑马运动员，大家对他们的关注并不只在奖牌上，更多的是他们的"语出惊人"，这使两人更加受到全民关注，远超于游泳比赛本身。

田径项目方面，首先田径是一个大项，中国队虽强项不在此，但是也有参加不少项目。而本次里约奥运的看点是，中国的百米飞人苏炳添和谢震业两名运动员的表现，后来两人顺利闯进百米半决赛却无缘决赛。同样出现在田径赛场上的段子手，跳高运动员张国伟，他的表现也受到了不少国人的关注。在三级跳方面，中国也首次有三将闯入决赛，也是该项目的亮点。此外，最受大家争议的就是在女子接力比赛中，美国队的单独重跑事件，中国队被挤出决赛，这个也是颇受争议的点。

跳水项目方面，首先跳水项目是中国队的传统强项，因此在国人的关注度上也颇高，而且跳水有8个项目，本次里约奥运会上，跳水梦之队的不少运动员本身都有许多新闻点。加冕五金王的吴敏霞和陈若琳。首次参加奥运大赛就独得两金的施廷懋和陈艾森，老将的传奇，新人的勃发。还有跳水赛场上的秦凯求婚事件，这些都是满满的亮点。

3. 中美报道数量比较

由表3可知，《侨报》在整个奥运期间，对中国共报道了259篇，对美国共报道了74篇。总数上明显是中国的奥运报道多于美国。而就单日报道数量来看，中国奥运报道始终多于美国。单日报道数量最多的日子出现在8月12日和8月13日，各刊登了28篇奥运报道，包括中美的奥运报道。

表3　《侨报》对中国奥运和美国奥运的报道数量统计

日期	中国体育报道文本数量（篇）	占当日百分比（%）	美国体育报道文本数量（篇）	占当日百分比（%）	单日总计（篇）
8月6日	9	90.0	1	10.0	10
8月7日	18	94.7	1	5.3	19
8月8日	24	96.0	1	4.0	25
8月9日	24	92.3	2	7.7	26
8月10日	18	78.3	5	21.7	23
8月11日	17	77.3	5	22.7	22
8月12日	23	82.1	5	17.9	28
8月13日	19	67.9	9	32.1	28
8月14日	13	56.5	10	43.5	23
8月15日	13	68.4	6	31.6	19
8月16日	17	81.0	4	19.1	21

续表

日期	中国体育报道文本数量（篇）	占当日百分比（%）	美国体育报道文本数量（篇）	占当日百分比（%）	单日总计（篇）
8月17日	12	66.7	6	33.3	18
8月18日	9	75.0	3	25.0	12
8月19日	14	73.7	5	26.3	19
8月20日	13	76.5	4	23.5	17
8月21日	11	73.3	4	26.7	15
8月22日	5	62.5	3	37.5	8
总计	259	—	74	—	333

而从中美报道数量的走势图（图1）来看，在8月12日及其之前，中国奥运报道的数量所占比重平均为87%，而美国的奥运报道数量所占比重平均为13%。到了8月12日之后，中国的奥运报道数量所占比重平均为70%，而美国的奥运报道数量所占比重平均上升到30%。中国奥运报道数量的比重下降，美国奥运报道数量的比重上升，这跟当日的比赛项目有关。8月12日之前，是中国的传统强项，射击、乒乓球、跳水等热门项目，此时美国的强项还未爆发。而到了8月12日之后，田径、体操这一大项开始，美国的强项也随之开始，还有后面的美国篮球、网球这些的热度也开始上涨。所以中美奥运报道数量所占比重也会有所变化。

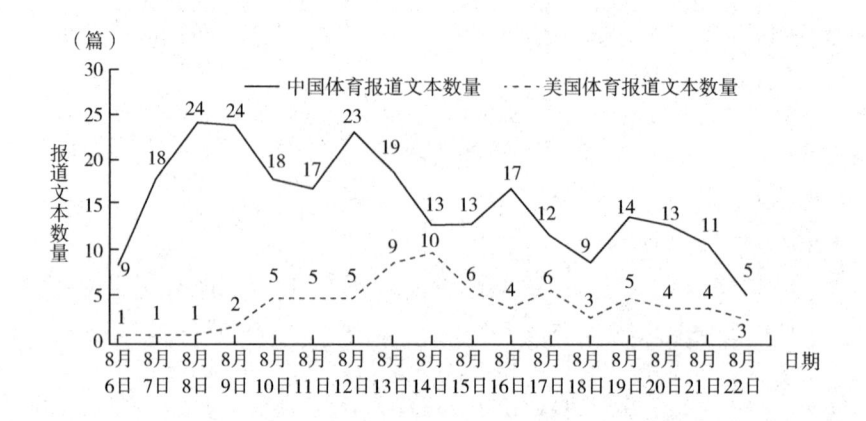

图1 《侨报》对中国奥运和美国奥运报道数量走势

从中美奥运报道数量分析得出，总体上《侨报》单日对中国奥运的报道数量始终多于美国，虽然期间美国报道数量所占比重有所上升。可见，《侨报》的奥运报道上，对中国奥运还是偏向性比较大，其次是美国，体现出该报的受众定位。而且对中国奥运的报道也能够把握住中国体育的传统强项。

4. 报道来源比较

《侨报》的报道来源多样，大部分是自己编辑的稿件，其中也会多次引用其他媒体的"直接引语"或"间接引语"。《侨报》虽无专门的奥运采编团队，但根据其选取、引用的媒体，也可以看出其报道倾向。表4是《侨报》有关中国奥运报道稿件的来源统计。

表4 《侨报》对中国奥运报道稿件的来源情况

来源	文本数量（篇）	百分比（%）
侨报	216	83.4
新华社	13	5.0
中新社	17	6.6
新华网	1	0.4
腾讯体育	1	0.4
英国《每日邮报》	1	0.4
南美侨报综合	3	1.2
新浪体育	4	1.5
北京中青网	1	0.4
北京来稿	1	0.4
网易体育	1	0.4
总计	259	100.0

由表4可知，从文本数量来看，大部分报道是《侨报》自身编辑的稿件，共有216篇，所占总数83.4%，而仅次的就是中新社的稿件，共有17篇，所占总数6.6%，再者就是新华社，共有13篇，所占总数5%。此外，《侨报》的稿件来源较为广泛，有通讯社、网

络媒体以及各国的报纸媒体。

由于新华社是中国最大的通讯社,还是世界四大通讯社之一,因此《侨报》对其稿件的刊登也较多。①

四 《侨报》中国奥运报道微观分析

(一)标题及其特点分析

新闻标题是新闻作品不可或缺的重要组成部分,是以大于正文的字号,用精警的词语,对新闻内容和中心思想富有特色和浓缩的概括。②

通过《侨报》在里约奥运期间对中国奥运报道的标题分析得出,《侨报》对中国奥运报道的标题多用名词、动词、副词、形容词等组合,使得标题更加生动。因此,笔者通过《侨报》对中国奥运报道的标题分析,得出以下一些特点。

1. 善用双引号,使标题更生动

如《许安琪与伤病"赛跑"》《中国女排被逆转遭遇"开门黑"》《中国热门女剑客"一轮游" 孙一文摘铜仍郁闷》等,标题中使用的双引号既有拟人的效果,又有一些接地气的俗语,使标题更加生动。

2. 善用疑问句式,引起读者关注

如《谁能拿下中国首金?孙杨力争卫冕男子400米自由泳》《谁是中国一姐?3米板决赛后见分晓》等,第一个标题中的疑问句式,是提问中国迟迟不出现的首金。第二个标题是提问谁才是3米板一姐,这两种疑问句式,都能起到吸引读者关注的作用。

---

① 范晓玲:《〈中国日报〉和〈纽约时报〉国际新闻报道比较研究》,硕士学位论文,暨南大学,2015年。
② 史文静:《基于媒体标题制作的汉语语法研究》,博士学位论文,黑龙江大学,2010年。

3. 善用人物直接引语，突出报道主旨

如《老将陆滢：其实我也挺不容易》《中国射击小将：金牌就像路边野花》《止步预赛 谢文骏叹：人生有几个四年》等，都是用了运动员的直接引语作标题，善于抓取人物的话语，使标题更加真实和吸引读者。

4. 金牌意识较强，体现奥运"政治化"

如《奥运首金 中国射偏——女子10米气步枪杜丽、易思玲不敌美国小将获一铜一银》《老将出马 王智伟庞伟瞄准金牌》《卫冕冠军瞄准金牌 中国三将求突破》《毫厘之差 孙杨失金》等，多次出现"瞄准金牌"这一词，以及"首金""失金"，表露金牌意识较强，奥运"政治化"倾向。

5. 善用感叹句，加强语气

如《中国国旗，错了！》《王者归来！孙杨200米自由泳逆转夺冠》标题中都使用了感叹句，来表达事态的严重性。国旗，是关乎一个国家的形象和荣誉，神圣不可侵犯，而中国国旗出错，《侨报》用了感叹句为标题，其实也是在抒发国人的情绪。而经过霍顿事件之后的孙杨，其在奥运赛场上的表现也是更为受到关注。当孙杨夺得200米自由泳冠军的时候，《侨报》用了"王者归来！"为标题，同样也是抒发了国人的情感。

（二）报道方式及其特点分析

1. 集中式

指在短期内组织大规模、多篇幅的稿件集中于一定的版面或时段，形成较大的声势，具有强烈、醒目的效果。[1]

在里约奥运期间，《侨报》对中国奥运的报道方式，符合集中式的是8月22日的里约奥运盘点。首先是对中国女排的盘点，该日的

---

[1] 《常见的报道组织方式》，《新闻导刊》2000年第4期。

报道连续三个版面对中国女排进行了报道。如 A2 版的《女排精神代代传》，把中国女排从 1981 年到 2016 年的大事记作了一个大回顾，共刊登图文 9 篇。A3 版的《郎平是一个伟大的教练》，报道了郎平与中国女排的故事，以及别人眼中的郎平，共刊登图文 5 篇。A4 版的《中国女排养成记：竹棚精神见证腾飞》，报道了新一代中国女排的成长历程，共刊登图文 6 篇。

其次是在里约奥运的人物盘点上，《侨报》借用了电影奥斯卡的颁奖形式，做了一个里约奥运的奥斯卡颁奖，一共做了 4 个大版，共刊登了图文 24 篇，分别颁发了里约奥运最佳男主角——菲尔普斯，最佳女主角——莱德基，最佳影片——《女排上演奇迹》，最佳导演——斐济橄榄球队教练。这些版面较新鲜有创意，活泼醒目，能够带给读者不一样的视觉体验。

2. 系列式

指着重于组织报道事物各个侧面的稿件，集不同角度的报道为一体，达成报道的广度和深度，具有启迪性。[①]

在里约奥运期间，《侨报》对中国奥运的报道方式，符合系列式的例子有 8 月 19 日的《荒唐重跑 中国队被挤出决赛》以及 8 月 20 日的《美国队单独重赛 外媒称不同寻常》。在 8 月 19 日的《荒唐重跑 中国队被挤出决赛》报道中，关于美国队重跑这件事的争议，报道了中国田径队的申诉，国际田联新闻官安娜的态度，中国运动员梁小静在微博中的言论，中国国家体育总局田径运动管理中心副主任冯树勇在微博就此事的回应，以及新华社、中新社和新浪体育的评论。在之后的《美国队单独重赛 外媒称不同寻常》一文中，有了更多外媒的角度，如法新社和澳大利亚《每日电讯报》，都就此事件为中国队发声。

[①] 徐媛：《浅论新闻策划》，《湖南大众传媒职业技术学院学报》2009 年第 3 期。

3. 连续式

指紧跟事件或问题的发展变化进行追踪，连续发出报道，反映其全过程。①

在里约奥运期间，《侨报》对中国奥运的报道方式，符合系列式的例子有孙杨霍顿事件的始末。从 8 月 8 日到 9 日，共有 8 篇此事件的报道。8 月 8 日《中国泳协要澳选手霍顿道歉》《霍顿攻击孙杨不后悔　澳教练表示支持》《孙杨否认认识霍顿　1500 米要称王》《新华社批霍顿　以反兴奋剂之名挑衅》《霍顿攻击孙杨风波　中国泳协称其没教养》《不受影响　孙杨 200 自小组第一晋级》，8 月 9 日《王者归来！孙杨 200 米自由泳逆转夺冠》《澳洲拒绝霍顿道歉　孙杨教练：这很卑鄙》。就此事件来看，《侨报》对孙杨霍顿事件进行了较及时的跟踪报道，有中国泳协的角度，霍顿及其教练的态度，孙杨本人的态度，新华社的评论，中国泳协的再次发声，澳洲官方的态度，以及孙杨教练的回应，这些角度都较多元和完整。

4. 组合式

指集中一组稿件反映同一时间、不同地点的同类情况，或同一主题、不同门类的情况，形成较大的报道规模。②

在里约奥运期间，《侨报》对中国奥运的报道方式，符合系列式的报道有 8 月 9 日奥运特刊 T8 版中的《谐星当道　用洪荒之力去搞笑》这个主题，分别刊登了《傅园慧表情包走红》《傅园慧的那些段子》的相关报道，还刊登了央视采访傅园慧的截图。此外还有郭艾伦的"艾伦坐"，张国伟的销魂红袜子。这些报道共同表现了"谐星当道"这个主题，使读者能够看到运动场外不一样的运动员风采。

---

① 蔡雯：《谈谈新闻报道结构的设计》，《中国报业》2002 年第 5 期。
② 《常见的报道组织方式》，《新闻导刊》2000 年第 4 期。

（三）图片方式及其特点分析

新闻图片的画面形象要典型化，形象中蕴含的信息容量才能丰富。因此新闻图片选取的画面应该是整个事件中最精彩的一个或是几个瞬间，也就是正常所说的最佳瞬间或典型瞬间。新闻图片的瞬间形象决定着新闻图片的视觉冲击力，而新闻图片的视觉冲击力又影响着新闻图片的形象价值，进而影响着新闻图片的传播效果和质量。[①]

在里约奥运期间，《侨报》还专门开辟了奥运特刊的图片墙版块，每期均有至少两个版面刊登大量的体育新闻图片，具有鲜明的特色。而且，在里约奥运期间，头版也会刊登一张大的奥运比赛图片，极具吸引力。

1. 善于捕捉运动员夺冠瞬间，表现出最真实的一幕

体育赛事的图片捕捉，大家最关注的是运动员夺冠瞬间，在刚知道自己夺冠后的几秒表情是最真实的，而新闻摄影能够抓取到这几秒的瞬间，这样拍出来的照片比运动员站上领奖台更加具有感染力。

[①] 王志荣：《论数字化时代新闻摄影的特性及实现策略》，硕士学位论文，兰州交通大学艺术设计学院，2010年。

这张图片是中国羽毛球队的谌龙在击败马来西亚老将李宗伟后，夺得首个奥运会男单金牌，喜极而泣的瞬间。所谓男儿有泪不轻弹，这张照片的捕捉，正好抓取到谌龙夺冠后的喜极而泣，这其中充分表现出谌龙这一路成长的艰辛，以及对奥运冠军的渴望，还有冠军背后的辛酸也通过泪水统统抒发出来。

2. 善于捕捉比赛间的动态，表现出运动员的心理动态

在比赛间的动态捕捉其实对于新闻摄影来说也是件极难的事情，既要拍到动态的瞬间，也要能将其清晰地表现出来，这同时也很考验摄影师的技术。而对于动态照片的选取，这也是体育比赛中不可或缺的重要一环。

这张图片是中国乒乓球队丁宁与队友李晓霞的奥运"封后"之战，在2012年的伦敦奥运上，同样是两人的争夺，但是当时因为裁判的争议，导致丁宁"含恨"败北。可以说，两人都期待奥运"封后"。四年过去，两人再次在奥运场上相遇，此时的丁宁可以说是比李晓霞更渴望这个冠军，以弥补四年前的遗憾。因此，在本场比赛中，摄影师通过对丁宁的动态捕捉，表现出丁宁自身的那股狠劲儿，紧绷的五官，眼神专注着每一个球，冲冠的"杀

气"外露。

3. 善于捕捉细节，表现运动员的内心活动

奥运赛场激烈也惨烈，一瞬间有人欢喜有人愁，《侨报》选取图片的技术一流，注重把握细节，让照片自己说话。

这张图片是中国跳水队陈若琳赛后擦拭眼泪的细节，奥运的五金王，就她赛后采访表示，近日伤病困扰，因此这次参赛比北京奥运还要紧张，一切都太不容易了。但更重要的是，本届奥运也将是陈若琳的谢幕战了，眼泪中带着是她内心复杂的情感。

4. 善用特别瞬间，一图胜千言

奥运赛场上，除了关注夺冠时刻，还有一些不经意的特别瞬间，一张图片就抵上千言。

《侨报》中国奥运报道分析 381

这是中国女排夺冠后，郎平教练一个既滑稽，又俏皮的比 1 手势。她并没有喜极而泣，一个坚定的"1"手势，表达了我们是冠军，却显更加冷静，隐藏着背后经历过的大风大浪。

5. 善于抓取具有冲击力的瞬间和配上恰当的标题

有时候只有图片是不够的，还要有能够充分表现出主题的标题，使画面感更强烈。

这是中国举重队向艳梅在抓举试举中，被杠铃砸到头的画面，该图片的标题是《惊险登顶　向艳梅腰伤又砸头》，如果只看图片，也许只能看到她被砸的瞬间，但是谁也不知道她竟然还有腰伤。恰

当的标题,正好可以弥补图片所不能表现出的一面,相得益彰。

6. 选取的图片具有很强的视觉冲击力

纸媒除了单纯的文字,最关键的还是要有强烈冲击感的图片,使内容变得生动,抓人眼球。

这是里约奥运闭幕式上,奥运圣火在歌声的伴随下逐渐熄灭的一幕,如果说点燃圣火的一幕是震撼的,而圣火熄灭的一刻就是壮美的。蓝紫的色调,红黄的圣火,更能把圣火凸显,再配上白色的烟雾,整个画面感显得格外神圣。

(四) 关键词和报道基调及其特点分析

新闻关键词就是指对准确反映新闻主题,揭示新闻中心内容具有关键意义的词语,新闻关键词具有高度概括、简洁醒目等特点。①

表5 《侨报》对中国奥运报道主题总结出的关键词及其报道基调

主题	关键词	报道基调
赛事报道 (单纯赛事+赛前预测+赛后评论)	无缘(8) 失利(3) 爆冷(3) 遗憾(2) 梦碎(2) 雪耻(2)	负面,消极

① 张子娇:《人民网2013年"雾霾"报道研究》,硕士学位论文,辽宁大学,2014年。

续表

主题	关键词	报道基调
奥运事件	王者归来 逆转 光彩熠熠 顽强拼搏 为爱疯狂	正面，积极
综合评价	砥砺前行 伟大的 腾飞	正面，积极

针对报道中出现的关键词，需要结合具体的语境分析，因此，笔者对于以上的关键词提取，只能作局部的分析，其中出现频率较高的关键词，可以体现出《侨报》的报道基调。《侨报》在报道奥运赛事的时候，用的关键词可见报道基调比较负面、消极。在报道奥运事件的时候，用的关键词可见报道基调比较正面、积极。在综合评价报道方面，用的关键词可见报道基调也比较正面，积极。

五 个案研究——中国女排事件

里约奥运期间，中国女排时隔12年后重回世界之巅，不仅国内媒体极力关注，国外媒体也纷纷报道，并表现出对中国女排的惊叹和赞赏。因此，本次研究将以中国女排夺冠之路作个案研究。

笔者以国内的《人民日报》为对比对象，它在里约奥运期间，就中国女排事件，进行了13篇报道，《侨报》共作了15篇报道。笔者按照报道的时间顺序，将这些标题汇总如下。

表6 《侨报》和《人民日报》对中国女排的所有报道统计情况

时间	《侨报》	《人民日报》
8月7日	《中国女排被逆转遭遇"开门黑"》《巴西球迷狂嘘中国女排》《首秀失利 中国女排仍值得期待》	
8月9日	《吐气扬眉 中国放下包袱横扫意大利》《零封冤家 中国女排找回感觉》	
8月11日	《完胜波多黎各 中国女排两连胜》	
8月13日	《中国女排再尝败绩 郎平：队伍存漏洞》	
8月14日		《女足告别奥运 女排恐成独苗》

续表

时间	《侨报》	《人民日报》
8月17日	《苦战五局逆转巴西中国女排闯进四强》	
8月18日	《又遇宿敌　中国女排想赢怕输心态》 《中国女排　顽强拼搏是你的名字》	《那支熟悉的中国女排，回来了》（奥运长镜头）
8月19日	《闯入决赛　中国女排续写传奇》	
8月20日	《新老榔头　朱婷继承郎平衣钵》	《致敬，大写的女排》（五环旗下） 《为女排，掌声响起来》（直击里约）
8月21日	《12年轮回　中国女排重返巅峰》	
8月22日	《光彩熠熠　中国女排享受掌声》 《郎平是一个伟大的教练》	《壮哉，女排精神!》 《五星红旗，我为你拼搏》（直击里约） 《爱拼才会赢》（五环旗下） 《体育强国看振兴》 《中国女排夺金之路》 《郎平：唯有中国女排不可辜负》 《排球十二女将　各抒夺冠心路》 《〈人民日报〉上的中国女排》
8月23日		《中国奥运军团大盘点》（直击里约）

由表6可以清晰地显示出，美国《侨报》和中国的《人民日报》是如何报道中国女排这一事件的。

①从报道时间来看，在里约奥运期间，《人民日报》共报道了5天，主要集中在整个奥运进程的中后期。而《侨报》共报道了10天，基本贯穿整个奥运进程。

②从报道数量来看，在里约奥运期间，《人民日报》共报道了13篇，当中国女足告别奥运，中国女排恐成独苗的时候，才是第一次关注中国女排。然而更准确地说，应该是当中国女排逆转巴西之后，才开始密切关注中国女排的动态。而且《人民日报》的报道主要集中在8月22日，共有8篇报道，占了两个版面。《侨报》则共报道了15篇，它并没有出现报道数量的峰值，平均每天一条关于中国女排的报道，基本从中国女排的第一次亮相，就一直跟踪报道到夺冠，较完整。

③从报道主题来看，在里约奥运期间，《人民日报》对中国女排

的报道以评论为主，表达歌颂、赞扬中国女排之意，并且还对中国女排的人物做了描写，如对郎平个人的描写，还有12位排球女将的心路报道。而《侨报》在奥运前期，对中国女排的报道多以单纯的赛事报道为主，而到了中后期，也开始对中国女排进行较大力度的报道，也会对中国女排的人物进行侧写，也有传递出歌颂、赞扬中国女排之意。

④从体裁来看，在里约奥运期间，《人民日报》专门开辟了奥运专栏，如"奥运长镜头""五环旗下""直击里约"，主要是以时评、社论、专栏报道为主。而《侨报》是以消息通讯为主，偶尔会有一篇社论。

从综合看，《人民日报》和《侨报》对中国女排的报道呈现出以下特点。

(1) 从报道立场看，《人民日报》和《侨报》都把中国女排看作极高的国家荣誉，因此都对其进行了大力的报道。稍微不同的地方是，《人民日报》主要传递的是中国女排精神，因此对此会有较重的笔墨。而《侨报》是对整个中国女排的事件进行了较完整的跟踪，可谓见证了中国女排的夺冠历程，并且还向关注中国女排的读者展示了中国女排的完整体系。

(2) 从报道角度看，《人民日报》对中国女排的报道角度以中国女排运动员和教练本身为主。而《侨报》对中国女排的报道角度除了报道中国女排运动员和教练，还会关注对手的情况，以及外国球迷对中国女排的态度，角度较多元。

(3) 从行文写作看，《人民日报》无论从标题的构思上，还是正文的写作上，都有大气磅礴之感，它不是单纯的赛事报道，而是提升到一个体育大国内涵的角度，向外人展示出中国女排精神的顽强。而《侨报》从标题和正文的写作上，较《人民日报》逊色，但对人物故事、细节的抓取还是较为突出。

六 《侨报》中国奥运报道的特点和原因分析

(一)《侨报》中国奥运报道的特点

纵观《侨报》对中国奥运报道的方方面面,涵盖的赛事项目广泛,报道的角度多元。通过《侨报》对中国奥运报道的研究,笔者总结了以下的特点及不足。

(1) 从报道内容分析,《侨报》对中国奥运报道内容的选择,倾向于赛事报道方面为主,包括单纯的赛事、赛前预测、赛后直接的评论。在奥运事件中报道的方面也比较广,基本有关中国队在里约奥运中的事件都报道了,重点报道孙杨霍顿事件和中国女排事件,其他事件略写,详略得当。不足的地方是,对奥运事件和奥运的综合评价显得比重有点失衡。

(2) 从报道数量的项目上来看,《侨报》对中国奥运的强势项目报道的数量比较多,如游泳、跳水、羽毛球、乒乓球,但在本届奥运会中,对中国田径方面的报道也比较多,位列第二。从报道数量的时间上来说,中国奥运体育的报道数量主要还是集中在奥运进程的前中期,这段时间,平均每日的中国奥运报道比重约为87%。但后期由于美国队的报道比重上升,导致中国奥运报道比重有所下降。

(3) 从标题上分析,《侨报》对中国奥运报道的标题善用疑问句和感叹号,能够引起读者的关注。不足之处是,标题中习惯强调奖牌概念,体现政治化倾向。在《新星涉药　中国泳军里约蒙羞》这个标题,反映了《侨报》的报道倾向,在新星只是涉药但未证实的时候,已经对其作了判断,认为陈欣怡使中国泳军蒙羞,这个判断过于主观。

（4）从报道方式来看，《侨报》对中国奥运的报道方式有集中式、连续式、系列式和组合式，分别对中国奥运事件都有了较详细和全面的报道。不足之处是，报道方式中还有读者参与式是《侨报》还未涉及的方式。这种报道方式可以吸引读者参与报道活动，如邀请读者参与新闻采访写作活动，发动读者对报道内容展开讨论等，读者的活动与意见构成报道的主要客体。[①]

（5）从报道关键词来看，《侨报》对中国奥运的报道，在奥运赛事方面的常用关键词比较负面和消极，但是在对奥运事件以及在综合评价报道的时候就比较正面和积极。不足之处是，《侨报》的报道立场在奥运赛事方面较为严苛，金牌观念较重。

（6）从报道来源来看，《侨报》刊登的稿件以自己编辑的为主，但其中也会多次引用新华社、中新社、新华网的评论，表达自己的报道立场。而刊登的其他稿件来源较广，有传统媒体的新华社、中新社，也有网络媒体的新浪体育、腾讯体育，同时也有外国其他媒体，但还是以中国的媒体较多。不足之处是，《侨报》缺乏自身的采编团队，稿子多以整理编辑的形式为主，时效性和原创性上都较弱。

（二）《侨报》中国奥运报道的原因分析

针对以上《侨报》对中国奥运报道的特点和不足，笔者将在社会、文化和业务这三个角度分析其成因。

1. 社会原因

《侨报》对中国奥运报道有着深厚的社会原因。

虽然《侨报》是美国当地的华人华侨创办，主要依靠的还是华人华侨的经营，传播着中国的传统，民族精神。社会规范和价值是影响《侨报》对中国奥运报道的因素。社会规范包括风俗习惯、道

---

① 许向东：《新闻报道的策划与组织》，博士学位论文，中国人民大学新闻学院，2007年。

德和宗教等方面的体现。① 作为一份植根在海外地区的华文报纸，它的受众主要是当地的华人华侨，因此它需要融合当地的一些社会习惯，传播中华民族精神，甚至还能影响到一些华人华侨以外的不同种族的人，塑造中华民族的形象。

2. 文化原因

美国社会学者伊安·罗伯特逊在《社会学》一书中表示："每个社会的文化都有其特别之处，都包含其他社会没有的行为准则和价值规范。"② 由于美国的政治背景和民族文化，形成了独特的文化体系。美国文化的特点是崇尚个人主义，尊重隐私权，不拘礼，开放和直接，竞争又独立。因此，植根在此大陆的《侨报》在报道立场上免不了有金牌主义的立场，体现体育政治化倾向。《侨报》对中国奥运报道的赛事报道关键词方面，多以消极、悲观的表述为主，如"无缘""失利""爆冷""遗憾""梦碎""雪耻"等关键词。报道内容还是围绕选手如何丢失金牌的遗憾，体现出唯金牌论。而对比《人民日报》的报道风格，则是以传递奥运精神的人文关怀为主，报道选手的努力、教练和队员的故事，淡化金牌观念。

社会文化环境是影响新闻报道的重要因素，受众在选择新闻阅读的时候会根据个人的文化习惯和知识水平进行有选择性地对信息解读，而媒介应该重视受众的所需，进行新闻的选取和把关。

3. 业务原因

媒体的性质一定程度上表达着报道的立场，媒体是为其所有者服务的。《侨报》是当地的华人华侨自营的报刊，服务着当地的华人

---

① 艾军、王晓冬：《社会规范系统下的跨文化交际模式构建》，硕士学位论文，黑龙江大学，2010年。
② 肖颖：《〈人民日报〉中美国国家形象构建的内容分析》，硕士学位论文，兰州大学，2009年。

华侨，起到沟通中美两国的桥梁作用，传承中国文化，密切联系海内外华人华侨，促进中美交流，是对外宣传中华民族精神和文化的窗口。① 《侨报》的办报理念是向读者提供迅速、客观、准确、公正的中国大陆新闻，在里约奥运期间，《侨报》对中国奥运的报道总体上还是比较客观、公正的。

《侨报》创刊于1990年的美国洛杉矶，宗旨是"在美国，读懂中国"，口号是"以侨为桥，沟通中美"。起初的《侨报》，以数字报纸，原创报道，分析报道，生活资讯为其核心。但近年来，《侨报》也面临着它发展的困境，一是采编队伍素质不高，《侨报》队伍普遍老龄化，青黄不接，专业化水平不突出，人员积极性不高。② 从里约奥运报道来看，《侨报》对中国的报道多以简单的赛事报道为主，以消息通讯为主，缺少原创性的深度报道，分析报道，可读性不强。而且原创文一般还是多次引用其他媒体的评论，缺乏自身的核心价值。

七 对《侨报》的思考和建议

在里约奥运期间，《侨报》对中国奥运的报道，在美国华人华侨界中，引起了较大的关注，一方面是《侨报》作为美国发展最快和最有影响力的华文媒体，在报道中国大陆新闻方面有着"领军"地位，这是美国其他华文媒体所无法比肩而立；另一方面，本届奥运，中国代表团的表现也引起了不少争议。因此，笔者也根据《侨报》在里约奥运期间对中国奥运的报道情况，给予了一些思考和建议。

---

① 罗向阳：《当代华人社团跨境活动研究》，博士学位论文，暨南大学，2011年。
② 郑茵茵：《侨报侨刊 SWOT 模式分析与改革思考》，《新闻传播》（暨南大学新闻与传播学院）2009 年第 12 期。

(一) 针对报道类型

在里约奥运期间，《侨报》对中国奥运的报道类型，赛事报道的比重极高，但奥运事件和综合评价方面较少，这其实也反映出《侨报》采编团队的专业水平，原创性深度报道和评论性报道较少。因此，《侨报》应该加入竞争机制，提高采编团队的积极性，向全社会选拔优质人才，加强行内交流和合作，提高团队的采编水平。

(二) 针对报道标题使用

对体育报道，应该站在一个主流媒体的角度，作更加公平、客观的评价和引导，避免体育政治化以及"唯金牌论"，对标题的使用，《侨报》可以学习国内的《人民日报》等主流媒体的构思方式，他们的标题，有内涵、有底蕴，但也不乏接地气，能透过一个高质的标题，吸引读者兴趣，这是一个主流媒体应有的水平。

(三) 针对报道方式

《侨报》的报道方式也较多样，但是缺乏了重要的一项——读者参与式。这种报道方式，不仅可以尝试让读者参与报道活动，而且还能使更多的华侨华人，乃至其他民族的读者，更加了解《侨报》，既起到了对外宣传，传播中华民族精神的作用，也能广泛地加大了自己的传播力，甚至也能吸纳一些采编人才。

(四) 针对报道来源

《侨报》的报道来源多是引用其他媒体的评论，缺乏自身的原创力，归根结底，还是缺乏专业的人才。因此，《侨报》不仅需要对采编团队素质的培养，提高其业务水平，也应该从精选精英方面入手，有奖励机制也有竞争机制，要创造自身的核心价值。

(五) 针对经营管理

目前的《侨报》运营模式主要是依靠各种宗亲、联谊会的集资，由他们进行采编。另一种是由侨联、侨办等政府机构协办，这种方式受到行政的干预较多。这两种经营管理模式，都使得《侨报》的运营较为松散，因此，《侨报》应当设立一个专门的经营管理机制，给新闻媒体一个独立的空间，将采编和管理分离，充分发挥专业优势。

市场营销在民族音乐推广传播中的作用

缪何翩珏[*]

摘 要 当提及民族音乐你会想到什么？是一段神秘的民族歌舞表演，空灵或喧闹却不知所云的歌声，还是异于主流的闻所未闻的原生态视听体验？又或是载歌载舞好像宗教祭祀的奇怪场面？这些都是人们对于民族音乐的直观印象，而民族音乐的内涵却又不仅仅是如此。在市场经济繁荣的今天，电影、电视、书报都不可避免地市场化、商品化，那么民族音乐的传播推广之路，是应该继续固守传统还是迎合大众市场求生存？市场营销在民族音乐传播推广中又起到怎样的作用？

本文就此展开论述与研究，主要探讨市场营销与全球文化观念双重作用下，如何发展推广民族音乐。第一部分讲应该明确的是在快速、市场化、信息化的今天，讨论民族音乐的艺术性和传统性有无必要？

第二部分关注的是自媒体兴起的时代，人人都成为媒介信息的

---

[*] 缪何翩珏，女，本科毕业于辽宁大学广播电视编导专业，2014年10月赴意大利"世界大学之母"——博洛尼亚大学人文与文化遗产学院攻读电影艺术学硕士，并以满分优秀论文顺利毕业，留学期间曾先后任职于博洛尼亚市政公益协会、博洛尼亚大学电影电视系（助教），目前在南京就职于某艺术留学机构担任艺术留学作品集（影视传媒方向）指导教师。

传播者和接受者，自媒体正改变着原有的传播法则和营销模式，因此在此大情势下，消费者的心理变化决定影响着市场的需求，而民族音乐及音乐人生存的空间面临更大的挑战。第三部分，以祖国游牧民族音乐营销为例，就近些年民族音乐在世界音乐市场营销中的得与失进行案例分析，并以最新的4Vs整合营销理论模型为理论支柱，深刻分析在自媒体与互联网大数据、大环境中民族音乐营销的关键与核心。第四部分给出建议：市场需求主导的今天，不被忽视甚至被市场淘汰的根本在于是否拥有原创性，即是否拥有属于自己特色的民族音乐品牌文化。

第五部分，是对现实环境的总结与思考，如何运用民族音乐打好文化软实力这张牌，使自己国家和民族的文化能够从容应对来自各方的机遇与挑战，长久屹立于世界之林而不倒。

关键词 民族音乐 营销模式 生存法则 发展策略 文化软实

一 当我们谈论民族音乐时我们在谈论什么？

（一）什么是民族音乐？民族性体现在何处？

民族音乐，它的大前提是民族，即归因于某一特定族群、人口和文化而创作产生的，用以表现当地人民生活、生产及活动的音乐类型，又可称为民间音乐、传统音乐，而与之相对的是流行音乐，被定义为"消费"的音乐，因为它直接的方式和市场的需求。不同的民族拥有各自富有特色的音乐文化传统，比如欧洲的凯尔特音乐，中东的鼓点音乐，印度的宗教仪式音乐，中国的游牧民族音乐、美洲原住民印第安音乐，等等，它们身上传承的民族性是其区别于流行音乐的鲜明标志，独立存在并大放异彩。中国自古就是多民族聚居的国家，从古至今都无法被人们忽视的除了主体民族汉族，便是与之互相牵制，影响数千年的游牧民族，无论是远古的西戎、匈奴、柔然、鞑靼、回鹘、哈萨克，还是征服过世界的"上帝之鞭"蒙古族，游牧民族整体的核心未曾改变，即借悠扬苍凉的牧歌与天地呼应，传达入骨的悲凉与豪放旷达——漂泊、寻根的民族情感，这更是游牧民族存于世的终极意义，并依托于此产生历经千年的古老游牧文明。

众所周知，民族性的基础是文化认同，包括语言、文字、历史等，民族性认知是国家的基础，没有民族性的共同认知，骨肉不全的民族，国家必会走向分裂。民族性的含义包括民族自身的文化特色的继承与发扬，也包含了本民族与其他民族之间的文化关系的比较、民族自我文化意识的认知以及本民族作为一个整体在世界文化总体中所处的地位与影响力。[1] 民族性的问题在全球化的世界大趋势背景下，日益成为各个民族自身发展所必须首先关注的焦点。换言之，"一切历史都是当代史"，[2] 所有的"时代"都是前一时期的现代，而想要民族性永存，"越是民族的就越是世界的"的认同是必要的，一个民族只有在同其他民族的相互关系比较中才能够对自身有更为清醒的定位，一个民族也只有对自身的民族文化特点和内涵有清醒的认识才能在世界文化的交流与融会的大背景之下真正地博采众长、兼容并蓄，实现本民族文化的传承与发展。然而在市场经济快速发展，媒体行业热衷拼热点拼信息量拼效率的今天，流行音乐如同快餐零食一样无孔不入，美味而便捷，可以让你粗暴快速地享用，流行音乐借流行文化之势蓬勃发展，却也不可避免媚俗倾向；而宣泄世居民族的共同情感、凝聚民族精神灵魂传统的民族音乐则

---

[1] 王耀华：《中华民族音乐文化的国际传播与推广》，经济科学出版社2015年版，第22页。

[2] ［意］贝内德托·克罗齐：*Teoria e storia della storiografia*, Roma-Bari; Laterza, 1976, pp. 53–54。

渐渐被遗忘忽视，甚至被边缘化、被异化，这恰恰体现了"反智主义"的倾向，经由流行—物质—放大和蔓延，成为当下时代的主要特征之一，因此民族性正日渐消亡于"娱乐至死"的热闹氛围中，岌岌可危不容再忽视。

(二) 民族音乐的作用/角色

横纵对比东西方那些已经湮灭于历史长河之中，或正在加速消亡的民族音乐，我们会发现一个奇妙的共性：从表现形式到情绪，都包含一种沉醉的听感体验。对应于人类学和民俗学的研究，可归因于民族信仰和民族集体意识的外放与宣泄，当其在歌舞时，是一种身心的沁入：我们总是需要时不时找酒神狄俄尼索斯喝一杯，通过强节烈奏地跳舞庆祝神性，为了达到自我沉醉的、活力冲动的、创造性的、欲望的状态，这便是瞬间沉醉的体验。借用美国心理学家亚伯拉罕·马斯洛的著名理论，即是心理上的"高峰体验"。高峰体验的心理特点有两个方面：一方面，它总是存在于狂喜的气氛；另一边，高峰体验带来了良好的自我意识。它是一种自我肯定、自我认识和自尊获得的心理状态，是一种心理满足。从金字塔模型，我们将看到人的心理需求被细分为五个层次，这意味着人的心理需要从最基本的到最高级别依次是：生理需要；安全和保护的需要；情感认证的需要；尊重的需要；自我实现的需求（通过建立自己的身份和自己的期望，并占据着社会群体满意的位置）。处于这个"金字塔"的峰值即是自我实现的需要。所以有时这并不容易实现，或者可以说最高峰值是比较少见的，但仍然一些方法来激发高峰经验，例如，以爱的行为，听优秀的音乐和敞开的自然之美，所有这些都不约而同地去作为达到一个完整的感觉。

高峰体验的获得经由专注力的提升，即专注于目前正在做的事。在东方宗教智慧里，无论是佛教，儒教，道教或印度教，所有这些鼓励我们做冥想以达到精神的专注，为了自我的觉醒，在纯粹的自然环境中，然后感受大自然的力量，并且这些想法慢慢来到心中，这样你就可以反思并获得峰值的感觉。我们当今文化中最严重的问题即是时间，当我们匆匆忙忙赶时间，备感压力和焦虑的时候，我们很难获得高峰体验。但是如果我们真的能安静下来真的专注于听音乐，而不是作为当我们在发短信、玩手机游戏以及和朋友聊天时的背景音乐，当我们真正听我们喜欢的音乐，通常能获得一种临场的高峰体验。而在众多音乐种类中，民族音乐是最接近自然、最能让我们平静的音乐类别，归因于神圣的宗教特色和神秘原始信仰。而在培养专注力、刺激情感体验高峰值产生的过程中，引导联想与音乐是紧密联系的。引导联想的概念由美国著名音乐治疗家 Bonny 创立，她还创立了美国音乐与联想协会，为了开展引导联想与音乐关系的学术研究。根据该协会的理念，引导联想与音乐是一种精神动力学和多模态疗法，它以轻松的状态融合音乐，激发图像，记忆和感觉，帮助客户从全面的角度了解生活问题[①]。

  因此由于我们之前已经提到过的民族音乐的两个特点，它们共同决定了民族音乐的作用，即创造临场的高峰体验以及疗愈生活和心灵的问题。那么无论是苗家古调婉转悠扬在山间跳跃，江南小调清丽缠绵于烟雨旧巷，还是蒙古族低沉呼麦自喉间传出，民族音乐触动历史的回应，更触动心理的情感波动，给公众带来奇妙体验，使他们更好地理解这些民族本身；另外，建构一个特殊氛围，人们能够沉浸专注于内心的平静和冥想，哪怕你不是本民族的一员，哪怕你不懂他们的语言，但在那个过程中不知不觉地全然沉浸在酒神狂欢的艺术世界。换句话说，一直以来民族音乐就是共通的超越国

---

① MIAA, "Music and Imagery Association of Australia", http://www.musicandimagery.org.au/what-is-gim.html; Bonny: http://www.ami-bonnymethod.org/.

界、种族、语言限制的，直接激发听众的心灵深处，总有一个瞬间他的民族能和你的民族连接深刻的共鸣，而这种感觉，也代表一种可贵的能力，即是"专注"，同深度阅读一般，有一种致命的吸引力，好像魂都被吸进去，其根本的目的是放松身心，自我反省，最终达到身临其境的高峰体验。

（三）"2016 年全球音乐市场报告"的分析

然而，似乎从影视媒体到网络媒介的压倒性胜利，深度阅读已经无法满足只求碎片式快速浏览电子工具浅阅读的市场需求，民族音乐也面临着同样的困境，陷入同样的困惑之中。放眼全球，市场化的趋势是不可逆的，音乐的商品属性愈加明晰，消费需求的持续增长，势必会影响着音乐行业的营销策略，最新出炉的"2016 年全球音乐行业报告"能够说明什么？[①] 又能给民族音乐市场营销带来哪些启发呢？众所周知，由于网络媒介兴起，它与迅猛增长的"社区"、基站、点击率紧密关联，流媒体成为传播音乐产品的新平台，伴随着日益明显的替代传统唱片公司的趋势，已经成为数字行业增长的主要驱动力，更决定了音乐从实体向数字化转变这个必然结果；另外，唱片公司与流媒体的博弈把关注度更多地放在流行音乐市场，而民族音乐历来所占份额颇少，却又是个难以全盘否定的消费点。在此尴尬的处境下，市场化下的民族音乐将如何生存并继续前行？

纵观《2016 全球音乐行业报告》，我们可以发现全球音乐消费激增这个显著业界现象，呈现出如下四个特点：

1. 用户群增长 31%；

2. 流量基数增长 48%；

3. 50 多家移动运营商的首选音乐服务；

4. 超过 4000 万歌曲可流通于 180 个国家。

[①] 《2016 年全球音乐行业报告》，来源：http：//www.fimi.it/pubblicazioni。

同时另一个显著特点即是从 2015 年到 2016 年，音乐产业的消费结构出现变化，数字音乐收入首次超实体音乐收入，并且流媒体收入激增并爆发出惊人的力量。在一个个大数据的背后，一个不争的事实得到证明：数字化时代，流媒体音乐消费带来的市场份额远超于实体音乐唱片，这无疑是对传统唱片音乐市场一个不小的打击；但反之，对于新兴的诸如 youtube、5sing（一个中国原创音乐平台）等流媒体市场来说是绝好的机会：谁扼住音乐第一首发的位置，谁就夺得先机，在这一轮的市场营销战中稳赢一筹。流媒体音乐付费服务带来产业收入的增长，与此同时受广告支持服务上升了 45.2%，音乐流媒体广告营销对于数字音乐市场份额的增长功不可没。例如，访问 youtube 上一首歌，那么正片之前几秒或十几秒的贴片广告便是一种绝佳的网络营销方式，它迫使你收看，并且不知不觉中熟悉、重复记忆这一商品或服务，而如果播放的广告是与正片相关的，那么更会增加受众对于正片的关注度，也就必然能刺激消费，其背后的运营逻辑是对媒介的二次售卖。引用环球音乐集团数字战略执行总裁 Michael Nash 的话说："我们现在围绕树立艺人品牌、吸引乐迷和市场营销所做的一切都要随之改变。"从产业发展趋向来看，这已成为支持流媒体音乐市场进一步扩大市场份额的一大营销策略，打响数字音乐市场"侵占"传统音乐市场的先锋战，音乐流媒体已成为音乐市场的主流，并正在彻底改变乐迷的音乐体验。

因此，在这样的大环境影响下，民族音乐面临的既是机遇又是前所未有的挑战，成功进入且有效的营销策略成为其占领市场不可或缺的战略，一些新模式例如流媒体、音乐产业数字化，非常值得学习，以期进一步扩大利基市场在主流市场中的份额比重，而这一改变的实现需要机遇、时间、资本、宣传等一系列的长期投入。

（四）音乐市场与营销

为与不为，这是一个经典的哈姆雷特式的问题。同样，面对当下纷繁复杂的音乐市场，民族音乐不得不站在时代岔路口做出选择：同化还是对抗？孤芳自赏还是融合新潮以吸取大众流行瞩目，与众狂欢？其实答案与否，都不可避免地被卷入市场的浪潮中，既然音乐媒介这种传播工具已然成为商品，那么如何顺应时代市场需求，且依然保有自己音乐的民族性不丢失才是最值得思考和关注的，这直接反映在音乐市场激烈的营销战中，定位、策略、行动力即是制胜的关键底牌，特别是策略最为重要。

《兵法》传入欧洲，被译为《战争的艺术》，而如果将战争视为一门艺术，那么营销就是一场战斗，营销策略即是营销战的战略和战术，在市场化信息化的今天，谁能把握住市场动向，灵活运用策略打赢营销战，谁就是市场的赢家，这方面孙子给出了永恒的建议："人皆知我所以胜之形，而莫知吾所以制胜之形。故其战胜不复，而应形于无穷。"① 可以粗浅地解释为，每个人都可以看到我的战术，没有人能知道我的策略，战术是一回事，策略是另一回事。战术的前提是动作，这是一个事实，发生在开放的，你可以放心地概括具有合适的工具。而相反，策略包括也能长期内挖掘内核的动作，从而更加难以进行解码。换句话说，战术即表层的动作和工具，策略则是头脑的内核的指挥型的动作。另一句兵法对应于营销战所给出的永恒的建议是"知己知彼，百战不殆；不知彼而知己，一胜一负；不知彼，不知己，每战必殆"。营销的目标就是胜利，方式的目的是赢得方法非暴力成为可能，通过技巧和策略。

孙子以简洁的语言指明了战争指挥者了解敌我双方情况的重要性。同样，在市场营销中，也必须"知己知彼"，即销售信息策略，全面掌握各方面的信息，才能搞好营销决策。而如果我们要掌握信

---

① 孙子：《孙子兵法》，Mauro Conti 译，*L'arte della guerra*，Milano：Giangiacomo Feltrinelli Editore，2016，p. 58。

息,则必须十分重视对市场的分析,这一点特别在全球化市场的营销战中占据决定性战略性的地位。换句话说,如果在进入市场参与竞争前未能稳、准、狠、快地精确分析市场,那么民族音乐在整个全球音乐市场的赢率,将早早丢失一局。

分析市场规律与变向已经成为市场营销的黄金法则。市场分析为了实现两个主要目标:找出新的市场,不断按照企业目前经营的市场,及时发现在应用中任何改变[①]。笔者认为,对于音乐人和音乐企业,必须做一个市场分析,此外,还需要寻找新的市场,衡量市场的吸引力,确认竞争对手能否赢得利润;了解市场动态,及时发现在市场营销战中的任何变动,这个层面的分析包括对市场规模、盈利能力、效益增长率、发展趋势和制胜因素一系列进一步的考察。深刻的市场分析与产品比例/市场相关,即:

1. 要了解潜在的买家怎样决定购买及其原因;
2. 检验竞争结构;
3. 以确定该产品是要适应当地市场的具体需要。

另外,还需要注意在具体的推广策略的制定过程中,应全面考虑到应该如何分配,可以实施怎样的价格,并且可以采取什么形式的市场推广。

由于主流音乐市场的激烈竞争,民族音乐如何能顺利融入市场并推广自己的音乐产品?该话题在2015—2016年的中国持续引发了业界、网民、和学者激烈的讨论,而触发这个话题热点的就是蒙古族乐队杭盖的回归与其在主流媒体平台突然的大热。

2015年以前,"杭盖"的名字只流传在独立音乐、地下民谣、摇滚这些小众边缘化的圈子,以及国外的音乐节和纪录片中,而随

---

① Giorgio Pellicelli, "Il marketing internazionale Mercati globali e nuove strategie competitive", Milano: Etas, 1999, Vol. III.

着《中国好歌曲》《我是歌手》等真人秀节目和电影《寻龙诀》的热映,"杭盖"之名如雷贯耳,成了大众眼中民族音乐的代表和楷模,因为在此之前,大众眼中的蒙古族音乐无外乎呼麦、马头琴和长调,好像是千篇一律的草原风光片。而杭盖的出现,似是打破了这一"传统形象",让人们领略到不同的蒙古族音乐,套用主创们的话说,形式包装更加摇滚,但骨子里的灵魂还是地地道道的蒙古人。2005年出现在德国纪录片《北京浪花》中的杭盖乐队,与北京地下摇滚乐队境遇相似却又有着显著区别,因为他们鲜明的民族性,引起国际市场上不少关注,2007年杭盖乐队与格莱美奖得主、班卓琴大师贝拉·弗兰克合作,开启第一次欧洲巡演,2008年与荷兰经纪公司签约,自此杭盖的足迹如同当年他们的祖先成吉思汗,巡演遍及70多个国家和地区,然而盛名之下的他们,依然保持清醒的头脑,在他们狂放的摇滚外壳下包裹的是浓厚得化不开的蒙古族精神,用乐队马头琴手巴图巴根的话说"蒙古族音乐有一种站在自然角度的对于生命的叹息"。[1] 而杭盖的队长伊立奇则在面对媒体的好奇、观众的追捧与同族人的质疑时常会说起这样的故事:"蒙古马被卖到很远很远的地方,它会一直朝着故乡走,有些马走回来的时候,蹄子已经磨烂了。"[2] 一次又一次的讲述中似乎也更加明确了乐队的风格和所要走的道路,出现在大众视野中的杭盖乐队,无论成员如何变动,表演的舞台是大是小,外部的音乐环境怎样变化,合作方提供哪些不同的资源,对于他们来说,歌中的灵魂不变。因此你可以瞧见,杭盖乐队的音乐有一种力量,哪怕听不懂蒙古语,依然会被打动,而这种超越语言的力量,反倒使其成为"在国外最知名的中

---

[1] 马兆龙、莫非:《从摇滚到民族,从现代到古老——专访杭盖乐队》,《读者·原创版》,读者杂志社2016年版,第38—41页。
[2] 内蒙古语言文学历史研究所文学研究室:《蒙古民间故事选》,上海文艺出版社1979年版。

国独立乐队"，英文乐评网站 Rpsody 如此评论："杭盖乐队已经从民间音乐现象一跃成为跨界音乐的先锋，同时他们从未失去自己的灵魂。从蒙古草原广阔的疆域生长出来，这种音乐会使你想家，虽然那个地方你从未到过。"① 无论中国还是外国，对家的向往及对灵魂生命的追问，是人类共同的情绪和思索，而杭盖一词在蒙古语里，意思是一个有着蓝天、白云、草原、森林、河流，无比纯净纯粹，干净无污染的世界，这不正恰如西哲所预想的理想国和乌托邦吗？因此在快节奏物质化的当今社会，这样的民族音乐及其精神的追求尤为珍贵。可以说，在不可逆的市场化趋势下的杭盖乐队是非常有智慧的，敏锐把握住市场并使其为之服务，并且没有迷失其中。那么更多的民族音乐人和团体，他们未必会有如此好的时机际遇，他们的命运又将何去何从？

从中国音乐市场到全球音乐市场，民族音乐市场营销攻坚战愈加艰难，但也证明其前进发展的空间更加广博，一片混乱却也是机遇。今天的消费者被湮没在营销信息的泛滥中，为了捕捉并保持他们的注意力，你必须是不同的，你必须是有用的。这就要求民族音乐的市场高管研究者们做更全面的市场调研、更精准的定位以及更周密更灵活的战术策略，在音乐市场营销的博弈中知己知彼，才能一击击中，使民族音乐在整个音乐市场中稳占一席之地。

二 民族音乐与自媒体营销

（一）消费需求的分析

进入互联网时代，每个人都有说话的权利，可以表达自己的喜好，网络平台自媒体的营销的实质是主张自我和推广自由意志。对

---

① https：//blogs.nmc.edu/？p=16652 "Hanggai from Beijing to Perform at the Dennos Museum Center" Intercom, Student News, 2016.03.

于音乐企业来说,如果不了解消费者的需求,忽视他们的喜好与互动体验,那么不但会错失消费群,也会丢失市场。互联网时代,人人都有自己的想法观念,因为"自我"已经深入了我们每一个人,尊重自我价值成为当下主流的消费心理,重要是要满足自己,因此市场经营者如何满足消费需求并且永远保持新鲜和竞争力,这是这个时代营销的重点。换句话说,一个潜在地、未满足的消费者需求的市场是更有价值的市场。

如果对于消费者的需求进行简单分类,一类是信息需求,另一类则是娱乐需求。自人类踏入文明社会至今,对于获取信息的基本需求始终未变,对于信息的深度与广度、质量、速度、真实性与虚构的更进一步的需求,不断随着生产力革新、随时代进步发展的需要而变化,呈现信息多样化及不同的解读方式。这就给予媒介经营者和市场管理者一个广阔的经营发展空间,没有疲软的市场,只有不善的经营[1]。

消费者的另一需求是娱乐需求,在昔日可以由传统大众媒介给予满足,但在网络信息成为主流的数字化信息化自媒介时代,消费者更多的娱乐需求满足来自自娱自乐,而非别人的强迫给予。民间音乐在网络音乐门户网站及网络音乐电台的回归,以及在网络论坛、贴吧、小站、公共主页的自发式宣传推广,甚至民族音乐演出线上众筹的火热现象,都说明一个实质性的改变:消费者的娱乐需求已经从单一接受视听娱乐到自产自销娱乐的突破,观念上的变革带来交流媒介的改变,于是在网上便可观看自导自演的网络直播、互动节目,并且信息可以实时共享,也可以延后回看,这是自媒体时代营销的一大特点,对于传统营销法则来说,是个彻头彻尾的颠覆。

---

[1] 万姝懿、闫大卫:《网络音乐时代的营销模式创新》,现代商业杂志社 2014 年版,第 122—123 页。

这就要求企业运营做好市场细分和用户细分，专注于特定领域而非广撒网，瞄准有价值的消费者和潜在消费者，做好内容传播的同时还要保持开放的态度，转变传统的"我传你受"传播思路和观念，用开放为自己吸引更多关注。

网络时代抓住用户需求的最直接方式就是查看你们互动的平台留言点评，点评区的出现解决了很多人的需求点，他们直言自己的意见和建议，也期待能获得更好的体验和互动，有更愉快的娱乐消费心情。而自媒体的点评平台就是抓住这个关键点，更好地营销与服务，定期与网友进行线上或线下的互动交流，场地随意，不设门票，只为给他们创造一个能够表达自己意愿的平台，听听乐迷的感想和建议，然后整理汲取他们的反馈，更新到自己的自媒体发布平台，也为其后的专辑作品带来一些灵感、想法和创作的激励。网络自媒体时代，用户之所以成为你的用户，因为你解决了他们对于信息和娱乐的需要，而用户变成忠实粉丝，是因为你在满足需要之外更为他们提供了满意的体验，让他们从中获得对音乐产品的重新认识，获得心理情感上的价值认可。因此，自媒体营销，说到底就是要找准自己和用户的价值及需求"痛点"，让他们获得更多的愉悦，他们一定会被你吸引、关注，成为你的忠实的粉丝。

（二）娱乐需求的影响

从传统纸媒到广播电视媒体再到如今网络媒体，科技的进步到底是服务着人们的生活还是侵占着生活甚至思想呢？音乐市场从传统黑胶唱片卡带到如今的付费或免费音乐网站、视频分享流媒体，还有更多移动客户端App的出现盛行，人们的注意力好像空前集中，却又是碎片式的狂欢，海量的信息无孔不入，仅仅筛选就几乎耗去所有精力，再无心思索表层信息之外的价值内容，而作为民族音乐的团体和发行企业,他们看似直接在娱乐中受益,但背后的隐忧一直存在,尼尔·波兹曼"娱乐至死"的预言[1]正在慢慢应验。《娱乐至死:童年的消逝》这本书已经被翻译为8种语言,在世界范围内大约卖出了20万册。2005年,时隔20年后,波兹曼的儿子安德森再版了这本书,它被认为是最重要的媒介生态学专著之一。美国是媒介产业化发展最为发达和典型的国家,以美国社会为参照可以借鉴看出别的国家的媒介发展趋势,波兹曼指出,现实社会的一切公众话语日渐以娱乐的方式出现,并成为一种文化精神。我们的政治、宗教、新闻、体育、教育和商业都心甘情愿地成为娱乐的附庸,其结果是我们成了一个娱乐至死的物种。此书在引进中国后书名曾一度被直译为"把我们自己娱乐至死",致死的原因不仅归咎于娱乐,更归咎为自己,把我们自己娱乐至死,我们成了致死的"凶手",只要你陷入娱乐,一定难辞其咎。当时看来有点杞人忧天耸人听闻,但如今看来,这些恐怖犀利甚至悲观的预言正在成为现实,消费者的感受需求大过一切,猎奇心理越来越得不到满足,娱乐精神至上,流行音乐文化从歌词可以直观反映,越来越多的无营养无内容空洞同质化的"口水歌"反倒广受追捧,整个音乐市场媚俗倾向日益严重,陷入一个一方面亟须有价值的音乐内容成为强有力推手改变格局;另一方面却又日渐沉湎娱乐,放纵市场日趋低俗的怪圈循环模式中,因此在这个严峻的现实困境下,民族音乐为求生存不可避免地迎合市场,但又必须保存传统经典的文化意义与价值,所以媚俗与坚守放在民族音乐发展的天平两端,一直在权衡利弊中。

波兹曼"娱乐至死"的核心命题是由"媒介即隐喻"引申开来的,而这个命题来自麦克卢汉"媒介即信息"的原本命题。波兹曼

---

[1] [美]尼尔·波兹曼:《娱乐至死:童年的消逝》,章艳译,中信出版集团2009年版,第317页。

认为"信息是关于这个世界的明确具体的说明",媒介并没有这个功能,所以主张用"媒介即隐喻"一说替代。因为"媒介更像一种隐喻,用一种隐蔽但有力的暗示来定义现实世界"。例如,媒介将这个世界分类、排序、放大、缩小、着色,最后建构这个世界的意义。然而,当我们置身网络时代,重新解读这本书时,如果将书中的"电视"二字换成"网络",根据这个思路,我们可以说互联网即隐喻。互联网以及与互联网有关的脸书、推特、微博、微信等交流方式,无一不加速建构我们的人际交流新模式、新感受,甚至新认识,我们会发现网络文化对我们的思考方式和生活习惯的规范、干涉与精神控制已经远远超过了电视。因此,民族音乐为在夹缝中求生存不得不适应市场,适应娱乐,而它所依托的自媒体营销在网络时代是福是祸?是满足需求在娱乐中受益还是被娱乐媚俗同流最终走向"把自己娱乐死"的悲剧结局?笔者对民族音乐市场化生存发展的担忧与书中最后一章"赫胥黎的警告"不谋而合,作者说"有两种方法可以让精神文化枯萎,一种是奥威尔式的——文化成为一个监狱,另一种是赫胥黎的——文化成为一场滑稽戏"。我们之所以能够把自己娱乐至死,是因为我们将陷入被赫胥黎担心的"美丽的新世界"中,这个"美丽的新世界"已经没有监管的任何理由,因为再也没有人愿意静下来聆听经典传统;人们在汪洋如海的信息中日益变得冲动和自私;真理被湮没在无聊烦琐的世事中;我们的文化成为充满感官刺激、欲望和无规则游戏的庸俗文化。简而言之,奥威尔担心我们憎恨的东西会毁掉我们,而赫胥黎担心的是,我们将毁于我们热爱的东西[①]。目前,无法得出一个结论,但时间、市场自会给出一个答案,这个答案或三年,或十年,或许当另一种更新的技术

---

① [美]尼尔·波兹曼: *Neil Postman quotes*,来源: https://www.goodreads.com/author/quo-tes/41963. Neil_ Postman. 2010. 01. 11。

取代网络，就如同当初网络取代广播电视的那一天来临时，自会有分晓。

（三）中国音乐市场 AMC 模型

如此看来，留给独立民族音乐人与其背后推手——致力于推广世界音乐的唱片公司的自由空间非常有限，而自由一词对他们来说更像是"戴着镣铐跳舞"，一方面迫切想要挣脱规则束缚，回归传统民族音乐的奔放旷野中；而另一方面则又不得不迎合市场满足需求，他们清楚地知道，只有当市场有他们的一席，有一定的物质实体利益，民族音乐在市场大环境中才能被推向更远，更广为人所知。

因此，在内容同质化的时代，想要在吸引消费的同时保有自己的价值，不过分地流于俗质，那只有体现差异化这条营销道路，差异化让自己的内容与服务与众不同。自媒体运营者在做自媒体内容时，不仅要分析受众，更要分析自己，分析市场，找到并找准对自己最有利的区域和专属领域，能够最大程度的体现自己的价值，做到一个差异化的定位，做到人无我有，人有我专。

从机械复制的时代到数字化流媒体时代，越来越多的机械复制化产品，越来越少的具有宗教和艺术价值的原创产品，因此，根据利基理论模型，民族音乐营销的差异化定位与利基市场战略使得独立音乐人在网络世界找到生存空间或新的增量空间。互联网模式下的资源整合与流量对接让音乐人摆脱了对唱片公司的依赖，未来依赖社交网络、在线音乐、流媒体平台等音乐人的生存模式可能会变得普遍。一方面近年来，音乐市场呈现越来越独立的风格、内容多元自由的发展趋势，从创作、生产到包装、发行的整个过程都是自媒体营销；另一方面，互联网流量对于任何一家互联网公司来说都是发展的命脉。

从音乐市场的 AMC 模型中我们可以看出，自 2013 年音乐流媒体厂商的竞争加剧，集中表现在移动手机客户端和音乐 IP 版权的控制权上，可划分为四个时期：探索期（1999—2008）、市场启动期（2009—2015）、高速发展期（2016—2020）以及未来可预见的应用成熟期（2021—   ），见图 1。

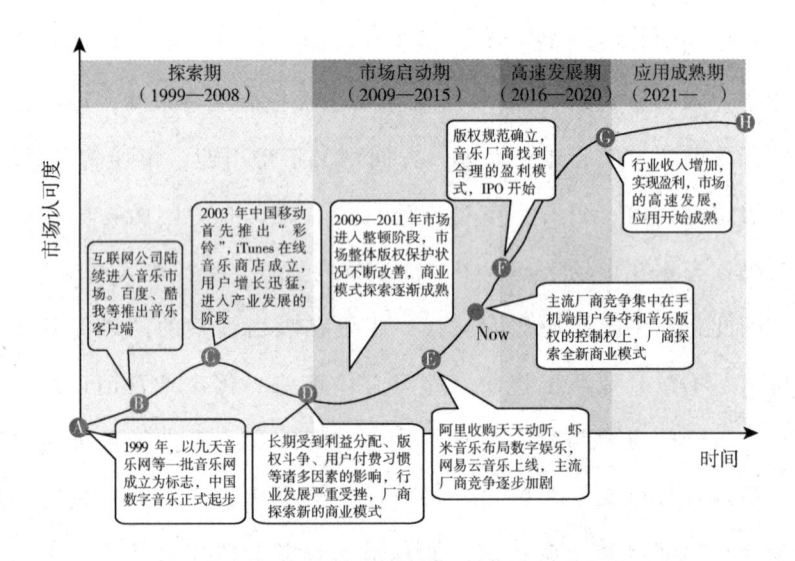

图 1　2014 年中国数字音乐市场 AMC 模型

最值得关注的是中国市场的整顿期及当下。版权意识加强并立法保护，商业模式的探索也趋于成熟，随着虾米音乐、网易云音乐等音乐流媒体的上线，利基与主流厂商的竞争加剧，整个中国音乐市场重新具有竞争力和活力。

如今中国的音乐市场处于高速发展期，流媒体音乐平台与实体音乐公司、手机移动音乐之间的竞争进一步扩大，商业模式多元，版权规范和版权维护也日益成为市场竞争的主要方向，民族音乐的版权保护更被纳入政府决策和保护方针，连续在 2013—2014 年的两会上提出，并颁布重要工作文件下达至全国。

根据目前的市场状况和营销报告，可以证明，在中国市场，民族音乐的营销为整个音乐市场注入新的竞争力和发展动力，民族音乐在整个市场环境中越来越占据重要份额（见图2）。

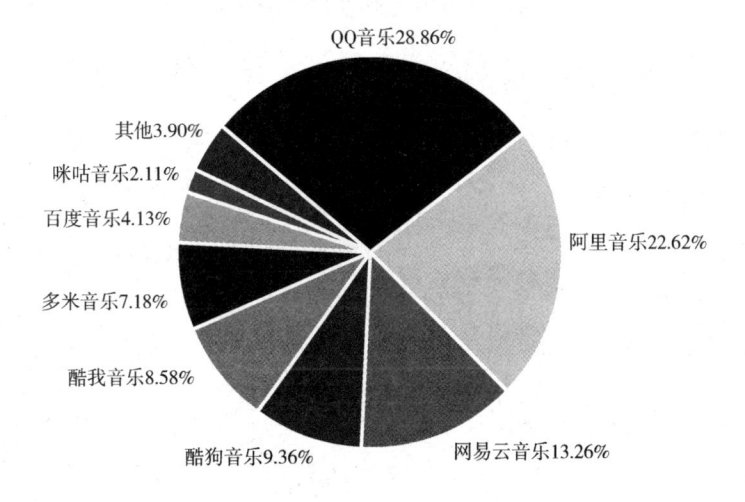

图 2 2016 年 Q2 移动音乐市场份额分布

另外，从移动音乐市场份额分布图中更可以直观看出，流量支撑着一切商业模式与资源配置、填平价值洼地的基础。在当前的互联网时代下，音乐人作为版权方最核心的诉求肯定是希望自己的优质音乐获得最大程度上的宣传与推广，用户也希望有机会听到更多的优质作品。反其道而行之的营销手段，利用"长尾"深挖自我品牌与价值的定位，利基战略也未尝不是民族音乐求新求变的一种上好选择，更适用于年青一代民族音乐人的尝试，也是一种对于自由的定义与宣泄。另外，从更商业化层面的分析，当独立音乐保持着富有创新的多元性，并不断吸引着观众之时，它也构成了产业价值链中的重要一环，不论是音乐产业，还是更大的创意经济体（包括广告、数字内容供应商，搜索引擎和宽带服务）的生存，都需要从创新价值如新兴歌手力量和有新意有创意的作品和粉丝中获利，而从利基向主流转型的民族音乐的营销在这一过程中扮演着重要的角色。

三 典型案例和 4Vs 营销理论

(一) 中国游牧民族音乐

作为留学生，走出国门看世界的同时也不能忘记时常回头看看自己的祖国也时刻在发生着的变化，民族音乐在中国的发展如何？国内市场是如何进行营销的，又有哪些国际推广的新动向呢？中国自古以来就是以汉族为主体民族，多民族聚居的国家，不可忽视的一个庞大群体是游牧民族及其音乐。游牧民族，以蒙古族为主体，包括维吾尔族、哈萨克族、克孜尔族、锡伯族等西北少数民族，主要分布在今天中国的新疆、青海、甘肃、内蒙广袤的北方大地上，他们历代以放牧、畜牧为生，世代逐水草而居，有着自己原始崇拜的图腾文化和宗教信仰，迁徙是他们的文化典型标志，他们曾是草原的主人[1]，但伴随荒漠化、城市化加剧导致草原锐减、现代化钢筋水泥筑起高楼林立，他们目睹草原向城市的变迁，这种变化太快也太剧烈，导致许多人迷失、迷惘，而对于守护民族音乐的艺人们来说，内心的迷茫与肩负的责任更加让他们手足无措，寻根则是所有游牧民族从古至今亘古不变的主题[2]，在信息化城市化迅速发展的当下社会，对于游牧民族来说，寻根变得比以往任何时候更加重要。

从匈奴到柔然，从突厥到回鹘，再到蒙古族哈萨克，整个游牧民族的迁徙史，就是他们曾创造辉煌的草原帝国史[3]，疆域极其辽阔，马蹄的一边是"杀戮""侵略"，令人恐惧的铁蹄踏遍欧亚大陆，被欧洲人称为"上帝之鞭"；而另一边则是"交流""融合"这些全局世界观的积极思想，游牧民族从存在之初到如今都带着不可

---

[1] [美] 杰克·威泽弗德：《成吉思汗今日世界之形成》，温海清、姚建根译，重庆出版社 2009 年版，第 37 页。

[2] 吴楚克：《蒙古民族的今昔地理格局》，《〈中国国家地理〉杂志》2017 年第 1 期。

[3] [法] 勒内·格鲁塞：《草原帝国》，蓝琪译，商务印书馆 2001 年版，第 4—6 页。

磨灭消弭的民族情感的悖论,一方面他们想迅速融入主流社会,投入一个与自身传统社会完全不同的社会环境中,挑战自我,突破传统生活生产方式,让自己的民族更加先进;另一方面又担忧生产力革新、城市化进程加快会使得本民族的民族性丢失,迫切地想要守住自己文化的根,守住传统[1]。这样的矛盾固然在羁绊着游牧民族的发展,但他们在自身生存环境问题上一直保持发展性的认识和深省,这样的民族无疑是聪慧的民族。

此前,笔者分析了蒙古族著名乐队杭盖在音乐市场占据重要一席的原因,用西化的方式包装,用中西乐器、曲风、调式不断磨合,而内在的根仍是蒙古族的精气魂。《希格希日》用吉他玩出快马嘶鸣的效果,堪称吉他和马头琴天作之合,音质本身又异常干净,这正是欧美发烧级世界音乐的标准范儿,而杭盖正在极力去做新蒙古族音乐,打入国际市场的同时也兼顾国内市场祖国同胞的需求,他们的世界就如同"杭盖"之名:一个有着蓝天、白云、草原、河流、山和树林的世界。这样的创新遭到国内主流音乐评论人和乐迷的公开质疑,幻想那个阳光明媚但略显单一的世界有无必要?但反思一下,诗意动人的不正是那些朴实简单的活法吗?而这正是游牧民族音乐打动一群关注自然、关注灵魂的固定听众的根本原因。

其实,这样的乐队有不只杭盖,还有 HAYA 乐团。区别于杭盖完全的阳刚,HAYA 以男女搭配的方式,兼具刚柔力量,乐团最吸引人的点在于主唱,青海海西蒙古族的姑娘黛青塔娜。她的声音时而空灵时而坚定有力量,并且,最吸引人的是她极具感染力的舞台呈现。2006 年出道的首支单曲《狼图腾》,展现了如草原狼一样苍茫的阳刚与野性,狼和白鹿是蒙古人崇拜的动物图腾,而火和纯净的蓝天则是他们信仰的五行元素图腾,从远古的萨满教到后来的藏

---

[1] 张志强:《民族情感的伦理悖论》,《〈中国国家地理〉杂志》2017 年第 1 期。

传佛教，草原民族的图腾崇拜都已深深融入其中。所以，业界有句玩笑，说无论是杭盖还是 HAYA，一定要去听他们的现场，你才会寻觅到这个民族的灵魂。几年后，历经大起大落沉淀的他们又重新回到人们的视线中，天籁、原生态、民谣摇滚的不同嗓音都能游刃有余地驾驭，舞台表现收放自如，而每张专辑音乐的风格多元的同时仍有至少两首是纯粹的蒙古族民歌新编，是以蒙古音乐为基础的世界音乐，以探寻心灵的方式去发现、结合传统与现代的跨界音乐元素。用他们的话说，"有的人喜欢有的人厌恶，有些东西不一定要被人喜欢，但它必须存在"①。民族音乐，便是如此。

哈雅乐团一直以来致力的，便是"世界音乐"。新专辑《疯马》诞生的灵感，与印第安音乐密切相关。因为对印第安音乐纪录片《How the West Was Lost》的关注，激起乐团成员内心深处情感的同时，更让他们清楚地认识到，无论东西方，无论古今，在世界都发生着差不多相同的事情，在美好的人和自然依然存在的时候，我们从不知道珍惜。只有当他们逝去、消亡，我们才开始了没有终点的歌颂和怀念。于是，便诞生了第一句歌词，奠定了《疯马》的基调："我只是不去看那沟壑般的伤口……"而这也让终日繁忙却迷茫的我们这些都市人群引起情感和心灵深处的共鸣，一经发行便获大卖，在微信公众平台上推广的公共主页、文章图集宣传，在贴吧、论坛等社交小站，更有强大的粉丝后援团，更一举拿下两岸三地多项原创音乐大奖。

在中国的音乐市场上，近几年涌现出越来越多的独立音乐节，有的专门为民族音乐先锋们设立，如草原音乐节、民族与摇滚新年音乐会、上海世界音乐季等，还有传统音乐会、演奏会，舞台的规

---

① 程冉子：《HAYA 乐团：不要快餐化我们的音乐》，网易专稿，来源：http://www.artsbj.com/show-202-508360-1.html，2016 - 01 - 28。

模、样式越来越多元、壮大，得到广告赞助的同时还有视频分享网站、地区政府门户网站的支持。最典型的独立音乐节代表就是张北草原音乐节，伴着民族民谣与先锋摇滚的旋律，伴着圣洁哈达、祝酒歌与跃动的草原篝火晚会的传统仪式，与自己所爱的音乐团体合唱、互动甚至一起起舞，听众早已沉醉其中，达到情感高峰体验，此外，更有草原露营、蒙古包住宿体验，与草原融为一体，体验蒙古族的生活与文明。音乐节与草原创新融合，是中国游牧民族音乐推广营销最直接的营销目标，而背后的根本目标是期望以此提升大众对草原与民族的认知与关注，同时进一步提高内蒙古旅游的品牌影响力，扩大内蒙古旅游的知名度。

由于整个音乐节有国内外许多知名的演出团体，因此对于展台的设计、搭建、宣传与维护尤为重要，而这些环节都可以卓有成效地宣传自己本民族的音乐产品与音乐文化，它的理念贯穿整个音乐节，而此时，网易云音乐、虾米音乐、百度音乐、酷我音乐、优酷视频、腾讯视频等音视频网站及昆仑石油、吉利越野等户外品牌广告商也瞄准这些民族音乐团体，不遗余力邀请其代言产品，签约场地宣传合同、演出门票与自己网站音乐周边产品的捆绑促销、音乐节配套户外装备展等等合作方式进行刺激性营销，使得普通大众都能欣赏得起消费得起民族音乐，并且借此拉拢培养年轻听众，让民族音乐也成为他们偏好的一种音乐风格，以种种手段借由音乐节的展示平台完善音乐市场运营机制，即商业运作的平台，可以说是民族音乐与民族企业的强强联合，推动中国游牧民族音乐市场向更主流音乐市场迈进，大有让民族音乐成为新的流行风向标的趋势。

除了音乐节的推广方式，还有政府支持公派的走出国门进行国家间艺术活动、文化交流互访等形式，比如从2004年至今，包括新疆阿克苏塔里木歌舞团、众多国家级和地方省市级的民族歌舞团等来自中国的多家民间音乐艺术团体参加了意大利各地民间艺术节活动,自 2009 年以来新疆、西藏、内蒙古等多地少数民族歌舞艺术团体时有出访欧美、中东的演出和文化交流、宣传活动,并更有"西藏文化周""东方文化节""中国音乐文化年"等多项专题文化推广活动[①]。

而在网络发达成熟的近几年,社交媒体、论坛等网络平台成为宣传推广民族音乐的主力基地,几乎上文提到的民族音乐团体与个人都有自己的公共主页、固定粉丝团、论坛交流小站,从线上到线下的群体互动,频繁积极,更有联系本民族乐器、民族非物质与物质文化遗产传承人、作坊进行线上微商运营,卖音乐作品的同时也向听众销售本民族特色的古老乐器、特产及手工艺品,可以说形成音乐、商品、企业的强强联手,全方位推广本民族的文化。这与积极、自觉主动地自媒体营销不无关系。

可以说,自媒体是 Web 2.0 时代的新型产物,传统大众媒体的传播方式是"自上而下"的,由点到面的,而自媒体的传播方式则是"自下而上",由点到点的对等的传播[②],因此,网民自己成为传播的发源地、信息库及传播渠道的拥有者,这是自媒体运营的核心特点。

历史经验告诉我们,工业时代聚集财富资本发展经济必须经由圈地运动而实现;当下进入信息化革命的时代,自媒体营销在民族音乐的推广道路上也需要"圈地",即创建、培养、发展自己的品牌,具备竞争意识,为自己圈出一块独特发展的空间,在此之中运营自己的品牌,赢得自己忠实可靠的用户。中国音乐市场像个"大

---

① 王耀华:《中华民族音乐文化的国际传播与推广》,经济科学出版社 2015 年版,第 621—631 页。
② 崔小屹:《玩的就是自媒体》,中国财政经济出版社 2016 年版,第 24—26 页。

熔炉"，良莠不齐，那么作为优秀民族音乐基因如何生存，如何发展得更好？首先要有核心竞争力，树立品牌意识，差异化是必要条件，也是把自己和其他音乐人、民族品牌区分开来的有效方法。比如杭盖和 HAYA 乐团，有共性也有明显可区别的个性，把差异变成为自己的强有力的竞争优势，需要为音乐消费者群体创造一种差异化的价值，有自己的价值点，能让乐迷用户记住他们的名字、作品、成员乃至更多内容，从而赢得忠实的乐迷、粉丝。

相比于蒙古族音乐市场仍留存大量鲜明的民族属性，哈萨克独立音乐人马木尔和他的 IZ 乐队绝对是个特立独行的存在。他们的演出几乎没有任何宣传，却总能吸引众多的追随者，凭借在英国 Real World 公司推出的唱片《鹰》（《Eagle》）而广为世界所知。相比于蒙语、维吾尔语，哈萨克语更加小众，但他们音乐依旧打动不同文化背景的观众，他们更登上最大的世界音乐舞台 WOMAD 音乐节，成为现场销售 CD 最多的音乐人。致力于做不一样的哈萨克音乐的 IZ 乐队，逐渐从哈萨克民谣乐队蜕变为前卫摇滚乐队，他们吸取欧美黑色摇滚哥特风格，加上本民族的游吟音乐元素和萨满宗教信仰元素，更融入对现实社会种种现象的批判质问，语言从哈萨克语到哈萨克语、中文和英语混搭融合甚至于纯英语演唱，实际是这种强烈的叛逆的方式打破传统，撕碎、解构传统，充满后现代的批判性的独立艺术精神，从而引起当代社会人们在狂躁、焦虑暴力世界中的迷惘迷失，而后反思、重新审视自我与回归救赎自己灵魂的共鸣。

纵览中国不同游牧民族音乐作品，可窥探出其各自的定位，尽管都采用网络自媒体营销这种与时俱进的手段。从自我角色的定位到定位消费者，从市场的调研到定位市场细分市场，音乐公司和时代成为民族音乐背后的强大推手，推动他们走上自觉发展、自主营销推广的新道路。自媒体时代，自媒体的互动网络也被称为对等网络，社会网络。参与者是同行并且有能力改变角色，信息在接触观众之前经常被调解员过滤。因此宣讲向互动对话转变的时代需求决定了自媒体营销的运营者们必须明白：我们要说给谁听？谁又能说给我们听？这就要求民族音乐的运营者们厘清在自媒体中充当什么角色？也就是说，对自我角色的定位，即是对自我的认知，打算利用自媒体来做什么？面对口味不同喜好不同的听众消费者群，如何删选留下固定用户，要为他们提供什么？

第一，进行自媒体角色设定，可以成为品牌社区，品牌模式，让你的音乐作品带有鲜明的个人标志，实实在在如拳头般打入听者的内心，提供给他们独特的视听和情感"高峰体验"，他们就会愿意进一步了解、认同你的音乐，进而了解、探索你所代表的本民族的音乐和文化。

第二，要保持良好的互动与反馈，多参与多交流视听感想，从听众的建议中汲取有价值的内容，完善自己的音乐作品，更好地回馈听众，听众才会收听、购买你的作品，无论是在音乐门户网站线上有偿消费音乐，还是线下购买实体专辑并口碑宣传，形成病毒式的推广。如此，民族音乐及其产品才能稳占市场一席，立于不败之地。

第三，自我角色设定必须求独特，与众不同，能区别于其他同类运营者，让自己具有非凡的闪光点，让听者在你这里找到在其他自媒体平台、在其他音乐类别中所不具有的东西，为其创造更多的价值，制造更多的惊喜。

（二）4Vs营销理论

市场营销经过了五个重要阶段，即4P、4C、4R、4S、4Vs，其中最广为人知的是4P和4C理论，在传统唱片公司"霸权"的黄金时代，它们作为理论支柱，为其带来丰厚的利润，稳占市场主流地位。然而，随着20世纪90年代，高科技产业迅速崛起，高科技企业、高技术产品与服务不断涌现，互联网、移动通信工具和先进的信息技术改变了信息传输的方式和传播渠道，这使得整个世界成为"地球村"，实体音乐企业和听众消费者之间信息的单一传收状态得到改善，越来越呈现沟通的渠道多元化。再加上近几年流媒体音乐打破传统音乐行业垄断，数字音乐、移动音乐等传播平台更有取代实体音乐传统产业的趋势。在这种背景下，营销观念、方式也不断丰富与发展，并形成独具风格的4Vs营销理论。4Vs是指差异化（Variation）、功能化（Versatility）、附加价值（Value）、共鸣（Vibration）的营销组合理论[1]。

4Vs营销理论首先强调企业要实施差异化营销。在2006年中国战略营销年会上，来自美国的营销管理学大师菲利普·科普勒对这一理论做了题为《营销就是区别的艺术》专题演讲，特别强调了4Vs组合营销中的差异化：营销就是创造出真正的差异，包括心理、情感上的差异。而品牌就是这样一种创造差异的方式。因此，一方面使自己区别于竞争对手，树立自己独特形象；另一方面也使消费者相互区别，满足消费者个性化的需求。其次，4Vs理论要求产品或服务有更大的柔性，能够针对消费者具体需求进行组合。最后，4Vs理论更加重视产品或服务中无形要素，通过品牌、文化等以满足消费者的情感需求。

在4Vs营销的过程中，最重要的环节是产品或服务背后的文化价值、品牌价值和情感价值三位一体的输出。4Vs营销组合适用于绝大部分文化产品的营销，而民族音乐作为特色鲜明的音乐艺术产

---

[1] 该理论最初由台湾学者、国立政治大学和中国文化大学广告学系教授罗文坤于1994年提出，于1995年出版专著《行销传播学》完善该理论（ISBN13：9789571406091，1995.08.01）；随后在2001年该理论被大陆学者中南大学教授吴金明重新定义并更深刻解读，迅速影响到整个中国大陆学术圈，引起广泛深刻探讨。如范秋梅《4v理论与企业核心竞争力的培养》（2003）；梁辉煌《运用4v理论打造城市品牌》（2006）。

品，具有传承性及不可替代的文化价值，既保护传播民俗，又具有商业价值，能够推动民族文化产业化国际化发展。因此4Vs的营销理论在民族音乐的营销推广中起到理论支柱的作用，应用于实践中，体现在两点：以市场为导向，树立新观念。"新"在四个方面：

1. 创造顾客，创造差异的新观念；

2. 音乐产品的精品意识；

3. 不仅重视音乐产品本身，更重视周边产品推广及音乐产品的附加价值的新观念；

4. 情感层面、娱乐层面与文化层面的深刻共鸣。

在营销过程中，粉丝行为一方面能够为其产品销售带来可观的利润；另一方面粉丝在自媒体的营销环境中成为意见领袖和潮流领导，无形中担负着品牌传播的作用。因此，如何在尊重粉丝自发传播行为与维护版权之间寻求平衡，是营销必须注意到的关键点。从之前我分析的中国移动音乐产业规模图中可以看出，中国对于版权维护的意识越来越强，相应的规范、监督协会和机制也不断建立并完善，在维护IP产品和作者知识产权的原创性的方面，这几年中国市场和政府监管越来越卓有成效。维护版权与4Vs营销紧密联系，一方面版权为民族音乐市场的良性发展提供坚固的保障；另一方面，打击盗版也是一种造势和公关宣传活动，这是一种双赢的营销策略。

总之，先培养兴趣，后获取利润是4Vs营销的必经之路，因为音乐产品及其附加的文化、品牌价值不会因为使用和消费而折旧损耗，相反，它们能够在消费中不断增值。综上所述，这个时代不是单一营销理论的胜利，而是多种营销理论和实践手段的组合，从心理上抓住消费者的"痛点"，即满足需求与价值，刺激消费者使其"不由自主"行动起来，真正实现民族音乐营销的作用和营销目的，创造出原创的品牌文化，在市场竞争中一直保有自己的文化特质而成为赢家。

四　自己的文化特质：品牌文化

(一) 品牌文化发展的重要性

无论是坚守民族音乐本来的传统，还是求新求变突破传统以求建立新的民族音乐新形式，品牌意识都是其更好发展的指导性策略，从产品到企业集团，无品牌不长久，音乐市场上民族音乐或是独立新民族音乐的营销推广更是如此。那么什么是品牌？什么是优秀的音乐品牌文化？

所谓品牌就是生产方给自己产品规定的商业名称，是一个名字、名词、符号或设计，或是以上四种的组合，用以识别一个或一群出售者的产品或劳务，以便与其他竞争者的产品相区别。品牌的含义是非常丰富的，不同的人的理解也是不同的，受文化、政治、经济、科技的变化与发展而不断深入或改变对品牌的认知，营销常说的品牌意识、品牌策略，更多的是针对品牌的内层含义：需要人进行联想、想象、感受、感觉，体现品牌内涵、产品品质、价值、生产者理念和消费者利益的内在含义，更概括地说，是名声，正是名声造就品牌狂热、品牌信仰等一系列后续效应，而拥有忠实的粉丝用户，也是品牌的真正价值所在。音乐品牌其实是脱胎于市场营销的外来词，是音乐产品商品属性的直接市场化体现，是音乐走向市场化的产生物，更是市场经济融入音乐生产、销售、消费领域的必然趋势。主流音乐市场追星族的现象已习以为常，这反映出音乐品牌在刺激消费、扩大市场份额，给音乐生产者带来实际可观的经济效益的同时，也充分满足广大音乐消费者的心理需求。音乐产品或者说音乐本身是一种无形的精神产品，因此音乐产品的品牌意义更多体现在音乐创作、组织、表演者身上，品牌文化、价值、理念等，在音乐产品上得到全方位的体现。

品牌的内层含义确定了某一品牌要在市场长久生存，就必须拥有自己的品牌文化，强大的文化聚焦于强大的信仰，这些信念是品牌的基础。大多数人认为，品牌是营销人员所做的，文化应由人力资源部门负责。但实际上，每个人都对品牌和文化负责，组织文化能够帮助营销者赢得品牌，品牌承诺、策略、故事、创新和经验这五个关键点紧密相连接，第一位的是品牌承诺，当品牌的主要效益符合消费者的需求时，它将被连接。一旦知道这个承诺，其他的一切就会得到承诺。因此铸造有竞争力的品牌文化的秘诀在于，将重点放在信仰上，而信念则集中在品牌上，所期望的行为就会照顾自己，归根结底，行为成为保持品牌承诺的手段，而当这五个关键点整合在一起形成品牌文化，潜移默化中影响消费者偏好，赢得其长久的信赖和拥护。

　　由此可见，在消费者心目中，他们所钟情的品牌作为一种商品的标志，除了代表商品的质量、性能及独特的市场定位以外，更代表他们自己的价值观、个性、品位、格调、生活方式和消费模式；他们所购买的产品也不只是一个简单的物品，而是一种与众不同的体验和特定的表现自我、实现自我价值的道具；他们认牌购买某种商品也不是单纯的购买行为，而是对品牌所能够带来的文化价值的心理利益的追逐和个人情感的释放。因此，他们对自己喜爱的品牌形成强烈的信赖感和依赖感，他们对品牌的选择和忠诚不是建立在直接的产品利益上，而是建立在品牌深刻的文化内涵和精神内涵上，品牌文化代表着一种价值观、一种承诺、一种品位、一种格调、一种时尚，一种生活方式，它的独特魅力就在于它不仅仅提供给顾客某种效用，而且帮助顾客去寻找心灵的归属，实现他们的追求。

　　优秀的品牌文化是民族文化精神的高度提炼和人类美好价值观念的共同升华，倡导健康向上、奋发有为的价值观念。优秀的品牌文化可以生生不息，引领时代的消费潮流，改变生活方式，甚至塑造几代人的价值观。优秀的品牌文化可以超越民族，超越国界，超越意识，吸引全世界人民共同向往、共同消费。优秀的品牌文化可以赋予品牌强大的生命力和非凡的扩张能力，进一步提高品牌的号召力和竞争力。最为重要的是，优秀的品牌文化还可以使消费者对其产品的消费成为一种文化的自觉，成为生活中不可或缺的内容。如美国人到异国他乡，一看到麦当劳就会不由自主地想去消费，最主要的原因是内心潜在的一种文化认同，认为麦当劳是美国文化的象征，他们看到麦当劳就备感亲切，从而潜意识地产生消费欲望。因此当杭盖、HAYA 在德国、荷兰演出时，常有当地的蒙古族留学生、华人团体自发去现场，与他们一起唱跳，直至动情处更是难忍哽咽情绪，这是民族音乐给予异乡同族人的民族归属感，而对于外国消费者来说，不同语境文化的交流更会产生魔力的"化学元素"，让他们了解更广阔的世界、民族与文化，也产生一种心理上的获得与求知满足，品牌蕴含的社会、文化价值构成了消费者纽带的基础。

（二） 如何创造并发展自己的品牌文化？

民族音乐在音乐市场博弈战中如何才能树立品牌，创造并发展自己的品牌文化，将品牌价值最大化呢？民族音乐品牌的决策可以分为四个方面：品牌建立决策、品牌归属决策、品牌质量决策和品牌再定位决策。首先需要明确的是建立品牌文化的必要性，其次是品牌归谁负责经营，即音乐产品的销路，大体上有三种选择：音乐组织品牌、音乐个人品牌以及两种品牌的并存。音乐品牌质量的决策，说到底就是前文提到的优质内容与价值提供，关键点在于是否能提供给音乐消费者有价值的音乐内容，能触发他们更深层次的心理需求，这不仅要求音乐产品的创作、销售高质量，更要求民族音乐人自身具备高素质、专业水平。最后是定位决策，定位消费者偏好，定位市场占有率，更需要对自身品牌价值、产品包装、产品内容、网络贴片广告及线上线下广告赞助的定期重新定位，随时掌握市场需求与动向，重塑音乐产品形象，民族音乐才能提高竞争力。

总的来说，创造并发展自己的品牌文化，必须具备两个品牌理念：一是不断强化品牌；二是持续创新品牌。谁想在主流音乐市场中生存并创造自己的音乐品牌文化，就必须找到适合自己的发展战略，最优的选择莫过于利基战略。利基战略的基本含义是：以专业化为核心，在大公司的夹缝中生存，利用自身特有的资源优势，选取竞争对手没有注意或无暇顾及的市场作为其服务对象，利基战略是中小企业的成长战略，尤其适合民族音乐的成长。比如民族音乐、世界音乐唱片公司可以定位于不被主流唱片公司重视或忽略的音乐风格市场，这类独立公司中的乐队或歌手可以专注于某种非主流的曲风或另类的表现形式，只针对某一种风格、语言、听众、地域等属性，这正是利基战略的体现。

另外，线上线下的音乐节、直播间等形式的互动是另一种极好的品牌文化营销，音乐节的发展让主流与小众的独立民族音乐之间的交流越来越多，让整个音乐界更丰富多彩。并且音乐节与网络自媒体营销的结合，使得"网络众筹"的营销推广模式应运而生，传统的广告赞助与网民自发自觉的赞助越来越多，音乐节的文化推广影响越做越大，也引起国际关注，这十分有利于民族音乐成功进入国际主流音乐市场中。打造民族音乐品牌树立民族品牌文化，在国际音乐市场竞争中是一种跨文化策略，大大提高国际音乐市场营销效率，增强了民族音乐在国际音乐市场的竞争力。

中国游牧民族音乐在欧美演出市场的热捧，民族音乐融入世界音乐大家庭的文化现象说明了跨文化策略是音乐品牌文化战略的高层次最终目标，而跨文化策略的定位是由跨文化语境消费者所决定的。文化对消费者的影响是全方位的，文化差异带来的消费态度和消费行为是不同的，首先，消费者的文化背景呈现多元化。各国消费者的消费和他们的文化关系密切，人们喜欢按照自己的观念进行消费，表现出与众不同；其次，文化的碰撞和融合改变着消费者的消费行为，因此可以说成功的跨文化交流，制定适应性的跨文化品牌战略是民族音乐国际营销拥有良好口碑的成功的保证。

结 论

民族音乐的市场营销最终目的是以市场经济手段刺激对民族音乐产品的消费，进而引起对音乐背后的民族文化的求知与认同，最终达到文化归属，民族情感认同，表现在国家政治上是提高文化软实力，增强国家的竞争力，经济政治军事是外在的支柱，而文化软实力则是内在的根的支撑。

民族音乐的市场营销与推广，可以大大激发民族的文化自信心、责任感与自豪感；增强民族音乐文化主体意识和民族——国家认同感，最后自然成为一种软实力。"软实力"这个词最早是由美国哈佛大学肯尼迪政府学院院长、全球战略问题研究专家约瑟夫·奈提出的，他明确地将"软实力"称为"同化力"（cooptive-power），软实力是"权力的另一面"，反对和互补硬实力，通过定量指标的手段国力的历史主要测量指标（人口，真正的军事能力，GDP程度的国家）的定性评价，其中被视为一个国家（或个人）的亲和力值或文化激励他人。提高文化软实力，需要涉及三个方面：国家形象的国际亲和力，民族文化的国际影响力以及文化产业的国际竞争力。在闭关锁国的封闭守旧条件下无法实现文化软实力，只有在国际间、民族间交流交往中才会体现。因此，民族音乐的市场营销与国际推广对于增强本民族本国的文化软实力具有十分重要的意义。

中国财政部于2013年两会期间关于"扶持民族音乐是国家文化发展的战略需要"提案进行答复，民族音乐是中华民族优秀传统文化之一，也是弘扬民族精神、提升我国文化软实力、满足人民群众精神文化需求的重要内容。党和国家历来重视民族音乐事业的发展，出台了《关于扶持发展歌剧、交响乐、芭蕾舞、民族音乐的阶段性指导意见》等文件。从2010年起，文化部、财政部联合实施了中国民族音乐发展和扶持工程，每年投入600万元，用于传统民族音乐的传承保护、经典曲目的挖掘整理，以及民乐新曲目的创作演出，民乐人才培训、理论研究、交流传播等。为推动我国文艺创作繁荣和发展，2012年经国务院批准同意设立"国家艺术基金……"① 从摘要中可以看出，中国格外重视民族音乐的可持续发展，在提升国家文化软实力上的种种举措不遗余力。

中华民族素有"礼仪之邦"的美誉，礼乐文化是儒家传统文化主干，仁、义、礼、智、信、温、良、恭、俭、让等良善德化成为华夏文明不断、文化艺术继承发展的本质，"兴于诗，成于礼"，最终的目的是"成于乐"，礼乐并行，从而以感化、同化天下，而这与当今社会国际舞台大力推行的文化软实力不谋而合。中国五千多年文明不断，并在如今依然活跃于国际舞台，最根本原因是凝聚、支持与包容，尊重不同民族音乐与文化，兼容并蓄发展多样性，这样大大激发民族——国家认同感，增强民族凝聚力和支持"向心力"，从而进一步提升中华民族的文化软实力，逐步扩大中华民族文化在国际舞台上的竞争力和影响力。同时，不同民族音乐的市场营销，既是对抗又是文化交流，从世界历史的发展观全局观来看，民族音乐市场营销有利于积极维护世界音乐文化的多样性，促进世界多元音乐文化的繁荣共融，对于消减地区与地区、国家与国家间的文化差异、民族偏见，增强相互沟通有着不可磨灭的贡献。

---

① 摘要引自中国财政部官方网站：http：//www.mof.gov.cn/zhuantihuigu/2013lh/2013zx/201402/t20140228_ 1048426.html。